ENVIRONMENTAL   SOCIAL   GOVERNANCE

ESG 경영을 읽는다

ESG 경영을
읽는다

Prologue

『사랑받는 기업의 존경받는 경영자』 – Endeared Company & Respected CEO

비즈니스에 몸담고 있는 기업과 경영자의 표상은 바로 이렇게 나타나야 할 것이다. 물론 인간사회와 자연환경, 그리고 모든 이해관계자들에게 결코 오만하지 않고 겸손함을 보인다면 사랑과 존경은 그림자처럼 따라올 것이다. 코로나19 팬데믹 시기에 새롭게 부각되고 있는 탄소중립Carbon Neutral과 ESG 경영이 추구하는 궁극적 목표도 조직과 사회로부터 지속적인 사랑과 존경을 받는데 있다. 2021년 미국 포춘지Fortune 선정 세계에서 가장 존경받는 10대 기업으로는 애플, 아마존, 마이크로소프트, 월트디즈니, 스타벅스, 버크셔헤스웨이, 알파벳구글, JP모건, 넷플릭스, 코스트코 등의 순서로 나타난다. 이들 기업은 증권시장의 주식가치에 있어서도 강세를 보인다.

문제는 사업이란 사랑과 존경보다 혈투를 해서라도 성공해야 한다는 가치관을 유일한 해답, 즉 정답으로 받아들인다는데 있다. 하지만 성공한 기업이라고 모두 사랑받지는 않는다. 재벌이 되었다고 모두 존경받는 것도 아니다. 오히려 그 반대 현상이 더 많다.

미국의 사례이지만 항공산업의 경우를 보면 델타항공이 최근 11년 연속 가장 존경받는 성공한 기업으로 나타난다. 반면에 고객 서비스 수준은 평범하지만 오히려 승승장구하고 있는 유나이티드항공, 고객에 대한 최상의 서비스 제공으로 한껏 사랑받다가 2008년 촉발된 글로벌 금융위기를 못 견디고 2010년 파산한 미드웨스트항공, 그리고 금융전문가로서 항공산업에 뛰어들어 항공사 흡수합병의 귀재로 불리며 성공했다가 결국은 자금난과 노사분규로 사라진 프랭크 로렌조Frank Lorenzo의 텍사스항공 사례도 있다.

ESG 경영의 비즈니스 모델 역시 미드웨스트항공이나 텍사스항공처럼 갑자기 사라지지 않도록 **[ESG → Performance]**, 즉 윤리를 바탕으로 ESG 경영을 실천한 결과가 장기적 지속가능성 sustainability과 직결된 성과 창출로 이어지도록 해야 한다.[1]

최근 들어 ESG 경영지표 중에서도 특히 환경관련 탄소중립, 기후변화 대응, 친환경 사업과 친환경 경영 등 환경관련 이슈가 국제무역과 사회책임경영의 핵심으로 부각되고 있다. 한편 ESG 경영의 세계적 모범으로 인정받는 파타고니아Patagonia와 네슬레 Nestlé는 각각 '환경악당'이라는 불명예와 '비만제품' 기업이라는 오명을 받자 즉각 친환

---

1) Eccles R.G., Ioannou I., and Serafeim G. (2014), The Impact of Corporate Sustainability on Organizational Processes and Performance, *Management Science*, 60(11), Nov. 2014, pp.2381-2617.

경, 친건강 전략으로 변화시키면서 지금은 연평균 매출성장률 30%와 지속적 수익을 창출하고 있다.

지구와 인류를 구하자는 친환경·친건강 이슈는 사실 글로벌 표준 및 각국 정부의 정책적 지원과 규제에 발맞추어 기업이 전략적으로 실천해 가야하는 하나의 장기적 투자활동으로 다루어진다. 그러므로 **탄소중립 등 환경관련 이슈는 정부주도적으로 산업과 기업경영을 글로벌·친환경적으로 유도해가야 할 생존적 과제이며, 기업의 사회적(S) 역할 및 지배구조(G) 이슈는 보다 기업주도적으로** 나라마다 각 개별기업이 처한 상황에 맞추어 지속적인 성장을 추구하는 전략적 과제로 구분될 것이 요구된다.

여기에는 LG, SK, CJ, 교보, 유한양행 등 우리나라 기업들도 대표적으로 내세우고 있는 윤리ethics와 준법compliance, 그리고 정도integrity 경영이라는 사업의 초석을 다지는 노력과 함께 '생색내기식' 사회적책임이 아니라 '측정가능한' 지표로 연도별 개선내용까지 포함된 ESG 경영보고서를 투명하게 공표하는 작업이 따라야 한다.

문제는 "경영자들부터 탄소중립과 ESG 경영에 대한 동기유발이 충분히 되어 있는가?" 그리고 "ESG 경영 각 요인 중 어디에 더 많은 관심과 초점을 두는가?"하는 전략적 우선순위와 가중치의 설정에 있다. ESG 경영실천에는 무엇보다 지도자의 의지가 중요하기 때문이다.

앨더퍼Clayton Alderfer의 ERG 동기유발 모델을 CEO의 ESG 경영 의무수행 유형과 비교해 보면 환경지표E는 글로벌 표준과 정부의 정책에 부응해야 하는 필수적 기본의무, 사회지표S는 기업의 사회적 영향력에 부응하는 책임을 수행해야 하는 전략적 선택의무, 그리고 지배구조지표G는 투명한 정도경영 실천을 위한 자발적 참여의무로 구분될 수 있다.[2]

CEO 동기 \ CEO의무	필수적 기본적 (Compulsory)	전략적 선택적 (Strategic)	자발적 참여적 (Voluntary)
ESG책임투자	환경에 대한 책임 (Environmental)	사회에 대한 책임 (Social)	윤리에 대한 책임 (Governance)
ERG동기유발	존재에 대한 욕구 (Existence)	관계에 대한 욕구 (Relatedness)	성장에 대한 욕구 (Growth)

---

2) 앨더퍼(C. Alderfer)는 인간의 동기유발이 존재욕구(existence needs), 관계욕구(relatedness needs), 성장욕구 (growth needs) 등 세 가지에서 나온다고 보았다. 존재욕구(E)는 생존을 위한 필수적인 생리적·물리적 욕구, 관계욕구 (R)는 사회에서 타인과의 관계를 유지하려는 욕구, 성장욕구(G)는 자아를 완성하려는 내적 성장욕구를 말한다. 욕구는 다른 욕구가 얼마나 충족되는가에 따라 달라지며 두개 이상의 욕구가 동시에 발생할 수 있다고 하였다. 앨더퍼의 ERG이론을 ESG경영과 비교하면 ESG 요소별 가중치와 중요도를 효과적으로 결정할 수 있다.

해외 연구물에서도 기업의 ESG 경영 실천이 장기적 성장과 성과로 나타나고 있다 Eccles et al., 2014, 2020. 하지만 "20년 동안 쌓아온 업적도 단 5분만에 무너질 수 있다"며 기업의 사회책임을 강조해 온 버크셔 해서웨이의 워렌 버핏Warren Buffett조차 최근 "합법적인 수익창출은 기업의 최대 목표"라며 ESG 경영에의 자발적 참여를 거부한 사례처럼 외관상 요란스럽기만 한 ESG 경영 추진만이 지속가능경영의 유일한 정답은 아닐 것이다.[3]

기업에서는 ESG 경영 보다 여전히 CSR, 즉 기업의 사회적책임Corporate Social Responsibility 개념이 익숙하겠지만 최근 CSR을 마치 삼권분립 영역처럼 나눈 ESG 책임경영 추세에 따라 우리나라 정부도 2030 국가온실가스 감축목표NDC-Nationally Determined Contribution와 2050 장기 저탄소 발전전략LEDS-Long-term low greenhouse gas Emission Development Strategies을 선언하고 온실가스를 혁신적으로 감축하는 녹색성장과 배출권 거래제에 동참하고 있다.

	CSR	ESG
접근방법	• '좋은' 일을 '잘'하도록 권장	• ESG 원칙과 표준의 체계적 적용
주요혜택	• CSR의 ROI (투자수익)는 이해 관계자, 직원과 고객의 유치, 유지, 충성도 등에 긍정적 영향을 주는 평판도로 나타남	• ESG는 장기적 차원에서 주로 자본에의 접근성 및 자본비용에 미치는 영향으로 나타남
주요대상	• 소비자로서 고객, 사내 고객으로서 종업원, 지역사회 및 시민단체 등 NGO	• 투자자, 잠재적 투자자, 금융 미디어, 벤치마크 및 지수 (MSCI, SASB, DJSI, FTSE4Good 등)
장기목표	• 기업의 평판도 제고 중시	• 위험완화 및 재무안정성 중시

선업과 악업이 혼재된 비즈니스 세계에 "착한 기업"을 선별하여 투자하자는 ESG 경영 붐이 일고 있다. 글로벌 추세는 정부가 아닌 기업주도로 ESG 경영의 전략적 실천과 사회적 책임을 강조하고 있다. 환경보존E은 지원과 규제로 정부가 주도하였지만 기업이 솔선해야 할 필수적 의무로 주어지고, 사회책임S은 홍보성 행사로 생색냈었지만 이젠 지속성장을 위한 전략적 투자의 대상이 되었다. 지배구조G는 국민정서와 시대정신을 담은 여론이 앞장섰지만 기업의 자발적 준수가 요구된다. 한마디로 기업이 환경 지킴이, 사회 돌봄이, 그리고 윤리 청지기 역할을 수행해야 한다는 것이다. 이와 같은 관점에서

---

3) WSJ (May 6, 2021), BlackRock at Odds with Warren Buffett's Berkshire Hathaway over Disclosures

본서의 논지는 ESG 경영을 인간형성체human constructs로서 기업조직의 환경적E, 사회적 S 및 지배구조G 이슈를 통합적으로 다루었고, 통합적으로 공표하는 것을 목표로 하였다.

『제1부 ESG 경영의 철학과 모범사례』에서는 과연 ESG 경영이 기업에게 새로운 부담인가 아니면 새로운 기회인가? ESG 경영은 왜 중요하며 어떻게 실천해야 하는가? ESG 경영의 기반으로 윤리와 정도경영이 구축되어야 하는 이유는 무엇인가? ESG 경영에 대한 우리나라의 노력은 어떻게 이루어져 왔으며 대표적 사례는 무엇인가? 그리고 세계적 ESG 경영 실천 모범사례로는 어떤 기업이 있는가? 등에 대한 고민을 다루었다. '생각하는 갈대roseau pensant' 인간이 측정하고 평가하는 ESG 경영 역시 갈수록 '생각하는 네트워크reseau pensant' 인공지능에 의해 분석되는 시대에 다음 저서는 첨단의 ESG 경영분석과 평가방법을 다루고자 한다.

『제2부 ESG 경영의 실천과 분석모델』에서는 ESG 경영 지표의 표준화 과정 및 내용에 대한 글로벌 가이드라인과 함께 우리나라 글로벌 대기업의 ESG 경영보고 실태와 그 성공적 적용방안에 대하여 사례와 함께 구체적으로 살펴보았다. 한마디로 기업의 지속가능성sustainability을 위한 ESG 경영의 각 영역별 지표에는 "강한 자가 살아남는 것이 아니라 살아남은 자가 강한자다"라는 손자병법의 지혜가 담겨있다. 그러므로 ESG 경영은 기업의 정도경영integrity management을 위한 새로운 치료약이라기 보다는 우리나라 기업의 지속가능성을 위한 하나의 효과적인 백신으로서 상장기업 2,268개, 중앙정부 54개 부처, 중앙정부의 340개 공공기관, 광역지방정부 17개, 광역지방정부의 공공기관 52개, 기초지방정부 192개, 기초지방정부의 공공기관 130개, 대학 339개, 대학병원 110개 등 총 3,502개의 조직이 ESG 경영보고서를 모두 공표하는 것을 목표로 하였다.

2021년 12월 1일에 공표한 한국형 『K-ESG』는 ESG 경영보고의 글로벌 가이드라인을 준수하면서 우리나라의 산업생태계에 맞게 주기적으로 개정되어 ESG 경영확산에 기여하기를 기대하는 바이다.

2022년 1월
박기찬·최정철

ESG 경영을
읽는다

Contents

ESG 경영을
읽는다

ESG 경영을
읽는다

제1부
ESG 경영의
철학과 모범사례

ESG 경영을
읽는다

Section 1

ESG 경영의
현안에 대한 이야기

ESG 경영을
읽는다

저자는 오랫동안 당연히 국가Nation와 정부Government를 동일하게 보았다. 하지만 대한민국이라는 무궁해야 할 국가와 일정기간 내보이는 정부의 모습이 같을 수는 없다. 기업경영도 마찬가지다. 사업방향이나 지배구조가 바뀌면 대내외적으로 많은 모습이 변하게 된다. 특히 우리나라의 경우에는 규제와 지원을 담당하는 정부와 도전적으로 경쟁환경을 헤쳐가야 하는 기업의 지도자들 역할에 있어서 더욱 그러하다.

1. 고전파 경제학
- A. Smith: 도덕감정론(1759), 국부론 → 보이지 않는 손
- D. Riocardo: 정치경제학 및 세무개론(1817) → 자유무역과 비교우위

2. 마르크스주의 경제학
- 공산당 선언(1848), 자본론(1867)
  → "시장의 보이지 않는 손은 정부의 보이는 주먹에 의해 유지된다."

3. 막스 베버의 경제학
- 개신교 윤리와 자본주의 정신(1905)
  → 생산보다 시장과 교환이 자본주의의 본질, 관료제와 주식회사 등이 자본주의 발전에 기여

4. 독일 역사학파와 오스트리아학파
- 역사학파: 화폐와 신용으로 이윤을 추구하는 금융체제로 변화
  → 오스트리아 슘페터: 창조적 파괴로 시장 변화

5. 케인즈 경제학
- 고용과 이자 및 화폐의 일반이론(1937)
  → 투자의 부분 사회화, 불경기하의 정부주도 적자재정 지출(국채발행 등)

6. 신고전경제학 시카고학파
- M. Friedman: 노동시장 유연화, 대주주 기업지배, 정부금융보다 자본시장의 자금운용 등 자유시장과 통화주의 옹호 → 노동가치설 부정, 신자유주의 정치경제로 실천

©www.hanol.co.kr

기업가와 경영자의 역할은 자본주의의 발달과 무관하지 않다. 15~18세기까지의 중상주의를 지나 18세기 산업혁명으로 탄생한 자본주의는 19세기초 산업자본주의와 19세기말의 금융자본주의의 태동, 그리고 1929년의 미국 대공황을 거치면서 정부주도의 계획경제를 내세운 수정자본주의가 나타났다. 1980년대 이후의 신고전경제학에 이어 정

부의 개입을 다시 최소화해야 한다는 신자유주의 시카고 경제학파의 흐름은 이제 ESG와 함께 이해관계자 자본주의stakeholder capitalism로 변천해 가고 있다.

1980년대초 프랑스 유학시절 첫 시험문제가 "과연 사회주의 체제하에서도 고객 창출을 위한 기업의 마케팅 활동이 필요한가? 우선 '예' 또는 '아니오'를 답하고 그 이유를 설명하라Is corporate marketing activity necessary to create customers even under the socialist system? Answer 'yes' or 'no' and explain why."였다. 머리에 쥐가 나도록 고민하며 뭔가 적었다. 그리고 과락은 면했다. 여하튼 '예'라고 답한 덕분이었다. 아마도 "능력에 따라 일하고, 필요에 따라 배급 받는" 사회주의 체제하에서도 사유재산을 인정하고 자유경쟁 시장에서 영리를 추구하는 자본주의 정신이 스며들 수 있는지를 묻는 질문으로 기억된다.

2020년대초 ESG 경영실천으로 지속가능성장을 추구하려는 기업과 경영자들에게 묻는다. "과연 자본주의 체제하에서 재무적 수익창출보다 환경적, 사회적, 그리고 지배구조 개선을 주도하는 기업의 ESG 활동이 필요한가? 우선 '예' 또는 '아니오'를 답하고 그 이유를 논하라Under the capitalist system, is ESG activity necessary for companies that lead environmental, social, and governance improvement rather than financial profit creation? Answer 'yes' or 'no' and discuss why." 본서 "ESG 경영을 읽는다"를 읽고 난 후 본인이 기업의 경영자라면 어떻게 답할 것인지 SNS에 올릴 글을 간략히 정리해 보기 바란다.

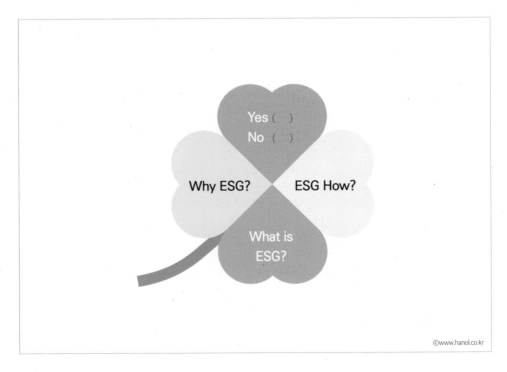

©www.hanol.co.kr

❶ ESG와 재무적 성과

2008년초 한겨레신문의 HERI팀과 기업의 사회적책임CSR 평가방법에 대한 연구를 시작할 때부터 ESG 지표를 사용했다. 주제어는 CSR과 지속가능경영에 있었다. 이처럼 ESG도 CSR로 다룰 수 있다는 논지는 지금도 계속되고 있다. 당시 HERI팀에서는 다음과 같은 기준과 함께 CSR 실천수준을 평가하기 위한 ESG 영역별 지표를 구성하였다.

> 첫째, 기업의 사회적책임에는 기업경영의 지속가능성Sustainability이 포함된다.
> 둘째, 지속가능성에는 이해관계자Stakeholder를 위한 기업의 재무적 이슈와 비재무적 이슈가 모두 포함된다.
> 셋째, CSR 평가는 환경E: Environmental, 사회S: Social, 지배구조G: Governance 등 세가지 차원을 모두 다룬다.
> 넷째, ESG 성과가 높은 기업일수록 지속가능성이 높게 나타난다는 최근의 연구결과를 전제로 기업을 평가한다.
> 다섯째, ESG 성과는 글로벌 사회책임투자SRI: Socially responsible investing 기준에 따라 평가하고 단계적으로 동양적 가치에 맞추어 평가지표를 정립해 가도록 한다.

본서에서 다루는 ESG의 개념 역시 CSR, 즉 기업의 사회적책임 활동에 담겨 있는 기업의 지속가능성 추구, 그리고 기업의 지속가능성 수준을 종합적으로 평가하기 위한 세가지 영역, 즉 환경·사회·지배구조라는 E·S·G의 각 분야별 지표들로 구성된 것으로 이해하기 바란다.

⊙issue 1. ESG는 수익창출이라는 기업의 재무적 성과와는 무관한 것인가?

ESG 경영활동을 측정·분석·평가할 경우에는 기업의 사회적 가치창출이라는 비재무적 성과와 궁극적으로 장기적 수익창출이라는 재무적 성과를 함께 평가하는 프로세스, 즉 [ESG 경영실천 → 사회적 가치창출 → 장기적 수익창출]의 선순환 메커니즘에 따라 각각 [투입변수 → 매개변수/조절변수 → 산출변수]로 다룰 것이 요구된다. 기업의 사회적 가치창출 효과가 매개변수mediator 또는 조절변수moderator로서 장기적 수익창출로 이어진다는 논지는 다양한 연구결과에서 증명해 보여준다.[4] 이제는 ESG 책임투자impact investment를 통하여 기업이 지속가능한 성과창출을 해야 한다는 점을 각 나라마다 주요 정책으로 강조하고 있다. 하지만 ESG의 각 요소별 가치창출과 수익창출 효과에 대해서는 상호 절충관계Trade-off에 있다는 연구 등 국가별·산업별·기업별 특수성에 따라 인과관계가 달리 나타나는 연구결과도 있는 만큼 함께 살펴볼 것이 요구된다.

┃ ESG 경영(투입) → 사회가치 창출(매개/조절) → 장기적 수익창출(산출) 프로세스 ┃

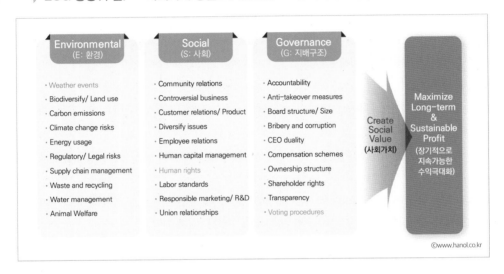

2 ESG의 계량적 측정

ESG 지표가 나오기 시작한 21세기 초에는 지속가능보고서를 작성하는 기업의 수가 많지 않고 비재무적 정보를 분석하는 수단 역시 지금보다는 훨씬 취약하여 국제비교는 물론 개별기업에 대한 정확한 분석조차 어려웠다. 이에 비해 최근 AI와 빅데이터 활용은 기본이 되었으며 기업의 정보공시 확산으로 통계적 정확도와 신뢰도 역시 크게 향상되었다. 이처럼 지속가능성 관련 기술기업에 대한 투자의 증대, ESG 경영에 대한 관심의 고조, 그리고 ESG 책임투자와 기업의 지속가능성 관련 규제 및 정보공시 의무화 추세로 ESG 정보의 통계적 설명력과 유의도 역시 급속히 높아지고 있다.

---

4) Jensen, 2002; Porter & Kramer, 2011; Eccles et al., 2011/2014/2019; Dent et al., 2019; Fairchild, 2020; Kong, 2020; Sinha, 2021; Baue, 2021; Hinton, 2021.

한 예로 MSCI-Morgan Stanley Capital International의 ESG 정보분석 모델인 GEMTL의 설명력이 2007-2018년에 비해 2018-2020년에는 거의 3배나 높아졌다. 특히 GEMLT-ESG 위험분석 모델을 통하여 ESG 통계의 예측력이 기존의 주가 예측력과 거의 동일한 수준으로 발전하고 있으며 MSCI에서는 대학교를 대상으로 ESG 경영을 평가하는 분석모델도 개발 중이다. 또한 Bloomberg, Corporate Knights, Sustainanalytics, Oekom Research, CDP Carbon Disclosure Project, Forbes Magazine, Arabesque, FTSE 등 ESG 관련 질적비재무적 정보를 계량 데이터로 평가하여 제공해주는 기관도 급증하고 있다.[5]

MSCI, 블룸버그 등을 포함한 ESG 분석기관에서는 전세계 1만개 이상의 기업을 대상으로 ① ESG 지표별 강점과 약점에 대한 분류 및 분석[6] ② 주류, 도박, 무기, 군수, 원자력, 담배, 마약 등 사회적으로 바람직하지 않은 사업에 대한 분류 및 분석[7] 등을 하고 있다. 한 예로 2020년 MSCI의 ESG 순위 Top 5 기업 평가결과를 보면 다음과 같다.

2020 MSCI의 ESG 지속가능성 평가 순위					
지속 가능성 TOP 5 기업	1. Edwards Lifescience	2. Equinix	3. Prologis	4. Emcor Group	5. Cadence Design System
해당 산업	의료품	금융·부동산신탁		건물관리	S/W 디자인
ESG 평가	AA	AA	AA	AA	AA
종합 평가	99	99	99	99	98
강점 평가	95	95	94	87	92
EPS(주당순이익)	92	94	85	96	97
SMR[8]	A	C	A	B	A
3년간 EPS성장	25	79	12	24	23
ROE	32	5	8	16	46
판매변화율(%)	15	10	38	19	12

---

5) MSCI-ESG Fund Ratings Methodology 및 MSCI-ESG Ratings Methodology 참조. "Introducing MSCI FaCS: A New Factor Classification Standard for Equity Portfolios" (Bonne, G., Roisenberg, L., Subramanian, R., and Melas, D., 2018), MSCI Research Insight.

6) 포지티브 스크리닝(positive screening) 방식

7) 네거티브 스크리닝(negative screening) 방식

8) SMR(Superior Sales growth, profit Margins, Return on equity ratio): IBD(Investor's Business Daily)는 기업의 총매출, 순이익, ROE를 종합적으로 살펴보는 지표로 A-E까지 5등급으로 평가한다.

지속 가능성 TOP 5 기업	1. Edwards Lifescience	2. Equinix	3. Prologis	4. Emcor Group	5. Cadence Design System
EPS변화율(%)	11	99	18	21	27
배당 수익	NA	1.72	2.38	0.37	NA

평가 자료원: Investor's Business Daily (2019.12.2, 2019년 9월 11일자 기준으로 작성)

환경지표 중 특히 중시되는 탄소배출 관련 정보는 CDP로부터 제공받을 수 있다.[9] 여기에서 기업의 직접 배출량은 상대적으로 정확하게 나타나지만 관련 공급망에서 배출되는 간접적 탄소량을 정확하게 측정하는 방법은 아직 주요과제로 남아 있다.

❸ ESG 책임투자 활동

ESG 관련 지표는 UNGC의 2004년도 보고서 "Who Cares Wins"에 나타나 있듯이 기업의 역할이 『환경 지킴이E』, 『사회 돌봄이S』, 『윤리 청지기G』로서 기업경영의 장기적

┊ ESG 경영의 실천과 기업의 역할 ┊

---

9) 탄소정보공개프로젝트(Carbon Disclosure Project): 저탄소 사회와 지속가능한 사회기반 구축을 위한 글로벌 기후변화 프로젝트로 동일명칭의 영국 비영리기구인 CDP 주도로 2000년부터 시작

지속가능성 제고를 위한 전략적 지침으로 활용되어야 한다. 이에 비해 최근 부각되고 있는 ESG 책임투자의 논지는 편협한 투자자 관점에서 자산운용기관과 기관투자자의 세부적 활동에 초점을 두고 있다. 그럼에도 불구하고 ESG 평가지표가 우리사회의 '착한모범 기업' 선정을 위한 글로벌 표준으로 확정되어가는 긍정적인 효과도 보여준다.

◉issue 3. ESG 책임투자 활동은 실제로 어떻게 이루어지는가?

AI와 빅데이터는 ESG 책임투자에 대한 분석과 평가를 수월하게 해주고 있다. 그만큼 기업의 질적 성과를 평가하는 ESG 경영의 기본철학과는 다소 멀어진 금융분석 위주로 발전하는 한계도 보인다. 물론 ESG 경영의 초기단계로 부각된 책임투자 중심의 평가활동은 ESG의 중요성을 투자자들에게 주지시켜 준다는 점에서는 큰 의미가 있다. 이러한 ESG 책임투자 평가에서는 기본적으로 다음과 같은 네가지 원칙을 적용한다.

> **[평가원칙1: 제척기준]** 담배, 주류, 도박, 마약성 제품 등 사회적으로 바람직하지 않은 산업과 기업은 책임투자 평가대상에서 아예 제외된다.
>
> **[평가원칙2: 선별기준]** ESG 책임투자 평가는 ESG 관련 최고의 기업착한 기업, 모범 기업, 우수 기업들을 선별하여 이에 대한 투자유인을 격려하는 포지티브 스크리닝Positive Screening에 초점을 둔다.
>
> **[평가원칙3: 역할기준]** 자산운용기관과 기관투자자는 주주로서 투자대상 기업에 직접 개입한다. CEO 등 임원과 사외이사 선임, 대규모 투자의사결정 등 전략적 이슈에 어떻게 관여하고 있는지도 평가의 중요한 내용이다.
>
> **[평가원칙4: 합산기준]** 일정기간 ESG 경영활동이 보여준 강점과 약점을 스크리닝한다. 기업이 법적소송, 갑질사건 등 사회적 물의를 유발한 경우에는 네거티브 스크리닝Negative Screening 으로 그 비중에 따라 제척하거나 감점 처리하는 방법을 사용한다.

예를 들면, 우리나라 HERI의 『EA30-CSR우수기업』 선정을 위한 전문가위원회에서는 네거티브 스크리닝을 강하게 적용하여 "선업으로 악업을 상쇄할 수 없다"는 원칙하에 해당 기업을 **제척**하는 방법을 적용한데 비해 미국의 MSCI-ESG 평가에서는 "악업도 선업으로 상쇄할 수 있다"는 방식으로 해당 부분을 **감점** 처리하는 방법을 사용한다.

이처럼 ESG 책임투자 평가에서 가장 큰 이슈가 되는 사항 중 하나가 바로 '악업 또는 비리경영'을 유발한 기업을 아예 제척할 것인지, 아니면 악업을 수준별로 감점의 대상으로 다룰 것인가 하는 종합판단의 기준을 확정하는 것이다. 글로벌 표준은 합산 방식을 권장하고 있지만 우리나라는 국민정서상 제척 방식이 아직도 강한 상태이다.

4 ESG와 지속가능성

　ESG의 출현배경에는 1989년 3월 24일 엑슨 발데즈Exxon Valdez라는 유조선이 알래스카 프린스 윌리암스 해협에 좌초되어 엄청난 량의 기름이 유출됨으로써 부근 바다 동식물들이 죽은 사건이 있다. 우리도 2007년 12월 7일 태안 앞바다 원유유출 사건이 있었듯이 한 기업의 한 사건이 유발한 환경적 피해가 얼마나 큰지를 일깨워 주었다.

⊙ issue　4. ESG 경영으로 기업의 지속가능성이 어떻게 보장될 수 있는가?

　기업의 사회적책임이 강조되고 지구환경과 기업이 공존하기 위한 지속가능성에 대한 관심과 함께 2004년 12월 UN의 『The Global Compact』, 즉 UNGC에서 "Who Cares Wins"라는 보고서를 발간하였다. 이처럼 ESG의 개념적 기반은 CSR에 있으며 추구하는 목적은 지속가능성에 있다. 2011년에는 포터Michael Porter가 TBLTriple Bottom Line Social, Environmental, Economic 이슈를 '공유가치창출CSV: Creating Shared Value'10)로 상생의 경영을 강조한 것이나, 퀜스터Nadja Guenster 등이 제시한 '친환경 경영의

---

10) Michael E. Porter and Mark R. Kramer (2011), "Creating Shared Value", *HBR*.

경제적 가치창출'[11] 논지 역시 CSR을 통한 기업의 지속가능성 제고에 있다.

애클스Bob Eccles는 1992년부터 2010년까지 ESG 성과가 높은 기업 90개와 낮은 기업 90개를 비교 분석하여 ESG 성과가 높은 기업의 재무적 성과가 특히 해가 갈수록 높아지고 있다는 [ESG 경영 실천 → 재무적 성과 향상 → 지속가능성 강화]라는 선순환 메커니즘 모델을 증명해 보였다. 즉, ESG에 대한 적극적인 투자투입변수는 기업의 위험감소와 수익증대 등 재무적 성과조절변수로 나타나고, 재무적 성과산출변수가 향상되면 기업의 브랜드 이미지와 지속가능성도 강화된다는 것이다.[12]

글로벌 또는 각국 정부 차원에서도 기업의 ESG 지표를 표준화하고 관련 정보의 공시를 의무화함으로써 ESG 활동을 이제는 선택이 아닌 필수사항으로 강조하고 있다. 이는 [기업역량과 전략투입변수 → ESG 실천매개변수 → 지속가능성 제고산출변수]의 메커니즘으로 ESG를 매개변수, 즉 "ESG 경영의 실천 없이는 지속 가능성도 없다"라는 점을 실제 성과로 보여주어야 한다는 것을 의미한다.

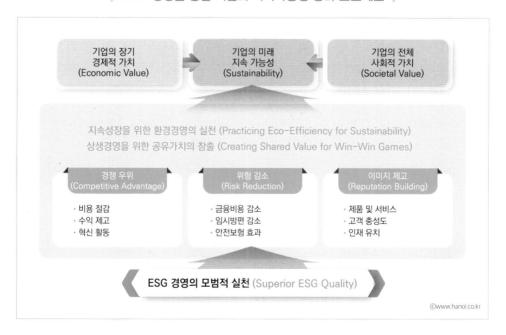

┃ ESG 경영을 통한 기업의 지속가능성 강화 프로세스 ┃

11) Guenster N., Derwall J., and Koedik K. (2011), "The Economic Value of Corporate Eco-Efficiency", *European Financial Management* (Vol.17, Issue 4, pp.679-704).

12) Bob Eccles, Ioannis Ioannou, and Georges Serafeim (2014), "The impact of corporate sustainability on organizational processes and performance", *Management Science* (60, no.11, pp.2835-2857).

5 ESG 정보공개 효과

기업의 ESG 실천 활동은 ESG 지표에 대한 기업의 전략이라는 **투입활동**, 그리고 ESG **실천활동**에 의해 나타나는 지속가능성 수준에 의해 **평가**된다. 하지만 ESG 실천의 성과를 평가하는 기관자산운용사, 전문평가기관 등에 따라 투입-산출 활동수준을 평가하는 방법과 내용이 매우 상이하게 나타나는 문제가 발생한다. 즉, 정확한 평가를 위해 기업의 정보공개가 무엇보다 중요하지만 비재무적 ESG 정보공개가 증가할수록 오히려 평가결과는 평가기관마다 일치하지 않은 상태로 나타난다는 것이다.[13]

⊙ issue   5. ESG 관련 기업의 정보공개는 많으면 많을수록 바람직한가?

2017년 이전의 연구에서는 ESG 평가등급과 주식시장 및 재무적 성과, 재정적 제약 및 지배구조 특성 간의 관계가 상호 일치한다는 분석결과를 보여주었다.[14] 이에 비해 2018년 이후부터 나온 연구에서는 동일한 S&P500 기업정보를 사용하더라도 ESG 평가등급이 불일치한다는 점을 지적하고 있다.[15] 그만큼 ESG 수준을 측정하는데 있어서 ESG 기준 자체를 정의하기가 어려우며, 평가기관마다 ESG 등급이 달리 나타날 경우 어떻게 투자자들에게 효과적으로 투자결정을 하도록 안내할 것인지가 문제된다.

> 이처럼 GRI 지표나 K-ESG 기준 등에 대한 사회적 합의또는 계약가 부족한 상황에서 다양한 평가기관들이 제시하는 ESG 등급은 투자자를 혼란스럽게 만들 수 있다.

그러므로 투자자는 스스로 선택한 방법론이 실제로 무엇을 측정하려는 것인지, 그리고 왜 그 지표와 방법으로 평가하는지를 명확히 해야 한다. 그렇지 않으면 ESG 평가점수라는 가면에 가리워진 기업의 진상을 이해할 수 없기 때문이다. 한마디로 ESG 지표로 사용되는 비재무적 정보에는 **기업의 주관적 관점**이 내포되어 있으며, 정보공개가 확산될수록 오히려 평가기관마다 다른 평가등급을 부여하는 현상이 나타난다.

---

13) Christensen, Dane M. and Serafeim, George and Sikochi, Anywhere, "Why is Corporate Virtue in the Eye of the Beholder? The Case of ESG Ratings" (February 26, 2021). *The Accounting Review*, https://doi.org/10.2308/TAR-2019-0506, Available at SSRN: https://ssrn.com/abstract=3793804.

14) Cheng, Ioannou, Serafeim 2014; Khan, Serafeim, Yoon 2016; Hubbard, Christensen, Graffin 2017

15) Sindreu & Kent, 2018; Allen 2018; Berg, Koelbel, Rigobon 2020; Cookson & Niessner 2020

ESG 평가를 위해 기업의 정보공개는 필수적이지만, 정보공개가 확대될수록 주관적인 정보가 증대하고 이에 따른 평가기관이 사용하는 주관적 정보도 증대함에 따라 평가기관간 서로 다른 결과를 제시하는 딜레마가 예상된다. 특히 크리스텐슨Christenson2021 등의 연구에서는 ESG 영역 중 환경E 및 사회S 영역에 대한 평가등급이 지배구조G 영역보다 더 다양하고 평가기관마다 일치하지 않는 결과를 보인다고 하였다. 그러므로 ESG의 성과 측정을 위해서는 기본적으로 다음과 같은 조건부터 충족되어야 한다.

첫째, 기업에서는 비재무적인 ESG 각 영역별 정보공개를 의무적으로 수행해야 한다.

둘째, 정보는 객관적 비교가능한 사항과 주관적 기업 특유의 사항을 구분해야 한다.

셋째, 산출요인평가등급의 원천을 보여주는 투입요인정보공개부터 투명하게 설명해야 한다.

넷째, 포지티브 스크리닝 대상과 네거티브 스크리닝 대상을 구분해서 제공해야 한다.

다섯째, ESG 평가기관과 평가방법에 대한 글로벌 표준과 국가별 차별화가 요구된다.

⑥ ESG의 향후 발전상

1953년 보웬Howard R. Bowen, 1954년 드러커Peter F. Drucker에 의해 기업의 사회적책임이 강조된 이후 기업을 중심으로 사회적 가치 창출을 위한 '자본주의 같지 않은 자본주의', '기업 같지 않은 기업', 그리고 '관리자 같지 않은 관리자' 모습을 보이려 노력해 왔다.

CSR에서 ESG에로의 진화: 주요 연구

연대	대표적 논지
1950년대	SR (사회적책임): Bowen (1953), Drucker (1954)
1960년대	SR (사회적책임): Davis (1960), Frederick (1960), McGuire (1963)
1970년대	CSR (기업의 사회적책임): Heald (1970), Johnson (1971), Steiner (1971)
1980년대	CSR: Jones (1980), Tuzzolino & Armandi (1981), Strand (1983)
1990년대	CSR (사회공헌책임): Carroll (1991), Elkington (1998)
2000년대	CSR (사회공헌책임): Carroll (2004), Porter & Kramer (2006)
2010년대	CSV (공유가치창출): Porter & Kramer (2011)
2020년대	ESG: UNGC (2004), Eccles et al. (2014, 2019), Christensen et al. (2020)

특히 인공지능을 포함한 디지털 기술혁신은 이와 같은 기업의 역할변화에 보다 합리적 분석방법을 제공해 준다. 현재 강조되는 ESG 책임투자는 투자자 관점에 편중된 것은 분명하다. 경영자들도 CSR에서 시작되어 마치 삼권분립 책임경영 체제처럼 세가지 영역으로 다시 강조되고 있는 ESG가 기업가치와 투자유치에 중요한 줄은 알고 있었지만 기업에게는 추가적인 부담으로만 여겨졌기 때문에 실천을 꺼려했을 따름이다.

그러므로 ESG의 미래는 ESG 경영의 실천에 있으며 ESG 경영의 성공은 자발적 참여와 자선적 활동을 넘어서는 적극적 기여활동, 사회적·경제적 가치창출의 균형, 그리고 이해관계자 모두를 고려한 실천전략의 **우선순위**와 **가중치**를 설정하고 기업의 지속가능성을 제고하기 위한 새로운 ESG 조직문화를 창출하는데 있다.

┃ ESG 경영을 위한 조직문화의 구축 ┃

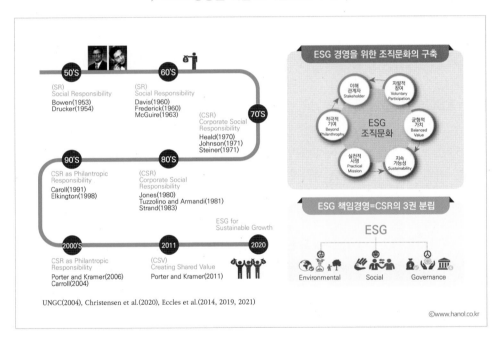

그러므로 본서에서 논하는 ESG 경영보고서 작성부터 ① 주제또는 과제별 우선순위 결정prioritize topics ② 성과의 우위비교benchmark performance, ③ 정확한 데이터 제공be aware of data accuracy ④ 적격성 평가include the negatives ⑤ 일관된 분석방법의 적용consistent methodology ⑥ 명확한 보고체계 확립clear report layout 등의 원칙을 따라야 할 것이다 Euronext, 2020.

ESG 경영보고서 발간 가이드라인 - Euronext, 2020 요약

1. ESG란 무엇이며, 누구를 위한 지침인가?

2. ESG 경영보고서는 왜 관심의 대상이 되는가?
   1) 기업의 평판도 및 전략을 지원하는 기능
   2) 투자자 관계의 핵심요소인 ESG 문제의 해결
      ① 투자자의 ESG 정보요구 파악 및 이해
      ② ESG 위험의 완화를 위한 나침반 기능
   3) 규제요건에 따른 기업 경영전략의 조정 활동

3. ESG 경영보고서 작성의 지침
   1) 보고기록에 대한 책임과 감독
   2) 보고내용의 관련성 및 중요성

4. ESG 경영보고 프로세스
   1) 중요성 분석: 이슈의 확인 및 우선순위 지정
      ① 이해관계자 확인 및 관심사항 매핑
      ② 회사의 관련 테마 확인 (가중치 부여)
      ③ 보고이슈에 대한 우선순위의 확정
   2) 실천 및 운영관리
   3) 보고서 작성 및 발표
      ① 정보의 질적 신뢰도
      ② 프레젠테이션 형식
      ③ ESG 정보에의 접근가능성 보장
   4) 지속적 대화로 보고
   5) 보고서 평가와 보증

5. 자본시장을 활용한 ESG 경영의 실천
   1) 녹색채권의 규제환경
   2) 전환주식의 파이낸싱

6. 지속가능성을 위한 EURONEXT의 역할

7. 부록
   1) 주요 ESG 경영보고규정
   2) 기존 표준에 대한 참조
   3) 보고서 발행의 지침
   4) ESG 경영보고의 목적

자료원: "Exchange in Focus: Euronext ESG Guidelines for listed companies", (14 January 2020, Sustainable Stock Exchanges Initiatives)

©www.hanol.co.kr

ESG 책임투자라는 한정된 투자자 관점으로 평가해 보면 우리에게 잘 알려져 있지 않은 Edwards Lifescience, Equinix, Prologis, Emcor Group 같은 기업들이 부각되지만, ESG 모범기업이라는 보다 종합적 관점에서는 파타고니아Patagonia, 네슬레Nestlé, 지멘스Siemens 등이 지속가능성 글로벌 선도주자로 나타난다. 이들 기업에서는 ESG가 그들의 경영철학과 사명문Mission statement으로 내재화, 즉 DNA로 구축된 경영전략으로 실천되고 있다. 피터 드러커 교수가 강조했듯이 아무리 탁월한 전략적 활동도 기업 특유의 바람직한 조직문화로 형성되지 않으면 결코 성공할 수 없기 때문이다.[16]

장기적 수익창출을 통한 기업의 지속가능성 강화는 이미 기업의 사회적책임CSR 활동으로 오래전부터 강조되어온 논지이다. ESG 역시 마치 논문의 주제어keywords처럼 간략하게 표시되고 다양한 지표를 ESG 각 분야마다 제시하고 있지만 추구하는 바는 동일하다.

---

16) 드러커는 "Culture eats strategy for its breakfast"라는 표현으로 가중치로 본다면 조직문화는 85%, 경영전략은 아무리 뛰어나더라도 고작 15% 정도라고 조직문화의 중요성을 강조하였다.

마치 20세기초 과학적관리를 추종한 기업 경영자들이 테일러F.W.Taylor의 공존공영 정신보다는 분업과 노동생산성, 즉 작업능률 향상에 지나치게 매몰됨으로써 수많은 산업재해를 낳았듯이 ESG를 평가하는 자산운용사와 기관투자자, 그리고 ESG 책임경영의 주체인 기업 스스로 자승자박하듯 평가점수에 매몰된다면 ESG 경영의 미래 또한 하나의 규제수단으로써 언젠가는 비판의 대상으로 결국 사라지게 될 것이다.

그러므로 ESG는 모든 조직을 대상으로 하되 특히 자본주의의 총아인 기업의 지속가능성 강화를 핵심목표로 우리의 지구환경보호와 사람들로 구성된 사회와 조직의 주요현안을 해결하기 위한 수단으로 활용되어야 한다. 눈앞에 다가온 탄소중립, 녹색금융, 탄소배출권 거래제와 탄소국경세CBAM, 과소비 방지, 교육기회의 부여, 건강, 인권, 생물다양성 등의 이슈도 그와 같은 과제의 일부이다.

지속가능한 기업, 지속가능한 사회, 그리고 궁극적으로는 지속가능한 지구를 위해 기존의 CSR 활동을 세가지 영역으로 제시한 ESG 각 분야별 지표와 ESG 경영활동을 보다 면밀하게, 그리고 보다 넓게 바라보는 경영자의 관점과 기업의 자발적 참여가 요구되는 이유도 바로 여기에 있다.

기업의 자발적 노력에 의한 사회가치 창출과 투명한 지배구조의 확립은 그 달성시점을 탄력적으로 조정할 수 있다. 하지만, 탄소중립과 배출권 거래제 등 환경분야 이슈는 우리의 생활양식과 직결된 이슈이므로 ESG 영역에 있으면서도 한편으로는 별도로 다루어야 할 만큼 국제무역과 정부정책, 그리고 산업구조의 총체적 변화가 요구된다. 그러므로 기후변화로부터 안전하고 지속가능한 탄소중립 사회로 가는 노력은 국제사회와 정부주도의 장기적 과제로 새로운 기술혁신에 대한 투자와 함께 추진되어야 할 것이다.

ESG의 미래에 대한 마지막 이슈는 국가별, 산업별, 기업규모별, 그리고 개별기업 특유의 경영철학에 부응하는 수용성 증대를 위한 현지화 활동이다. 마치 승승장구하던 우버Uber가 중국에서는 디디추싱滴滴出行, Didi Chuxing, 동남아에서는 그랩Grab에 밀리게 된 배경에는 미국식 표준, 즉 신용카드로만 결제하고, 콜센터를 운영하지 않아 고객의 소리를 듣지 못하게 되는 등 현지화 부족에 있듯이 ESG 표준 역시 국가별 상황과 산업 및 기업 실태에 적응하는 방향으로 정립되어야 세계속의 기업으로 지속가능성이 보장 될 것이다. ESG 경영표준이 기업경영을 위한 전략적 플랫폼으로 정착된다면 특히 현지 상황에 맞는 또 다른 평가활동이나 시대정신에 부응하는 방향으로 활동의 범주를 넓혀 가는 기회도 새롭게 구축해 갈 수 있을 것이기 때문이다.

Section 2

ESG 경영과
기업의 사회적 가치

ESG 경영을
읽는다

산업사회의 주역으로 기업이 영위하는 사업은 취업이나 창업을 통한 직업과 생업을 제공해주는 일자리의 원천이자 시장경제 활동의 핵심, 그리고 복잡다단한 『업業-Karma』을 중심으로 변화와 발전을 이어가는 『계속기업의 가치Going-Concern Value』를 추구한다.

『업業의 정신』은 선업善業과 악업惡業에 대한 인과응보因果應報 사상에 바탕을 둔다. 여기에는 "아무리 많은 선업을 짓더라도 악업을 지울 수는 없다"는 엄중함도 담겨 있다.

공자孔子는 춘추春秋에서 선업과 악업을 권선징악勸善懲惡이라는 『법法의 정신』으로 다스려야 한다고 하였다. 이처럼 『업』과 『법』을 다루는 과제는 인간사회가 존재하는 한 사라지지 않을 영원한 숙제이자 기업으로서는 명운을 가늠하는 잣대이기도 하다. 21세기 『업의 정신』은 소셜네트워크서비스SNS에 힘입어 소위 '국민정서법'으로 투영되면서 실정법 이상으로 기업의 사회적책임을 묻는 시대정신으로 표출되고 있다.

『법의 정신』 또한 평등하고 공정한 정의사회 구현과 사회적 양극화 해소를 위한 규제로 존재한다. 선업과 악업을 구분해 주는 『업의 정신』은 다분히 동양적 사상으로 기업의 지속가능경영을 추구하도록 해주는데 비해 『법의 정신』은 근세 서양의 사상과 가치관에 철학적 배경을 두고 기업의 사회적책임을 논하도록 해주는 잣대로 부각된다.

업의 정신 실천과 법의 정신 적용에 따른 평가유형

업(業)-청지기정신 : Karma & Stewardship	법(法)-준법정신 : Law & Compliance	실정법 (제도) Actual Law 법적질서 Legal Order	정서법 (여론) Emotional Law 사회가치 Social Value
선업 (양심) Good Karma	정도경영 Positive Screening	포상 Award	사랑 Love
악업 (욕심) Bad Karma	비리경영 Negative Screening	징계 Punish	미움 Hate

서양의 사상과 가치관은 기원전 그리스와 로마, 그리고 이집트 문명까지 거슬러 올라가 업의 정신과 법의 정신을 살펴보거나 기독교를 국교로 삼은 서기 393년 이후 15세기동로마제국이 멸망한 1453년까지의 중세 종교철학을 거론할 수도 있다. 하지만 기업에 대한 『업』과 『법』을 다루는 잣대로서는 14-16세기 르네상스 시대의 인본주의와 17세기 계몽주의 시대 이후 18세기 산업혁명으로 기업과 도시가 탄생하고 초기 자본주의와 근대국

가의 탄생으로 새로운 부富가 축적되기 시작한 시점부터 살펴볼 것이 요구된다.

서구중심 사회적 가치관의 역사적 변천[17]

1. 고대 그리스-로마Greece-Rome (B.C.~A.D. 4): 만물신 사상 Animism
   → 인간이 신을 창조 "Human being created gods for their necessity"

2. 중세Middle(Dark) Ages (A.D. 5~13): 유일신 사상Christianism
   → 신이 인간과 만물을 창조 "God created human being"

3. 문예부흥Renaissance (A.D. 14~17): 인본주의 Humanism
   → 고대 인본사상의 회복 "Regain the Ancient Greek-Roman"

4. 산업혁명 Industrial Revolution (A.D. 18~20): 물질주의 Materialism/Capitalism
   → 기계에 의한 인간의 노동력 대체 "Machine replaced labor force"

5. 사회주의 socialism (A.D 19~20): 인본주의 Humanism
   → 프롤레타리아 혁명 "Toward a world for the Proletariat"

6. 수정자본주의 Neo Capitalism (20c E.): 케인즈경제학Keynesian
   → 정부의 개입과 새로운 관료적 병폐 "TVA & the Grass Root"

7. 세계화 Globalization (20c L.): 다원주의 Post-Capitalism/Socialism
   → 경제적 표준화와 사회적 다양화 "American as the Global Standard & China boom"

8. 4차산업혁명 4th Industrial Revolution (21c E.): 지능격차 Intelligence Divide
   → 지식경영과 인공지능 "Knowledge Management and Artificial Inteligence"

©www.hanol.co.kr

---

17) Park K. (2015), *Professor Kichan PARK on Strategic Management*, IUP.

특히 르네상스 시대와 산업혁명 시대를 잇는 18세기에 프랑스의 계몽사상가 장 자크 루소 J.J.Rousseau는 『인간불평등기원론Discourse on Inequality』에서 불평등의 원인으로 첫째는 부르주아와 프롤레타리아를 나눈 **사유재산**, 둘째는 지배자와 피지배자를 나눈 **종속관계**, 셋째는 사유재산과 종속관계를 제도로 정착시킨 **권력의 횡포**라 했다. 루소는 "구성원들 간의 합의에 의한 **사회적 계약**Social contract만이 **정당한 지배구조**를 가능하게 만든다"고 피력하였다. 그래야만 원래의 선善 그대로의 평등한 인간관계를 회복할 수 있다며 마치 노자老子의 '무위자연無爲自然' 사상처럼 "자연으로 돌아가라"는 말을 남겼다. 지배구조를 통하여 평등과 박애에 기반한 사회 공동체의 행복보다 자신들만의 자유를 추구하는 이기적인 인간의 손이 닿으면 모든 것이 타락하기 시작한다는 주장이다. 기업의 지배구조 역시 사랑받는 기업이 되기 위해서는 국민과 고객과 이해관계자들이 함께하는 사회 공동체를 위한 가치를 창출해야 할 것이다.

한편, "어리석은 답변은 있어도 어리석은 질문은 없다"며 자본주의 체제하에서 기업과 경영의 본질에 대한 의문을 끊임없이 제기한 피터 드러커의 논지는 짐 콜린스Jim Collins와 필립 코틀러Philip Kotler 등 후학들에 의해 다음과 같은 핵심질문으로 재정리되었다.[18]

1. 우리의 사명使命은 무엇인가: What is our mission? – *Jim Collins*
2. 우리의 고객顧客은 누구인가: Who is our customer? – *Philip Kotler*
3. 고객이 원하는 가치價値는 무엇인가: What does the customer value? – *Jim Kouzes*
4. 우리의 결과結果는 무엇인가: What are our results? – *Judith Rodin*
5. 우리의 계획計劃은 무엇인가: What is our plan? – *V. Kasturi Rangan*

사유재산·자유경쟁·영리추구를 지고至高의 선善으로 삼고 태어난 자본주의는 기업이 주도하는 **자유와 성장의 가치관** 하에서 결국 사회적책임보다는 기업의 영리추구라는 타락의 길을 걷도록 예정된 것이 아닌가? 또한 4차산업혁명시대에 ESG 기준과 함께 기업경영 깊숙이 스며들고 있는 인공지능, 가상현실, 특히 기업에 대한 환경적·사회적 책임을 부과하는 탄소중립과 투명경영 등은 새로운 형태의 예속과 법적규제로 또다른 불평등과 사회적 스트레스를 가중시키는 화근이 되지는 않는가?

그러므로 경영자와 사업가 역시 사회 속의 한 구성원으로서 아인슈타인Albert Einstein이 강조한 "성공한 사람이 되려고 노력하기보다는 가치있는 사람이 되기 위해 노력하세

---

18) Peter F. Drucker, Frances Hesselbein Leadership Institute (Editor, 2008), *The Five Most Important Questions You Will Ever Ask About Your Organization*, Jossey-Bass.

요Try not to become a man of Success, but rather try to become a man of Value"라는 의미를 사업의 터전인 환경과 사회, 그리고 지속가능한 기업경영을 위해 함께 새겨보아야 할 것이다.

1 기업의 사회적 측면

주로 최고경영자CEO에 의해 결정되는 기업의 사회적 이미지와 사회적 특성에 대해서는 일반적으로 잘못된 인식을 갖고 있다. 즉, 『사회적social』이라는 단어에 내재된 의미를 흔히 사회적 불평등, 사회적 규제, 사회적 제약, 사회적 경직성, 사회적 갈등, 사회적 긴장 등 기업활동에 부담을 주는 부정적인 것으로 인식한다는 것이다.

> 기업의 사회적 특성을 의미하는 『**사회성**the social』 역시 경영자들부터 마치 기업의 합리적, 성공적, 그리고 지속적인 경영활동과는 반대되는 속성으로 해석되고 있다.

사회적 비용social cost의 유발이나 프랑스처럼 기업의 **사회성과표**Bilan Social: Social Balance Sheet를 의무적으로 공시해야 하는 부담 또는 사소한 문제도 긁어 부스럼 만들 듯 끊임없는 논쟁만 일삼는 현상으로 받아들이기도 한다. 기업경영의 사회적 특성을 논하는 것 자체가 비합리적 활동으로 인식되기도 하는데 속칭 '공돌이' 엔지니어나 '상돌이' 회계담당자처럼 비합리적 그리고 비계량적 현상을 기피하는 집단일수록 공정성과 투명성을 내세우는 기업의 사회적 문제를 골치 아픈 대상으로 보기도 한다.

실제로 많은 기업들이 불평등한 사회문제를 해결하고 바람직한 방향으로 사회책임을 수행하려는 노력을 기울이고 있지만 한편으로는 사회적책임을 회피하기 위해 노동조합, NGO 같은 시민단체, 그리고 정부기관과 끊임없는 숨바꼭질 게임을 하기도 한다. 그만큼 우리는 역동적으로 살아 움직여야 할 기업의 경영활동을 경제적 성과와 시장개척 활동에만 몰입하는 **절름발이식** 돈벌이 경영을 위주로 하고 있다.

그러므로 경영자는 "기업이란 무엇인가?" 그리고 "기업 스스로의 삶을 지속적으로 풍요롭게 하기 위해서는 어떻게 해야 할 것인가?"하는 기업의 존재가치와 사회책임에 대한 답을 찾아 가도록 해야 하며, 기업의 사회적 역할을 중시하고 지속성장을 위한 기업의 **사회계획**social plan에 대한 연구와 실천도 요구된다. 기업 본연의 역할로서 기업의 사회적 측면과 사회적 존재가치가 부각되고 있는 이유는 다음과 같이 다양하다.

첫째, 기업의 사회적 가치 창출에 대한 **경영자의 인본적 관점**이 여전히 부족하다.

기업 내부적으로 학위와 학력을 중시하는 풍토에서 우수대학 출신 경영자들이 잘난 엘리트로 인정받고 있지만 인간적 측면에서는 사실 보통수준에도 못 미치는 엘리트 인물이 많다. 기업 외부적으로도 홍보차원 이상의 자발적 사회공헌과 사회적 가치창출에는 소극적이다. 특히 이들 엘리트 집단은 능력을 앞세워 조직내 반발세력이나 반대의견을 불식시키는 악역을 맡는 만큼 조직구성원 전체 차원에서는 능력주의가 불공성의 원천이 되기도 한다.[19]

경제개발을 지상과제로 내세웠던 시대에는 특정 세력이 엘리트 집단을 자처하며 당대의 유일한 가치관으로 반대파를 억압함으로써 수많은 소요사태를 유발시키는 원흉이 되기도 하였다. 실제로 이와 같은 **엘리트 독재**가 세계 각국의 근대 사회사social history를 주도했다 해도 과언이 아니다. 대기업일수록 소위 엘리트 인맥을 통한 정경유착이 사업의 성공과 실패를 방지하기 위한 수단으로 뿌리내리면서 아직도 근절되지 않고 있다.

둘째, 학계의 대표적 관심사는 **기계적 효율성 증대**에 매몰되어 있으며, 산업계에서는 사회적책임수행보다 **이윤의 극대화**라는 한쪽 날개로만 기업경영을 펼치고 있다.

방정식으로는 해결하기 어려운 변화와 혁신이 포함된 복잡한 사회적 변동 현상은 연구자들의 잠재의식 속에 두려움을 주는 것은 분명하다. 즉 사회적 이슈에는 추하고 불투명한 그리고 위험하고 과격한 요인도 내포되어 있으므로 기계나 예산 또는 수학공식처럼 단순하고 깔끔한 맛이 없는 연구대상으로 비치고 있다. 바로 이 때문에 기업경영의 사회적 측면에 대한 관심과 중요성이 부각되지 않았고 때로는 기피해야 할 연구대상으로 다루었다.

기업경영에서는 주로 경제적 측면만 중시되고 사회적 측면은 항상 부수적인 문제로 다루어진 점 역시 부인할 수 없다. 즉 기업의 경제적 성과가 실현되어야 이를 통한 기업의 사회적책임도 수행할 수 있다는 『선성장-후분배』 논지가 지배적이었다. 마치 하느님이 인간의 영혼을 지배한다고 보듯이 영리추구가 기업의 모든 활동을 지배한다는 **목적**

---

19) Daniel Markovits (2019), *The Meritocracy Trap: How America's Foundational Myth Feeds Inequality, Dismantles the Middle Class, and Devours the Elite*, Penguin Books. (번역서: 엘리트 세습, 2020, 세종서적).

론자들의 주장이 주주에 대한 책임을 앞세워 끊임없이 강화되어 온 것이다.

> 셋째, 기업의 사회적 측면은 원활한 **커뮤니케이션 활동**을 위해 중요하다.

커뮤니케이션은 단순히 의사교환만 하는 것이 아니라 상대방 이야기를 경청하고 명확하게 이해하기 위한 활동이다. 하지만 흔히 커뮤니케이션은 자신의 논지를 설명하고 이를 정당화시키기 위한 수단으로 이해될 뿐이다. 자신의 주장을 강변하는데 이토록 집착하는 이유는 상대방이 무식하거나 잘 모르고 있다는 것을 전제로 한다. 그리고 자신의 주장을 정당화시키려는 이유는 사회적 성공의 잣대를 오로지 엘리트 학력과 화려한 경력에 두고 마치 '꼰대'처럼 자신의 관점이 항상 옳다는 점을 내세우려하기 때문이다. 그 결과 나름 논리적이라고 장황하게 설명하는 말은 많지만 이를 듣고 이해하는 사람은 거의 없게 마련이다.

상대방의 의견을 경청하는 것은 그들의 진실함과 창의성을 이해하기 위한 가장 중요한 수단이며 반박과 강변을 일삼는 것은 상대방의 의사를 잠재우는 행위밖에 되지 않는다. 하지만 남의 말을 경청해야만 자기와는 다른 의견을 접할 수 있으며 새롭게 분위기를 고무시켜주는 **사회적 합리성**social rationality도 배울 수 있다. 그러므로 기업의 사회적 측면을 중시해야 하는 이유 중 특히 커뮤니케이션 활동이 중요하다.

② 기업의 사회적 성과

기업의 경영활동에 있어서 재무분석과 회계기법이 긴요한 분석수단이기는 하지만 기업의 강점은 무엇보다 미래를 내다보는 경영자의 직관력을 통해 부각된다. 직관력Intuition이 경영자가 갖추어야 할 자질이라면 경제적·사회적 데이터는 경영자의 **판단력**Judgement을 키워주는 자료라 할 수 있다.

기업경영의 사회적 영역은 매우 복잡한 양상을 보인다. 경제적 평가는 사실과 숫자facts & figures에 의존하므로 관련자료를 분석하여 결과를 도출한다. 이에 비해 기업의 사회적 영역을 살펴보기 위해서는 객관적 계량정보이상으로 다양한 주체집단의 주관적 의견과 차별화된 특성을 고려해야 한다. 왜냐하면 사회적 성과에는 구성원들이 업무를 수행하면서 스스로 지각하는 현실적인 기업의 사회적 책임이슈가 내재되어 있기 때문이다.

그만큼 기업경영의 사회적 영역은 핵심적으로 인적자원관리 활동과 관련되어 있다. 한마디로 인공지능, 빅데이터, 클라우드 서비스 등을 활용한 첨단의 알고리즘을 적용하기 어려운 부분이자 끊임없이 개척해 가야할 부분이 바로 인간에 대한 문제이다. 그러므로 ESG 역시 인간과 인간, 그리고 인간과 자연과의 관계를 다루는 기업의 사회적 이슈에 대한 측정 및 분석기법을 구체화, 표준화, 그리고 일반화하기 위한 체계적 노력이 요구된다.

첫째, 기업의 사회적 영역에서 경영자가 안고 있는 전통적 고민은 "조직의 과업과 구성원 역량 간에 높은 일관성이 존재하는가?"하는 『직무-사람』 간의 **적합성 이슈**이다.

"기업에서 구성원의 능력을 키워주고 있는가anthropogenesis 아니면 구성원들의 능력을 갉아먹고 있는가anthropophagi?" 이를 위해 1990년대부터 구성원의 역량개발과 기업의 경쟁우위 확보를 위한 학습조직learning organization, 자격조직qualified organization, 지식경영knowledge management 등이 활용되어 왔으며 최근에는 인공지능, 빅데이터, 클라우드 서비스와 메타버스 덕분에 시간time과 공간space을 융합한 초학습 조직faster learning organization으로 진화해 가는 것도 새롭지 않을 정도로 첨단의 분석기법이 활용되고 있다.

둘째, 기업의 사회적 영역에서 새롭게 부각되는 경영자의 고민은 "자사의 제품과 서비스가 자사의 브랜드 가치와 사회적 존경을 창출해 주는가?"하는 **평판도 이슈**이다.

기업마다 글로벌 품질경쟁을 위해 뛰고 있으며 시장에서 인정받기 위한 제품의 품질은 물론 사회로부터 존경받기 위해 경영활동 전반에 걸친 글로벌 품질우위를 추구하고 있다. 기업의 사회적책임, 지속가능경영, 그리고 책임투자 대상 기업을 평가하기 위한 ESG 기준 역시 이와 같은 경영활동의 전반적 품질을 평가하는 수단이자 표준화된 글로벌 잣대라는 점에서 중요하다.

1980년대 이후 혁신적 품질중시 정신이 기업조직을 과거의 효율적 생산중시와는 다른 관점으로 바라보도록 해주었다면 이제는 고객과 투자자들이 평가하는 『기업의 사회적 가치corporate social value』가 바로 경영자를 포함한 기업 구성원들에 의해 결정된다는 사실을 다음과 같이 일깨워 주고 있다.

첫째, 고객과 투자자의 욕구를 우선적으로 고려하고 여기에는 기업의 **내부고객**으로서 구성원들의 욕구도 포함되어야 한다는 점을 명심해야 한다.

둘째, 조직의 주요기능을 수직적 관점에서 바라볼 것이 아니라 각 부서별 책임수행의 **수평적 관계**를 살펴보면서 각 부서에 의사결정권을 적절하게 배분해야 한다.

셋째, 조직관리에는 보다 개방적으로 구성원의 개인적·집단적 역량과 성과가 즉각 개선되도록 민첩하고 정확한 '**날쌘 경영**agile management'이 요구된다.

이처럼 기업의 비전과 사명은 품질중시와 도전정신이 조직의 사회적 기능과 학습에 얼마나 중요한가 하는 **사람의 가치**를 이해하는 바탕 위에 정립되어야 한다. 실제로 국가든 기업이든 비전과 사명은 비록 사회적·경제적 수준이 선진국 또는 대기업보다 낮더라도 그 성장율이 높은 나라와 기업에서 특히 부각된다.

'올해는 일하는 해', '신한국 창조', '사람사는 세상', '다이내믹 코리아', '녹색성장', '창조경제', '소득주도성장' 정책 등이 우리나라 정부의 **국시**國是처럼 경제적·사회적 성장을 이끌어 온데 비해 이제는 개방정책에 이어 '안정 속 성장穩中求進' 정책을 유지하고 있는 중국은 물론 '도이 머이' 이후 디지털 정책을 내세운 베트남의 사회적·경제적 성장이 돋보인다.

눈여겨 볼 추세는 갈수록 기업의 사회적책임과 목표를 경제적·사회적 균형성장에 두고 있다는 사실이다. 특히 정부와 기업이 일심동체로 『선성장-후분배』를 내세워 수출입국輸出立國의 경제성장정책을 추진해 왔던 60년대초~80년대말까지 불균형 성장하에서 사회적 갈등을 인내해 온 우리는 디지털 정보격차, 소득격차, 지식격차를 해소하기 위한 균형성장 가치관에로의 전환을 새롭게 주어진 기회, 즉 ESG 경영으로 추진해가야 할 것이다.

③ 기업의 사회문화적 특성

사회성the social이란 사회 구성원에 의해 형성되며, 사회적 현상social phenomenon은 이들 간의 상대적 관계를 통하여 나타난다. 한편, **기업조직의 사회적 현상**은 "경영활동의 권한과 책임을 어떻게 조직화하고 분담시킬 것인가?", 그리고 "구성원들은 경영활동의 현실을 어떻게 인식하고 있는가?" 등에 대한 대응방식에 따라 달리 표출된다. 그러므로 기업 고유의 차별화된 사회성은 기업의 문화적·역사적 가치를 형성하는데 주도적인 역할을 하며 그 결과는 기업마다 독특한 성격이라 할 수 있는 **조직문화**로 표출된다.[20]

1. 조직문화를 구성원들의 행동방식에 대한 것으로 보는 관점

이는 일정 시점과 장소에서 지배적으로 나타나는 사회적 관행과 관련된 **구성원들의 행동방식**이 바로 조직문화라는 것이다. 예를 들면, 중동지역의 기업에서 보이는 의사결정 및 의사소통 방식은 오늘날 우리나라 기업들이 보이는 방식과는 완연히 다르다.

중동에서 감사를 실시할 경우 느닷없이 감사절차를 변경하겠다는 경영자의 지시를 받더라도 이를 무조건 따르는 것이 관례로 되어 있다. 만일 경영자의 지시에 대하여 이유를 묻거나 변경사유를 따지게 되면 신뢰가 부족한 것으로 해석하여 아예 감사활동 자체를 중단시키는 사태도 발생한다.

한편 동구권 기업에서는 자유로운 집단토의가 매우 어려운 풍토를 보인다. 즉, 근속이 오래되거나 경력이 많고 연령대로는 적어도 35세 이상은 되어야 남들에게 한마디 지혜나 정보를 줄 수 있다고 보며 역할수행에 있어서도 근속과 나이가 지배적으로 작용한다. 이러한 풍토는 한국을 포함한 아시아 지역 국가에서도 나타나는데 흔히 유교적 전통 또는 역사적 관행으로 해석하기도 한다.

남미제국의 기업들은 아메리카 인디언의 문화가 강하게 내재되어 있다. 즉 그들의 인종적 뿌리에 근간을 둔 구성원들 간의 내부 결속력과 신뢰에 근간을 둔 사회적 관습이 기업내에 그대로 자리잡고 있다는 것이다.

2. 조직문화를 기업의 행동방식과 상호관계에 대한 것으로 보는 관점

기업의 역사와 관리방식이 오랫동안 축적되어 형성되는 것이 바로 기업문화라는 것이다. 기업의 조직문화는 다시 여러가지 잣대에 의해 그 특성이 구분된다. 예를 들면, 구성원들이 기대하는 사회적 비전경쟁적, 협력적, 또는 개인주의적인 특성, 권력의 원천학력, 카리스마적 리더십, 신뢰도, 합법성 수준, 행위적 비전명시적·묵시적 행동규범, 자발적·강요적 실천행동, 상향적·하향적 전략 수립 등에 의해 기업의 독특한 문화적 특성을 살펴볼 수 있다.

학계에서는 기업의 조직문화와 사회적 문제에 대하여 관심을 갖게 된 시점을 두차례에 걸친 1970년대의 오일쇼크 이후 이를 탁월하게 극복한 일본식 경영에 대한 관심이 높았던 1980년대 초반으로 보고 있다. 당시의 급속한 기업환경 변화와 톰 피터스Thomas

---

20) 박기찬(1997), 연봉제하의 전략경영을 위한 팀업적평가, 한국능률협회

Peters와 로버트 워터맨Robert Waterman의 글로벌 베스트셀러 '초우량기업의 조건In Search of Excellence'에서 강조한 바람직한 풍토조성 등이 큰 관심을 유도하였다.

이에 부응하여 많은 기업들이 조직의 사회적 분위기 조성, 구성원의 계층별 만족도 및 다양한 의견수렴, 조직내 사회적 갈등관리 등에 초점을 맞춘 전략적·실천적 방안을 수립하려 했었다. 하지만 이러한 노력 역시 관리위주의 목표관리시스템MBO을 확산시키는 데에는 도움을 주었지만 사회적 가치를 창출하는 주체로서 기업의 도전적인 혁신문화를 창출하는 데에는 별다른 도움이 되지 못했다.

1990년대 중반에 전세계적으로 유행했던 마이클 해머Michael Hammer의 BPRBusiness Process Reengineering 또한 정보기술IT 기반의 병렬식 업무추진을 통한 혁신적 업무효율성 증대를 내세웠었다. 하지만 마이클 해머의 주장처럼 극적인 생산성 향상을 성공적으로 이룩한 기업보다는 "IT라는 멋진 고속도로에 실제로 달리는 차량은 낡은 그대로였다"며 변하지 않는 조직풍토가 고질적 문제라는 평가가 더 많았다. 그만큼 새로운 변화를 위해서는 조직문화의 역할이 무엇보다 더 중요하다는 것이다. 드러커 역시 기업활동에서 전략이 차지하는 비중은 고작 15% 정도이며 나머지 85%는 바로 조직문화라고 강조하였다.

한편 2017년 세계경제포럼WEF-The World Economic Forum 클라우스 슈밥Klaus Schwab 회장이 '제4차 산업혁명The Fourth Industrial Revolution'이라는 저서를 내면서 복잡한 문제해결역량Complex problem-solving, 비판적 사고Critical thinking, 그리고 창의성Creativity 등과 같은 핵심역량으로 혁신적 조직문화 형성과 지식격차 및 일자리 격차를 좁혀가는 기업의 사회적 역할이 더욱 중시되고 있다. 그러므로 코로나19 팬데믹 충격과 탄소중립 및 ESG 경영 지침을 위기와 부담으로 보는 관점보다 새로운 혁신의 기회로 보는 긍정적 관점이 무엇보다 중요하며 창의와 도전으로 지속적인 성장을 추구하는 사내 혁신풍토의 조성이 요구된다.

④ 기업의 사회적책임

기업의 사회적책임CSR: corporate social responsibility은 기업경영의 제반 의사결정 활동에 대한 도덕적 의무Moral Obligation를 의미한다. 그러므로 CSR에는 개인적 차원에서 일상적으로 지켜야 할 규범이나 가치를 의미하는 도덕moral과 사회의 특정한 영역에서 직업윤리, 영업윤리 등 구성원들이 능동적으로 공감해야 할 규범이나 가치적 잣대를 의미하는 윤리ethics가 모두 포함된다. 특히 사회적 영향력이 큰 대기업에게는 사회에 대한 리더로서의 의무, 즉 '노블레스 오블리즈Noblesse Oblige'도 따른다.

이처럼 **CSR**에는 고용, 자격, 보상, 근로조건 등 **내부고객으로서 종업원들에 대한 사회적책임** Social Responsibility과 함께 납세, 환경보존, 주주에 대한 책임, 투명경영 등 **외부고객으로서 전 체 이해관계자들에 대한 사회적책임**Societal Responsibility 등이 모두 포함된다.

기업의 사회적책임에 대한 문제는 책임의 대상 이상으로 책임의 수준법적기준, 업계평균, 개선도, 목표수준 등 역시 중시된다. 즉, "기업 스스로 고용에 대한 책임을 어느 정도 질 것인 가", "임직원에 대한 교육훈련은 어느 정도 시켜주어야 하는가", "사회보장비는 어느 정 도 지출해야 하는가", 그리고 "경제적 성과대비 사회적 성과창출을 위해 어디에 어느 정도 투자할 것인가" 등이 그것이다.

그러므로 CSR에 의한 **기업의 사회적 성과**corporate social performance에는 고용, 보수, 위 생 및 안전, 근로조건, 교육훈련, 노사관계, 종업원 및 가족의 생활조건 등과 관련된 기 업의 내부 경영활동과 함께 기업의 외부 사회적책임의 활동성과까지 모두 포함된다.

프랑스와 독일 등 유럽에서는 전통적으로 기업의 사회책임 범위가 주로 조직내 종업원 집단에 대 한 '**내부 사회적**social **책임**'에 한정되어 기업 외부환경의 '**외부 사회적**societal **책임**'은 배제되어 왔었다. 즉, 주로 기업내 사회적 성과에 대한 **사회감사**Social Audit 제도의 정착과 실천을 강조함 으로써 기업 스스로 사회적책임수행 역량을 강화하는데 초점을 둔 것이다.

이는 정부·고객·투자자·NGO 등 외부적 사회관계보다 노조·사용자·종업원집단 등 기업 내부의 다양한 사회관계를 중시해 온 역사적 발전과정에서 그 연유를 살펴볼 수 있다. 특히 프랑스에서 1985년 **오루법**Loi Auroux으로 노동조합은 임금협상만 하고, 종업원 집 단주도로 직접적·집단적·참여적Direct·Collective·Participative 단체협상을 하는 의사소통 시스템이 대표적 예이다. 이들은 ESG 관련 환경적·사회적 책임경영과 윤리적·도덕적 투명경영 역시 세계적 추세에 따라 탄소중립 등 글로벌 책임경영 지표를 추가해 가면서 기업내 소통과 대외적 고객관계Customer Relations 및 이해관계자관계Stakeholders Relations 를 다져가고 있다.

1. **ER**: 고용주와 피고용자 간의 **개별고용계약**Employee-Employer Relations에는 주어진 역할을 합리적으로 수행함으로써 효율성을 증대하기 위한 의사소통을 해왔다.

2. **IR**: 사용자와 노동조합 간의 **단체협상활동**Industrial Relations에는 종업원들이 위임한 임무를 민주적으로 행사함으로써 평등성을 보장하는 의사소통을 중시해 왔다.

3. **NR**: 여기에 오루법은 종업원 대표들이 관리자 집단이나 노동조합을 통하지 않고 경영층과 직접 단체협상을 **새로운 소통의 길**New Relations을 열어 주었다.

‖ 조직내 행위주체 집단의 역할 및 집단관계의 특성 ‖

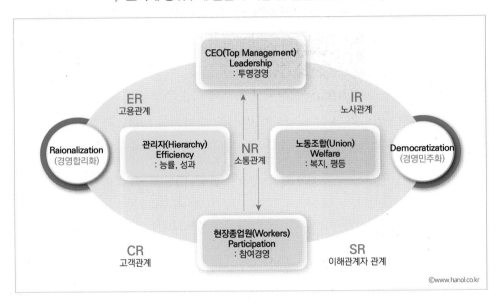

오루법은 내부 종업원 집단과의 직접적인 의사소통 활동이 외부 이해관계자 집단과의 소통보다 우선되어야 하며, 이를 바탕으로 기업의 사회적책임수행 활동도 그 정당성을 확보할 수 있다는 철학에서 나왔다.

마치 자기 **자신에 대한 신뢰**confidence가 부족하면 아무리 상대방을 **신뢰**trust 한다고 강조해도 진정한 신뢰관계가 형성될 수 없듯이 기업 내부의 사회적책임social responsibility 수행 없이는 외부 사회적책임societal responsibility 수행 역시 ESG라는 가면을 쓴 기업의 생색내기와 기관투자자들의 평가자료로 밖에 되지 않는다는 것이다.

그러므로 사회성과표social balance sheet, bilan social, 지속가능성보고서sustainability report,

CSR, CSV, 및 ESG 경영보고서 등 비재무적 성과를 다루는 평가일수록 경영층·종업원·노동조합·관리자 등 집단간 소통을 통한 이해와 합의가 이루어진 결과물로 공시되어야 하며 보고서 내용의 정확성과 투명성에 대한 **사회감사**도 따라야 한다.

5 사회감사와 감사인 역할

『**사회감사**Social Audit』란 ESG 기준처럼 외부기관에서 제시하는 지표의 가치와 조직내 기능부서에서 사용된 규범 및 표준의 가치 간에 나타나는 **차이**gap를 측정하는 활동이다.

> 사회감사는 '**통제방식에 대한 통제활동**'으로 다양한 사회과학적 분석기법과 AI, 빅데이터, 클라우드 서비스 등 첨단의 경영정보 분석시스템을 활용하여 재무·회계·전산 감사와 함께 ESG 경영에서도 필수적인 역할로 정립될 것이 요구된다.

사회감사의 개념을 새로운 것으로 보는 관점도 있지만 감사인의 출현을 멀리 고대 이집트에서 찾기도 한다. 당시 감사인의 역할은 밀의 수출입과 수확량, 그리고 조세 총액을 정확히 검증하는 것이었다. 기원전 300년경 그리스 아테네에서도 전문 경리인이 국가의 재정과 재산에 대한 회계와 재무를 맡아 공공자산을 관리하도록 하였다. [21]

감사라는 용어는 증인들의 증언을 검증하고, 법정에서 호소되는 내용의 진실여부를 판단하는 로마의 관습에서 나왔다. 한편 **감사인**이라는 용어는 13세기 말 영국에서 시작하였으며 14세기 초 런던에서 감사원이 구성되어 처음으로 감사관이 선출되었다.

감사활동이 실제로 확산된 것은 19세기 영국의 투자가 이루어졌던 미국에서였다. 당시 영국의 **투자자**들은 독립적인 공증인들의 중개로 그들의 투자에 대한 이익이 적절히 조절되기를 원했다. 이를 위해 영국의 감사인들은 미국에 영국식 감사방법과 절차를 도입했는데 미국인들은 이를 활용하여 그들의 욕구에 맞게 감사활동을 정착시켰다.

한편 제1차 세계대전 이후 미국 경제가 급성장하면서 은행 신용대출을 위한 기업의 자본 및 자산에 대한 보증도 강화되었다. 특히 기업에서 제시하는 회계자료가 지나치게 낙관적이거나 허구적으로 표명됨에 따라 이를 믿지 못하는 투자자들이 **외부의 독립적인 회계감사** 활동을 요구하기에 이르렀다. 동시에 철도산업과 같은 공공분야에서는 이미 정

---

21) 박기찬(1999), 전략적 인적자원관리를 위한 사회감사론, 한국능률협회

기적으로 **내부감사**를 실시하였다.

대공황을 거친 1930년대는 공인회계사 활동에 대한 회계법이 통과되면서 주식시장에 상정되는 기업의 재무제표 내용은 필히 **외부 감사인**에 의해 검증되고 인증되어야 한다는 점을 명시함으로써 내부 감사인과 외부 감사인의 역할이 확연히 구분되기 시작하였다.

외부 회계법인에 소속된 **회계사의 역할**은 재무적 성과 표기의 적정성, 규칙·법규·관습 대비 회계관리의 적합성, 전년대비 성과수준의 적정성 등에 대한 확인 및 회계장부 조사에 주력하였다. 한편 **내부 감사인**의 역할은 1941년 「내부감사인협회」가 설립됨으로써 그 영역이 확장되었다. 이처럼 기업 내외부적으로 **감사인의 역할**에 대한 관심이 증대하고 감사활동의 영역이 확장되면서 감사활동이 기존의 「회계 및 공증」 활동과 분리되었다.

> 미국에서는 1971년 회계장부에만 얽매인 과거방식을 탈피하기 위하여 **감사활동에 대한 정의**를 다음과 같이 내렸다.
> "감사활동은 ① 정책수립과 실천과정이 제대로 이루어졌는지 ② 기준은 제대로 적용되었는지 ③ 보유자원이 효과적이고 경제적인 방법으로 사용되었는지, 그리고 ④ 조직의 목표는 달성되었는지 등을 판단하기 위하여 시행되는 한 기업체의 다양한 기능에 대한 독립적 평가활동이다".

이러한 변천에도 불구하고 **감사인의 역할**에 대한 혼동은 아직도 자주 나타나고 있다. 내부 감사인과 외부 감사인의 역할 차이는 활동영역, 규정, 활동유형, 추구하는 목표 및 정관의 내용에 따라 달리 나타난다. 프랑스에서는 **외부 감사인**이 기업의 재무 및 회계에 관여할 때 비용 검증을 포함하여 일반 관리영역에도 접근할 수 있도록 보장하고 있다.

한편 **내부 감사인**은 재무적 사항 이외에 기업의 모든 실행활동과 관련된 문제를 다룬다. 그러므로 **내부감사**는 기업경영의 **계획-실행-통제**Plan-Do-See 활동에 대한 검증을 통하여 업무활동의 개선, 수립된 정책과 절차의 전략적 적용 등을 제시함으로써 경영활동의 효과성effectiveness을 증진시키는 데 그 목표를 두고 있다.

> **내부감사의 특성**은 직무유기나 사기행위를 다루는 방법에서도 달리 나타난다. 즉, 외부 감사인은 재무상태에 심각한 영향을 미치지 않는 사소한 낭비나 탈세 문제는 다루지 않는데 비해 내부 감사인은 실사와 예측 활동으로 직접 이들 문제를 다룬다.

엔론Enron사태처럼 기업에서 발생하는 과오나 자금횡령 같은 잘못된 관리활동은 기업을 한순간에 파산시킬 수도 있다. 그러므로 내부 감사인은 모든 관리활동에 관심을 두고 탈세와 과오의 발견은 물론 절차의 적용방식, 정보의 신뢰성 및 규정의 유효성에 대한 검증, 그리고 감사 받은 제반 경영활동에 대한 효율성과 효과성도 엄밀하게 살펴보아야 한다.

사회감사에 대한 개념이 다양하게 존재한다는 것은 「사회감사」라는 용어가 무엇을 의미하는지 그리고 아직도 표준화되지 않았다는 사실을 보여준다. 이와 같은 의미의 다양성은 감사방법의 다양성을 동반하고 있다. 즉 어떤 방법에서는 감사가 문제분석 및 평가활동과 관련되며, 또 다른 방법에서는 감사의 시행절차상 효과성 분석과 함께 권고안 또는 실행안의 수립활동까지 포함해야 한다는 점도 강조하고 있다.

사회감사의 방법은 "표출된 문제의 원인을 진단하고, 그 중요성을 평가함으로써 궁극적으로는 감사인이 지금까지 사용한 적이 없는 권고안 및 실천방안에 대한 공식적 대안을 제시하도록 해주는 것"이라 할 수 있다.

사회감사는 이처럼 기업이 감수해야 하는 모든 재무적·비재무적 위험을 고려하고 변화를 예측함으로써 그 결과 문제의 원인을 규명하여 해당 원인을 없애거나 감소시킬 수 있는 해결방안을 제시하는 활동이다.

1. 감사의 첫 단계는 정보의 신뢰성과 유효성, 그리고 실현된 성과에 대한 **법적 일치성** 여부에 초점을 맞추고 있다.
2. 감사의 두번째 단계는 감사 시행절차의 적용 및 달성하고자 하는 **목표와의 합일성**, 적용의 수준 및 기대되는 성과를 유발하는 능력수준에 대한 검증 등이 포함된다.
3. 감사의 세번째 단계는 전략적 의사결정과 관련된 최종 성과, 즉 **효과성** effectiveness 평가를 항상 최우선적으로 고려해야 한다.

이와 같은 사회감사에는 과거처럼 재무감사와 경영감사의 수준을 초월한 각 사항별 최첨단의 전문지식으로 무장된 과학적 분석활동이 요구된다. 탄소중립 이슈와 직결된 디젤차의 전기차 전환과 수질오염 방지, 사회책임 이슈와 직결된 산업재해로 인한 백혈병 발생과 가습기 살균제 피해, 지배구조 이슈와 직결된 이사회 구성과 운영실태 등을 확인하기 위해서는 전통적인 일반 감사인의 역량과 역할만으로는 사실 어렵기 때문이다.

기업의 비재무적 정보를 주로 활용하는 ESG 경영시대의 사회감사는 적용대상과 영역, 사용되는 방법론, 추구하는 목표, 감사활동의 내용, 접근방법 및 분석기법 등의 전문성에 있어서 기존의 재무관련 감사활동과는 완전히 다른 차원으로 발전되어갈 것으로 전망된다. 그러므로 ESG 경영, PRI 및 SRI 사회책임투자, 그리고 GRI Standards 등과 같은 글로벌 표준만 부르짖을 것이 아니라 감사선임 방식 등 기존의 감사실 역할부터 환골탈태하는 새로운 시대적 기회로 보아야 할 것이다.

6 기업의 사회적 과제

"기업은 과연 경제적 주체인가, 아니면 사회적 주체인가?" 기업은 가계·기업·정부라는 3대 경제주체 중 하나이자 갈수록 영향력이 커지고 있으며, 국민·영토·주권이라는 국가의 3대 요소 중 특히 국민의 부와 복지를 제공하는 시장경제의 핵심 주체이다.

> 그러므로 기업은 인류와 국민이라는 **전체 사회에 대한 책임**과 함께 구성원, 고객 및 사업관련 이해관계자 등 **산업 사회에 대한 책임**을 동시에 수행함으로써 시장경제 체제를 유지시켜주는 주체라 할 수 있다.

문제는 조직의 내부 구성원과 고객 및 이해관계자에 대한 사회적책임을 성실하게 수행하는 '**모범 기업**exemplary company'에서는 ESG 지표를 중심으로 글로벌 사회적책임수행 성과가 높게 나타날 수 있지만, ESG 지표에 대한 글로벌 사회적책임수행 성과가 높다고 해서 조직의 내부 구성원과 고객 및 이해관계자에 대한 사회적책임수행 성과가 항상 높게 나타나지 않는다는 것이다. 그만큼 ESG 역시 기업별 상황에 맞추어 적응해야 할 부분이 많다.

이는 국제적으로 표준화되어 일반적으로 적용할 수 있는 GRI 표준, SDGs, 그리고 ESG 기준 등은 **평가대상 기업의 사회적 영향력**, 그리고 **산업과 경제 및 국가별 특수성**에 따라 적용되는 **지표의 내용**과 특히 **지표별 가중치**가 달라져야 한다는 점을 시사한다.

단적인 예로 '착한 기업', '착한 경영'을 내세우고 있는 글로벌 ESG 경영의 문제는 과연 '착한 사람'이 항상 성공하는가? '착한 기업'이 항상 경쟁우위에 서는가? '착한 대통령'이 항상 사회정의를 바로 세워주는가? 하는 '**착한 신드롬**impact syndrome'이 오히려 인간과 기업과 사회의 발전에 걸림돌이 될 수도 있다는 것이다. 그러므로 글로벌 차원이든 국가별 또는 산업별 차원이든 '착한 모습'으로 워싱washing하려 하기보다는 기업경영의 '바른 모습', 즉 정도integrity와 윤리ethics가 그 기반이 되어야 할 것이다.

이처럼 ESG 경영은 윤리와 정도에 기반을 둔 법法으로 업業을 평가하고, 지속가능성 제고를 위한 환경적·사회적 책임을 다하면서 일상적으로는 관련 이해관계자들과 투명한 소통을 하는 기업의 새로운 경영전략으로 활용될 것이 요구된다.

실제로 ESG 중에서도 온실가스 감소와 탄소중립 등 환경적 이슈가 가장 포괄적이고 범세계적으로 모든 기업에서 함께 노력해야 할 부분이지만, 우리나라 기업으로서는 투명경영을 위한 기업의 지배구조 부분이 사회적 공감대로 부각되어 나타난다. 최근 엘지, 신세계, 한진칼 등에서는 ESG경영위원회 또는 지속가능경영위원회를 별도로 설치하고 있으며 기존에 투명경영위원회를 운영해 온 삼성, 현대, 기아, 효성 등도 ESG 위주로 활동의 방향과 내용을 새롭게 넓혀가는 모습을 동시에 살펴볼 수 있다. 그만큼 한국에서는 [지배구조의 재확립 → ESG 주요 사안의 실천 → 기업정보공개의 확대]라는 ESG 경영의 선순환 프로세스를 밟아가야 한다는 것이다.

╎ 기업의 사회적책임과 사회적 가치의 창출 ╎

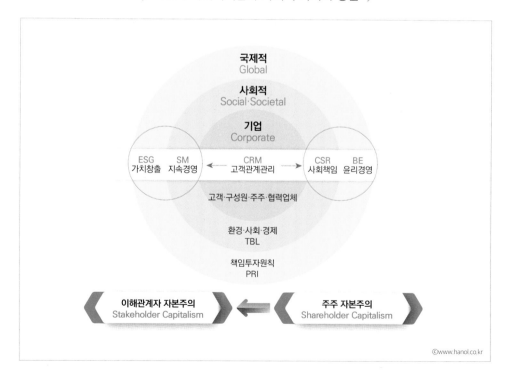

그러므로 ESG 책임투자 평가기준의 3대 영역에 있어서 통제하기 어려운 자연의 순환이치가 담긴 환경지표E는 모든 국가에서 **보편적** 잣대로 적용될 수 있지만, 인간의 자유의지가 담긴 사회지표S와 지표별 가중치는 국가별로 그 역사적·경제적·사회적 상황에 따라 **특수성**이 고려되어야 한다.

특히 **기업의 정도경영**이 담긴 지배구조지표G의 경우에는 기업규모와 관리방식, 그리고 인력 및 재무적 상태 등을 고려한 카테고리별로 ESG 지표들의 차별화된 **가중치**를 적용할 것이 요구된다. 예를 들면, 기업 스스로 종업원들의 자격과 능력에 부응하는 임금과 복리후생을 베풀 수 없을 경우에도 "**글로벌 ESG 기준을 그대로 적용해야 하는가**"하는 고민이 발생한다. 이때는 2004년 UNGC에서 제시한 ESG 기준의 원래 취지를 고려하면서 기업 내부 사회적책임으로서 종업원 관리에 대한 다양한 방안을 구상하도록 해야 할 것이다. ESG 경영에 있어서도 기업 외부에 존재하는 고객을 만족시켜주는 주체로서 조직 내부의 종업원이 가장 중요한 기업의 고객이기 때문이다.

특히 글로벌 차원의 ESG 책임투자 활동은 기업의 재무적 성과창출을 통한 주주이익 극대화라는 주주자본주의Shareholder Capitalism에서 탈피하여 다음 표에서 보듯이 이제는 윤리를 바탕으로 내부 종업원과 외부 고객은 물론 투자자를 포함한 모든 이해관계자와의 편익공유 및 기업의 사회적 환원활동과 관련된 비재무적 성과를 다루는 이해관계자자본주의Stakeholder Capitalism로 급속히 변해가는 연결고리 역할을 하고 있다.

내용과 시기	2000년 이전	2000~2015년	2015년 이후
중요도 순서 및 가중치 : 산출 활동	[S → G → E] → I Corporate Image : 기업 **이미지** 제고	[G → S → E] → V Hidden Value : 숨겨진 **가치** 발견	[E → S → G] → P Long-term Profit : 장기적 **수익** 창출
CSR, ESG의 시대적 진화	CSR (Bowen, 1953) → ESG (UNGC, 2004) → PRI (UN, 2006) → CSV (Porter, 2011) → SMI (GRI, 2016) → ESG-P (BRT, 2019) → ?		
핵심적 목표	사회책임 경영	공유가치 창출	ESG 지속가능성
수단적 전략 및 주창자	자선적 CSR 실천 : **보웬**. 드러커. 캐롤	상생적 CSV 실천 : 보겔. **포터**. 트레포	의무적 ESG 실천 : UNGC. ISO. GRI

최근 빌 게이츠의 저서[22]와 함께 지구온난화에 대응하기 위한 탄소 배출량 감소목표와 정확한 측정방법에 대한 관심이 부각되고 있다. 드러커의 표현처럼 "측정measure이 가능해야만 관리manage도 가능하다"는 것이다. CSR, CSV, ESG, SMISustainable Management Index 등 기업의 사회적 이슈를 전략과제로 다루는 미국 BRT2019[23]에서도 지속적 수익 창출을 위해서는 기업의 사회적 현상을 분석하고 측정하는 방법, 그리고 사회적 변화의 주체와 조직문화의 변화과정에 대한 이해부터 해야 한다는 점을 강조하고 있다.

이와 관련해서 "행동Behavior은 인간Person과 환경Environment의 상호작용으로 나타나며, 인간과 환경의 조건은 하나의 상황Situation으로 나타난다"는 레빈K. Lewin의 '장場 이론Field Theory [B=f(P·E)=f(S)]'과 "인간의 태도변화는 기존의 관습과 고정관념을 버리는 데에서 출발하여 『해빙unfreezing → 변화실천changing → 재결빙refreezing』의 프로세스를 거쳐 이루어진다"는 『변화의 3단계 모델Three Stage Change Model』을 통해 살펴볼 수 있다.

---

22) "빌 게이츠, 기후재앙을 피하는 법" (김영주 역, 2021): *How to avoid a climate disaster*. 본서에서 빌 게이츠는 ①매년 발생하는 온실가스 배출량 510억톤을 2050년까지 선진국부터 'NET ZERO(탄소 중립)'로 만들 것, ②탄소문명을 청정 에너지 문명으로 바꿀 '기술-정책-시장구조'를 만들 것, ③성장과 지구가 양립가능한 계획을 위해 정부와 기업 그리고 각자가 할 수 있는 일을 제시하였다.

23) BRT(Business Round Table)는 미국 200대 기업협의체로서 2019년 "고객에 대한 가치 제공, 종업원에 대한 투자, 협력업체와 공정하고 윤리적인 거래, 지역사회에 대한 공헌, 장기적 주주가치 창출 모두 기업의 필수 목적"이라며 "주주에 대한 봉사와 이윤 극대화라는 가치를 넘어 종업원과 고객, 납품업체 등 모든 이해관계자들에 대한 사회적 책무를 강화한다"는 성명서를 통해 '주주자본주의(Shareholder Capitalism)의 종언, 이해관계자자본주의(Stakeholder Capitalism)의 시작'을 표명했다.

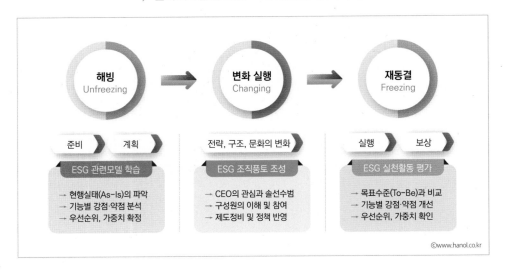

변화의 3단계 모델 - K. Lewin (1947)

기업의 사회적 성과를 평가하기 위해 시대를 달리하며 발전되어 온 사회성과표, 사회감사보고서, GRI 표준, SDGs 원칙, SRI, ISO26000 및 ESG 기준 등은 새로운 변화를 촉진시키기 위한 수단으로써 기업의 경영활동을 분석하고 평가하는 잣대로 제시된 것이다. 하지만 여기에는 분명 경영자, 관리자, 일반 종업원, 그리고 노동조합과 이해관계자 등 변화를 실천하는 주체집단들이 개입된 기업의 정치적, 그리고 전략적 게임이 나타나게 마련이다.

그러므로 ESG라는 『글로벌 비즈니스 게임의 법칙』이 부각될수록 경영자와 구성원들은 『환경 지킴이E-사회 돌봄이S-윤리 청지기G』라는 게임의 주체로서 기업경영의 재무적 성과와 관련된 비재무적 성과 지표를 활용하여 기업의 전체 사회적 가치societal value 창출 활동을 측정measurement·분석analysis·평가evaluation 및 개선improvement해 가야 한다. 전세계적으로 넓게는 기업의 사회책임CSR, 좁게는 기업의 사회책임투자SRI가 중요한 이슈로 부각되면서 ESG는 자산운용사와 기관투자자들의 관심을 넘어 정부차원에서도 지속가능한 사회를 위한 공급망supply chain 전반에 걸친 ESG 책임경영을 강조하고 있다.

이처럼 기업의 환경과 사회에 대한 책임 및 지속가능성을 위한 핵심지표로 ESG 기준이 확산되고 있는 것은 바람직한 현상이다. 이를 위해서라도 비재무적 성과를 다루는 ESG 관련 데이터의 투명성과 정확성, 그리고 기업의 **자발적 정보제공** 활동이 중요하며 이를 엄밀하게 측정하고 평가하는 과학적 분석방법의 개발과 확산이 뒷받침되어야 한다.

앞으로 탄소배출권 거래제, 탄소국경세 등과 직결된 온실가스 배출량 측정 하나만 하더라도 얼마나 많은 데이터의 조작과 법적 쟁송이 전세계적으로 난무할지 걱정되기 때문이다. 이미 유럽연합에서는 종업원 500인 이상의 기업에 대한 비재무적 정보의 공시를 의무화하였고 우리 또한 이를 따라가고 있다.[24]

앞에서 지적했듯이 기업의 비재무적 정보에는 필히 주관적 관점이 내포되어 있으므로 무엇보다 투명한 ESG 관련 정보공시가 윤리를 바탕으로 한 ESG 경영의 전제조건이라 할 수 있다. UN의 지속가능증권거래이니셔티브SSEI: Sustainable Stock Exchange Initiative 에서 밝히고 있듯이 ESG 관련 기업정보의 투명한 공시는 해당 기업들에게 다음과 같은 긍정적인 효과를 부여할 것으로 기대된다.

1. 기업활동의 투명성과 효율성을 입증함으로써 저렴한 자본조달이 가능
2. 비용절감·수익창출·위험회피 및 새로운 기회 포착으로 이윤과 성장추구
3. 환경·사회·경제에 미치는 CSR 수행으로 기업명성과 브랜드 가치 창출
4. 기업의 가치창출 역량관련 정보제공으로 이해관계자와 신뢰관계 구축
5. 투명한 정보제공과 공식적 보고 과정을 통해 투자자와 신뢰관계 개선
6. ESG 실천으로 사회적책임경영의 영향에 대한 우수한 평가결과 획득 등

기업으로서는 투명한 **정보공시**로 이처럼 다양한 효과를 누릴 수 있는 만큼 비재무적 성과에 대한 데이터의 축적과 정기적 공개로 지속가능성장을 위한 변화의 기회로 ESG를 다룰 것이 요구된다. 기업의 경영활동에 다양한 해답이 있듯이 ESG 경영에 있어서도 다양한 분석방법과 해석 방안을 모색해야 한다. ESG 경영의 실천을 위한 단 하나의 정답이 있다면 이는 정도경영, 즉 투명한 **윤리경영**이 요구된다는 것이다.

그러므로 친환경 식자재를 사용하여 국민건강을 지켜주는 식품을 만드는 기업경영자의 윤리와 철학이 중요하듯 ESG 경영에 대한 투명한 정보공시로 사회로부터 사랑받는 기업이 되도록 ESG경영보고서지속가능경영보고서부터 AI와 빅데이터, 그리고 메타버스 metaverse 시대에 부응하는 보다 흥미롭고 혁신적인 방법으로 작성해야 할 것이다.

---

24) EU에서는 500인 이상 기업대상으로 2014년에는 CSR, 2017년에는 ESG 정보공개를 의무화하였고, 2021년 3월에는 이를 연기금 대상에서 모든 금융회사로 확대하는 지속가능금융공시제도(SFDR: Sustainable Finance Disclosure Regulation)를 도입하였다. 한국은 금융위원회가 자산 2조원 이상 상장사 대상으로 2025년부터 ESG 정보공개 의무화를 예고하였다.

ESG 경영을
읽는다

Section 3

ESG 경영이
걸어온 길과 동반자

ESG 경영을
읽는다

우리의 모든 일상생활을 뒤흔든 코로나19 팬데믹은 첨단 IT인프라의 중요성을 새삼 일깨워 주었다. 학교 수업부터 온라인으로 이루어지고 메타버스metaverse도 나타났다. 기업 역시 온라인 상거래와 원격 근무제를 확산하고 있다. 한편 21세기 지식산업과 IMABCDIoT, Mobile, Artificial Intelligence, Bigdata & Blockchain, Cloud Service, Digital Transformation 기반의 4차산업혁명 시대는 또다른 차원의 창의적이고 도전적인 혁신을 요구하고 있다.

여기에는 새로운 지식격차와 일자리 격차에 의해 발생하는 사회적 불평등의 해소와 비윤리적 경영활동에 대한 엄격한 잣대도 부각된다. 특히 AI관련 첨단기술의 확산은 정보격차digital divide 현상을 넘어 지능격차intelligence divide라는 사회적·조직적 역량의 불평등 현상과 함께 기회균등에 어긋나는 일자리 격차의 심화도 우려된다.

| 전통적 학습과 인공지능 학습 |

기후온난화에 따른 환경적 재앙 역시 세계 곳곳에서 규모를 달리하며 발생하고 있다. 그래서 "인간이 만들어야 할 최고의 과학기술은 인간이 합의를 통하여 그냥 두고 지켜야 할 자연이다!"라는 역설적 패러다임이 더욱 설득력 있게 들린다.

시장경제의 지배적 위치에 있는 정부와 기업에서는 엄청난 데이터Data를 수집하여 정보Information를 만들고, 의사결정에 필요한 지식과 지능Knowledge & Intelligence을 창출하고, 기회선점과 실용적 지혜Practical Wisdom로 새로운 시장을 개척하고 지배적 위상을 차지하기 위한 독점적 **지식흡수역량**Knowledge Absorptive Capacity을 키워가고 있다.[25]

　그 결과 **MAGA**Microsoft, Amazon, Google, Apple부터 일반 기업들이 따라가기 어려운 지능격차를 가속시키고 지구환경은 갈수록 몸살을 앓고 있으며 상생을 외면한 역기능적 사회갈등 역시 보이지 않는 **비용**hidden costs을 급증시키고 있다. 논리를 앞세운 학자들은 이윤추구와 주주자본주의에 따른 **시장의 실패**와 이념지향에 따른 **정부의 실패**를 지적하지만 일반 우리 국민들의 정서적 평가는 사회적책임과 사명을 도외시한 기업의 지배구조와 정경유착 등 사업가의 **비윤리적 경영** 활동을 그 주요 화근으로 지적한다.

║ 경영이란 무엇인가? - Peter F. Drucker ║

　그렇다면 '기업이란 무엇이며, 무엇이 되어야 하는가?', '우리의 사업은 무엇이며, 무엇이 되어야 하는가?' 이는 현대 경영학의 아버지로 불리는 드러커Peter Drucker가 1954년 그의 저서 '**경영의 실제**The Practice of Management'에서 던진 이후 고객창출, 목표관리, 그리고 강점

---

25) Murad Ali and Kichan Park (2016), "The mediating role of an innovative culture in the relationship between absorptive capacity and technical and non-technical innovation", *Journal of Business Research*, vol.69, no.5, pp.1669~1675.

강화를 중심으로 평생 고민했던 화두이기도 하다. 그만큼 기업과 사업의 본질 및 기업 본연의 역할에 대한 정의를 내리기란 결코 쉬운 과제가 아니다.

시간Time과 정보Information와 인지Cognition 능력의 한계 때문에 "인간의 의사결정 활동에는 항상 제약이 따른다"는 사이먼Herbert Simon의 **제한된 합리성**bounded rationality 이론처럼 기업은 최선을 추구하되 차선책으로 사업을 영위하는 경영자의 실용적 지혜를 요구한다. 기업의 사회적책임을 바라보는 관점 역시 현장에서 뛰고 있는 구성원들의 이해와 실천 현장을 살펴보지 않으면 숫자라는 가면에 가리워진 재무제표, 즉 재무적 성과만 찾는 합리성rationality·민주성democracy·정당성legitimacy의 한계를 갖게 될 것이다.

합리성의 한계 - Herbert A. Simon

정도경영integrity management 또한 지속가능경영을 위한 구성원의 현명한 의사결정 활동에서 나오는 것이지 최고경영자 한 사람의 결단으로 확립되는 것은 아니다. CSR과 GRI, SDGs, ESG 기준, 그리고 이해관계자에 대한 책임과 지속가능경영에 대해 우리가 지혜롭다면 경영자만이 아닌 구성원 모두가 이를 실천하는 주인공이 되어야 할 것이다.

실제로 인간은 백세시대를 바라보는데 비해 지속가능성장을 강조하는 기업의 평균수명은 정작 한 세대 30년에도 못 미친다.[26) 시장과 고객 창출로 매출과 이익을 올리면 승승장구할 수 있다는 마이클 포터Michael Porter의 경쟁전략competitive strategy도 장수기

---

26) 맥킨지 컨설팅에 의하면, 기업의 평균수명이 1930년대에는 90년, 1970년대에는 30년, 1990년대에는 22년, 그리고 지금은 15년도 안 된다고 한다.

업의 충분조건이 되지는 않는다. 특히 우리나라의 경우, 입지전적인 창업가의 노력으로 성공한 기업은 많지만 사회로부터 **사랑받는 기업**은 정말 보기 드물다.

한 예로 국제투명성기구TI: Transparency International에서 평가한 한국의 **부패인식지수**CPI: Corruption Perception Index가 최근 다소 개선되고는 있지만 덴마크나 뉴질랜드에 비하면 청렴도 수준은 여전히 낮은 상태이다. 특히 정경유착과 노조귀족의 관행을 떨쳐버린 패러다임 전환과 함께 정도경영을 하는 곳을 찾는 것은 정말 쉽지 않다.

우리나라 부패인식지수 - 국제투명성기구(100점 만점 기준)

		2012	2013	2014	2015	2016	2017	2018	2019	2020
부패인식 지수 (CPI)	점수	56.0	55.0	55.0	54.0	53.0	54.0	57.0	59.0	61.0
	대상국	176	177	175	168	176	180	180	180	180
	순위	45	46	44	43	52	51	45	39	33
OECD	회원국	34	34	34	34	35	35	36	36	37
	순위	27	27	27	28	29	29	30	27	23

자료원: 부패인식지수(CPI), 국제투명성기구(TI, 2021)

> 덴마크의 기업가나 경영자들은 공무원을 만날 이유가 없다고 한다. 필요하면 변호사가 만나면 되기 때문이다. 하지만 **"규제 위에 관료 있다"**는 말처럼 한국에는 규제도 많지만 관료 권력의 횡포는 사업현장에서 청와대에 이르기까지 비일비재하다.

그래서 우리 기업가와 경영자들은 담당 공무원을 만날 이유가 너무나 많다. 필요하면 인맥관계도 스스럼없이 내밀면서 말이다. 기업이 고객과 사회가 아닌 정계와 관계로부터 미움을 받지 않으려면 어떻게 해야 하는 지부터 알아야 하는 인맥중심 사회라는 것이다.

> 사회책임투자SRI를 평가하기 위한 ESG 기준 역시 기업 자율적 차원의 정도경영 확립보다는 지표관리와 평가점수에 매달린다면 이 또한 기업역량 강화를 저해하는 새로운 규제이자 관료집단과 우후죽순처럼 나타난 컨설팅 조직과 ESG 평가기관이 주도하는 또 다른 권력의 횡포만 더 할 수 있다.

사회적 논란으로 강조되는 이슈는 그 논지가 **사회적 공감**으로 사라질 때 해결된다. 공정을 간절히 외치는 주장들이 사라질 때, 사외이사 구성에 여성쿼터가 사라질 때, 유리천정이라는 말이 사라질 때, 그리고 ESG가 더 이상 강조되지 않을 때 실현된다. ESG 기준 없이도 기업 구성원 모두가 사회책임과 지속경영을 실천한다면 야단스럽게 이를 강조할 필요가 없기 때문이다. 다음에서 보는 경영학의 발전과정별 논지도 마찬가지다.

│ 경영학의 발전과정과 ESG 경영의 태동 │

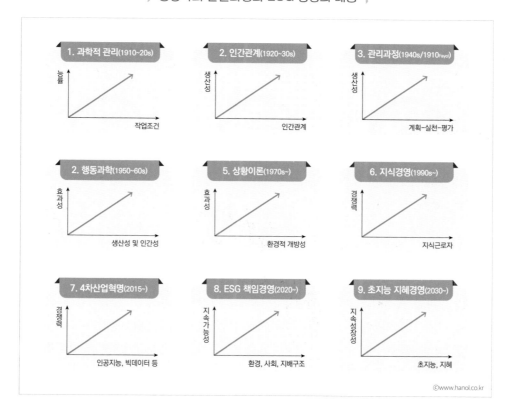

1910년대 테일러F.W.Taylor의 과학적관리법이 나타난 이후 시대를 달리하며 조직의 능률과 생산성 향상, 효과성 제고, 그리고 시장에서의 경쟁력 강화를 목표로 다양한 방안이 투입요인으로 강조되어 왔었다. 4차산업혁명 시대에 지구환경보호와 기업의 지속가능성을 강조하는 ESG 경영 역시 단순히 투자자 중심의 책임투자에 한정될 것이 아니라 인공지능Artificial Intelligence, 빅데이터Big Data, 클라우드 서비스Cloud Service 등 첨단 기술의 발전과 병행하는 전략경영 차원에서 ESG의 미래상을 살펴볼 것이 요구된다.

1 ESG 경영이란 무엇인가?

ESG는 사회책임투자SRI-Socially Responsible Investing, 지속가능투자SI-Sustainable Investment 관련 기업의 미래 투자수익성ROI: Return on Investment 및 위험성Risk에 대하여 **투자자가 잠재적 투자대상을 선별할 때 사용하도록 권고**하는 일련의 기준을 제시한 세가지 핵심요소이다. ESG가 출현하게 된 배경에는 다양한 역사적 과정이 담겨있다.

│ 기업의 사회책임 및 지속가능성장을 위한 ESG 평가지표 예시 │

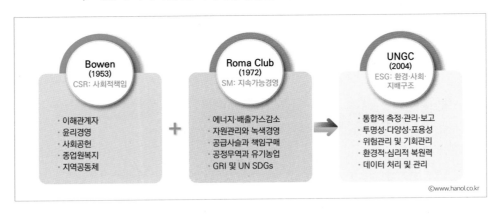

ESG 성과를 측정하고 비교하기 위해 **투자자로서 자산운용사 및 금융기관에서는 주로 ESG 전문평가기관에 의존한다.** 문제는 세계적으로 유명한 ESG 평가기관도 자신들이 만든 평가지표로 ESG 수준을 측정하므로 아직까지 노력은 하고 있지만, 하나로 확정된 ESG 국제표준이 형성된 상태가 아니라는 것이다.

최근에는 ESG 평가에 AI와 빅데이터를 활용하고 있는데 ESG 평가잣대의 강점과 약점은 바로 여기에서 나타난다. 즉, 투자자의 의사결정 기준으로는 책임투자 평가지표가 다양하게 제시되고 첨단의 분석기법을 활용하는 장점이 있으나 책임투자 의사결정의 주체로서 **투자자의 역할**과 그들의 윤리적 가치관에 대한 논의 및 엄밀한 **측정기법**에 대해서는 아직 매우 미흡하다는 단점이 존재한다는 사실이다.

기업이 사회적책임과 지속가능경영을 어느정도 잘 수행하는가를 환경경영E, 사회책임S, 지배구조G 등 3대 섹터를 중심으로 평가하는 ESG 기준은 UN 주도의 **책임투자원칙**PRI: Principles for Responsible Investment에서 잘 보여준다. 하지만 PRI에서 제시한 지표의 범위가 너무 광범위하고 업종에 따라서는 AI와 빅데이터로도 평가가 불가능한 정성적 지표들이 포함되어 있으므로 산업별·업종별·규모별, 그리고 국가별·지역별 그리고 카테고리별로 정성·정량 지표를 구분하고 비교하는 방법 또한 매우 중요하다.

│ 사회책임투자(SRI)를 위한 PRI의 ESG 기준 예시 │

ESG와 관련하여 학계는 물론 업계에서 제시하고 있는 근본적인 질문은 "과연 ESG 수준이 높을수록 기업의 미래 수익성과 성장성 등 재무적 성과가 높게 나타날 것인가?", 그리고 "ESG 수준이 높을수록 기업의 당면한 위기대응과 지속가능성 등 비재무적 성과가 높게 나타날 것인가?" 하는 **ESG 수준과 기업 경영성과 간의 관계**에 대한 것이다.

이에 대해서는 1990년대까지만 하더라도 '전연 그렇지 않다'고 나타났었다. 하지만 2000년대 이후에는 상호 긍정적인 인과관계가 확연하게 증명되고 있다.[27) 이는 ESG 관련 세부 지표들이 기업의 사회적 성과를 보여주는 잣대로 적합하며, **"사회적 성과가 높은 기업이 경제적 성과도 높게 나타난다"**는 중요한 시사점을 던져준다.

전세계적으로 기업의 사회책임경영, 지속가능경영, 그리고 ESG 책임경영에 대한 관심이 고조되고 있다는 사실은 투자기관 및 금융기관에서 투자의사결정시 ESG 성과를 중요한 잣대로 고려하는 비율이 2016년 17%에서 2019년 36%로 급속하게 증대한데서도 알 수 있다. 마치 기술발전은 IoT[I], 모바일[M], 인공지능[A], 빅데이터와 블록체인[B], 클라우드 서비스[C], 디지털 트랜스포메이션[D], 그리고 투자기준은 ESG[E]가 주도한다는

---

27) Mckinsey & Company (2020), "The ESG premium: New perspectives on value and performance"

『IMABCDE』 시대에 특히 인공지능기술AIT과 사회책임투자SRI가 기업의 지속가능성 평가방식을 결정할 양상이다.

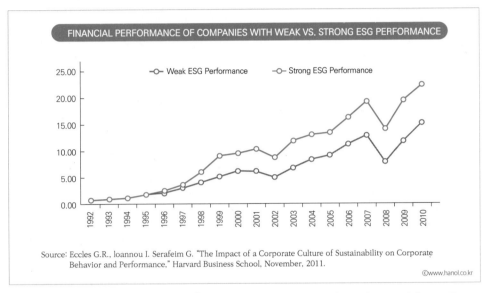

∥ ESG 성과수준이 기업의 재무적 성과에 미치는 영향 ∥

자료원: Eccles R., Ioannou I., Serafeim G., "The Impact of a Corporate Culture of Sustainability on Corporate Behavior and Performance." *Harvard Business School*, November 2011

우리나라도 상장기업과 공공기관에서 지속가능보고서, 환경보고서, 탄소경영보고서, 환경사회보고서, 사회책임경영보고서, UNGC이행보고서CoP: Communication on Progress, 사회공헌활동보고서 등 다양한 이름의 지속가능성관련 보고서를 발간해 왔지만 소위 '좋은 기업', '착한 기업'이라는 모범기업 선별을 위한 ESG 경영평가로 통합될 전망이다.

하지만 결론을 내리기에는 아직 이르다. 우리에게 유가공식품업체로 잘 알려진 프랑스의 다논Danone에서 ESG를 경영원칙으로 수행해 왔지만 회사의 재정이 오히려 악화되자 CEO 파베르Emmanuel Faber를 해고한 사례, ESG는 역시 기업 홍보차원에 지나지 않는다는 비판, 그리고 무엇보다 사업특성상 탄소배출량이 심각한 철강과 화학 등의 사업체에서 ESG 평가결과가 오히려 높게 나타나는 사례 등이 아직도 계속 나타나고 있기 때문이다.

한국에서는 DJSI, MSCI, EcoVadis, Sustainalytics, WEF, GRI 등 국내외 주요 평가기관 등의 3,000개 이상 지표와 측정항목을 통해 한국형 『K-ESG』 모델을 제시하였다.[28] 하지만 포지티브 스크리닝으로 기업의 동기유발을 촉진하기 보다 공공기관 경영평가하듯 ESG 평가와 통제를 주도하려는 관료적 발상도 엿보인다. 그만큼 "지표 간 상충이나 중복 여부, 그리고 ESG 평가를 군이 정부가 주도해야 하는가?"하는 보다 본질적인 논쟁이 제기된다.

| 한국형 ESG (K-ESG) 지표의 주요 내용 - 산업통상자원부, 2021.12.01 |

구분	주요 항목 (4개 영역, 총 61개 진단 항목)		
정보공시 (5개 문항)	ESG 정보공시 방식	ESG 정보공시 주기	ESG 정보공시 범위
	ESG 핵심 이슈 및 KPI		ESG 정보공시 검증
환경 (17개 문항)	환경경영 목표 수립	환경경영 추진체계	원부자재 사용량
	재생 원부자재 비율	온실가스 배출량 (Scope 1, 2)	온실가스 배출량 (Scope 1)
	온실가스 배출량 검증	에너지 사용량	재생에너지 사용 비율
	용수 사용량	재사용 용수 비율	폐기물 배출량
	폐기물 재활용 비율	대기오염물질 배출량	수질오염물질 배출량
	환경 법/규제 위반	친환경 인증 제품 및 서비스	
사회 (22개 문항)	목표 수립 및 공시	신규 채용	정규직 비율
	자발적 이직율	교육훈련비	복리후생비
	결사의 자유 보장	여성 구성원 비율	여성급여비율(평균급여액 대비)
	장애인 고용율	안전보건 추진체계	산업재해율
	인권정책 수립	인권 리스크 평가	협력사 ESG 경영
	협력사 ESG 지원	협력사 ESG 협약사항	전략적 사회공헌
	구성원 봉사 참여	정보보호 시스템 구축	개인정보 침해 및 구제
	사회 법/규제 위반		
지배구조 (17개 문항)	이사회내 ESG안건 상정	사외이사 비율	대표이사 – 이사회의장 분리
	이사회 성별 다양성	사외이사 전문성	전체 이사 출석율
	사내 이사 출석률	이사회 산하 위원회	이사회 안건 처리
	주주총회 소집 공고	주주총회 집중일 이외 개최	집중/전자/서면 투표제
	배당정책 및 이행	윤리규범 위반사항 공시	내부 감사부서 설치
	감사기구 전문성 (감사기구내 회계/재무 전문가)		지배구조 법/규제 위반

---

28) 2021년 4월 21일 산업통상자원부에서 한국생산성본부팀과 마련한 『K-ESG』 모델 초안을 제시한 이후 환경분야 지표 (14개 → 17개)를 보다 강화하여 2021년 12월 1일 확정 가이드라인으로 공표함

민간주도로 실태와 의견을 종합하고 이를 ESG 국제기준과 비교해 가면서 한국적 상황에 맞게 마련해야 할 지표를 성급하게 제도로 통제하는 방안부터 제시한 정부방침은 **규제와 네거티브 스크리닝** 위주로 ESG 지표를 활용하려는 양상으로 해석된다. 글로벌 경쟁 하에서 기업은 남들이 하는 방식보다 남들과 다른 모습으로 **차별화**하는 전략이 성공의 관건, 즉 핵심요인으로 강조된다. 여기에는 ESG 경영전략 역시 예외가 아닐 것이다.

기관별 ESG 평가의 방법 및 체계 - 딜로이트 컨설팅			
평가명	평가방법	평가척도	평가항목
EcoVadis: 공급업체 CSR평가	평가플랫폼 활용 협력사 제출 자료 기반으로 평가	100-0 스코어카드	• 5대 주제: 일반(3), 환경(5), 노동관행 및 인권정책(9), 공정한 서비스 관행(7), 지속 가능한 조달(6문항) 등 총 39개 CSR 질문
DJSI: S&P 신용평가	피평가자의 질문에 대한 답변으로 평가: 공통평가항목과 산업별 항목을 구분	0-100	• 공통평가항목: 지배구조, 윤리경영, 리스크 관리, 공급망 관리, 환경성과, HRD, 정보공개 • 산업별항목: [예: 금융] ESG분석틀 구축, ESG 상품·서비스 명칭 및 금액 공시 등
CDP: 기후, 수자원, 산림자원평가	피평가자의 질문에 대한 답변으로 평가: 환경관련 3대 영역	A-D, F	• 기후변화: 온실가스배출, 지배구조, 전략/목표 • 산림: 삼림훼손, 원자재의존도, 정책/의사결정 • 물: 물 중요도, 정책/의사결정구조, 취수량
MSCI: ESG평가	ESG 37개 이슈대상 공개정보로 평가(피평가자 검증참여)	AAA-CCC (리더-부진)	• 환경: 탄소배출, 전자폐기물, 친환경기술기회 • 사회: 인적자원개발(HRD) • 지배구조: 이사회, 급여, 소유권 통제 등
Sustainalytics :ESG위험평가	공개된 정보로 평가 (피평가자 검증참여)	0-100 (무시-심각)	• 지배구조, 산업별 주요 ESG 이슈, 특수사건 평가 (각 산업별 최소 70개 항목 평가)
Bloomberg: ESG공개평가	공개된 정보로 평가 (회원가입자만 사용)	0-100	• 에너지&배출, 폐기물, 여성임원, 이사회 독립성, 임직원 사고, ESG 정보공시의 투명성
ISS: 품질평가	공개된 정보로 평가 (피평가자 검증참여)	1-10 (위험 수준)	• 이사회 구조, 보수, 주주권리, 감사 및 리스크 관리 등 4대 영역의 230여개 평가

정부주도로 표준화된 평가지표를 적용하는 것은 상황과 시대에 따라 탄력적으로 추진해야 할 기업의 전략경영 활동을 오히려 규제할 가능성이 높다. 다행히 아직은 ESG 책임투자 또는 ESG 경영전략 모두 도입 초기단계에 있으므로 해외사례처럼 보다 신중한 정부의 자세가 요구된다. 이는 딜로이트 컨설팅Diloitte Consulting에서 작성한 ESG 평가관련 기관별 비교사항을 통해서도 ESG 평가방법의 다양성을 여실히 알 수 있다.

"악마는 디테일에 있다"는 말처럼 한국형『K-ESG』의 주요지표에 공감은 하지만 구체적으로 각양각색의 개별기업에 이를 적용하여 측정·평가 및 운영하는데 있어서는 새로운 규제와 관료의 횡포가 우려된다. 결국 투명한 정보공개부터 독려하고 지원해야 할 정부가 설익은 K-ESG 지표를 제시한 점 자체가 마치 루소J.J.Rousseau가 정부와 관료의 오만함을 지적한 **권력의 횡포**를 떠올리게 한다.

한 예로 **지속가능경영보고서** 작성의 글로벌 표준으로 활용되고 있는 GRI의 ESG관련 기준과 SASB지속가능회계기준위원회: Sustainability Accounting Standards Board의 기준을 비교하면 정보공개의 대상과 내용 및 분류방식이 달리 나타난다. 즉 GRI는 구체적 이슈보다는 글로벌 차원에서 보다 폭넓은 관점으로 기준과 지표를 제시한데 비해 SASB에서는 각 분야별 특정 정보에 대해 재무적 관점으로 세밀하게 살펴볼 수 있는 지표를 제시한다.

과연 우리나라 정부에서 이를 모두 반영한『K-ESG』로 향후 어떻게 개선해 가며 적용할 것인지도 의문이다. GRI에서는 이미 GRI, IIRC, SDGs 및 SASB 표준을 모두 결합한 평가 프레임워크도 제시하고 있으므로 항상 이를『K-ESG』의 기본모델로 고려해야 할 것이다.[29]

GRI 기준과 SASB 기준의 ESG 추진방식 비교		
	GRI 기준 - 조직차원	**SASB 기준 - 재무차원**
지속가능성 주요이슈	이해관계자 및 ESG 영향요인	재무관련 주요 ESG 영향요인
기준정립의 형태	주제별 기준	산업별 기준
정보공개의 대상	이해관계자 전체 대상	투자자 대상
정보공개의 요구사항	정량·정성지표, 지침, 관리, 정책	정량·정성지표
GRI 및 SASB 기준의 병행적 사용을 권장	GRI의 포괄적 조직지표와 SASB의 세부적 재무지표를 함께 활용하면 기업의 주요이슈와 책임경영 활동을 모두 파악 가능	

---

29) GRI 기준은 조직전체, SASB 기준은 재무 이슈 중심이므로 상호보완적으로 활용되어야 한다는 연구결과 참조 (GRI and SASB reporting 'complement each other' – *GRI News Center*, 8 April 2021)

한편 ESG 경영평가를 정부가 주도하더라도 프랑스의 사회학자 크로지에Michel Crozier 의 주장처럼 "제도만으로 사회를 바꿀 수는 없다".[30]

그러므로 정부는 지원 및 감독자 역할에 충실하고, ESG 경영관련 제도의 정립과 운영은 민간주도로 글로벌 표준을 근간으로 하되 우리나라 산업구조와 기업현실에 적합한 『K-ESG』 모델로 꾸준히 보완해 가면서 구축할 것이 요구된다.

② ESG 경영의 태동과 확산

ESG 본연의 관점은 기후온난화 방지, 불평등 해소, 공정사회 구현, 기업의 투명경영 등을 강조한 데 있지만 최근의 관심은 사회책임투자SRI 관점에서 ESG 모범기업Impact Company 즉, 투자대상기업을 선정하는 기준으로 활용하는데 있다.[31]

공식적 용어로 ESG는 코피 아난Kofi Annan 당시 UN 사무총장1997~2006이 주도하여 2005년초에 공표한 『UNGC: The Global Compact』의 "Who Cares Wins-Connecting Financial Markets to a Changing World"라는 다국적팀 연구보고서에서 처음 사용되었다.

"우리의 금융시장을 변화하는 세계로 연결한다"라는 표지 문구처럼 본 보고서의 내용은 기업 분석, 자산관리, 주식거래 등에 있어서 기업의 환경Environmental, 사회Social, 그리고 지배구조 Governance 관련 문제를 통합적으로 다루기 위한 권고사항을 담고 있다.

UNGC 보고서에 제시된 ESG기준은 사실 새로운 것이라 하기 보다는 1990년대 초 투자자 관점으로 의사결정을 하자는 **사회책임투자**SRI-Socially responsible investing 운동에서 나온 것이다. 여기에서 사회책임투자는 1950년대 미국을 중심으로 태동한 기업의 사회

---

30) Crozier M. (1982), *On ne change pas la société par décret*, Le Livre de poche, France: 지도자와 구성원들의 역할이 제도보다 더 중요하다는 것이다 (박기찬, 조직정치론, 1993, 경문사)

31) Impact Investment: 수익을 창출하면서 동시에 환경적·사회적 성과를 달성하는 투자

적책임CSR 운동에서 나온 하나의 투자기준이다.

- CSR 운동은 1921년 미국 국세청이 기업의 사회적 기부행위가 종업원의 기대에 부응할 경우 세금혜택을 받을 수 있도록 하면서 기업의 사회에 대한 기부나 자선 활동으로 시작되었지만 1950년대 초까지만 해도 주주에게는 직접적인 이익이 되지 않는다는 주주자본주의에 눌려 거의 활성화되지 않았었다.

- SRI 운동은 "술, 담배, 총기류 기업에는 투자하지 않는다"는 윤리적 투자Ethical Investment, "인권보호 등을 고려하지 않는 기업에는 투자하지 않는다"는 사회적 투자Social Investment, "환경보존을 저해하는 기업에는 투자하지 않는다"는 환경적 투자Eco-Investment 등 대부분 제척적격성 심사 기준을 적용한 **네거티브 스크리닝**Negative screening에 초점을 둔 특징이 있다.

- ESG는 2001년 분식회계로 파산한 엔론Enron 사태가 기업의 윤리적 투명경영에 대한 중요성을 부각시키자 이를 기업의 지배구조 지표로 포함한 UNGC의 보고서 'Who Cares Wins'의 핵심내용으로 정립되면서 국제적으로 공식화되고 확산일로에 있다. 그러므로 SRI와 ESG 기준은 기업의 재무적 성과와 관련된 비재무적 성과를 평가하기 위해 한우물에서 나온 지표라 할 수 있다.

최근 추세를 보면 SRI는 **사회적 선별활동**social screening 중 네거티브 스크리닝Negative Screening에 초점을 둔데 비해 ESG는 사회적책임을 잘 수행하는 모범기업을 적극적으로 투자대상에 포함시키자는 **포지티브 스크리닝**positive screening에 초점을 두고 있다. 주요 연구결과에서는 포지티브 스크리닝에 의해 선별된 ESG 모범기업들이 상대적으로 낮은 경영 리스크와 장기적으로 안정적인 성장을 보여준다.[32]

ESG의 확산에 따라 기관투자자와 금융기관들 역시 포지티브 스크리닝에 의한 모범기업 선별 및 투자에 더 많은 관심을 둔다. 하지만 포지티브 스크리닝에서 도출된 기업의 선업善業 활동이 결코 네거티브 스크리닝에서 파악된 악업惡業 행위를 그대로 상쇄할 수는 없다는 점을 분명히 인식해야 한다. 이는 한 언론매체에서 발표한 국내 500대 상장사의 업종별 ESG 평가점수를 해석할 경우에도 매우 중요한 평가 및 선정기준이 되어야 한다.

---

32) Friede et al., 2015; Kumar et al., 2016.

다음 표에 나타나 있듯이 과연 아시아나항공52.06점과 대한항공52.02점의 ESG 점수로 책임투자 의사결정을 할 수 있는가? 과연 삼성바이오로직스59.43점보다 ESG 점수가 높은 한독68.54점에 더 많은 투자자의 관심과 유인이 이루어질 것으로 보는가? 그리고 "악재가 호재를 구축한다"는 투자자들의 일반적인 관점을 어떻게 고려해야 할 것인가?

국내 500대 상장사 업종별 ESG 점수 톱5(E=환경, S=책임, G=투명경영)

(단위 점)

섹터	기업	ESG	E	S	G	섹터	기업	ESG	E	S	G
금융 및 지주사	JB금융지주	61.93	47.82	58.17	64.19	운송	현대글로비스	64.09	53.68	59.40	59.65
	KB금융	61.79	59.70	57.13	57.45		팬오션	52.52	45.34	50.27	57.00
	신한지주	59.72	71.07	47.44	53.88		HMM	52.46	46.52	61.66	54.92
	두산	59.41	65.90	63.54	53.11		아시아나항공	52.06	57.89	48.69	44.60
	우리금융캐피탈	58.72	47.82	47.53	61.71		대한항공	52.02	56.12	49.16	46.14
제약·바이오	한독	68.54	66.83	60.78	60.04	유통·서비스	강원랜드	61.71	67.32	60.81	53.91
	유한양행	67.45	76.17	55.28	55.95		신세계	59.34	60.08	50.87	60.29
	한미약품	63.64	68.30	65.00	53.42		현대백화점	58.63	55.45	56.81	55.89
	종근당	60.96	72.63	49.80	49.42		스카이라이프	57.98	47.75	56.58	58.54
	삼성바이오로직스	59.43	58.78	64.81	50.44		CJCGV	57.68	57.80	53.01	55.25
산업재	LS ELECTRIC	63.45	58.64	66.02	55.20	자동차·전자제조	만도	66.60	59.40	69.19	58.70
	한화에어로스페이스	63.21	60.93	55.37	60.07		현대모비스	61.48	58.43	64.62	56.45
	LIG넥스원	60.18	57.16	58.98	51.82		현대위아	59.06	57.77	61.01	56.31
	한국항공우주	59.73	57.27	60.16	54.60		넥센타이어	57.96	54.74	52.77	56.72
	한온시스템	59.50	58.18	49.68	59.58		SNT모티브	55.93	57.12	50.93	48.38
종합상사·서비스	포스코인터내셔널	63.39	50.84	62.44	60.94	정보통신기술	삼성에스디에스	63.94	70.69	68.76	54.05
	SK네트웍스	59.30	65.28	62.05	49.43		SK텔레콤	61.09	63.34	58.60	55.37
	삼성물산	55.99	68.95	54.71	48.29		현대오토에버	59.36	61.27	55.30	57.77
	코웨이	55.46	52.39	58.74	56.11		롯데정보통신	58.07	56.89	58.18	56.18
	LG상사	53.20	49.83	51.66	53.15		포스코 ICT	57.22	50.52	51.20	58.56
소재	LG하우시스	60.12	55.15	62.69	57.04	음식료·화장품	LG생활건강	63.07	62.77	59.27	59.65
	SKC	60.10	55.22	62.47	59.86		롯데제과	61.40	57.12	53.59	59.58
	쌍용양회	58.68	53.81	63.33	55.55		롯데푸드	60.29	55.90	55.82	58.94
	롯데정밀화학	58.04	51.69	60.96	59.44		삼양사	58.98	58.27	57.63	50.35
	풍산	57.96	55.16	54.39	56.79		매일유업	57.24	54.63	50.54	57.28
에너지	한국지역난방공사	57.38	56.03	56.74	53.64	전자부품	삼성전기	65.56	61.24	59.63	61.74
	에쓰오일	55.55	53.31	58.54	56.23		LG이노텍	63.88	66.24	59.06	52.36
	한국가스공사	55.52	56.22	57.07	47.37		DB하이텍	62.97	55.36	60.62	63.65
	SK이노베이션	53.82	55.07	49.61	57.26		주성 엔지니어링	60.61	64.67	49.43	52.13
	SK가스	52.68	47.92	53.60	54.78		한화시스템	60.39	57.24	59.09	61.38

자료: 2021년 3월 15일 기준, 자료 = 지속가능발전소

ESG 경영을 읽는다 - 제1부. ESG 경영의 철학과 모범사례

최근 여러 ESG관련 평가기관에서AI알고리즘으로 엄청난 기업뉴스 데이터를 분석하여 선업강점에 해당하는 ESG 성과performance 점수와 악업악점에 해당하는 ESG 리스크Risk 점수를 모호하게 합산한 점수를 공표하고 있다. 이는 허쯔버그Frederick Herzberg의 2요인 이론Two-Factor Theory에서 만족요인 점수와 불만족요인 점수를 구분하여 평가하듯이 상호 별도로 평가되어야 할 사항이지 원래 합산의 대상은 아니다. 최고의 ESG 점수를 받은 모범기업도 한 때 미국 7대 기업으로 성장했던 엔론Enron이나 월드콤MCI World-Com처럼 분식회계라는 하나의 악업으로 한순간에 파산할 수도 있기 때문이다.

바로 여기에서 고객을 위한 가치창출보다 투자자를 위한 가치창출을 강조하고 있는 **ESG 책임투자의 제한된 합리성**Bounded Rationality이 평가결과에 대한 해석을 더욱 어렵게 만들고 있다. 한마디로 기업으로서는 투자자의 눈치를 보는 ESG 경영도 중요하지만 "기업이란 무엇인가?", 그리고 "기업은 무엇이 되어야 하는가?"하는 보다 근본적인 질문에 답하듯 기업은 이윤창출의 사명을 사회적책임수행과 고객을 위한 혁신활동을 통하여 실천하고 또 실천하도록 해야 한다는 것이다.

1. 사회책임경영에 대한 관심

1953년 보웬Howard Bowen의 저서 "기업인의 사회적책임Social Responsibility of the Businessman", 그리고 1954년 드러커Peter Drucker의 저서 "경영의 실천The Practice of Management"은 기업의 사회적책임에 대한 정의와 필요성을 제시한 원전이라 할 수 있다.

> "사회가 기업인에게 기대하는 책임은 무엇인가?"라는 명제와 함께 하워드 보웬은 "사회적 책임이란 사회의 목표와 가치에 부응하는 정책과 의사결정을 따라야 하는 기업인의 의무"라고 정의하였다. 즉, 기업인은 재무적 손익을 뛰어 넘는 포괄적 차원에서 자신의 행위 결과에 대한 책임을 지는 **사회적 양심**social consciousness을 갖추어야 한다는 점을 강조한 것이다.

한편 피터 드러커는 "기업은 이윤Profit 추구와 사회적책임Responsibility을 동시에 수행함으로써 새로운 사업의 기회를 포착하고 잠재적 고객창출을 위한 혁신Innovation 활동을 지속적으로 실천해야 한다"는 『이윤P·책임R·혁신I』 즉, P·R·I 삼위일체를 진정한 경영의 실천사항으로 강조하였다.

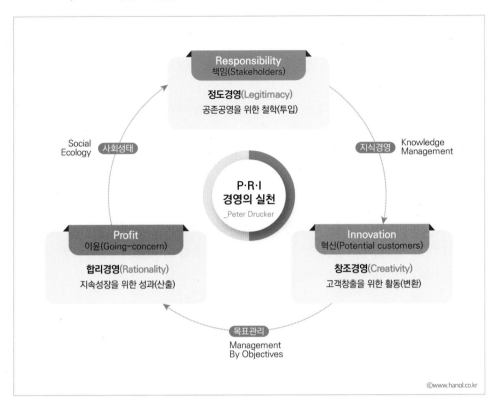

드러커에 의하면 기업 본연의 과업은 이윤의 추구와 고객의 창출로 지속적 성장을 하는데 있지만, 기업의 영향력이 유례없이 커진 오늘날 기업은 자신의 권력이 커질수록 더 큰 사회적·환경적 책임을 져야 한다는 것이다. 드러커는 "주주는 기업을 떠날 수 있지만 사회는 항상 기업과 동행하므로 기업이 책임을 수행하지 않는 만큼 결국 사회가 고통을 받게 된다"는 표현으로 미국식 주주자본주의의 한계와 속성을 비판하면서, 기업인은 사회적 리더로서 '올바른 일'을 수행해야 하며 주어진 이윤창출만 추구해서는 안 된다Management is doing 'Things right', Leadership is doing the 'Right things.'는 기업의 **정도경영**을 피력하였다.

이러한 논지 덕분에 기업도 드디어 사회 속으로 들어와 사회와 함께 성장해 가는 것이 이윤창출과 고객창출에 보다 바람직하다는 인식을 하게 되었고 **기업의 사회적책임**CSR: Corporate Social Responsibility에 대한 개념 역시 주요 학자들에 의해 다음과 같이 정립되기 시작하였다.

- CSR은 근시적인 경제적·기술적 이익을 넘어서는 의사결정 행동이다Davis, 1960.
- 기업은 경제적·법적 의무를 넘어서는 사회적책임을 져야 한다McGuire, 1963.
- 기업인의 사회적책임은 기업의 실제 전략으로 실현되어야 한다Heald, 1970.
- 경영자는 이윤추구에 대한 균형적 관점으로 주주만이 아니라 종업원, 하청업자, 판매원, 지역사회 및 국가의 이익을 고려하는 지혜가 필요하다Johnson, 1971.
- CSR은 경제적·법적·윤리적·자선적 책임 등 이해관계자들이 주어진 상황에서 이를 윤리적으로 추구하려고 행하는 모든 행동이다Carroll, 1979.
- CSR은 결과가 아닌 사회적 합의를 하는 프로세스이다Jones, 1980.

이후 CSR에 대한 사례연구를 통하여 기업의 윤리경영과 투명회계 기준이 강화되면서 1991년 미국의 연방판결가이드라인Federal Sentencing Guideline 및 2010년 9월 발효된 CSR 관련 국제표준화기구ISO: International Organization for Standardization의 ISO26000글로벌 표준이 나왔다. 특히 ISO26000표준이 국제무역의 규제수단으로 적용되면서 정부와 산업계는 물론 NGO, 소비자, 노동계 및 기타 서비스 분야 전반적으로 ISO26000표준은 제조회사를 중심으로 공급사슬Supply Chain 전반에 걸쳐 영향을 미치고 있다.

한편, 유럽에서는 대표적으로 1977년 7월 12일에 법제화되어 공표된 프랑스의 사회성과표Bilan Social 확산 등으로 CSR에 대한 가이드라인이 정립되고 사회책임보고서 작성 및 사회책임투자SRI: Socially Responsible Investing 활동도 일찌감치 활성화되었다.

║ ISO26000의 7대 핵심주제 ║

주제	세부 지표 및 내용
환경	오염방지, 지속가능한 자원사용, 기후변화 완화·적용, 자연환경 보호·복원
인권	차별금지와 취약집단 고려, 인권유린 공모 회피, 시민권리, 직장에서의 기본권, 정치·경제·사회·문화적 권리
노동	고용 및 고용관계, 근무조건과 사회적 보호, 사회적 대화, 인력개발, 직장내 보건·안전,
공정운영	반부패, 책임있는 정치참여, 공정경쟁, 영향권내의 사회책임, 재산권 존중
소비자	공정한 마케팅, 정보 및 계약 관행, 소비자 보건 및 안전, 소비자 지원, 분쟁해결, 소비자 정보 및 사생활 보호, 지속가능한 소비, 교육과 인식
공동체	참여, 고용창출, 기술개발, 부와 소득, 책임투자, 교육문화, 보건, 역량강화
지배구조	의사결정의 과정 및 구조, 권한위임

하지만 아직도 우리는 CSR을 기업의 사회공헌 활동 정도로 인식하고 있다. 이를 서구 자본주의의 탐욕적 폐해를 비판한 **웨인 비서**Wayne Visser, 2011의 CSR 발전단계 분류에 비추어 보면 우리나라 기업의 사회적책임 수행 수준은 2단계의 자선적 또는 3단계의 홍보적 활동 정도에 있는 것으로 해석된다. 물론 기업의 사회책임경영과 ESG 경영이 가야할 목표는 4단계 전략적 경영 활동으로서, 그리고 5단계의 통합적 비즈니스 모델로 정립 및 실천되어야 할 것이다.

2. 지속가능경영에 대한 관심

최근 ESG 기준은 기업의 사회책임경영과 지속가능경영sustainability management을 통합적으로 다루는 책임투자 평가를 내세우는데, 이는 앞에서 본 기업의 사회적책임, 즉 CSR의 태동과는 상이한 배경에서 새로운 지속가능경영에 대한 가이드라인으로 탄생하였다.

사회책임경영의 시대조류별 실행 단계 (Visser, 2011)[33]

CSR 단계	시대조류	운영방법	핵심수단	이해관계자
1. 방어적 단계 Defensive CSR	탐욕 Greed	사안별 개입	투자	**주주, 정부, 임직원**
2. 자선적 단계 Charitable CSR	자선 Philanthropy	기부 프로그램	프로젝트	**지역사회**
3. 홍보적 단계 Promotional CSR	마케팅 Marketing	홍보 활동	미디어	**일반 대중**
4. 전략적 단계 Strategic CSR	경영 Management	관리 시스템	법규	**주주, 지역사회**
5. 통합적 단계 Systemic CSR	책임 Responsibility	비즈니스 모델	제품	**규제기관, 고객**

즉, ESG기준에서 의미하는 지속가능경영은 기업이 단순히 주주에 대한 경제적 이익뿐만 아니라 다양한 이해관계자의 이익을 반영하고 환경적·사회적책임을 동시에 추구해야만 글로벌 시장에서 지속성장이 가능하다는 경영 패러다임이다. **지속가능성**sustainability이 전 세계적 차원에서 이처럼 주요 의제로 다루어진 출발점은 **1987년 유엔환경계획** UNEP: United Nations Environment Program에서 발간한 '우리 공동의 미래Our Common Future'

---

33) The Age of Responsibility: CSR 2.0 and the New DNA of Business (Wayne Visser, 2011). Founder & Director, CSR International; Senior Associate, *University of Cambridge Programme for Sustainability Leadership*

라는 브런틀랜드위원회Brundtland Commission 보고서를 통해서였다.

한편 1989년 3월 24일, 22만톤의 원유를 싣고 가던 미국 유조선이 알래스카 해안 암초에 부딪치는 사고로 약 4만톤의 원유가 유출되는 엄청난 **환경오염**이 발생하였다. 이 같은 환경재앙은 기업의 환경에 대한 책임의 중요성을 전세계에 부각시켜 주었다.

이에 **미국환경책임경제연합**CERES: Coalition for Environmentally Responsible Economics 주도로 UNEP와 함께 1997년 GRIGlobal Reporting Initiative를 발족시켰다. 환경에 대한 기업의 사회 책임을 강조하며 출범한 GRI는 환경문제뿐만 아니라 경제와 사회 및 기업 지배구조 이 슈까지 다루어야 한다는 국제적 관심에 부응하여 **경제**E·**사회**S·**환경**E 3대 기본영역 전반에 대한 기업의 **3중 결산보고**, 즉 **TBL**Triple Bottom Line 가이드라인을 매 3-4년마다 계속 보완해가며 제시하고 있다.

❘ CERES와 UNEP에 의해 발족한 GRI의 기본사명과 발전과정 ❘

❘ 지속가능경영의 기반: 경제-사회-환경 TBL ❘

TBL	TBL 분야별 주요 내용
환경	지구환경보존 및 환경경영: 친환경 제품/서비스, 온실가스 및 폐기물 감축 등
사회	인권, 안전보건, 노동, 제품책임, 공급망 관리, 지역사회공헌 등
경제	수익 및 부가가치 창출, 고용창출, 공정거래, 공정경쟁 등

회계장부의 맨 아랫줄을 의미하는 Bottom Line-Single Bottom Line에는 재무적 성과로서 손실 또는 이익이 적혀 있다. Double Bottom Line은 여기에 기업의 사회적 성과를 함께 보여준다. Triple Bottom Line은 기업의 재무적·사회적·환경적 성과를 함께 보고한다는 의미로 1981년 스프레클리Freer Spreckley가 그의 저서 "사회감사론Social Audit-A Management Tool for Co-operative Working"에서 "기업은 재무적 성과Financial Performance, 사회복지창출Social Wealth Creation, 그리고 환경적 책임Environmental Responsibility등에 대한 측정과 보고 의무가 있다"는 점을 강조하면서 처음 사용하였다.[34]

GRI가 2000년 첫 가이드라인으로 『G1』을 제시한 이후 2016년 글로벌 지속가능보고 표준으로 GRI StandardsGRI 표준를 제시하는 등 지속가능보고서 작성지침Sustainability Report Guideline을 마련하는 것이 GRI의 주요 역할이다. 2020년말 기준으로 전세계 약 1만 5천여 개의 조직에서 지속가능보고서를 작성하고 있으며 나라마다 이를 의무화하는 추세를 보이지만 기본적으로GRI Standards는 의무사항이 아닌 권고사항으로 제시되었다.

특히 GRI가 탄생하기 10년 전인 1987년에 이미 UNEP의 브런틀랜드위원회Brundtland Commission에서 재무적F·사회적S·환경적E 성과를 종합적으로 다루는 TBL 기반 보고서 작성의 필요성을 강조함으로써 이후 TBL과 ESG를 모두 포함한 GRI 지속가능보고서 작성 가이드라인 형성에 지침을 마련해 준 공적도 함께 살펴보아야 한다.

❚ TBL 기반의 GRI 및 ESG 기준 확립 연혁 ❚

연도	주요 활동
1981	스프레클리Spreckley의 저서 '사회감사론': 처음으로 TBL개념 사용
1987	UN브런틀랜드위원회: 재무-사회-환경성과를 포함한 지속가능보고서 작성 강조
1992	UN환경개발회의/리우선언: 기후변화-생물다양성-지구사막화방지 3대 협약체결
1997	교토의정서/파리기후협약(2015): 환경적 이슈가 지속가능성장 최대 화두로 등장
1997	엘킹턴Elkington의 저서 '포크를 사용하는 식인종': TBL 기반의 GRI 기준을 마련
1998	ILO의 강제노동 철폐와 아동노동 폐지 등 4대 원칙 발표: CSR 주요 이슈로 추가
2001	UN총회: MDGs(2001) 공표 및 실시완료(2015), SDGs(2016-30) 공표 및 실시 중
2004	UNGC: SRI 및 지속가능경영 기준을 ESG로 재정비, ESG 책임투자(2020)의 부각

---

34) 특히 스프레클리의 『사회감사론』은 기존의 주주자본주의(Shareholder Capitalism)가 이해관계자자본주의(Stakeholder Capitalism)로 전환되어야 한다는 점을 강조한 대표적 작품이다.

1992년에는 유엔환경개발회의UNCED와 리우 선언Rio Declaration을 통해 기후변화협약CO2 등 온실가스 감축, 생물 다양성 협약생태계 보존, 지구사막화 방지협약사막화 방지 및 물 문제해결 등 3대 환경협약이 체결되었고, 1997년의 교토의정서와 2015년의 파리기후협약 등 기후변화협약UNFCCC에 기반한 환경관련 이슈가 지속가능성장을 위한 최대의 화두로 등장하였다.

한편, 녹색성장Green Growth, 녹색소비자Green Consumer, 사람-지구-수익People-Planet-Profit 등을 제창하여 지속가능자본주의Sustainable Capitalism 분야의 권위자로 인정받는 엘킹턴John Elkington이 1997년 그의 저서 "포크를 사용하는 식인종: 21세기 비즈니스를 위한 TBLCannibals with Forks: the Triple Bottom Line of 21st Century Business"을 통해 체계적으로 소개함으로써 TBL기반 지속가능경영을 위한 GRI표준이 마련되는 결정적 계기가 되었다.

1998년에는 국제노동기구ILO에서 강제노동 철폐와 아동노동 폐지 등 4대 원칙을 발표하면서 노동부분의 글로벌 가이드라인이 기업의 사회적책임 이슈로 추가되었다. 이후 GRI의 사회책임투자SRI 및 지속가능경영SM 기준을 환경·사회·지배구조 3대 항목으로 재정비한 것이 ESG 기준으로 나온 것이다. 특히 지속가능성sustainability의 중요성은 2001년 UN총회에서 밀레니엄개발목표MDGs: Millennium Development Goals를 공표하여 2015년까지 8대 목표 및 18개 세부목표관련 48개 지표를 중심으로 추진한 프로젝트에 의해 부각되었다.

▌ UN 지속가능발전 목표 SDGs ▌

1. No Poverty: 모든 형태의 빈곤을 모든 지역에서 종식

2. Zero Hunger: 기아종식, 식량안보, 영양상태 개선, 지속가능한 농업 증진

3. Good Health & Well-being: 건강한 삶 보장 및 모든 세대의 복지증진

4. Quality Education: 포용적이고 공평한 양질의 교육보장 및 평생학습 기회 증진

5. Gender Equality: 양성평등 달성 및 모든 여성과 여아의 권익 신장

6. Clean Water & Sanitation: 모두를 위한 물과 위생 이용가능성, 지속가능관리 보장

7. Affordable & Clean Energy: 저렴하고 신뢰 있는 지속가능한 현대적 에너지 보장

8. Decent Work & Economic Growth: 지속적이고 포용적이며 지속가능한 경제성장 촉진 및 완전하고 생산적인 고용과 모두를 위한 양질의 일자리 증진

9. Industry, Innovation & Infrastructure: 복원력 있는 사회기반시설 구축, 포용적이고 지속가능한 산업화 촉진 및 혁신 장려

10. Reducing Inequality: 국가 내 및 국가 간 불평등 완화

11. Sustainable Cities & Communities: 포용·안전·복원력있는 지속가능한 정주지 조성

12. Responsible Consumption & Production: 지속가능한 소비 및 생산 양식의 보장

13. Climate Action: 기후변화와 그 영향을 방지하기 위한 긴급한 행동의 실시

14. Life Below Water: 지속가능개발 위한 대양·바다·해양 자원보존과 지속가능 사용

15. Life On Land: 육상 생태계 보호, 복원 및 지속가능한 이용 증진, 산림의 지속가능 관리, 사막화 방지, 토지 황폐화 중지, 생물다양성 손실 방지

16. Peace, Justice & Strong Institutions: 모든 수준의 지속가능개발을 위한 평화롭고 포용사회 증진, 모두에 대한 정의구현 및 효과적이고 책임 있는 포용적 제도 구축

17. Partnership for the Goals: 실행수단, 지속가능개발 위한 글로벌 파트너십 활성화

2015년 MDGs 종료 이후 2016년부터 2030년까지 새롭게 시행되고 있는 UN의 지속가능발전목표SDGs: Sustainable Development Goals에서는 인류의 보편적인 문제빈곤, 질병, 교육, 성평등, 난민, 분쟁와 지구환경문제기후변화, 에너지, 환경오염, 물, 생물다양성, 그리고 경제·사회 문제기술, 주거, 노사, 고용, 생산·소비, 사회구조, 법, 대내외경제로 국제사회가 하나같이 함께 해결해야 할 17대 공통목표169개 세부지표를 공표하여 추진 중에 있다.

❙ 책임투자를 위한 ESG 기준의 태동 배경 ❙

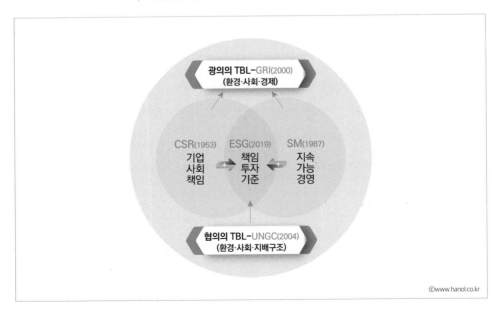

최근 강조되고 있는 ESG 책임투자 평가기준은 '협의의 TBL'로써 유엔글로벌컴팩트 UNGCUN Global Compact에서 2005년초 공표한 이후 GRI Standards로 정립2016년된 표준을 각 나라 및 기관별로 필요에 따라 일부 재구성하여 책임투자평가에 활용하고 있다. 특히 지속가능경영과 관련된 지표는 기업의 업종과 경쟁상태, 그리고 미래를 내다보는 경영자의 비전과 특유의 조직문화 등을 고려하여 기업마다 달리 추진할 것이 요구되므로 ESG 경영성과 달성의 시간Time 변수까지 고려한 QBLQuadruple Bottom Line로 제시되기도 한다.

예를 들면, 아마존의 마켓플레이스Market Place사업부에는 제프 베조스Jeff Bezos 스스로 "10년이 지나도 변치 않을 서비스를 담았습니다"라는 표현처럼 변치 않을 기준으로 SP-CSelection, Price, Convenience 사항이 요약되어 있다. 즉 10년 후에도 아마존의 고객은 '구매 선택의 폭이 넓을 것', '구매 가격이 낮을 것', 그리고 '빠른 배송을 원할 것'이라는 리테일 사업의 본질을 기준으로 실천한 결과 지속적인 성장을 하고 있다는 것이다.

2021년 3월 뉴욕증시에 성공적으로 상장한 **쿠팡**Coupang의 김범석 의장도 상장 신청서에 다음과 같은 내용을 담았다. "쿠팡은 다양한 상품 선택권, 저렴한 가격, 그리고 놀라운 서비스 등 고객의 경험에 존재하고 있는 딜레마를 극복해 갈 것입니다." 사실 쿠팡은 안전사고와 지배구조 정체성 등 급성장의 후유증도 보이지만 아마존도 못하는 새벽배송, 당일배송 등 초고속 배송시스템, 교환 및 반품에 대한 즉시 무료 서비스시스템, 아마존 대비 25%도 안 되는 회원권 가격 등으로 성장잠재력도 우위에 있다.

하지만 피터 드러커의 주장처럼 기업은 이윤과 사회적책임, 그리고 고객창출을 위한 혁신을 동시에 추구해야 한다. 그러므로 아마존이나 쿠팡 역시 종업원과 이해관계자를 대상으로 ESG 경영 실천이 기업의 지속가능한 장기적 이윤창출로 나타나도록 『E·S·GEnvironmental·Social·Governance → PPerformance/Profit, 지속성장 메커니즘을 확립하고 QBL방식으로 목표달성 시점을 명확히 하면서 전략적 과제를 해결해 가야 할 것이다.

기후위기에 대한 공감대 형성으로 ESG 경영과 SDGs 경영에 대한 관심이 고조되고 있는데 비해 실제로 우리의 경우에는 ESG 경영 실천성과를 보고하고 있는 조직이 150여개 정도이고 SDGs 경영에 대한 연구와 실천은 부각되지도 않고 있다. 이는 이웃 일본의 경우, 경제산업성이 주도하여 ESG 경영을 ISO26000 7대 주제 및 UN의 SDGs 17대 원칙을 하나의 종합도로 세부지표 간의 관계를 자세하게 설명해 주는 것부터 배워야 할 부분이다.

즉, 우리나라의 산업통상자원부에서 K-ESG 표준 제정에 초점을 둔데 비해 일본의 경제산업성에서 우선 기업들이 ESG 경영이 무엇인지, 무엇을 해야 하는지, 그리고 왜 해야 하는지를 이해하고 또한 스스로 국제표준에 맞게 그리고 자신들의 사업특성에 맞게 만들어 가도록 지도하는 방침은 필히 우리도 배워야 할 정부의 자세라 할 것이다.

사실 'Know-Whom'의 조직문화가 강한 우리나라에 비해 'Know-What'을 우선시하는 일본의 조직문화에서는 과연 ESG 경영이 무엇인지, GRI Standards와 ISO26000, 그리고 SDGs 17대 원칙은 무엇인지부터 이해하고, 나아가서 이들 간의 관계는 어떠하며, 과연 기업에서는 이를 고려하여 자신의 특유한 강점을 내세우는 ESG 주요과제를 선정하여 지속가능경영보고서 또는 ESG 경영보고서를 작성해야 할 것인지를 강조하고 있다. 한마디로 글로벌 표준을 따르면서도 기업별 자율적인 지표선정 역시 중시되어야 한다는 것이다.

ISO26000 7대원칙 및 SDGs 17대 목표를 고려한 기업별 ESG 매트릭스 (예시)

ESG	ISO26000 (7대 원칙)	ESG 주요과제 (기업)	SDGs 17대 목표와의 관련지표 (매칭)
E	환경	• 기후변화와 대기오염방지 • 물 관리 및 폐기물관리 • 생물다양성과 보전 등	
S	인권	• 인권보호 및 존중 • 외국인근로자 대우 등	
S	노동	• 인사 및 복리후생 • 종업원 건강 및 안전 • 인재육성 등	
S	공정운영	• 공정거래준수 • 동반성장 등	
S	소비자	• 제품품질 및 안전성 • 건강가치 및 개인정보보호 등	
S	공동체	• 지역봉사 • 지역환경 및 문화 등	
G	지배구조	• 소유구조 및 주주권리 • 이사회 다양성 (여성 수 등) • 윤리경영 및 반부패 준법 등	

피터 드러커의 논지처럼 성과창출에 대한 조직문화의 영향은 경영전략보다 훨씬 강하고 중요하다. 그러므로 우리 역시 ESG 경영, 보다 구체적으로는 ESG 책임투자의 기

준이 되는 이들 글로벌 표준과 지수에 대한 이해는 예시처럼 각 산업과 기업에 적합한 방식으로 **기본골격은 공통지표**, 그리고 이에 추가하여 **기업고유의 강점이 포함된 스토리텔링 지표를 구축**해 가는 바람직한 ESG 풍토조성이 우리나라 기업들의 우선적인 과제가 되어야 할 것이다.

3. ESG 경영에 대한 관심

ESG 애널리스트라는 직함으로 뛰는 전문가들이 이미 세계적으로 수천명이나 된다고 한다. 우리나라에서도 SK그룹 최태원 회장의 사회적 기업 및 사회적책임에 대한 발언을 비롯한 ESG 책임투자관련 뉴스가 자주 헤드라인을 장식하고 있다. 자산운용사와 금융기관 역시 ESG 정보가 기업의 비전, 목표, 전략 및 성장가능성 등을 이해하는 데 필수적이라고 강조하면서 ESG 경영을 잘하는 기업을 **착한 기업**으로 인식하고 있다.

실제로 코로나19 팬데믹으로 어려움에 처한 젊은층, 특히 1990년대 중반에서 2000년대 초반에 태어난 디지털 원주민Digital Native **Z세대**는 작은 물품 구매에도 **경제적 실용성과 사회적 공정성**까지 따지는 성향을 보인다. 이들은 비록 아파트를 마련하지 못하는 한이 있더라도 LH사태처럼 불공정한 투기와 비리는 근절되어야 한다는 주장을 한다. 이처럼 한국 사회에서도 ESG관련 지표는 기업의 추상적인 사회적책임 이슈가 아니라 기업의 지속가능경영을 위한 시대적 핵심가치로 부각되고 있다.

ESG평가에서는 기업도 법인으로서 마치 사람에 대한 성격과 품성을 따지듯 얼마나 『**착한 경영**Impact Management』을 하는지를 살펴본다. 이제는 기업의 인사채용도 지원자가 얼마나 환경보호와 책임의식, 그리고 진실한 사람인지를 ESG지표로 평가하게 될지도 모른다.

> ESG에 의한 **착한 투자**Impact Investment는 환경·사회·지배구조 요소를 투자 의사결정에 활용하므로 ESG 책임투자의 평가기준은 전통적인 재무분석 항목은 아니지만 **재무관련 비재무 항목**이라는 매우 폭넓은 지표들로 구성되어 있다. 예를 들면 기업이 어떻게 기후변화에 대응하고 물 관리를 잘 하는지, 사고방지를 위한 안전보건, 종업원에 대한 공정처우, 효과적인 공급망supply chain 관리, 그리고 신뢰구축과 사내 혁신을 촉진하는 조직문화는 어떻게 구축되어 있는지 등 다양한 평가항목과 달성수준이 포함되어 있다.

ESG 태동을 다시 새겨보면 2004년 코피 아난 당시 유엔 사무총장 주도하에 글로벌 금융기관 최고경영자 50여명이 유엔글로벌컴팩트UNGC 주최로 국제금융공사IFC와 스위스 정부의 지원을 받은 공동 프로젝트에 참여하도록 초청되면서 시작됐다. UNGC 프로젝트의 핵심 목표는 ESG를 자본시장에 통합하는 방법을 찾는 것이었다.

그 결과 "Who Cares Wins"라는 보고서를 통해 자본시장에 환경, 사회 및 지배구조 요소를 포함하는 것이 사업적으로 타당하며 지속가능한 시장과 사회를 위해 보다 바람 직한 결과로 낳는다는 사실을 입증했다. 대표적 사례로 유엔환경계획 금융이니셔티브 UNEP-FI에서 2005년과 2009년에 ESG 성과가 재무적 성과와 관련된다는 사실을 보여 주는 이른바 사회책임투자관련 **프레시필드 보고서**Freshfields Report를 공표하였다.[35]

이에 기반하여 2006년 뉴욕증권거래소NYSE에서는 **책임투자원칙**PRI-Principles for Responsible Investment을 발표하고 다음해 2007년에는 유엔무역개발회의UNCTAD가 지속가 능 증권거래 이니셔티브SSEI를 출범시켰다. SSEI는 2020년말 기준 70조 달러 이상의 자산을 관리하는 세계적 이니셔티브로 확산되고 있다.

> **UNEP**가 지원하는 **PRI**의 역할은 ESG를 분석하여 투자의사결정을 통합하는 데 있다. 한편 **UNCTAD**UN Conference on Trade and Development가 지원하는 **SSEI**의 역할은 상장기업에 대한 ESG 정보공개 요청 및 ESG 보고방법 지침을 제공하는데 있다.

마치 교사가 교칙에 따라 학생들이 열심히 공부하고 사회에 이바지할 수 있는 인물 이 되도록 교육과 평가를 하는 것처럼 ESG에서는 학생이라는 기업을 대상으로 교칙과 도 같은 PRI에 따라 ESG 성과수준을 분석하고 평가하는 역할에 초점을 둔 기관투자 자, 즉 **수탁자로서의 책임**을 강조하고 있다. 그만큼 기업이 맡아야 할 ESG 책임경영은 자 신의 특기를 개발하면서 사회적으로 필요한 주체로 성장해 가는데 있지 결코 판에 박 은 ESG 경영평가의 표준화와 평준화를 기대하는 것은 아니다.

> 2015년에는 UNEP와 NYSE의 PRI, UNEP-FI와 UNEP-Inquiry, UNGC 공동으로 **"21세기 의 수탁자 의무-Fiduciary Duty in the 21st Century"**라는 보고서를 발간하면서 "ESG 이슈 를 포함한 장기적 투자가치를 고려하지 않으면 수탁자로서 의무를 저버리는 것이다"라는 점을 명 시하였다.

---

35) Freshfields Report: ESG (환경·사회·지배구조)를 기관투자활동에 통합하기 위한 법적 프레임워크: *A Legal Framework for the Integration of Environmental, Social and Governance Issues into Institutional Investment* (Freshfields Bruckhaus Deringer, 2005), 수탁자의 책임: 환경-사회-지배구조 이슈를 기관투자활동에 통합하는 법적·실천적 측 면: *Fiduciary Responsibility: legal and practical aspects of integrating environmental, social and governance issues into institutional investment* (Freshfields Bruckhaus Deringer, 2009).

수탁자 의무관련 보고서에서는 ESG 이슈를 ①투자 프로세스와 관행에 통합하는 성명서 ②참여 8개국의 투자 프로세스 및 관행에 ESG 이슈를 완전히 통합시키는 정책수립 로드맵, 그리고 ③중국·홍콩·인도·한국·말레이시아·싱가포르 등 6개 시장으로 투자자 의무사항의 확대 적용 등 3대 사항을 통해 ESG 책임투자의 통합과 표준화를 기하였다. 또한 2016년-2019년 사이 이루어진 프로젝트에서 **투자자로서 수탁자의 의무**에 대한 22개국 공동 성명서를 발표하였다. 특히 유럽연합EU에서는 이들 권고사항을 전면적으로 도입하였다.

본 최종보고서21세기의 수탁자 의무의 핵심내용은 "투자자로서 ESG 이슈를 통합적으로 다루지 못하면 수탁자로서의 의무를 다하지 못한 것이므로 법적으로 제재를 받을 가능성이 갈수록 높게 될 것이다"라는 점을 강조한 데 있다. 그만큼 이제는 ESG 책임투자 기준을 전략적으로 다루어야 하는 ESG 전략경영의 시대가 되고 있다.

문제는 이와 같은 투자자로서 수탁자의 의무가 **ESG 책임투자 기준**으로 통합되어 지속가능경영을 추구하도록 정립되고 확산세에 있지만 자본시장주식시장 자체는 결코 지속가

| ESG 관련 주체집단 간의 역할관계 |

능하지 않다는 것이다. 즉, 투자운용사와 금융기관에 대한 법적 규제 프레임워크는 ESG 책임투자 기준으로 엄청난 영향을 미치기 시작했지만 이들 **기관투자자들의 투자 의사결정이 ESG 이슈에 미치는 영향**에 대해서는 거의 고려하지 않고 있다는 것이다. 바로 이 때문에 이들 기관에 대한 각국 정부는 물론 ESG 이니셔티브 기구의 끊임없는 통제와 지원이라는 새로운 시대적 역할이 요구되고 있다.

수탁자로서 기관투자자는 환경적·사회적 영향 그리고 투명경영과 관련된 지배구조에 대한 의무보다 여전히 **주주가치의 극대화**를 중시하므로 이처럼 폭넓고 다양한 ESG 개념에 거부반응을 보였었다. 그러나 ESG 성과가 재무적 성과는 물론 기업의 지속가능성에도 직접적인 영향을 미친다는 증거가 2013년부터 학술연구 결과로 나오기 시작하자 상황이 급변하고 있다. 즉 전세계적으로 ESG 기준에 대한 이해와 적용이 학생에 대한 교사의 의무처럼 기업에 대한 기관투자자의 의무로 강조되고 있다.

특히 ESG 평가에서 지속가능성이 높은 기업의 주가가 훨씬 높게 나타난다는 연구결과에 따라 ESG 리스크를 고려한 투자로 고수익 실현이 가능하다는 인식이 자본시장에 빠르게 확산되었다. 예를 들어 유럽의 주요 연기금과 보험사에서는 신규 비즈니스를 **ESG 평가기능**을 갖춘 자산관리자에게만 허용하고 있으며, 글로벌 투자기관에서는 주식투자를 위한 ESG 통합실무가이드 등 다양한 방법을 개발하여 제공하고 있다.

또한 정서적으로 지배구조G 이슈에 민감한 우리와는 달리 이들의 ESG 요인 중에는 기후변화관련 요소E가 많이 포함되어 있다. 기후변화가 먼 훗날의 위협이 아니라 수십억 달러의 경제적 손실을 초래하는 현실적 위협으로 인식하게 되었기 때문이다. 실제로 2050년까지 전세계 140여개국이 **탄소중립**을 선언한 가운데 전기자동차, 신재생 에너지 보급과 기술혁신 등 탈 탄소, 탈 플라스틱, 탈 디젤 방법이 총동원되고 있는데, 특히 기후변화관련 재무정보공개협의체TCFD-Task Force on Climate-related Financial Disclosure[36]에서 제시한 환경위험 대비 및 **탈탄소화** 조치 권고안이 국제표준으로 부각되어 나타난다.

> ESG 요소 중에서도 환경관련 성과평가에는 최첨단의 과학적 분석이 요구된다.
> **"측정되지 않으면 관리될 수 없다**What gets measured, gets managed**"**는 드러커 교수의 표현처럼 비재무적 정보를 다루는 ESG 경영의 핵심은 각 지표별로 정확한 정보를 수집하여 측정-분석-종합-제언에 이르는 일련의 과학적 기법이 적용되어야 한다는 데 있다.

---

36) 기후변화관련 정보공개 방안 마련을 목적으로 2015년 G20 재무장관과 중앙은행 총재협의체인 금융안정위원회(FSB-Financial Stability Board) 주도로 TCFD를 창설함.

향후 ESG 기준에 부응하지 못하는 기업은 법적규제는 물론 국제무역에서도 불공정 거래로 퇴출될 수 있으므로 "ESG 경영은 바로 과학입니다"라는 의미를 되새겨 보아야 한다. 물론 인공지능시대에 ESG 기준별 데이터만 적시에 정확하게 제공된다면 분석과 평가에는 큰 문제가 없는 만큼 ESG 경영을 위한 최대의 과제는 기업정보의 정확한 공개와 분석활동에 있다. 최근 우리나라 기업들도 앞다투어 ESG 경영을 선포하고 있는 것을 보면 이제는 "고객보다 투자자의 영향력이 더욱 강하다"는 현상도 보여준다. 한마디로 기업의 상품이나 서비스에 대한 고객의 평가이상으로 기업의 사회적·환경적 책임수행에 대한 투자자 등 이해관계자의 평가에 더욱 민감해지고 있다는 것이다.

> 실제로 기업의 재무정보는 그나마 명확하게 제시되지만 ESG에서 요구하는 비재무적 정보는 기업마다 자신들에게 **유리한 정보만 골라 제공**하게 마련이다. 나아가서 실무 책임자 입장에서는 ESG가 강조될수록 이를 담당하고 있는 책임자나 부서의 성과와 직결되므로 내세울 것은 적극 내세우고 감출 것은 적극 감추려 할 것이기 때문이다.

대표적인 사례로 2005년 우리나라 전국경제인연합회FKI: Federation of Korean Industries 요청으로 GRI의 G1 및 ESG 기준을 고려한 기업의 윤리경영보고서 가이드라인FKI-BEX을 새롭게 제시하고, 학술논문 "우리나라 기업의 윤리경영 평가지표 정립에 관한 연구: FKI-BEX 지표개발을 중심으로박기찬·조봉순, 2009"도 발간하였다.[37]

하지만 FKI 회원사의 CSR 또는 사회공헌 담당임원 대부분이 지표의 체계성과 실용성에는 동의하면서도 대외적 공표와 기업간 비교분석에는 부정적이었다. 자칫 뉴스 기사로 나와 기업에 치명적인 이미지 손상은 물론 법적 문제까지 나타날 수 있으며, 담당임원으로서 이에 대한 책임을 지고 물러나야 할 수도 있기 때문이라는 반응이었다. FKI-BEX는 그렇게 사장되어 있었다. 윤리경영과 사회적책임의 중요성은 인식하면서도 결국 실천은 눈치보듯 생색내기에 그쳤다는 의미이다. 하지만 최근 ESG 경영이 시대적 화두로 부각되면서 이제는 우리나라 기업들도 앞다투어 마치 생존을 위한 ESG경영위원회를 설치하고 있다.

---

37) 박기찬·조봉순 (2009), "우리나라 기업의 윤리경영 평가지표 정립에 관한 연구: FKI-BEX 지표개발을 중심으로", 윤리경영연구, 11권 1호, 한국윤리경영학회

2020년 1월 세계 최대 자산운영사 **블랙록**BlackRock의 로렌스 핑크Laurence Fink 회장이 "이제는 투자결정시 기업의 재무적 성과가 아니라 **지속가능성**을 기준으로 하겠다"고 선언하면서 전통적 주주자본주의로부터 새로운 **이해관계자 자본주의**로 전환해 가는 추세에 큰 영향을 미치고 있다.

결국 ESG의 성공적 운영을 위한 핵심과제는 "이처럼 포괄적인 평가지표를 어떻게 표준화하고 국제적으로 통용될 수 있도록 할 것인가"하는 ESG관련 정보의 투명성 및 ESG 기준에 대한 이해관계자들의 수용 태도에 달려있다. ESG관련 기업의 **정보공개**는 2000년 GRIGlobal Reporting Initiative 출범 이후 지속적으로 확산되어 2016년 공표된 GRI Standards로 지속가능보고서를 작성하고 있으며 그 안에 ESG 성과관련 사항들을 담고 있다.

전반적으로 ESG 정보시장은 성숙되고 있다. 정보의 신뢰성 역시 불완전하지만 개선되고 있다. 특히 AI와 빅데이터를 활용하여 이미 중요한 평가관련 통찰력을 얻고 있으며 기존의 재무적 정보와 함께 다양한 ESG 정보를 신속하게 종합하여 살펴볼 수 있게 되었다. 이를 위해 **ESG관련 세계 5대 기관**GRI, CDP, IIRC, SASB, CDSB에서는 2020년 9월 ESG 성과보고서 작성을 위한 국제표준을 통합하여 제공하는 프로젝트도 출범하였다.

사실 제도와 기준이 표준화되고 분석과 공시가 의무화되더라도 이는 하나의 새로운 잣대일 뿐 그 효과는 **이해관계자의 수용**과 정보의 **투명성**에 달려 있다. 그만큼 ESG 경영 역시 거품처럼 사라질 일시적 유행이라는 냉소적 관점도 당연히 나타난다.

무엇보다 탄소배출량에 대한 측정이나 사회적으로 큰 이슈가 되었던 가습기 살균제 피해 증빙 등 첨단과학이 총동원되어도 ESG 세부지표별로 엄밀하고 공정한 측정과 분석이 어렵다는 현실적 난제가 남아 있다. 이는 ESG 책임투자가 확산될수록 국내외 법정다툼으로 이어지고 이를 피해가려는 기업은 최소한의 정보공개 또는 소극적인 입장으로 ESG를 바라보는 현상도 예상된다.

그럼에도 불구하고 최근의 지구환경 보존에 대한 사회적 관심과 AI 등 정보기술의 혁신은 주주와 경영자를 포함한 이해관계자의 이해 증진, 비재무적 정보공개의 투명성 향상, ESG 정보처리 비용과 시간 절감 등 보다 효과적인 ESG 평가활동이 이루어지고 있다. 특히 ESG 정보가 투자자들에게 지속가능한 착한 기업을 선별하고 실적이 저조하거나 실패할 가능성이 높은 기업을 피하도록 해주는 잣대로 중시되면서 ESG 책임투자

활동이 시장과 기업의 사회적 가치창출을 주도하는 양상도 보인다.

4. ESG 정보공시 의무화 추세

2020년말 기준 전세계 20개국에서 ESG 정보공시를 의무화하고 있으며 이를 지속가능성보고서로 발간하고 있다. EU는 2021년 3월부터 ESG 공시 의무화 대상을 연기금에서 은행, 보험, 자산운용사 등 금융기관 전체로 확대하였으며, 영국은 2025년까지 단계적으로 의무화하도록 하였다. 미국은 공시를 자율화하고 있지만 전체 90% 이상의 기업에서 지속가능성보고서를 발간한다. 우리나라는 약 100여개 기업에서 지속가능성보고서를 발간하지만 실제로 20여개사 정도만 한국거래소에 공시하고 있다.

선진국들의 **ESG 정보공시 의무화** 추세에 따라 2021년 3월 우리나라도 금융위원회 주도로 ESG 정보공시를 단계적으로 의무화하는 계획을 발표함으로써 ESG 관련 정보를 AI로 분석하여 실시간으로 '착한 기업'을 확인할 수 있는 시대를 맞이하였다.

2025년부터 자산 2조원 이상 코스피 상장사는 『지속가능성보고서』를 공시해야 한다. 2030년에는 모든 코스피 상장사가 대상이 된다. 2021년 현재 자산 2조원 이상 코스피 상장사 211곳에 적용되는 『기업지배구조보고서』 공시의무 역시 2022년 1조원 이상, 2024년에는 5000억원 이상을 거쳐, 2026년에는 모든 코스피 상장사에 적용된다.

금융위원회에서는 2018년부터 영국·일본 수준으로 『기관투자자연기금, 자산운용사의 수탁자 책임에 관한 원칙』, 즉 **스튜어드십코드**Stewardship Code 시행성과를 평가하고 ESG관련 수탁자 및 의결권 자문사에 대한 책임도 강화하고 있다.[38]
수탁자 책임 원칙은 실제로 ESG 경영평가의 성공적 운영을 위해 가장 중요한 제도라 할 수 있다.

이처럼 투자자 관점에서 기업의 ESG 성과를 평가하는 중요한 시대적 변환점에 와있지만 보다 근본적으로 해결해야 할 과제는 경영자를 비롯한 구성원들의 ESG 경영에

---

38) 스튜어드십 코드(Stewardship Code): 영국에서 집안일을 돌보는 집사의 의무를 의미한다. 2009년 금융시장에 '기관투자자의 책임(Responsibilities of Institutional Investors)' 개념으로 도입하였고, 모건스탠리(Morgan Stanley)의 기업지배구조보고서에서 기관투자자에 대한 의무로서 스튜어드십 코드를 사용하였다. 즉, 연기금의 의결권행사지침으로 기업의 의사결정에 개입할 수 있도록 하는 제도로써 주인의 재산을 관리하는 집사처럼 기관투자자로서 연기금이 가입자들의 재산을 제대로 관리하기 위해 투자기업 의사결정에 적극 개입하라는 취지를 담고 있다. 한국은 2018년 7월 30일 스튜어드십 코드 제도를 도입하여 국민연금이 투자한 기업의 경영에 개입할 수 있게 되었다.

대한 이해와 투명한 정보의 제공, 특히 과학적 분석과 평가결과에 대한 전문적 해석이다. 프랑스에서는 **사회성과표**에서 지표별 평가점수 이상으로 주석과 부록 부분을 중시하고, 사회성과표와 사회감사 활동에 정부의 각 지역별 **근로감독관**이 정보공시 사항의 정확성과 투명성을 철저히 감독함으로써 보고서의 신뢰성을 보장하고 있다.

> 그러므로 우리의 경우에도 ESG 지표에 대한 성과평가와 측정 및 정보공시 사항을 기관투자자나 컨설팅업체가 아니라 프랑스의 근로감독관 역할처럼 기업의 비재무관련 활동을 감독하는 법적으로 독립된 공식기구의 활성화가 무엇보다 중요할 것이다.

③ ESG 경영의 목적

투자자의 영향력이 갈수록 중시되면서 기업의 ESG 책임투자 기준이 마련되고 수많은 ESG 평가기관들이 활동하고 있지만 사회적책임과 지속가능경영을 포함한 기업의 사회적 성과를 평가하고 이를 감사하는 관점과 잣대는 사실 나라마다 달리 나타나고 있다. 미국의 경우 기업 외부의 사회단체나 사회생태계 보존에 대한 책임으로 분류된 항목이 프랑스에서는 기업내부의 종업원을 위한 사회적책임 사항으로 분류되어 1977년 제정된 **사회성과표**Bilan Social, Social Balance Sheet 법안에서 종업원 300명 이상 기업은 의무적으로 근로감독관과 주주에게 보고서를 제출하도록 하였다.

> 그러므로 ESG 경영을 마치 새로운 사회책임투자SRI의 기준처럼 강조하는 최근의 미국이나 한국의 실태는 그만큼 유럽에 비해 기업의 사회적 성과와 사회적책임, 그리고 사회성과보고서 등에 대한 역사적 고민과 제도화가 미비하다는 증거이기도 하다.

한편, 기업내부의 사회적 성과를 중시해 왔던 프랑스에서도 2002년 환경문제를 기업경영의 주요지표로 포함시킨 사회성과보고서, 그리고 2003년에는 국가회계위원회NCC의 사회·환경회계Social and Environmental Accounting보고서 작성에 대한 의무화 조치 등을 통하여 기업의 사회적책임 수행을 일반 ESG 지표 이상으로 구체화하여 적용하고 있다. 영국도 2006년 기업법Companies Act 2006에서 관련 정보공시를 의무화하였다.

이처럼 1950년대초부터 사회적 성과의 중요성을 강조해 온 유럽에서는 기업의 **외부**

사회적 성과societal performance가 일정 한계 내에서는 기업의 경제적 성과를 올려 준다는 연구결과도 보여주었다. 즉, 기업의 외부 사회적 성과가 너무 높거나 낮으면 기업의 경제적 성과가 낮게 나타나지만, 외부 사회적 성과가 적정수준에 있을 때 경제적 성과가 가장 높게 나타난다는 것이다. 그러므로 지나치게 CSR 수행 또는 ESG 경영에만 몰입하는 것은 기업의 지속가능성장에 바람직하지 않다는 점도 유의할 필요가 있다.

흥미로운 사실은 호황과 불황, 유가와 환율 등 시장상황에 의존되어 있는 기업의 경제적 성과와 사회적 성과 간에도 마찬가지 유형의 관계가 존재한다는 것이다. 또한 기업의 **가치체계**와 **경영방식**에 따라 산출되는 경제적 성과가 달라진다는 연구결과도 흥미롭다.

요약하면 인간존중의 가치관이 강조되는 풍토, 그리고 소통과 합의로 투명한 정도경영을 실천하는 기업에서는 사회적·경제적 성과가 모두 높게 나타난다는 것이다.

기업의 경제적 성과와 외부 사회적 성과 간의 관계 - Park K.(2015)

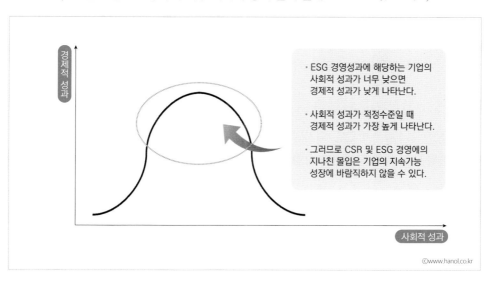

19세기말 자본주의의 대안으로 나타난 프랑스의 **생디칼리즘**Syndicalisme, 노동조합주의에서도 강조된 **기업의 사회적책임** 이슈는 '**사회적**social'이라는 단어의 의미부터 올바르게 이해할 것을 요구한다. 즉, 사회적책임은 전체 구성원 및 이해관계자 집단의 자유로운 동

의에 의해 형성된 **사회적 계약** 또는 사회적 대타협으로 제시되어야 한다는 것이다.

그렇다면 CSR, ESG, SRI 등 기업으로서는 사실 부담스러운 이들 원칙이나 글로벌 규정이 과연 사회 구성원들 간에 합의로 이루어진 '사회적 계약'이라 할 수 있는가?

스스로 지배계층이라 자부하는 경영자나 위정자들이 이에 동의하지 않거나 노조와 종업원들도 도대체 왜, 또는 무엇을 위한 ESG 경영인지를 이해하지 못하면 이는 이미 '사회적' 가치창출이라는 가면을 쓴 또 다른 권력의 횡포를 낳을 수 있다. 그만큼 기업의 사회적책임 실천에는 구성원 및 이해관계자들 간의 이해와 합의가 무엇보다 중요하다.

과학적 연구를 위한 프레임워크인 **골든써클**Golden Circle: why-how-what의 예를 보자.[39] 여기에서 기업경영에 대한 『Why-How-What』 즉, "왜-어떻게-무엇을 위한 것인가?"라는 질문을 던지면, 'Why'는 이윤추구와 경쟁우위, 'What'은 매출성장과 고용창출, 그리고 'How'는 전략수립과 실천활동 등에 대한 해당 기업의 성공과 실패 사례를 듣게 된다.

하지만 "왜why 기업을 경영하는가"에 대한 문제제기의 내용과 답변이 변하고 있다. 즉, 경영자의 내심은 이윤추구에 있더라도 논지는 사회책임이나 공유가치 창출을 내세우고 있다는 것이다. "무엇을what 위한 기업경영인가"하는 목적의식의 내용과 답변 역시 변하고 있다. 즉, 경영자의 꿈은 시장지배에 있더라도 지속가능경영이나 새로운 고객창출을 마치 사회적 합의처럼 강조한다. 그리고 "어떻게how 지속가능한 공유가치를 창출할 것인가"하는 전략적 추진방안은 디지털 전환Digital Transformation, 플랫폼Platform 사업 진출 등과 같은 공통적 기업 환경변화 요인도 있지만 실제로 기업마다 다양하게 나타나고 있다.

ESG 경영의 골든써클에서도 책임투자, 착한 기업 선정의 기준 등을 강조하고 있지만, 이들 모두 기업의 지속가능경영을 위한 최소한의 필요조건이지 충분조건은 아니다.

600년 넘게 우동집을 운영하고 있는 일본의 장수기업은 ESG가 아니라 **장인정신** 자체에 비결이 있다고 한다. 미슐랭Michelin 5스타 레스토랑이나 크리스찬 디올Christian Dior

---

39) Sinek S. (2009). *Start With Why: How Great Leaders Inspire Everyone to Take Action*, Penguin.

역시 마찬가지일 것이다. 그러므로 자칫 유행처럼 도입하고 있는 ESG 경영보다 이미 글로벌 시장에서 잘 알려진 자사의 **차별화된 핵심역량**core competence을 더욱 집중하여 구축하는 것이 지속가능성장의 비결이지 않은가?

한 예로 프랑스 INSEAD 경영대학원의 김위찬 교수와 모본Rene Mauborne 교수의 공저 『Blue Ocean Strategy』가 있다. 블루오션 전략은 새로운 How를 보여주는 성공전략으로 우리나라에서도 엘지그룹 등으로부터 한 때 각광을 받았었지만 이를 위해서는 마이클 포터의 본원적 전략인 원가우위cost advantage와 차별화differentiation 전략을 동시에 구가해야만 실현 가능하다는 딜레마에 빠져 결국 기업으로부터 외면된 전략이 되었다.[40]

ESG 경영이 철학적으로 빈곤한 하나의 트랜드로 전락한다면 그 원인은 ESG가 자사의 핵심역량 이전에 기업경영에 던지는 또다른 부담, 즉 '**착한 경영 딜레마**'에 있을 것이다. ESG의 목표와 사명에는 기업활동에 의한 지구환경의 파괴와 산업재해 및 재난의 가속화, 그리고 빈번한 금융 및 회계부정 사고에 대응하여 다양한 이해관계자의 권익을 보호하자는 글로벌 차원의 **보편주의**universalism에 기반한 책임경영의 실천의지가 담겨 있다.

> 반면에 ESG 경영의 성공을 위한 핵심은 결국 이를 어떻게 기업 특유의 전략으로 수행할 것인가 하는 **선별주의**selectionism 즉, 『How 전략』에 있다. 그러므로 ESG 경영에서도 기업의 **차별화된 핵심역량 강화**는 필수적 요건이다.

그리고 사회로부터 사랑과 존경을 받는 기업, 특히 지속가능한 기업이 되기 위해서는 기업경영의 철학적why, 방법론적how, 그리고 제도적what 기반이 구축되어야 한다.

- 철학적으로는 드러커의 P·R·IProfit, Responsibility, Innovation 즉, 기업은 이윤을 추구하되 사회책임과 고객창출을 위해 끊임없이 혁신해야 한다는 점을 새겨야 한다.
- 방법론으로는 캐플란Kaplan의 **균형성과표**BSC-Balanced Scorecard에서 이미 강조한 고객과 학습 등 비재무정보를 포함해야 한다는 점을 배울 수 있다.
- 제도적으로는 쎙디칼리즘 이후 100여년 이상의 역사를 통해 구축된 기업의 사회적 성과를 평가하는 프랑스의 **사회성과표**Bilan Social가 대표적 예가 된다.

결국 기업의 존재가치를 수익창출보다 지속가능성에 두고, 기업이 발생시키는 감춰진 사회적 비용 및 성과hidden social costs and performances를 파악하고 평가함으로써 자발적,

---

40) Park K. (2015), *Professor Kichan PARK on Strategic Management*, IUP.

그리고 선별적으로 지속가능경영을 추구해야 한다는 기업의 사회적 가치창출 활동이 ESG 경영의 필수조건이 되고 있다는 것이다.[41]

> 그렇다면 과연 ESG 경영이 기업의 지속가능한 성장과 함께 중장기적 수익창출에도 기여하는 효과적인 **Double Bottom Line**, 즉 새로운 '**Smart How**'가 될 수 있을 것인가?

에클스Bob Eccles2014를 비롯한 연구자들의 주장은 매우 긍정적이다. 이들 연구에서는 비록 ESG 경영과 윤리경영이 단기적 수익short-term profit 창출과는 직결되지 않지만 장기적 지속가능성long-term sustainability에는 직접적인 영향을 미친다는 사실을 증명해 보이고 있다. 실무자들의 경우에는 더욱 긍정적이다. 실제로 ESG 수준을 고려한 기업의 사회적 가치를 믿고 투자하는 **책임투자**SRI: socially responsible investing 비중이 선진국에서는 전체 운용자산 중 절반 이상을 차지하는 것으로 나타나고 있다.

❘ Double-Bottom Line(Profit & Responsibility)을 활용한 Smart HOW (예시) ❘

사회로부터 사랑받는 착한 기업 선별을 위한 기업의 이윤창출과 사회책임 활동 평가	
P. Drucker (1954)	• PRI-Profit, Responsibility, Innovation: 기업은 이윤을 추구하되 사회적책임을 동시에 실천하고, 고객창출을 위해 끊임없는 혁신을 해야 한다.
R. Kaplan (1996)	• BSC-Balanced Scorecard: 재무적 성과와 함께 학습 등 기업의 비재무 정보를 포함한 평가와 향후 전략을 구상하는 균형성과표를 작성해야 한다.
G. Trépo (2003)	• SEAM-Socio-Economic Approach to Management: 기업경영의 숨겨진 비용 "Hidden Cost" 파악으로 사회적-경제적 성과를 동시에 추구해야 한다.
France 사회보고	• BS-Bilan Social: 기업의 사회적 성과를 평가하고 근로감독관은 이를 정부에 제출하여 기업에 대한 정부의 보조금 수준을 확정하도록 하는 프랑스의 사회성과보고서
ESG 책임투자	• II-Impact Investment: MSCI, Bloomberg, IBD 등 ESG 책임투자 평가기관, 세계 최대 자산운용사 BlackRock 등에서 ESG 정보분석으로 "착한 기업"을 선별

ESG 개념의 태동은 기업의 사회적책임CSR이 강조되기 시작한 1950년대까지 거슬러 올라가지만 실무적 차원에서는 선진국 기관투자자들이 지구환경보호와 인권보호 등 GRI 및 UN Global Compact 기준을 반영하고 각국 정부에서도 이를 제도화함으로써 확산

---

41) Trépo & de Geuser (2003), "Managing the unmanageable: How can SEAM give back to employees and work situations their anthropological original substance?", *Journal of Organizational Change Management*, Vol. 16 Issue: 1, pp.99-106,

의 길로 접어 들었다. 이처럼 비록 학문적 차원에서는 ESG에 대한 개념정립이 미흡하지만 시대정신은 지구환경과 인류사회를 우선적으로 배려하는 기업의 정도경영과 투명경영의 실천이 지속적으로 기업의 가치를 향상시켜 준다는 방향으로 자리잡아가고 있다.

특히 MSCIMorgan Stanley Capital Investment, 블룸버그Bloomberg, IBDInvestor's Business Daily 등 세계적인 ESG 책임투자 평가기관, 그리고 세계 최대의 자산운용사인 블랙록BlackRock 등에서 ESG 정보공시를 강조하고 책임투자를 실천하겠다고 천명하자 수탁자인 기관투자자들부터 ESG를 기업의 모든 이해관계자와 관련된 이슈를 담은 **착한 기업**Impact Company 선별의 기준으로 수용하고 있다. 이에 따라 기업들 역시 ESG 경영을 위한 장기적 전략과제 및 단기적 대응과제 수행에 적극적인 모습을 보인다.

④ ESG 경영의 미래

1. 환경관련 발전 추세

1997년 **기업의 환경에 대한 적극적 책임**을 내세우며 발족한 GRI, 2015년 파리기후협정Paris Agreement, UN지속가능발전목표SDGs Sustainable Development Goal, 미국 조 바이든 대통령 취임과 파리기후협정 복귀, 그리고 세계 각국이 2050년까지 탄소중립Carbon Neutral을 선언함에 따라 기후환경 변화에 대한 관심은 갈수록 커지고 있다.

> 그만큼 지구환경 보호는 공급사슬supply chain 전반에 걸친 공유와 공생의 가치창출, 재생과 복원, 착한 기업과 인간적 작업환경 조성 등으로 확산되고 있다. 여기에 AI와 빅데이터 등 디지털 전환Digital Transformation 시대의 첨단기술이 접목되면서 환경관련 지표를 포함한 ESG 지표 전반적으로 분석의 틀과 방법이 체계화되고 있다.

탄소중립과 디지털 전환을 내세운 EU는 2020년에 공표한 자원 재순환 촉진을 위한 『3RReduce, Reuse, Recycle **지속가능형 순환경제**CE: Circular Economy』로 2030년까지 70만 개의 새로운 일자리 창출도 내다보고 있다. 이처럼 무엇보다 기후환경변화에 대한 관심에서 CSR을 대체하며 새롭게 부각된 ESG는 기업의 사회책임경영과 지속가능경영, 그리고 투명경영 이슈를 함께 다루면서 EU뿐만 아니라 전세계적으로 확산되고 있다.

마이크로소프트사는 이미 10억 달러의 『기후혁신펀드Climate Innovation Fund 조성』으로 기술발전에 의한 탄소중립을 추진하고 있으며, 빌 게이츠는 최근 저서 'How to Avoid a Climate Disaster2021'에서 매년 발생하는 온실가스 510억톤을 선진국부터 『넷 제로 Net Zero』로 만드는 '기술-정책-시장구조'를 제안하고 있다. 아마존의 제프 베조스 역시 파리기후협약을 10년 앞당긴 2040년까지 탄소중립을 실현하기 위해 2022년까지 배송 차량 1만 대를 전기차로 바꾸고 2030년까지 총 10만 대를 사용하는 계획도 밝혔다.

2021년 11월 13일 폐막한 COP26유엔기후변화협약당사국회의 '글래스고기후협약'에서는 석탄화력발전을 단계적으로 중단하고 화석연료보조금 폐지와 함께 산업혁명 이전대비 지구온도 상승을 1.5도 이내로 줄이는 안을 명기하였다. 2050년 탄소중립 실현에 전세계 140여개국이 참여하고 우리나라도 2021년 8월에 2050년 온실가스 순배출량 목표를 세가지 시나리오1안: 2,540만톤, 2안: 1,870만톤, 3안: Zero로 지속가능 탄소중립 사회를 위한 정책방향을 제시함으로써 이를 수행하기 위한 산업구조와 기술혁신의 새로운 조합이 기대된다. 하지만 현실적으로 속도조절이 되지 않은 성급한 정책은 예기치 않은 사회적 혼란과 산업구조적 부조화를 유발할 위험이 너무나 높다.

그러므로 "빨리 가려면 정부주도로, 하지만 멀리 가려면 사회 전체가 함께 가야 한다"는 사회적 계약 또는 사회적 대타협이 차근차근 이루어져야 할 것이다. 탄소중립과 온실가스 감소는 현행 정부차원의 단기적 과제가 아니라 영속해야 할 국가차원의 지속적 과제이기 때문이다. ESG의 환경관련 이슈는 우선 국제적으로 적용될 수 있는 공통의 지표를 개발하고 이를 국제적으로 확산하기 위해 회계 및 재무 전문가들의 노력이 요구된다. 그러나 이와 함께 지표들 각각에 대한 정보를 보다 정확하게 분석할 수 있는 과학적 방법론에 대한 연구개발 활동에 집중하는 다양한 분야의 전문가들의 글로벌 협업이 훨씬 더 중요하다.

2. 사회관련 발전 추세

한편, 기업의 사회적책임 이슈는 업스트림upstream 부분의 생산활동과 다운스트림 downstream 부분의 소비활동이 이루어지는 시장경제의 주체로서 합리경영과 고객창출에 한정된 기존체제를 확대하여 이해관계자 모두를 고려한 사회적·환경적 가치창출 활동에 초점을 두고 있다. 경영학의 아버지라 불리는 테일러의 과학적관리에 의한 공존공영 추구, 현대경영학의 아버지로 칭송받는 드러커의 목표관리에 의한 P·R·IProfit, Responsibility, Innovation실천, 전략경영의 대가 마이클 포터의 상생경영에 의한 공유가치 창출 등 일반적 인식과는 달리 20세기초부터 기업경영에는 사실 사회적책임 수행이 항상 강조되어 왔었다.

주요 이슈는 기업의 사회적 영향력이 증대하면서 그 책임이 커지고 있다는 사실이다.

즉, 영향력이란 권력을 행사Practice of Power할 때 나타나므로 권력의 원천Source of Power 자체를 키워가는데 문제를 제기하기보다 특히 대기업으로서 커진 권력을 대내외에 행사할 때는 필히 윤리적·도덕적 기준에 따른 사회적책임을 고려해야 한다는 것이다.[42] 그러므로 ESG경영평가 기준은 사회적 영향력이 약한 중소기업보다 경제적·사회적·정치적 영향력이 절대적으로 우위에 있는 대기업에 대한 **착한**모범 경영을 평가하는 잣대로 우선 적용되어야 한다.

3. 지배구조관련 발전 추세

기업의 투명경영을 위한 거버넌스, 즉 **지배구조** 이슈는 특히 최근 우리나라 기업에서 표출된 '갑질 사건'과 함께 더욱 부각되고 있다. 글로벌 차원에서는 감사위원회와 이사회 구성에 있어서 흔히 거수기 역할만 수행하는 사외이사의 감시자로서 역할 강화, 여성임원 비율의 확대, 나아가서는 인종과 출신의 다양성까지 요구하고 있다.

2018년 **블랙록**BlackRock에서 여성 이사가 2명 미만인 기업에는 투자하지 않겠다고 선언한 것이나 2020년 **골드만삭스**Goldman Sachs에서 이사회의 다양성이 충족되지 않는 기업에는 기업공개IPO: Initial Public Offering 업무를 맡기지 않겠다는 발표가 그 대표적인 사례라 할 수 있다. 유리천정을 깨고 CEO 자리에 오른 IBM의 버지니아 로메티Virginia Rometty, 유튜브의 수전 보이치키Susan Wojcicki, 야후의 마리사 메이어Marissa Mayer, 시티 그룹의 제인 프레이저Jane Fraser를 비롯한 전문 CEO자리에 오른 여성이 늘고 있지만 한국의 실태는 주로 오너 가문 출신이 다소 있을 뿐이다.

최근 ESG 경영이 강조되면서 2021년 8월부터 자산 2조원 이상 기업에 여성이사쿼터 제로 의무화된 요건에 맞추기 위해 주로 여성 교수들이 현대자동차, 현대건설, 현대모비스, 하나금융, 이마트, 네이버 등에 진입하면서 전년대비 2배 이상 증가하고 있으나 기업으로서는 경력 20년 이상의 여성전문가 영입에 어려움을 겪고 있는 실정이다.

한마디로 ESG 경영은 여전히 '핫바지에 권총 차듯' 아직은 구색 맞추기 단계에 있다. **기업의 사회가치 창출**Creating Corporate Social Value이라는 『철학이 있는 경영』을 요구하는 추세는 이처럼 ESG 경영을 중심으로 형식적 구색 맞추기에서 시작하고 있지만 단계적으로는 실질적 사회책임 수행이라는 기업의 핵심가치로 정착될 전망이다. 코로나19 팬데믹으로 단절의 시대와 불확실성의 시대가 지속되고 있지만 "위기속에 기회 있다", "극복하지 못할 위기란 없다"는 한국형 K-Management의 성공철학이 ESG 경영으로 그

---

42) 박기찬(1993), 조직정치론, 경문사

파괴적 혁신Disruptive Innovation이 이어지도록 해야 할 것이다.[43]

결국 기업의 사회적 가치 창출 이슈는 하나의 관점으로 모아진다. 즉, 정도경영과 윤리경영을 잘 실천하는 기업은 새로운 추세처럼 부각되고 있는 ESG 경영으로 사회로부터 사랑받는 기업이 될 수 있지만, 그렇다고 ESG 경영만 잘 실천한다고 사회로부터 존경받는 기업이 되는 것은 아니라는 사실이다. ESG는 사랑받는 기업이 되기 위한 또 하나의 필수조건이지 충분조건은 아니기 때문이다. 여기에는 투입되는 데이터의 신뢰성, 즉 기업정보의 투명성과 정확성, 그리고 자료분석과 측정활동의 엄밀성이 무엇보다 중요하다는 점도 인식해야 한다.

> 이처럼 우리나라 기업들이 추구해야 할 『협의의 ESG책임투자』와 『광의의 사회적 가치 창출』은 바로 **"기본으로 돌아가라**Back to the Basic**"**라는 기업과 경영자의 윤리경영 및 정도경영에 기반해야만 가능하다는 것이다.

AI와 빅데이터의 기술적 혁신과 발전은 ESG 경영을 포함한 인적자원관리 전반적으로 새로운 장을 열어가고 있다. 특히 종업원에 대한 가치평가인사고과는 물론 채용에서부터 퇴직까지의 인적자원개발을 위한 AI기반의 효율적 인사시스템 구축은 더욱 AI 도입에 의한 윤리경영과 정도경영의 필요성을 강조하고 있다.[44] GE의 크로톤빌Crotonville 리더십센터에서 매년 핵심이 되는 단어모음에 대한 토의를 한 결과 가장 많이 나온 단어가 'FOCUS집중', 'INNOVATION혁신', 'PRACTICE실천' 등이었다. 이는 피터 드러커가 강조한 '선택과 집중', '고객과 혁신', '참여와 실천' 논지와 그대로 일치한다. 그리고 그 우선적인 대상은 정도경영이라는 것이다.

> 아직은 학문적으로 체계화된 차원보다 새로운 시대적 조류로 강조되고 있지만 ESG 경영 역시 **"철학에 초점**Focus**을 둔 혁신**Innovation**의 실천**Practice**"**으로 우리나라 기업의 환경 생태적, 사회 책임적, 경제 주체적, 그리고 경영 윤리적 가치의 창출에 기여하는 글로벌 전략경영으로 추진되어야 할 것이다.

---

43) Park & Woo (2021), "Korean Air's Moment of Truth Realized through the Management Philosophy 『SAFER』", in *K-Management from Incheon*, Knowledge Platform

44) Chevalier F. & Dejoux C. (2021), "Intelligence artificielle et Management des ressources humaines: pratiques d'entreprises, *Enjeux Numériques*, No 15, Sép. 2021, Annales des Mines

Section 4

한국의 ESG 경영을
선도한 HERI

ESG 경영을
읽는다

환경Environmental, 사회Social, 지배구조Governance를 의미하는 ESG는 기업의 비재무적 성과를 평가하기 위한 기준으로 CSR 활동을 대체해 가고 있다. 환경E 지표는 탄소중립과 기후변화, 환경오염, 친환경 제품개발, **사회**S 지표는 인적자원관리, 산업안전, 하도급거래, 제품 및 서비스의 안전성, 공정경쟁 등 다양한 잣대가 활용된다. **지배구조**G 지표는 주주권리, 이사회 구성과 활동, 감사제도, 배당 등과 같은 요소를 포함하고 있다.

> 문제는 코로나19 팬데믹으로 기업경영의 어려움이 가중되는 시점에 수많은 지표와 함께 ESG 경영을 강조하는 것은 기업에 대한 또 하나의 규제이자 기업으로서는 추가적인 시간과 비용을 투입해야만 하는 부담이 될 수도 있다는 사실이다.

기업의 지속가능경영을 위한 글로벌 기준으로 강조되고 있는 ESG 경영은 해외에서도 그 효과성에 대한 논란이 있음에도 불구하고 연기금과 같은 기관투자자를 중심으로 새롭게 ESG 책임투자 시장을 넓혀가고 있다. MSCI에서처럼 인공지능과 빅데이터의 도움을 받은 분석방법도 정교해지면서 자산운용사는 물론 관련 컨설팅 조직과 전문 연구기관의 평가활동 역시 급성장 중이다.

> 이처럼 세계는 ESG 붐이라 부를 만큼 ESG에 대한 기업과 연기금은 물론 각국 정부 기관에서도 ESG 실행 아젠다를 공표하고 있다. 그렇다면 한국의 경우에는 기업의 ESG와 사회책임경영에 대한 연구와 노력이 그동안 없었는가?

이야기처럼 기업의 사회적책임을 논한다면 우리도 개성상인松商들의 협동조합 운영, 1896년 박승직상점두산과 동화약방동화약품, 1897년 한성은행신한은행, 1899년 대한천일은행우리은행, 1919년 경성방직경방, 1926년 유한양행, 그리고 1931년 구인회포목상회LG, 1938년 삼성상회삼성, 1939년 부림상회대림 설립시부터 현재까지 성장해 온 역사 속에서 독립운동 지원과 보국정신 등 수많은 미담을 찾아볼 수 있다.

> 이들 선대 사업가들의 철학과 '업의 정신'이 이어진다면 우리나라 기업의 ESG 경영 실천과 그 성과가 세계적 모범사례 **'K-Management'**로 부각되는 것도 기대할 수 있다.

특히 독립운동가, 기업가, 교육자, 그리고 사회사업가로 존경받는 유한양행의 설립자 유일한 박사1895-1971는 2008년 세계금융위기 이후 확산되어 온 이해관계자자본주의 Stakeholder Capitalism 철학을 세계적으로도 가장 앞선 1926년 회사설립과 함께 실천한 인물이기도 하다. 전사원지주제와 친인척의 경영일선 배제를 원칙으로 한 유일한 박사의 경영철학에는 다음과 같은 기업의 사회적책임정신과 소명의식이 강하게 담겨 있다. 물론 당시에는 별도로 다루어야 할 지구환경보호 등 환경에 대한 내용은 나타나지 않았다.

1. 기업의 생명은 정직과 신용이다G.
2. 기업의 이윤은 기업을 키워준 사회에 환원해야 한다S.
3. 기업의 이윤추구는 기업성장을 위한 필수 선행조건이다G.
4. 기업은 기업가 개인의 부귀영화를 위한 수단이 될 수 없다G.
5. 기업의 소유주는 사회이며 단지 그 관리를 개인이 할 뿐이다G.
6. 양질·염가제품 생산은 기업성취의 기본의무이자 사회에 대한 책임이다S.
7. 기업에 종사하는 모든 사람은 기업활동을 통한 하나의 공동 운명체이다S.

"기업이란 무엇인가?" "기업의 사명은 무엇인가?"에 대한 연구를 평생해온 피터 드러커의 질문에 대한 답변이자 사회의 공존공영과 약자집단을 위해 이를 1920년대부터 실천해 보인 유일한 박사의 철학이 있는 기업관은 새롭게 부각된 지구환경보호와 함께 『K-ESG』 경영을 위한 잣대로 오히려 우리가 세계에 내세워야 할 것이다.

실제로 우리나라에서 기업의 사회적책임과 관련된 활동은 정부나 국회보다 1989년 결성된 **경제정의실천시민연합**경실련 등 NGO 시민단체의 역할에서 더욱 부각된다.

1992년 경실련CCEJ 산하기구인 **경제정의연구소**KEJI: Korea Economic Justice Institute에서 기업의 윤리경영과 사회적 책임을 강조하기 위해 제시한 다음의 10가지 기준에는 글로벌 ESG 표준의 핵심지표를 대부분 담고 있다.

1. 산업공해 예방과 환경오염을 개선하는 기업E
2. 공정거래질서와 기업관련 법규를 성실히 지키는 기업S

3. 기업정보를 성실히 공개하며 고객만족에 힘쓰는 기업 S

4. 효율적 고용증대와 국제화로 경제발전에 기여하는 기업 S

5. 종업원 능력개발·복지증진과 산재를 방지하며 노사화합을 이루는 기업 S

6. 사회복지·문화·지역사회지원 등 사회공동체 역할을 성실히 수행하는 기업 S

7. 창의와 기업가정신으로 기술혁신을 강화하는 기업 G

8. 기업주의 소유집중을 완화하고 경영을 전문화하는 기업 G

9. 재테크와 불건전 지출을 지양하여 본업에 충실하는 기업 G

10. 생산성 향상을 도모하며 재무구조를 건전하게 유지하는 기업 G

이를 기준으로 기업활동의 건전성, 공정성, 사회봉사, 환경보호, 소비자보호, 종업원 만족, 경제발전 기여도 등 7가지 평가항목에 58개의 평가지표를 설정한 것이 '**경제정의 지수**KEJI Index'이다. 경제정의연구소는 매년 한국기업의 '사회성'과 '윤리성'을 평가 발표 하고 이를 기초로 '경제정의기업상'을 주는 등 사회책임경영의 중요성을 일깨워 주었다. 특히 윤리와 정도경영이 함께해야 한다는 점을 강조한 점은 높이 평가할 만하다.

① HERI의 CSR 경영평가

최근들어 ESG 컨설팅기관과 자산운용사들이 AI와 빅데이터의 도움을 받아 기업의 사회책임경영과 ESG 책임투자 활동을 평가하고 순위 매김도 하지만 이러한 공과는 2008년부터 한겨레신문사와 HERI한겨레경제연구소, 현 한겨레경제사회연구원의 시대를 앞선 지 원과 노력에 대해 우선 살펴볼 것이 요구된다. 당시 전문가위원회에 참여한 저자들로서 한겨레신문의 기사내용을 통해 ESG 지표를 중심으로 한·중·일 기업들의 사회책임 경 영에 대한 평가과정과 주요내용을 구체적으로 살펴보도록 한다.

1. **평가모형:** HERI에서는 UNGC, GRI, SDGsMDGs, ISO26000, ESG 등 서구에서 발전해 온 사회책임경영 평가잣대를 그들과는 상이한 비즈니스 환경하에서 활동하는 동아시아 한·중·일 3국을 대상으로 2008년 『East Asia 30』 평가모형을 개발하였다.

2012년까지는 영국 아이리스EIRIS의 ESG 데이터를 사용하였으며, 2013년부터는 블룸버그Bloomberg의 ESG 데이터를 활용하여 다음과 같은 프로세스에 따라 '정량평가'를 실시하고 매스컴 등에 공개된 자료를 통한 네거티브 스크리닝negative screening 위주의 선정 적격성에 대한 '정성평가'를 병행하였다.

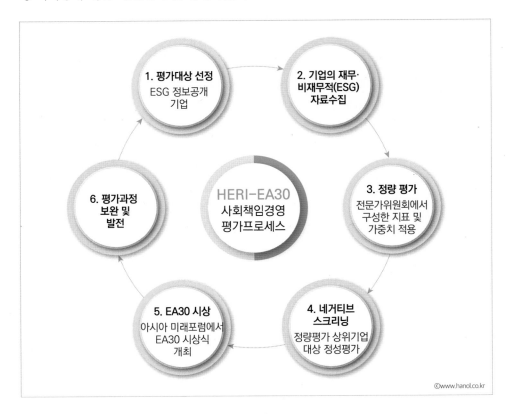

2. **정량평가:** HERI의 ESG 정량평가 틀은 2010년에 구성된 한·중·일 사회책임경영 전문가위원회를 중심으로 UNGC 10대 원칙, GRI 가이드라인, SDGsMDGs 17대 목표, ISO26000 7대 원칙 등 지속가능경영을 위한 국제표준을 기반으로 하되, 동아시아 기업의 내외부 환경 특성을 반영하여 **환경**E영역 6개, **사회**S영역 8개, **거버넌스**G영역 6개를 포함한 **총 20개의 세부지표와 총 70개의 하위지표**를 가중치와 함께 재구성하였다.

세부지표는 기업들이 ESG 각 영역별 해당 이슈에 대해 정책·실행·성과·모니터링·평가 등의 체계를 잘 갖추고 있는지, 그리고 해당 이슈들이 효율적이고 투명하게 운영되고 있는지를 기업 지배구조 및 이해관계자들과의 관계 등을 고려하여 분석했다.

3. **평가전략:** 『한·중·일 사회책임경영 전문가위원회』에서는 2010년부터 매해 각 평가 지표별 **중요도 순위**priority를 결정하고 이를 적용해 영역내 혹은 영역간 **가중치**weighting 부여를 통하여 ESG 지표에 대한 전략적 평가가 이루어지도록 하였다.

지표별 가중치는 E·S·G 각 **영역별 100점**, 총 300점을 기준으로 정량평가 총점과 순위를 도출하였으며, 3대 영역 중 단 한 곳이라도 30점 미만일 경우에는 탈락시키는 과락기준을 도입하였다. 한편, 기업의 사건·사고·비리 등을 평가하는데 한계가 있는 정량평가를 보완하기 위해 정성평가 방식인 네거티브 스크리닝 기준을 도입했다.

4. **정성평가: 네거티브 스크리닝**negative screening은 기업의 사회책임경영 실천 정책과 시스템이 실제 경영활동에 잘 구현되는지 여부를 판단하고 지속가능한 발전을 위한 기업의 노력 여부를 검증하는 목적을 가진다.

일차적으로 정량평가를 마친 기업을 대상으로 **부정적 이슈들**을 조사하여 HERI와 전문가위원회에서 해당 이슈가 사회에 미치는 영향, 사안의 심각성, 기업의 개선의지 등을 반영하여 평가하였다. 평가시기는 전년도 1월부터 당해 연도 9월까지 정성평가 시점 평가대상 기업의 홈페이지, 지속가능경영 및 사업보고서, 정부기관 자료, 시민단체 및 연구소 보고서, 언론기사 등의 공개자료를 대상으로 하였다. 『East Asia 30』 네거티브 스크리닝은 다음의 정성평가 기준에 따라 해당 기업은 평가에서 최종 탈락하게 된다.

· 담배, 포르노, 대량생산무기를 제조하는 산업에 속한 경우
· 비윤리적 경영활동으로 고질적 인사사고가 발생한 경우
· 기업이 사법당국에 기소되거나 유죄판결을 받은 경우
· 정부기관으로부터 벌금 혹은 제재를 받은 경우

이 밖에 언론 및 시민사회로부터 지속적으로 지적된 이슈와 연루된 기업은 서면 질의서를 통해 관련 이슈에 대한 기업의 인식과 사후조치 및 예방활동 등을 확인하도록 하였다. 관련 사안은 기업의 답변서를 바탕으로 기업비리, 사건 및 사고의 경제·사회적 영향력을 우선적으로 고려하되, 사후적으로 과연 해당기업이 적극적인 개선의지가 있는지, 적절한 조치가 이루어졌는지 등을 평가한다. 당시 ESG 우수기업 후보를 대상으로 언론에 공개된 네거티브 스크리닝 예시 일부만 살펴보아도 다음과 같이 다양하게 표출된다.

EA30의 정량평가 지표 및 세부지표별 가중치 - HERI, 2010

영역	세부지표	가중치	설명
환경 (E)	기후변화	25	• 기후변화 이슈를 기업이 어떻게 다루고 있는가? • 이에 대한 기업의 정책과 시스템, 그리고 성과는 어떠한가?
	환경핵심	20	• 기업의 환경정책 및 약속은 무엇이며, 환경경영시스템과 보고 시스템이 있는가? • 이것이 기업의 핵심경영과 밀접하게 연동되고 있는가? • 환경적 영향 측면에서의 향상은 어느 수준인가?
	친환경 제품·서비스	15	• 매출 혹은 신규 사업, 제품에서 얼마만큼의 비율이 친환경적 해법에서 발생하는가?
	물 관리	15	• 물 부족 위기를 어떻게 관리(정책, 시스템, 성과 등)하고 있는가?
	화학물질 안전관리	15	• 화학적 안전에 대해 정책과 시스템이 있으며, 성과가 있는가? • 회사가 화학적 안전과 지속가능성 이슈를 어떻게 다루고 있는가?
	생물다양성	10	• 생물다양성 정책이 있는가? 그것을 어떻게 다루고 있는가?
사회 (S)	이해관계자와의 대화	15	• 고객 및 공급자와 좋은 관계유지를 위한 시스템이 명확한가? • 이해관계자와의 관계가 어떤 수준으로 공표되는가? • 관리 시스템 및 보고는 어떠한가?
	보건 안전	15	• 건강과 안전 정책에 대한 시스템이 명확히 갖추어져 있는가?
	일자리창출 및 보장	13	• 일자리 창출과 안정을 위한 시스템과 관행들에 대한 증거가 얼마나 명확한가?
	공급망관리	13	• 공급사슬에서 노동기준 정책, 시스템, 보고범위는 어떠한가?
	노동 이슈	12	• 노사관계 관리 정책과 시스템이 명확히 갖추어져 있는가?
	평등 기회	12	• 기회균등과 다양성 이슈에 대한 정책이 잘 갖추어져 있는가?
	인권 경영	12	• 인권 정책과 시스템, 그에 대한 보고범위는 어떠한가?
	사회공헌	8	• 지역사회와 자선적 활동을 위한 회사의 약속이 얼마나 명확한가?
지배 구조 (G)	이사회 실행구조	23	• 투명한 거버넌스 작동을 위한 시스템을 갖추고 있는가? • 이사회와 경영진이 동등하게 견제나 협력할 수 있는 체제인가? • 내외부 이해관계자들과 투명하게 소통할 수 있는 요소가 있는가?
	반부패	20	• 반(反)뇌물에 대한 회사 정책, 시스템 및 보고범위는 어떠한가? • 모니터링과 보완체계는 어떠한가?
	윤리	16	• 회사가 윤리강령(정책 및 시스템)을 가지고 있는가? • 그것은 얼마나 포괄적인가?
	CSR 위험관리	16	• 이사회와 경영진들이 전사적인 ESG 위험과 기회에 대해서 얼마나 잘 다루고 있는가?

영역	세부지표	가중치	설명
	CSR 리더십	13	• 비즈니스에 사회책임경영 요소를 반영하고 있는가? • CSR 관점에서 신규 비즈니스 혹은 제품을 모색하고 있는가? • 이사회에서 얼마나 많은 사회책임경영 이슈를 다루고 있으며, 이해관계자들이 다양하게 포함되어 있는가?
	이사회 여성참여	12	• 여성 관리자 및 이사회 여성임원이 얼마나 되는가? • 유리천장을 막을 수 있는 제도를 갖추고 있는가?

HERI의 네거티브 스크리닝 예시 (2010-2011)

우수기업후보	네거티브 스크리닝 확인 내용
아모레퍼시픽	• 방문할인판매금지 적발로 공정거래위원회로부터 시정 명령(2011/3)
한국가스공사	• 천안함 사건 당시 상임이사와 직원들이 골프를 쳐 논란이 된 바 있으며, 고위직 임원은 강원랜드에서 카지노를 하다 적발됨 • 한국가스공사와 신용보증기금 등 감사결과 보고서에 기관장 결재를 받아 감사결과 처리 수위를 결정하는 등 감사의 독립성을 확보하지 못하고 있음(2010/4) • 사외이사가 가스공사 발주 공사입찰에 참가했다가 문제되자 이사직 사퇴(2010/10)
현대자동차	• 사내 하도급(하청)업체 노동자들의 징계와 해고에 직접적이고 계획적으로 개입 • 현대자동차 아산공장 사내하청지회는 현대차 아산공장 협력업체 관리자 2명이 비정규직 여성 직원을 성희롱을 했다고 주장하며 국가인권위원회에 진정서 제출 • 좋은기업지배구조연구소(CGCG)는 현대모비스가 현대커머셜과 IHL의 지분을 지배주주 일가에게 매각한 것은 지배구조상 문제가 있는 거래라고 주장 • 노조 전·현직 간부 포함 직원13명이 상습적으로 도박하다 적발돼 모두 유죄 판결 받음
LG전자	• 서울중앙지검 첨단범죄수사1부는 동종업체로 이직하면서 전 직장의 영업비밀을 빼돌린 혐의(부정경쟁방지 및 영업비밀보호에 관한 법률)로 정모 전 부장(39)을 불구속기소 • 회사법인 카드의 한도를 불법적으로 증액시켜 8억 8,000여만원의 부당이득을 취한 혐의(특경가법상 사기 등)로 LG전자㈜ 직원 김모씨 구속기소 • 사내 비리를 고발한 뒤 '왕따'를 당하다 해고된 정모씨(47)씨에게 법원이 복직 판결
KIA	• 기아자동차 사내하청 노동자 5백여명이 직접 고용을 요구하며 기아차 상대로 집단소송
POSCO	• 대구지검은 포스코ICT 협력업체로부터 1억여원받은 혐의로 포스코 직원 A씨 구속 • 포스코 스테인리스 공장에서 폭발사고가 일어나 3명의 사상자 발생
삼성전자	• 고용노동부 장관이 사업장 직원들의 백혈병 사망 논란이 빚어진 삼성전자에 1000억원 정도가 드는 보건관리 방안을 수립할 것을 주문 • '노조 설립하자' 삼성전자 前직원 해고무효소송: 삼성 사내 전산망에 노조설립 필요성을 게시했던 삼성전자 전 직원 박모씨가 해고를 무효로 해달라며 회사 상대로 소송 • 삼성전자 연구원 기소: 서울중앙지검 첨단범죄수사1부는 삼성전자 핵심기술과 영업기밀 자료를 빼돌린 혐의로 생활가전부문 수석연구원인 중국인 C모 여인을 구속기소

우수기업후보	네거티브 스크리닝 확인 내용
KT	• 서울중앙지검 특수2부는 서울지하철 '스마트몰' 구축사업 추진과정에서 하청업체로부터 거액을 받은 혐의(배임수재)로 포스코ICT 송차장과 KT 민팀장에 사전 구속영장 청구 • 방송통신위원회는 SK텔레콤과 KT가 USIM의 이동성을 제약, 이용자들의 이익을 저해한 것으로 확인됨에 따라 각각 20억원과 10억원의 과징금 부과 • 요금이 연체된 가입자와의 계약을 명확한 원칙 없이 임의로 해지한 SK텔레콤과 KT에 대해 요금연체자 관리방식을 개선하라고 시정명령
SK텔레콤	• 서울중앙지검 형사7부는 지식경제부 직할 우정사업본부가 발주한 기반망 고도화 사업권을 달라는 청탁과 함께 금품을 제공한 혐의로 SKT 박모 단장을 불구속 기소 • 방송통신위원회는 SK텔레콤과 KT가 USIM의 이동성을 제약, 이용자들의 이익을 저해한 것으로 확인됨에 따라 각각 20억원과 10억원의 과징금 부과 • 요금이 연체된 가입자와의 계약을 명확한 원칙 없이 임의로 해지한 SK텔레콤과 KT에 대해 요금연체자 관리 방식을 개선하라고 시정명령
두산인프라코어	• K-2 흑표전차 엔진개발중 납품단가 등을 부풀려 5년간 국가예산 70여억원 허위 청구
Kepco	• 한국전력공사에서 발주한 전기공사 관계자들이 15억원어치의 금품과 향응을 제공
현대중공업	• 2010년 2월 5일 현대중공업내에서 작업 중이던 하청노동자가 사망하는 안전사고 발생
SK인노베이션	• 2010년 12월 20일 SK에너지 울산공장에서 폭발사고로 근로자 1명 사망, 6명 중상
LG화학	• 공정거래위원회는 일반 실크 벽지 등의 판매가격 인상 담합에 가담한 LG화학 등 13개 벽지 제조·판매업체에 시정명령과 함께 193억원의 과징금 부과 • 2010년 10월 30일 오전 11시5분께 여수국가산업단지 내 LG화학 여수공장의 화성품 공장에서 폭발 사고로 현장에서 작업을 하던 이모(39)씨 등 2명이 화상
신한은행 STX	• '신한 사태'를 수사중인 서울중앙지검 금융조세조사3부는 회삿돈을 횡령한 혐의 등으로 신모(62) 신한금융지주 전 사장과 이모(58) 은행장을 불구속 기소 • 감전사고로 노동자 1명 사망에 이어 또다른 노동자가 15미터 아래로 추락해 사망
한국타이어	• 영업비밀 누설 혐의(부정경쟁방지 및 영업비밀 보호에 관한 법률 위반)로 한국타이어 중앙연구소 기술팀 전 과장 이모(41)씨와 협력업체 직원 박모(45)씨를 불구속 기소
STX	• 중국 국가질량감독검험검역총국(질검총국)이 2010년 11월말 한국타이어가 생산한 '11R22.5AH18' 규격의 트럭 및 버스용 타이어 제품에 안전을 우려하자 리콜
현대제철	• 당진 현대제철 철근공장 사무실 화재로 작업 중이던 이 공장 직원 김모(50)씨 사망 • 당진 현대제철에서 발생한 유독가스 누출사고로 치료를 받아오던 50대 결국 사망
OCI 삼성중공업	• OCI 미공개 주식거래, 회장·장남 등 3명 기소 • 2011년 7월 삼성중공업에서 오래 일하다가 폐암으로 숨진 근로자에 대해 근로복지공단이 석면 노출로 인한 산업재해를 인정
대우조선해양	• 2011년 5월 2일 전 감사실장 신모(60)씨를 명예훼손과 업무방해 혐의로 불구속기소
삼성중공업	• 서울중앙지검 특수1부는 거액의 회삿돈 횡령 혐의(특정경제범죄가중처벌법상 횡령) 등으로 대우조선해양건설 협력사인 D건설 대표 박모(58)씨를 불구속 기소

우수기업후보	네거티브 스크리닝 확인 내용
대우조선해양 GS건설 한화케미컬	• 대우조선해양 협력사 I사의 비자금 조성 의혹을 수사하고 있는 서울중앙지검 특수 1부는 I사 이모 대표를 400억원대 회삿돈 횡령혐의 등으로 구속기소 • "대우건설과 대우조선해양 산재 사망 최다": 노동계가 2011년 4월 28 일 국제산업재해 사망자 추모의 날을 앞두고 산업재해 최악의 기업으로 대우건설과 대우조선해양을 선정 • 2010년 8월 3일 고용노동부의 발표에 따르면 GS건설과 대우조선해양이 각각 건설과 조선 업종에서 지난해 산재로 인한 사망자를 가장 많이 낸 것으로 나타남 • 2010년 10월 17일 한화케미칼(주) 울산공장에서 외벽 전선교체 작업을 하던 협력업체 근로자 신모(51)씨가 고소작업대(리프트)가 내려앉으면서 4m 높이에서 추락
LG디스플레이	• LG디스플레이를 비롯한 한국과 대만의 LCD 업체 5곳이 유럽연합(EU)에서 총 6억 4890만 유로(8억5800만 달러)의 과징금 부과

영국 아이리스의 ESG 데이터를 통해 ESG 각 항목별 우수기업으로 정량평가 결과가 나온 기업들만 살펴보아도 이처럼 심각한 사건이 거의 예외 없이 나타난 것이다.

2 HERI의 ESG 경영평가

1. 2009 ESG 경영평가

2009년 HERI에서 처음으로 영국의 **FTSE**Financial Times Stock Exchange 선진국지수에 포함된 111개 한국기업을 대상으로 사회책임경영CSR: Corporate Social Responsibility 수준을 글로벌 기준으로 평가했다. E환경, S사회, G지배구조 3대 영역으로 구성된 ESG 사회책임경영은 국제 사회에서 글로벌 기업이 갖춰야 할 당연한 핵심 경영요소이다.[45]

1단계에서 HERI는 파트너로 선정한 아이리스EIRIS와 한국CSR평가KOCSR 쪽에 해당 기업에 대한 자료수집과 기초평가를 의뢰하였다. 아이리스는 영국에 본사를 두고 있는 세계적인 사회책임경영CSR 및 사회책임투자SRI 분야의 독립조사기구로 세계 유수의 펀드매니저와 자산투자사에 ESG 관련 자료를 제공하고 있다. 아이리스는 조사의 공정성을 위해 평가대상 기업에 컨설팅을 제공하지 않는 것으로 정평이 나 있다.

---

45) 사회책임경영(CSR)의 영역에 대한 논쟁은 지금도 계속되고 있으나, HERI에서는 책임투자 개념이 강조된 영국 EIRIS 의 ESG 지표에 기반하여 기업의 사회책임경영 수준을 평가하였다.

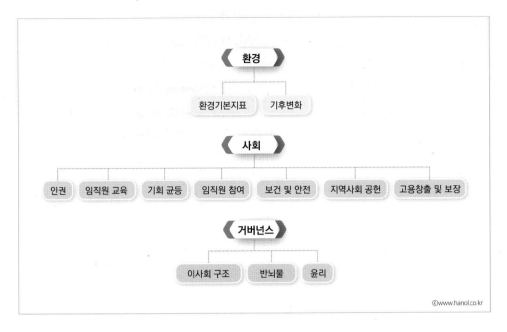

©www.hanol.co.kr

1단계 평가는 평가대상 기업이 공개한 2008년도 데이터를 토대로 이뤄졌다. 지속가능경영보고서, 연차보고서 분 아니라 회사 홈페이지나 각종 공시를 통해 공개된 데이터와 자료들이 조사 대상이 됐다.

따라서 재무성과 위주의 연차보고서만 발행하거나 지속가능보고서를 발행하더라도 해당 자료에 대한 정보공개가 구체적이지 못한 기업들은 평가점수를 낮게 받을 수밖에 없었다.

평가영역은 아이리스 모델에 따라 환경E·사회S·지배구조G 등 3가지 핵심영역으로 구성했다. 각 영역은 글로벌 투자자들이 중요하게 여기는 기업의 사회책임과 관련된 세부 이슈들을 포함한다.

이렇게 산출된 각 세부 이슈별 점수를 합산하여 3개 영역별로 총점을 구한 뒤, 이를 만점으로 나눈 최종점수최종획득점수/획득가능점수를 비율로 표시했다. 3개 영역의 통합 최종점수 또한 마찬가지 계산 과정의 백분율로 표시했다.

2단계 최종심사는 1단계 평가결과를 토대로 전문가 6인의 심사위원회위원장: 인하대 박기찬 교수 를 구성해 진행하였다. 심사위원회에서는 환경E·사회S·지배구조G 영역별 세부 항목의 타당성을 재차 검토하고 최종 우수기업을 선정하였다.

전체 111개 기업 가운데 우선 수상후보자들모범기업군을 고르고 그 중에서 3개 영역의 종합 최고점수를 받은 기업에 대상을 수여하였다. 수상후보군에 선정된 기업들에 대해서는 최근 3년내 ESG 관련 이슈에서 중대한 결격 사유가 될 만한 네거티브negative 사례가 있는지를 검토하였으며, 대상 후보기업의 경우 각 ESG 각 영역에서 모두 60점이 넘었는지를 살펴보았다. ESG 영역별로 최고점수가 같은 기업이 여럿일 경우에는 모두 공동 수상자로 인정했다.

1) 국내기업들의 CSR-ESG 수준

ESG 활동에 대한 평가결과, 전체 111개 글로벌 기업 간에 사회책임경영의 수준이 현격한 차이를 보였다. 100점 만점으로 매긴 각 영역별 평가결과에서 최고점과 최저점의 차이는 70점을 넘었다. 20점 이하를 받은 기업도 8곳이나 나타났다.

이는 상당수 국내기업들이 사회책임경영의 국제적 평가관행을 전혀 알지 못하거나 이해가 부족한 것으로 판단된다. 글로벌 스탠더드인 **지속가능경영보고서**를 발행하지 않거나 공시 등을 통해 해당 정보를 적극적으로 공개하지 않을 경우 글로벌 사회책임 투자자의 해당 항목 평가에서 0점으로 처리된다는 점을 인식하지 못하고 있다는 것이다. 다음 단계로 HERI에서는 전체 111개 기업을 5개 분위로 나누어, 그중 상위 20% 점수1 분위에 해당하는 21개 기업을 글로벌 CSRESG 모범기업으로 우선 추렸다.

제조업 중에는 기아자동차, 삼성전기, 삼성전자, 삼성에스디아이SDI, 아모레퍼시픽, 포스코, 하이닉스반도체, 한국가스공사, 한국전력, 현대자동차, 현대제철, 엘지화학, 엘지디스플레이, 엘지전자, 에스케이에너지, 에쓰-오일 등 16곳이 포함됐고, 서비스업에서는 대구은행, 대우증권, 동부화재, 삼성카드, 케이티KT 등 5곳이 해당됐다. 이들 글로벌 CSR 모범기업 21곳을 후보군으로 삼아, 모든 업종과 영역을 통틀어 가장 좋은 점수를 받은 기업 1곳포스코을 종합대상으로 선정했다. 제조업한국가스공사과 서비스업KT 각 최고 점수 기업을 업종 대상으로 선정하고, ESG환경·사회·지배구조 3대 영역별로 각각의 최우수 기업을 선정했다.[46)]

2) 영역별 및 업종별 ESG 경영평가

ESG 각 영역과 업종별로도 뚜렷한 차이가 나타났다. 111개 기업의 영역별 평균점수를 보면 지배구조G가 49.6점으로 가장 높고, 사회S와 환경E 분야의 평균점수는 각각 41.9점과 35.8점에 그쳐 환경영역 점수가 가장 낮았다. 다만 글로벌 CSR 모범기업군에 속한 기업 21곳은 예외적으로 환경영역 평균점수가 66.9점으로 지배구조64.1점나 사회63.8점 영역보다 오히려 높게 나타났다.

국내 기업의 사회책임경영 영역별 평균점수 비교

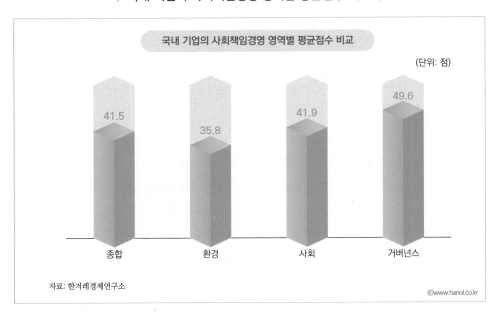

환경영역 점수는 제조업과 서비스업 사이에 현격한 차이를 보였다. 은행업종의 경우 평가대상 8곳 가운데 한 군데를 빼고는 모두 환경영역에서 최하등급인 5분위에 속했

---

46) HERI Review 10호, "외형은 세계적 수준…, 사회책임 실천은 각양각색", 2011.06.24.

다. 보험·증권 등이 포함된 일반 금융업에서도 기업 10곳 가운데 2군데를 제외하고는 모두 환경영역에서 최하인 5분위에 속했다. 서비스업의 환경영역 평가가 낮게 나온 것이 주요 특징이었다.

서비스업 기업 45곳 중 환경영역에서 60점 이상을 받은 기업은 2곳뿐이었으며, 절반이 넘는 29곳이 사실상 환경경영이 없는 수준인 20점 이하에 머무른 것으로 나타났다. 이에 반해 제조업은 60점 이상이 18곳이나 됐고, 20점 이하 또한 서비스 업종보다 훨씬 적은 19곳에 그쳤다. 이는 금융회사를 비롯한 국내 서비스기업들이 여전히 환경경영을 소홀히 하고 있거나 환경경영을 제조업의 몫이라고 잘못 생각하고 있음을 보여주는 것이다.

3) ESG 경영평가의 한계와 전망

2009년 HERI의 평가는 한국기업의 사회책임경영 수준을 글로벌 기준으로 심도있게 살펴본 데 의미가 있다. 특히 흔히 사용되는 평판 데이터가 아닌, **투자자가 투자의사 결정에 사용하는 데이터**를 기준으로 평가했다는 데서 차별성 있는 평가라고 할 수 있다.

기업의 **지속가능성**은 21세기 글로벌 경제체제에서 가장 중요한 생존전략으로, 국내외 고객과 투자자들로부터 신뢰와 책임을 인정받을 때 유지될 수 있다. 심사 결과, ESG 영역 각각에서 **국내기업의 사회책임경영 수준**이 세계적 기업과 상당한 거리가 있는 것으로 평가됐다. 특히 금융기업의 경우 환경이슈에 대한 인식과 대응 수준이 많이 개선되어야 하는 것으로 나타났다.

그러나 수상선정 기업들은 세계적 기업에 뒤떨어지지 않는 지속가능성 수준을 보였다. 또한 향후 사회책임투자지수로 활용될 수 있는 '**모범 기업**' 집단을 구성했다는 것은 중요한 성과라 할 수 있다. 다만, 국내기업 간의 우열을 가려보았을 뿐, 최종 글로벌 경쟁기업과의 비교가 이뤄지지 않은 점은 한계이며 향후 평가작업에서 보완이 필요한 부분이다.

영국 종교기관들에 의해 설립된 **아이리스**EIRIS는 25년 동안 전세계 3,000여개 기업의 자료를 글로벌 금융기관, 연기금, 펀드매니저, 종교기관, 재단 및 소비자단체 등에 제공해온 세계적인 조사기관이다. 한국 기업의 데이터는 아이리스의 한국 파트너인 **한국 CSR평가**KOCSR의 평가를 거쳐 아이리스 쪽에 전달되고 있다. HERI는 아이리스와 한국 CSR평가의 평가자료를 바탕으로 FTSE에 편입된 111개 한국 기업의 ESG 성과에 대한 계량화 평가 작업을 진행하였다.

이들 계량평가점수를 바탕으로 심사위원회에서는 종합대상, 제조업대상, 서비스업대상 및 ESG 영역별 최우수상을 2개 기업씩 선정하였다. 사회적책임과 환경경영의 실천 노력과 의지가 각별히 뛰어난 대표기업을 엄선함으로써, 우리 기업들이 모두 따라 배울 수 있도록 하자는 취지이다. 올해 첫발을 내디딘 한겨레신문의 글로벌CSR대상이 연륜을 쌓으면서 글로벌 투자자에게 신뢰성 있는 좌표가 될 수 있을 것으로 기대한다.

4) 2010 ESG 경영평가

> 한·중·일 경제·경영 전문가로 구성된 '아시아 사회책임경영 전문가위원회'는 세 나라에서 사회책임경영 활동이 뛰어난 기업 30곳이 편입된 2010년도 『동아시아 30』East Asia 30을 최종 확정해 발표했다.

평가작업의 공정성과 유익성을 위하여 한·중·일 전문가는 HERI 연구팀과 심도 깊은 평가기준 및 모델작성 협의를 벌였다. 전문가위원회에서는 국제기준을 기본으로 하되 아시아 지역의 일부 특성을 함께 고려하여 평가모델을 완성하는 것에 주안점을 두었다.

이러한 과정을 통해 한·중·일 기업의 차이점과 공통점을 찾아냈고 3개국에 공통으로 적용할 수 있는 내용을 중심으로 평가지표를 선정하여 지표별 가중치를 부여하였다. 완성된 평가모델을 토대로 한중일 대표기업 708곳을 평가하고 '동아시아 30'을 선정하였다.

사회책임 이론은 서구에서 개발 및 도입되어 동아시아 기업의 혁신과 개혁에도 큰 영향을 끼쳤다. 이번 시도는 동아시아 3개국의 환경에 보다 잘 맞는 평가기준을 만들어 시행한 데 그 의의가 크다. 이와 같은 평가작업을 바탕으로 앞으로 한중일 세 나라에 공통의 가치로 받아들여지고 있는 사회책임 이행의 강화와 주류화를 통해 동북아 역내 기업의 건전성과 사회책임의 이행에 크게 기여할 것이 기대된다.

5) 2011 ESG 경영평가

> 2011년에는 지배구조G 영역에서 반부패, 사회책임경영 리더십, 이사회 여성참여, 그리고 사회S 영역에서 인권경영을 새로운 평가지표로 추가한 점이 눈에 띈다. 한편 환경E 영역에서는 기후변화, 물 관리, 화학물질 안전관리 등 이슈별 평가지표를 도입하고 조사 대상이 되는 한·중·일 기업 범위도 늘렸다.

『EA 30』은 한·중·일 세 나라에서 사회책임경영에 가장 앞선 기업 30곳을 뽑는 것으로, 전문가위원회에는 주철기 UNGC한국협회 사무총장, 양빈 중국 칭화대 리더십센터 소장, 에바시 다카시 일본 호세이대 글로벌콤팩트 연구센터 소장, 박기찬 인하대 교수, 이영면 동국대 교수 등 10명이 참여했다. 전문가위원회는 환경, 사회, 지배구조 등 ESG 세 영역으로 나누어 동아시아 대표기업 최종평가결과를 한겨레신문사 주최 『2011아시아 미래포럼』에서 발표와 함께 시상식을 개최하였다. 주철기 사무총장은 "인권, 이사회 여성비율 등을 평가지표에 넣은 것은 매우 전향적"이라며 "향후 아시아지역 기업들의 사회책임경영을 견인해 나가는 앞선 평가모델이 될 것"이라고 기대했다.

3 HERI의 EA30미래포럼

1. 2012 아시아 미래포럼

2012년 『East Asia 30』에서는 다양한 사회적 이슈와 사회적 현상을 포함한 ESG 관련 주제를 다루었다. 특히 『**동아시아에서의 사회책임투자**』에 관한 세션을 통해 책임투자의 주체인 수탁자로서 **자산운용사의 진정한 의무**에 대하여 논하는 자리가 마련되었다.

여기에서는 2008년 미국의 서브프라임 모기지 사태로 전세계에 확산된 경제위기의 출발점은 바로 **금융기관의 비윤리경영**이라는 점이 강조되었다. 즉, 금융회사의 부도덕한 경영행태를 보면서 투자자들은 자신의 이익을 보호하려면 **건전한 기업지배구조와 기업정보의 공개**가 필요하다고 절감했다는 것이다. 아울러 아시아에서 진행되는 인구증가, 고령화, 기후변화 등과 같은 사회·환경 문제들은 전세계 기업과 투자자들로 하여금 '**지속가능성**'에 주목하도록 했다. 이제 투자자들은 재무적 성과에만 집중하는 투자 방식에서 벗어나 과거와는 다른 미래를 준비해야 할 때라는 것이다.

특히 연기금처럼 장기적 투자를 하는 투자기관들은 가치와 성과에 영향을 주는 다양한 요소들을 고려해야 한다. 하지만 동아시아에서는 아직도 "사회책임투자는 수익률이 낮다"거나 "수탁자의 의무에 반하는 투자"라는 **선입견과 회의론**이 존재한다.

유엔 책임투자원칙UN PRI 글로벌 네트워크 부문장인 마리아 티넬리Maria Tinelli는 사회책임투자SRI에 대한 비판은 "수탁자의 의무와 사회책임투자 사이에 충돌이 있다"는 오해에서 생겨난 것으로 '진정한 수탁자의 의무란 환경·사회·지배구조ESG 요소를 고려해 장기적 성과를 예측하는 것'이라고 주장하였다. 티넬리는 자본주의가 위기인 상황에서 진정한 수탁자의 의무가 무엇인지 그리고 어떻게 ESG 이슈들을 투자활동에 적용할 수 있는지를 다음과 같이 설명하였다.

- "하버드비즈니스스쿨의 로버트 에클스Robert Eccles 교수와 조지 세라핌George Serafeim 교수의 2011년 연구에서 지속가능성이 높은 기업이 다른 경쟁사보다 주가와 수익률이 높다는 점을 확인해 주었다. 즉, 사회책임투자에서는 단순 재무적 차원을 넘어 ESG 관련 기회와 위험을 모두 다루므로 일반투자자들보다 훨씬 폭넓은 차원의 기회와 위험을 다루기 때문이다."
- "사회책임투자SRI라고 해서 투자자들이 투자하는 방식을 근본적으로 바꿀 필요는 없다. 왜냐하면 SRI는 전통적인 투자분석에 ESG 요소들을 추가적으로 통합하여 투자분석의 폭과 깊이를 강화함으로써 수익증대와 위험감소를 보여주기 때문이다."

그러므로 국민연금 같은 **자산보유기관**Asset Owner에서는 명확한 투자 신념과 정책을 마련하고 풍부한 기업정보를 바탕으로 투신사 등 **자산운용기관**Asset Managers을 모니터링 해야 하며, 자산운용기관 역시 명확한 책임투자 정책을 갖고 장기적 성과와 사회책임투자 간의 연결고리를 찾기 위한 연구와 측정 및 분석에 집중해야 한다.

2. 2013 아시아미래포럼

2009년 구성된 『아시아 사회책임경영 전문가위원회』와 HERI는 2013년부터 **블룸버그**Bloomberg사가 제공하는 ESG 관련 기업의 비재무적 자료를 기반으로 전문위원들이 최종 합의한 지표 및 가중치를 적용하여 사회책임경영 평가를 실시하였다.

2013년에는 한·중·일 3국 모두 새 정부가 들어섰고 한-중, 한-일 자유무역협정FTA 협상도 본궤도에 오르면서 동북아에서도 기업의 사회적책임CSR 활동이 국내외 **투자 매력도와 고객 만족도**를 결정짓는 변수로 부각되었다. 한국은 전년보다 2배 이상 늘어난 247개사를 대상으로 환경E, 사회S, 지배구조G 지표별 평가를 실시하였다.

그 결과, 전자·철강·화장품·화학·자동차 산업분야 30대 후보기업이 주를 이루었으며, 이에 비해 통신·조선·서비스·건설업 분야는 상대적으로 수가 적었다. 이렇게 된 이유는 무엇보다 2012년 1월부터 2013년 7월까지 언론과 사회에 나타난 사업비리, 불공정거래, 안전사고 및 사후대응조처 등에 대한 적격성 심사, 즉 네거티브 스크리닝을 통과하지 못했기 때문이다.

후보기업들의 분야별 우수성 역시 차별화되어 나타나는데, **환경**E에 대한 인식은 첨단 산업체가 높고, **사회**S 부문은 업종 간에 유사한 데 비해 **지배구조**G는 대부분 낙제점을 겨우 넘었다. 아직도 우리나라 기업들의 **이사회 구성과 운영 투명성** 등의 문제가 심각하다는 것이다.

"매년 평가를 거듭해가며 기업경영의 상생적 가치와 사회적책임 수행이 동북아 경제권의 번영을 위한 초석이 됨을 깨닫게 된다. 『동아시아 30』과 『아시아 사회책임경영 전문가위원회』의 각국 전문가들이 '기업경영의 아시아적 가치창출'에도 항상 함께하기를 기대한다." 박기찬 인하대 교수의 종합평이다.

동북아 각국 정부는 새로운 지도자들의 정치·사회·경제적 가치를 정책화하고 있다. 한국은 '경제민주화와 창조경제', 중국은 경제·정치·사회·문화·생태문명 건설이라는 '오위일체론', 일본은 '아베노믹스'로 다시금 '강한 일본'의 영광을 누리고자 한다. 새 정부의 정책 핵심에는 항상 기업에 대한 새로운 접근이 자리한다. 기업의 활동은 경제적 이윤창출 뿐만 아니라, 환경·사회적 부분에도 다양한 **파급효과**가 있기 때문이다.

박기찬	중흥우	가와구치 마리코	위평량
좌장·인하대 교수	중국 사회과학원 CSR센터장	일본 다이와연구소 수석연구원	경제개혁연구소 연구위원

정부 및 정책의 변화는 기업의 자율적 행동영역이라 여겨지는 사회책임경영에도 직간접적으로 영향을 줄 수 있다. 한 예로 지난 5년간의 한국사회를 돌아보면, '녹색성장'이라는 정책의 큰 틀이 기업의 경영활동에 다양한 방법으로 적용되었음을 알 수 있다. 특히 『저탄소 녹색성장 기본법』이 시행되면서 온실가스·에너지 목표관리제가 구축되었고 많은 기업들이 참여하였다.

특히 우리나라 기업들은 정부의 정책기조에 맞추어 관련 조직을 재정비하였고 저탄소 산업과 제품은 정부에서 보조금을 받았다. 이처럼 한국의 기업들은 사회적책임 영역 안에서 스스로 온실가스 배출을 감소시키는 등의 활동을 해왔으며 여기에 정부의 정책적 노력이 가세해 한층 속도가 붙은 것이다.

3. 2014 아시아미래포럼: 사회책임경영 우수기업평가

2014년에는 『네거티브 스크리닝적격성 심사』이 강화되어 기업의 과실로 인명 사고가 발생한 곳, 짬짜미담합나 경영진의 횡령·탈세·배임 등이 불거진 곳 등 한·중·일 기업 10여곳이 평가에서 아예 제외되거나 탈락했다.

한·중·일 사회책임경영 전문가들로 구성된 『아시아 사회책임경영 전문가위원회 한국 위원장 박기찬 인하대 교수』는 한국과 일본, 중국의 상장기업 등 1,544곳을 대상으로 환경E과 사회S, 지배구조G 부문에서 국가별로 3개월 동안의 검증과 심사를 거쳐 한국 9곳, 일본 10곳, 중국 10곳 등 모두 29개 우수 기업을 확정했다. 선정된 한국 기업들은 본사뿐 아니라 국외 사업장과 계열사, 협력사 등 공급망 전체에 대한 **비재무적 정보공개**를 확대하는 한편, 소외계층을 위한 제품을 출시하거나 협력사의 거래관행 개선을 유도한 활동 등이 돋보였다.

엘지전자는 장애인과 고령자의 접근성을 높인 디지털 기기, 삼성전기는 기존의 종이 라벨을 대체하는 친환경 전자가격표시기, 엘지하우시스는 층간 소음을 줄이는 바닥재와 환경 호르몬 방출을 최소화한 벽지, 포스코는 1차 협력사에 2차 협력사로 신속한 대금결제를 유도하는 시스템 개발 등으로 좋은 평가를 받았다.

한·중·일 전체 29개 우수기업의 영역별 점수 평균치는 환경62.24점, 사회53.30점, 지배구조44.95점 등의 차례였다. 환경영역은 일본기업들이 71.69점으로 가장 높았다. 일본에서는 오래전부터 환경중시 경영시스템이 정착됐고 그 성과를 투명하고 구체적으로 공시하고 있기 때문이라고 위원회는 설명했다. **한국기업**은 사회영역 평균점수가 60.42점으로 가장 앞섰는데, 특히 '사회공헌' 부문에서 상대적으로 높은 점수를 받았다. 이에 비해 지배구조는 한·중·일 모두 낮은 수준에 머물렀다.

전문가위원회는 "세 나라 기업들 중 **이사회**에서 사회책임경영과 관련된 경영 기회나 위험을 다루고 있는 기업은 거의 없었다. 이사회나 경영진의 성과평가에 사회책임경영이 연동되어 있는 경우도 매우 적었다"고 평가했다.

특히 2014년에는 담배, 도박, 음란물, 대량생산무기 제조 등의 산업을 제외했다. 또한 지난 1년 동안 언론 등에 나타난 **네거티브 스크리닝** 사항을 보다 엄밀히 살폈다. 그 결과, 고질적인 담합으로 정부나 공공기관으로부터 규제나 벌금을 부과받은 기업과 갑을 관계를 악용한 통신·정유·건설 부문의 문제 기업들을 배제했다.

사회적책임상 경영진의 횡령·배임·비리에 연루된 기업과 고질적인 산재를 유발한 기업들도 제외했다. 특히 산업재해나 불공정 거래를 유발한 경우 이를 개선하려는 사후 노력을 하고 있는지 질의서를 통해 검토해 결정했다. 이는 비리나 사고의 예방도 중요하지만, 사고 이후의 대응 활동에 대한 평가를 동시에 적용해 기업의 미래지향적 노력을 검증하기 위해서다.

| HERI의 ESG 평가영역 및 평가지표 |

영역	환경 (E) - 6	사회 (S) - 8	지배구조 (G) - 6
	환경핵심	보건안전	이사회 실행구조
	기후변화	이해관계자 대화	반부패
	물 관리	일자리 창출 및 보장	윤리
세부지표 (20)	친환경 제품 및 서비스	공급망 관리	사회책임경영 위험관리
	화학물질 안전관리	노동이슈	사회책임경영 리더십
	생물 다양성	평등기회	이사회 여성 참여
		인권경영	
		사회공헌	

한국의 경우 특이점 중 하나는 금융권의 전멸 현상이다. 평가대상 후보기업의 수도 적었지만, 이들 역시 네거티브 스크리닝 기준을 통과하지 못했다. 사회적책임과 관련하여 금융권의 분발이 요구된다. 종합평가 및 강화된 네거티브 스크리닝 결과 10개의 수상기업을 채우지 못했다.

『동아시아 30』은 한·중·일 각국 주요 주가지수에 속한 기업들을 평가대상으로 한다. 한국은 코스피 200, 일본은 토픽스, 중국은 상하이와 센젠深圳, 홍콩 거래소의 사회책임투자 지수 등이다. 2014년에는 한국 247곳, 일본 744곳, 중국 553곳 등 총 1,544개 한중일 기업이 평가 대상이었다.

평가는 **블룸버그**가 제공하는 **비재무적 정보** 공시를 토대로 진행하는데, 비재무적 정보는 기업의 지속가능경영보고서나 누리집, 사업보고서 등을 토대로 수집하고 정부기관이나 협회 등을 통해 수집하기도 하였다. 평가 틀은 환경E·사회S·지배구조G 영역의 **20개 세부지표**로 구성되어 있다. 평가 프레임워크에 따라 기업들의 사회책임경영 성과를 평가한 뒤, 각국 전문가위원회에서 네거티브 스크리닝을 실시하였다. 기업이 공시하는 내용만으로 잡히지 않는 부정적 사안을 평가에 반영하기 위해서다.

각국 전문가위원회의 네거티브 스크리닝이 끝나면 온라인 등을 통해 아시아 사회책임경영 전문가위원회가 한중일 3국의 전체 기업 명단을 두고 교차점검을 하여 최종 확정하는 프로세스를 따랐다.

한국　박기찬 인하대 교수위원장, 양춘승 한국사회책임투자포럼KoSIF 상임이사, 이영면 동국대 교수

일본　가와구치 마리코 다이와연구소 수석연구원, 모리사와 미치요 일본 CDP 이사, 아다치 에이이치로 JRI ESG리서치센터장

중국　궈페이위안 신타오商道 대표, 첸샤오쥔 칭화대 교수, 류쉐즈 베이징화공대 교수

1) 전환기에 선 글로벌 사회책임경영

지속가능한 사회와 사람중심의 경제를 실천하는 데 있어 기업의 사회책임경영은 핵심수단이자 측정지표가 된다는 점에서 중요하다. 『2014 아시아미래포럼』 이틀째 날인 10월 23일에는 **지속경영학회** 회장인 박기찬 인하대 교수의 사회로 『전환기에 선 글로벌 사회책임경영』 분과세션이 열렸다. 참석자들은 한때 대기업의 '생색내기' 마케팅 수단이나 '계륵' 같은 자선사업으로 인식되던 사회책임경영에 대한 생각이 기업 안팎에서 거대한 변화를 맞이했음을 확인했다. 박기찬 교수는 "사회책임경영이라는 주제를 두고 굳이 '**전환기**'라는 표현을 쓴 것은 기업의 ESG관련 **정보공개**가 단순히 자율적 수준에 그

치지 않고 **법제화 및 의무화**하는 현상이 나타나고 있기 때문"이라고 강조했다.

실제로 전세계 각국 증권시장, 기관투자가, 금융감독기구 등은 '사회책임경영'이나 '지속가능경영' 보고서로 기업의 비재무적 성과 정보를 반드시 공개하라는 추세가 강화되고 있다. 기업활동에서 탄소배출, 생물다양성 보존, 인권존중, 기업지배구조 등과 관련된 이슈를 평가해 지속가능성을 가늠하겠다는 뜻이다.

사회책임경영 컨설팅 전문가 엔리케 토레스Enrique Torres는 "10년 전만 해도 전세계 최상위 기업 소수만 사회책임경영보고서를 냈다"면서 "하지만 2013년 연구결과를 보면 전세계 250위권 대기업의 93%, 41개국 100위권 대기업의 70% 이상이 사회책임경영관련 보고서를 내는 것으로 나타났다"고 전했다.

토레스는 지속가능경영, 사회책임경영 정보공개의 표준과 지침을 제시하는 글로벌 리포팅 이니셔티브GRI 수석부장을 지낸 경험을 바탕으로 전세계 추세의 급변 상황을 전했다. 실제 2014년 4월 유럽연합은 종업원 500명 이상 기업에 사회책임경영 **정보공시를 의무화했다.** 홍콩 증시는 '항생Hang Seng 지속가능지수'를 지난해 2013년에 도입했다.

유엔 책임투자원칙UN PRI의 일본 기구 이사인 모리사와 미치요는 **투자자 관점에서 사회책임경영 정보의 중요성이 강화되는 추세**에 대해 설명했다. 수십조에서 수백조원의 자금을 운영하는 **기관투자가**는 중장기 수익실현을 목표로 해야 하는 만큼, 책임투자, 즉 투자기업을 결정할 때 재무적 성과뿐 아니라 환경·사회·지배구조ESG 이슈 차원에서 기업의 지속가능성을 평가해 투자해야 한다는 인식이 커지고 있다는 얘기다.

모리사와는 "사회책임투자가 장기적 성과도 높여 준다는 사실이 연구결과를 통해 입증되고 있으며, 미국과 유럽의 연기금에서는 이를 주요 투자원칙으로 채택했다"면서 "일본도 금융감독기구와 증시가 올해초 지속가능경영 정보를 공개하는 규정을 도입한 데 이어 일본 공적연금GPIF이 **사회책임투자**SRI 개념을 도입했다"고 전했다.

류쉐즈 베이징 화공대학교 경제학 교수는 대기오염 심화로 지속가능사회에 대한 고민이 깊어진 중국사회의 변화와 기업들의 움직임을 소개했다. 그는 "중국에서는 전체 환경오염의 70%를 산업활동이 초래한 것으로 결론을 내린 상태"라고 짚었다.

류세즈는 "중국 2,400여개 상장기업 가운데 2014년에는 약 30%에 해당하는 680여 곳이 사회책임경영보고서를 낼 것으로 예상된다"면서 "기업이 환경관련 어떤 활동을 하는지를 공개하라는 대중의 요구가 커지고 있는 만큼 사회책임경영 정보를 평가하고 표준화하려는 기업의 노력이 급진전하고 있다"고 전했다.

2) 일본은 '환경E', 한국은 '사회S', 중국은 '여성참여G'

『아시아 사회책임경영 전문가위원회』에서는 국가구분 없이 상위 30개 사회책임경영 CSR 우수기업을 선정해 왔지만, 2014년부터는 국가별로 10개씩 선정하기로 했다. ESG 지표에 기반한 사회책임경영이 확산된 이제는 기업별로 사례 공유에 초점을 맞췄던 데서 한발 더 나아가 국가별 비교를 통해 시사점을 찾아보자는 의미다. 또한 부정적 요소가 있는 기업을 제외하는 '네거티브 스크리닝' 기준을 강하게 적용했다.

2014 동아시아 30 선정 기업

영문명 알파벳순

한국(9개 기업)	일본(10개 기업)	중국(10개 기업)
두산중공업	아지노모토	중신은행
엘지디스플레이	대일본인쇄	중국국제해운컨테이너
엘지전자	후지쓰	차이나모바일
엘지하우시스	히타치	중국태평양보험사
엘지생활건강	제이에스아르	차이나선화에너지
포스코 풀무원	코니카미놀타	구이저우마오타이
삼성전기	엔이시	레노버
삼성엔지니어링	소니	상하이푸싱제약
	도시바	상하이국제강무
		중싱통신

2014 아시아미래포럼 『동아시아 30』 시상식에서 한국기업들의 사회책임경영 수준을 ESG 각 분야별 지표로 평가한 한국 전문가위원회의 박기찬 위원장 인하대 교수은 "앞으로 수상기업들의 모범

박기찬
인하대 교수
지속경영학회장

엔리케 토레스
전 글로벌리포팅
이니셔티브 수석부장

류쉐즈
베이징화공대학교
교수

모리사와 미치요
유엔 책임투자원칙
일본 매니저

적 실천사례를 학회와 연계하여 대학에서 강의자료와 연구대상으로 쓸 수 있도록 발전시키려 한다. 특히 **한국경영학회** 등 학술 세미나 활동을 통해 이들 모범적 사례가 확산될 수 있을 것으로 기대한다"고 강조했다.

4. 2015 아시아미래포럼: 기업지배구조 위기와 해법

박기찬 인하대 교수는 "한국에는 성공한 기업은 많지만, 존경받는 기업과 경영인은 드물다. 이미 1954년 발간된 저서에서 드러커는 기업의 사명을 첫째 이윤창출profit, 둘째 기업의 사회적책임 responsibility, 셋째 고객창출을 위한 혁신innovation이라고 했을 정도로 사회적책임은 기업 경영 에서 매우 중요하다"고 강조했다.

수십년간 가장 역동적인 모습을 보여온 동아시아 기업들은 한편으로 불투명하고 사회 적책임에 둔감하다는 혹평 또한 들어왔다. 그런 오명을 벗기 위한 최근의 논의는 "지속가 능성을 위한 사회책임경영CSR for Sustainability"으로 수렴된다. 『2015 아시아 미래포럼』에서는 한·중·일 전문가들이 '기업 지배구조의 위기와 해법'을 주제로 토론하면서 후진적인 기업 지배구조의 문제점을 극복하고 사회적책임을 강화하기 위한 방책들을 제시했다.

송민경 한국기업지배구조원KCGS 연구위원은 지배구조의 후진성 탓에 롯데그룹 '형 제의 난' 같은 재벌들의 '사고'가 끊이지 않는다며, "이사회는 무기력하고, 주주총회는 형식적이며, 주주의 역할은 미미한 것이 문제를 증폭시키고 있다"고 짚었다. 한국은 코 스피200지수를 구성하는 기업들 중 최고경영자가 이사회 의장을 겸하는 경우가 83% 에 이를 정도여서 이사회가 거수기에 그칠 가능성이 높다는 것이다. 그는 이사회와 주 주총회에 실질적 힘을 주는 동시에 기관투자가 등이 '책임 투자'를 강화하는 것이 해법 이 될 수 있다고 밝혔다.

서재교 HERI CSR팀장 역시 "국민연금의 경우 정부로부터의 독립성 문제가 있다. 외 부 영향력 없이 기관투자자들이 목소리를 낼 수 있는 제도가 필요하다"고 말했다.

일본과 중국 전문가들도 비슷한 고민과 문제의식을 피력했다. ESG 개선을 포함하는 사회책임경 영 강화가 동아시아 기업들의 공통 과제라는 것이다.

아다치 에이이치로 일본종합연구소 ESG리서치센터장은 "일본기업은 전통적으로 가 족주의 성향이 강하다. 2013년 기준 1,400여개 대기업 중 사외이사가 없는 곳이 600여 개 정도"라고 했다. 그는 이후 회사법 개정 등으로 사외이사를 배치하고 사회책임경영 에 눈뜬 기업들이 늘었다면서도 "외부 이사 몇몇이 들어오는 것이 만병 통치약은 아니 며, 최고경영자가 민감한 문제에 관해 그들의 말을 경청하리라고 장담할 수도 없다"고 말했다.

중국 신타오SynTao 컨설팅의 귀페이위안 대표는 중국 정부는 대기오염이 심각한 상태에서 더 많은 기업들이 환경 등 사회책임경영 관련 정보를 공개하도록 독려하고 있다고 전했다. 그는 "애플이 환경규제를 준수하지 않다가 중국 NGO가 소비자들에게 불매를 권고하자 태도를 바꾸기도 했다"며 NGO와 소비자들의 태도도 매우 중요하다고 말했다.

> 사회책임경영CSR은 '비용이 아니라 지속가능한 성장의 조건'이라는 인식을 확산시키는 것이 중요하다는 제안도 잇따랐다.

장자영 블룸버그 ESG애널리스트는 "배출가스 조작문제가 터지기 한달 전, 블룸버그는 폴크스바겐에서 포르셰 가문의 영향력이 너무 커서 이사회의 독립성이 위협받고 있다고 경고한 바 있다"고 했다. 그는 증권 애널리스트 등 투자 전문가들의 73%가 투자 분석과 결정에 사회책임경영을 고려 사항에 넣는다는 국제 설문조사 결과도 있다고 소개했다.

④ ESG로 등장한 CSR2.0

2008년부터 8년동안 ESG를 중심으로 기업의 사회책임경영을 아시아적 가치와 문화에 적합한 틀로 만들어 가자는 HERI 소속 이현숙, 조현경, 서재교, 양은영, 박은경 연구팀의 선구자적 역할은 높이 평가할 만하다. 특히 한·중·일 사회책임 전문가위원회를 통하여 ESG 각 항목 및 세부지표별 아시아적 가치에 부합하는 가중치 부여와 블룸버그Bloomberg로부터 방대한 기업정보를 받아 정량적·정성적으로 분석한 결과 한·중·일 ESG 모범기업을 선정하고 국제세미나를 개최하여 사회책임경영의 중요성을 피력해 온 점도 한겨레신문사와 HERI의 업적이자 ESG 도입을 고려하고 있는 우리나라 기업들이 벤치마킹해야 할 사항이다.

하지만 2016년 이후 한겨레신문사의 아시아미래포럼 활동은 '시민행복', '세계경제', 그리고 '코로나19 팬데믹과 공존하는 시대' 등과 같은 거대 담론을 다루면서 협의의 이해관계자로서 투자자를 중심으로 한 사회책임경영과 기업의 지속가능성 강화를 위한 ESG 경영에 대한 논의가 심도있게 다루어지지 않았던 점은 아쉬움으로 남는다.

기업의 사회적책임, 사랑받는 기업, 존경받는 경영자, 윤리경영과 정도경영 등에 바탕을 둔 투명한 정보공시, 그리고 『Three Zero: 탄소제로E·부패제로S·갑질제로G』의 미래사회를 향한 ESG 경영의 재등장은 그래서 반갑고 한편으로서는 "왜Why, 다시금 ESG에 대한 기업과 정부의 관심이 이토록 높아지고 있는가?"라는 반문도 하게 된다.

우리나라 전국경제인연합회FKI가 2021년 4월에 실시한 국내 500대 기업을 대상으로 한 『ESG 준비실태 및 인식조사』에서도 "최고경영자들의 66.3%가 ESG를 중점사항으로 다루고 있다"고 하였다. **"ESG는 기업에 더 이상 선택이 아닌 필수 과목이 되었다"**라는 것이다.

하지만, ESG를 바라보는 최고경영자들의 애로사항 역시 해결해야 할 급선무로 부각되고 있다. 그리고 ESG때문에 기업으로서는 새로운 추가비용의 초래와 함께 한편으로는 정부등의 **ESG 관련 규제**가 강화되고 있다는 호소도 함께 나타난다.

- 도대체 ESG란 정확하게 무엇인가?
- ESG는 우리의 사업과 어떤 연관성이 있는가?
- 평가기관마다 ESG 평가방식이 왜 이렇게 다른가?

한편, 눈여겨 보아야 할 답변은 전체 최고경영자들 중 43% 이상은 여전히 ESG를 **기업의 이미지 제고** 목적으로 보고 있다는 것이다. 그만큼 기업의 사회적책임CSR에 대해서도 그러했듯이 우리나라 기업 경영자들의 ESG에 대한 올바른 이해와 기본철학은 여전히 빈곤한 상태라 할 수 있다.

매출 500대 기업 CEO가 바라보는 ESG -전국경제인연합회 (2021.4.5)

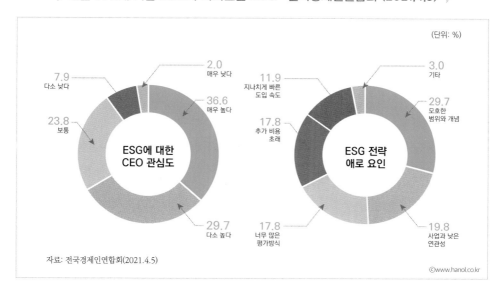

(단위: %)

ESG에 대한
CEO 관심도

2.0 매우 낮다
7.9 다소 낮다
36.6 매우 높다
23.8 보통
29.7 다소 높다

ESG 전략
애로 요인

11.9 지나치게 빠른 도입 속도
3.0 기타
17.8 추가 비용 초래
29.7 모호한 범위와 개념
17.8 너무 많은 평가방식
19.8 사업과 낮은 연관성

자료: 전국경제인연합회(2021.4.5)

©www.hanol.co.kr

Wayne Visser2011[47]의 CSR 발전 5단계에 따르면 우리나라 기업의 ESG 활동 역시 현재 방어적1단계, 자선적2단계, 홍보적3단계 수준에서 이제는 전략적4단계, 그리고 CSR2.0 수준인 통합적5단계 수준으로 발전해 가는 새로운 비즈니스 모델 정립이 요구된다.

물론 경영자들이 이렇게 호소할 정도로 기업의 사회적책임CSR: corporate social responsibility, 지속가능경영sustainability management, 공유가치창출CSV: creating shared value, 기업시민의식Corporate Citizenship, 지속가능발전Sustainable Development, 사회책임투자SRI: socially responsible investing, 사회감사social audit, 경제적·환경적·사회적 성과TBL: Triple Bottom Line[48] 등 ESG와 관련된 개념과 취지부터 중복적이고 다양하게 존재한다.

ESG는 비재무적 리스크 또는 이와 관련된 투자의사결정과 장기적으로 기업의 재무적 가치에 영향을 미칠 수 있는 비재무적 요인에 초점을 둔 것이지만, 환경분야 특히 기후변화 대응과 탄소중립 이슈는 별도로 다룰 만큼 글로벌 표준으로 부각되어 나타난다.

이 때문에 업종별로는 우리나라의 주력산업이라 할 수 있는 석유화학, 석유제품, 철강, 반도체, 기계 선박, 자동차 등 오염물질 발생과 산업재해 발생이 잦은 산업에서 그 애로가 갈수록 더욱 높게 나타나고 있다.

요약하면, ESG 중에서도 환경적 영역은 단순히 한 국가단위의 사회적 합의나 사회적 계약으로 강조되는 것이 아니라 넷 제로Net Zero 등 글로벌 **합의**consensus**와 계약**contract으로 제도화되고 각국마다 법적 의무화 과정을 밟고 있는 추세에 있으므로 사실 글로벌 추세에 맞추어 별도로 정부주도적 역할이 강조되어야 하는 부분이라 할 수 있다.

바이든 대통령 취임 후 미국은 **파리기후변화협약**에 복귀했고 우리나라도 2050년까지 탄소중립화 달성을 선언했다. 그만큼 ESG의 핵심과제와 애로발생의 원천이 특히 환경 관련 항목에 있으므로 세부지표에 대한 엄밀한 과학적 측정과 장기적 목표실현에 입각

---

47) Visser W. (2011), *The Age of Responsibility-CSR 2.0 and the New DNA of Business*, University of Cambridge Programme for Sustainability Leadership
48) 기업의 경제적 효율성과 함께 사회적 형평성, 환경적 지속가능성에 대한 기업의 역할을 강조하는 용어

한 연도별 투명한 정보공시가 전제되어야 한다.

환경E관련 지표는 이처럼 까다롭지만 글로벌 표준과 목표수준 및 달성 시점이 분명하게 제시되고 측정 또한 과학적으로 이루어질 수 있는 만큼 ESG 지표의 대표적 항목으로 국제적 규제와 국가별 경쟁우위Competitive advantage의 대상이 될 것으로 전망된다. 이에 비해 사회적S 지표와 지배구조G 관련 지표는 국가별, 산업별, 기업별, 규모별, 그리고 세대별 시대정신에 대한 특성 및 차이까지 고려해야 할 체급별 비교우위Comparative advantage 영역이다.

그러므로 환경관련 지표에는 **정부주도**의 법적·제도적 규제가 글로벌 기준에 맞추어 정립되고 이에 의거한 네거티브 스크리닝Negative screening의 중요성이 부각되어야 할 것이다. 한편, 사회책임 관련 지표와 투명경영을 위한 지배구조관련 지표는 **기업주도**의 자발적 노력으로 이해관계자에 대한 책임수행의 결과를 설문조사 및 정성적 잣대로 평가하는 방법과 함께 포지티브 스크리닝Positive screening을 통한 모범사례 발굴에 초점을 둘 것이 요구된다.

새롭게 글로벌 기준으로 부각된 ESG 책임경영 이슈는 2008년부터 한겨레신문사와 HERI에서 한·중·일 전체 CSR 우수기업을 대상으로 심혈을 기울여 다루기 시작했을 때는 아마도 국내 한 언론사의 독자적인 이벤트 정도로 바라보았을지도 모른다. 하지만 실제로 HERI의 『동아시아 30East Asia 30』 ESG 책임경영 평가활동은 지표별 우선순위와 가중치 부여Prioritization & Weighting에 대한 심의, 지표별 공통적 적용대상과 차별적 적용대상Common factors & Differentiated factors을 한·중·일 사회책임 전문가위원회를 통하여 확정하는 등 시대를 앞서 ESG 경영의 중요성을 전파한 선구자적 역할을 한 것으로 평가된다.

ESG 경영을
읽는다

Section 5

글로벌 ESG 경영의
선도자 파타고니아

ESG 경영을
읽는다

우리나라 역시 이처럼 2년동안의 준비기간을 거쳐 2010년부터 한겨레신문사와 HERI, 그리고 아시아 사회책임경영 전문가위원회가 ESG 지표와 측정방법을 개발하여 한·중·일 3개국 기업들의 사회책임경영 수준을 평가해 왔었다. 이를 통해 대표적으로 한국의 엘지와 두산,

중국의 중신은행과 차이나모바일, 일본의 아지노모토와 후지쓰 등이 부각되었지만 ESG 경영의 글로벌 대표기업으로 인정받는 아웃도어 의류제조업체 파타고니아Patago-nia와 비교하면 다들 갈 길이 멀다.

파타고니아는 제조과정에서 환경오염과 유발물질 제로 달성, 환경보호를 위한 다양한 기부활동과 함께 친환경 의류제품을 생산함으로써 고객과 사회로부터 사랑받는 기업, 존경받는 경영자, 그리고 이를 통한 지속적인 매출성장을 하고 있다.

'보여주기식' 경영이 아닌 행동하는 친환경 철학으로 사회책임경영을 실천해온 파타고니아는 투자자 관점으로 기업의 재무성과에 영향을 미치는 비재무적 요소를 다루는 『협의의 ESG 책임투자Responsible Investment』 차원을 넘어 전략적 지속가능경영 차원에서 『광의의 ESG 책임경영Responsible Management』 실천에 매진하고 있다.

> "파타고니아는 지속가능한 회사sustainable company가 아닙니다. 파타고니아는 우리가 끼치는 모든 영향에 대해 **책임을 다하는 회사**responsible company입니다."
> 이는 2020년에 취임한 파타고니아의 CEO 라이언 겔러트Ryan Gellert의 철학이다. 겔러트는 과소비를 줄여야 지구환경을 보호할 수 있다는 그의 일관된 경영철학에서 나온 **"덜 사고 더 요구하세요**Buy Less, Demand More"라는 글로벌 캠페인도 펼치고 있다.

이처럼 파타고니아는 [ESG 경영 실천 → 성과 창출]이라는 ESG 경영의 진수를 보여주는데 ESG라는 용어가 나타나기 이전에 이미 ESG는 파타고니아 고유의 친환경 경영철학으로 조직문화에 녹아 있으며 일상적으로 이를 실천해 오고 있다. 파타고니아의 사회책임경영실천 메커니즘mechanism을 요약하면 다음과 같이 '공감의 리더십leadership'과 'TBL 역량competence', 그리고 '친환경 제품 전략strategy' 등이 부각되어 나타난다.

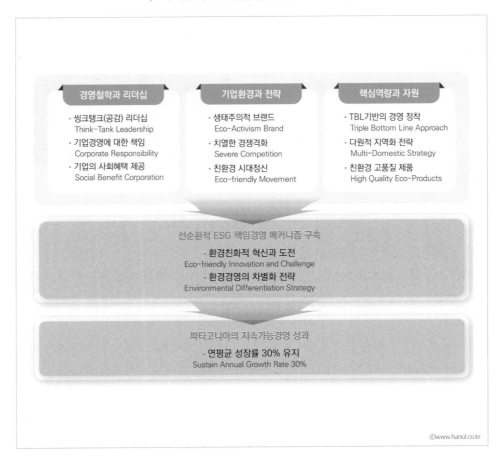

1 아웃도어 의류산업과 파타고니아

　세계화의 진전으로 대부분의 의류는 인건비가 저렴하고 법적 규제가 약하며 원자재가 저렴한 개발도상국에서 생산되고 있다. 이와 같은 현상은 대륙별 글로벌 의류무역의 흐름을 통하여 확연하게 알 수 있다. 실제로 미국과 유럽은 주로 아시아에서 수입하고 있는만큼 현행 의류시장의 글로벌 경쟁력은 저비용 생산구조에서 나온다.

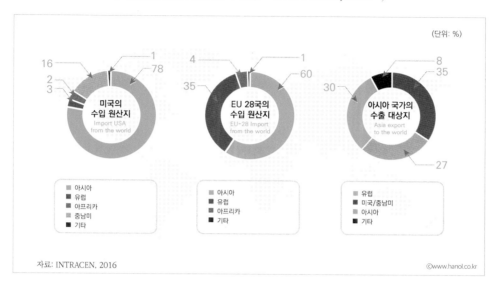

글로벌 의류제품 교역 현황 - INTRACEN, 2016

(단위: %)

미국의
수입 원산지
Import USA
from the world

16
1
2
3
78

■ 아시아
■ 유럽
■ 아프리카
■ 중남미
■ 기타

EU 28국의
수입 원산지
EU-28 Import
from the world

4
1
35
60

■ 아시아
■ 유럽
■ 아프리카
■ 기타

아시아 국가의
수출 대상지
Asia export
to the world

8
35
30
27

■ 유럽
■ 미국/중남미
■ 아시아
■ 기타

자료: INTRACEN, 2016

©www.hanol.co.kr

그러나 지속가능성에 대한 관심과 소비자 인식의 새로운 추세로 구매자는 기업의 다운스트림downstream 활동[49]에 대한 만족과 함께 윤리적 차원까지 살펴보고 있다. 이에 부응하여 전략의 초점 역시 제품의 품질에서 고객의 가치를 창출하기 위한 다운스트림 활동으로 이동하고 있다. 혁신의 원천을 기업내부가 아니라 고객으로부터 찾자는 다운스트림 논지는 "고객을 위한 혁신"을 강조한 드러커의 주장을 통해 익히 알고 있지만 니라즈 다와르Niraj Dawar 는 다음과 같은 구체적인 혁신전략을 제시하고 있다.[50]

- **경쟁우위의 원천은** 기업내부에 존재해야 하는가? – **NO**
  : 고객이 평가하는 가치 브랜드, 신뢰, 품질 등 는 기업 외부에 존재한다.
- **고객의 소리에** 무조건 따르도록 해야 하는가? – **NO**
  : 고객 스스로 자신의 욕구를 정확하게 파악하지 못할 경우도 있다.
- **경쟁우위는** 시간이 지나면 약화되게 마련인가? – **NO**
  : 강점을 정확하게 파악하여 강화하면 지속가능한 경쟁우위를 갖게 된다.

---

49) 기업활동 프로세스는 공급사슬상 업스트림upstream과 다운스트림downstream으로 구분하여, 업스트림은 "기업이 무엇을 만들어 어떻게 팔 것인가"하는 구매-생산-유통 관련 활동, 다운스트림은 "기업이 고객에게 무엇을 해 줄 수 있는가"하는 고객과의 접점POS: point of sale에서 일어나는 활동을 말한다. 경쟁력의 원천은 개도국의 업스트림 구매와 생산 활동에서 나오지만 가치창출과 수익은 주로 다운스트림 활동을 통해 선진국 기업들이 차지하는 메커니즘으로 운영된다.

50) Niraj Dawar, "When Marketing is Strategy", Dec. 2013, *Harvard Business Review*

- **경쟁자를** 스스로 변경하거나 선택할 수 있는가? – **YES**
  : 제품이나 서비스의 카테고리를 변경하면 경쟁관계와 시장도 변화시킬 수 있다.
- **혁신이란** 항상 더 좋은 제품과 기술을 의미하는가? – **NO**
  : 구매방법, 비용절감, 위험감소 및 폐기비용 절감도 중요한 혁신활동이다.
- **혁신은** 연구실로부터 나오는 산물인가? – **NO**
  : 기술혁신만 혁신이 아니다. 오히려 현장에서 혁신이 더 많이 나올 수 있다.

업스트림upstream 활동에서 **친환경『5R**Reduce, Repair, Reuse, Recycle, Reimagine**』전략**을 주도해온 파타고니아의 차별성은 이처럼 다운스트림 활동에서 더욱 부각된다. 파타고니아는 철저한 친환경 기반 업스트림 활동과 POSpoint of sale 기반 다운스트림 활동과 관련된 고객과 투자자 등 이해관계자 집단과의 효익 공유와 사회책임경영을 실천하고 있다. 주주가치의 극대화보다 고객과 이해관계자 가치의 극대화를 선구적으로 실천해 온 파타고니아의 경영철학과 전략은 다음과 같은 사고방식에 입각해 있다.

┃ 파타고니아의 고객창출 사고방식 ┃

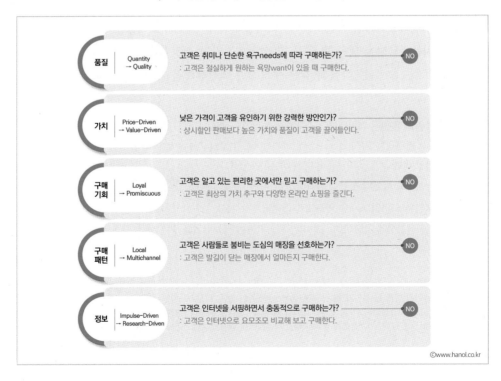

품질	Quantity → Quality	고객은 취미나 단순한 욕구needs에 따라 구매하는가? ———— NO : 고객은 절실하게 원하는 욕망want이 있을 때 구매한다.
가치	Price-Driven → Value-Driven	낮은 가격이 고객을 유인하기 위한 강력한 방안인가? ———— NO : 상시할인 판매보다 높은 가치와 품질이 고객을 끌어들인다.
구매 기회	Loyal → Promiscuous	고객은 알고 있는 편리한 곳에서만 믿고 구매하는가? ———— NO : 고객은 최상의 가치 추구와 다양한 온라인 쇼핑을 즐긴다.
구매 패턴	Local → Multichannel	고객은 사람들로 붐비는 도심의 매장을 선호하는가? ———— NO : 고객은 발길이 닿는 매장에서 얼마든지 구매한다.
정보	Impulse-Driven → Research-Driven	고객은 인터넷을 서핑하면서 충동적으로 구매하는가? ———— NO : 고객은 인터넷으로 요모조모 비교해 보고 구매한다.

©www.hanol.co.kr

ESG를 단순히 책임투자를 위한 협소한 관점에서 본다면 이와 같은 혁신적 경영활동과는 거리가 먼 ESG 평가점수에만 매달리는 또 다른 규제와 압박에 시달리게 될 것은 분명하다. 하지만 ESG를 **전략적 차원**에서 바라보면 파타고니아처럼 업스트림과 다운스트림 모든 과정에 적용되어야 할 지속가능경영을 위한 새로운 해법으로 부각된다.

여기에서 ESG 각 분야별로 추구하는 관점과 가치의 차별화가 여실히 나타난다. 우선 **환경적(E) 이슈는 주로 업스트림 활동에서 표출**되므로 기업은 생산 및 유통관리상 문제가 나타나지 않도록 해야 한다. 한편, **사회적(S) 이슈 및 투명·윤리경영과 관련된 지배구조(G) 이슈는 고객과 직접 관련된 다운스트림 활동에서 주로 표출**되므로 경영자는 특히 고객관계관리CRM와 이해관계자관리SRM에 주의를 기울일 것이 요구된다.

2 파타고니아의 성장기반

1938년생인 파타고니아의 창업자 이본 쉬나드Yvon Chouinard는 어린시절부터 산악 등반을 즐기다가 아예 직접 등반장비를 만들어 주변 친구들에게 팔아보자는 생각을 하게 된다. 1957년부터는 집 뒤뜰에 작은 아뜰리에를 차리고 캘리포니아 해안을 여행하며 수제품 등반용품을 팔고 다녔다.

1965년에는 엔지니어이자 유명 등반가인 톰 프로스트Tom Frost와 동업하면서 디자인이 돋보이는 제품으로 사업을 확장하였고, 1970년에는 자신의 이름을 붙인 『Chouinard Equipment』를 미국 최대의 등반장비 공급업체로 성장시키는 성공의 길을 열었다.

하지만 쉬나드 이큅먼트는 판매된 등반장비가 암석을 손상시켜 '**환경 악당**environmental villain'이라는 비판과 함께 여론의 물매를 맞았다. 이에 쉬나드와 프로스트는 암벽등반용 피톤piton 사업을 단계적으로 중단하기로 결정하는 과감한 환경보호 조치를 취했다.

사실 당시에는 피톤이 주요 사업이었는데 위험을 감수하고 결단을 내렸던 것이다. 사업 타격을 만회하기 위해 등반용 의류사업을 전개했지만 그나마 부업 수준에 지나지 않았다. 1972년 드디어 『클린 클라이밍Clean Climbing』이라는 컨셉으로 의류 브랜드 파타고니아의 첫 번째 카탈로그를 소개하면서 친환경 사업체로 발을 내딛었다. 목적은 등반가들이 자연을 존중하며 등반하도록 하자는 것이었다. 이후 1980년대에 파타고니아는 친환경 원료와 선명한 색상을 도입하여 섬유산업에 일대 혁명을 가져오기도 했다.

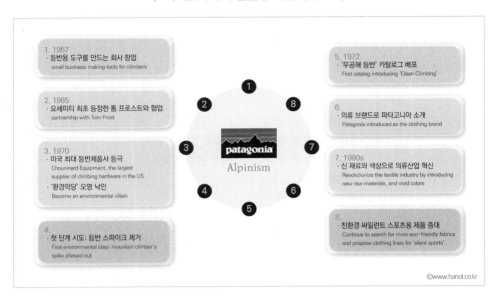

©www.hanol.co.kr

③ 변화를 촉진하는 싱크탱크 리더십

"최고의 제품을 만들고, 불필요한 해를 끼치지 않으며, 환경위기에 대한 해결책을 마련하고 실천하기 위해 우리의 사업을 펼쳐가자"는 기업 사명에 따라 파타고니아에서는 모든 활동의 초점을 최고경영자의 **친환경 철학**이 담긴 리더십에 맞추고 있다.

> 파타고니아의 DNA는 협업과 공감이라는 핵심가치에 내재되어 있다. 이를 위해 ①성실성과 상호존중 기반의 이해관계자관리 ②환경주의 기반의 개인 및 기업의 역할수행 ③기존 관습에 얽매이지 않는 혁신적 방법개발 등 세가지 원칙을 함께 따르도록 하고 있다.

쉬나드의 리더십은 구성원들과의 합의 도출에 초점을 두고 파타고니아에서는 비록 상하계층은 존재하더라도 좋은 아이디어를 가진 직원은 누구나 자신있게 이를 표현하고 함께 공유하도록 권장하고 있다.

"Think-Tank Leadership"으로 부르는 쉬나드의 『생각하는 집단의 공감하는 리더십』 덕분에 직원들은 자신의 아이디어가 회사에 기여한다는 책임감으로 **협업풍토**를 만들어 간다. 협업을 바탕으로 한 파타고니아의 환경보호 실천운동은 회사의 정책과 구성원 모두에게 체화되어 있다. 흥미롭게 직원들이 환경보호를 위한 비폭력 항의를 하다가 설혹 체포될 경우 모든 보석금을 회사에서 부담하는 지원정책도 마련해 두었다.

∥ 파타고니아의 조직관리 리더십 ∥

이와 같은 조직내 환경주의 활동과 함께 파타고니아는 대외적 사회책임 수행을 활발하게 추진하고 있다. 실제로 파타고니아는 '주주가치의 극대화'라는 전통적인 접근방식 대신 '이해관계자 자본주의'를 실천하는 균형기업인증, 즉 『B Corp 인증』을 받았다.[51] 또한 매년 기후변화에 취약한 지역사회를 보듬고 현장의 환경보호 운동가와 NGO를 지원하기 위한 '지구세Earth Tax'를 자체적으로 납부하는 등 모범적인 친환경 활동으로 다른 기업에도 큰 영향을 미치고 있다.

이처럼 친환경 행동주의를 선도한 파타고니아는 글로벌 기업들로부터 어떻게 하면 기업의 사회적, 그리고 환경적 책임을 다할 수 있는지 가르쳐 달라는 요청도 수시로 받고 있는데 파타고니아의 친환경 철학과 실천 강령은 회사 홈페이지에 다음과 같이 실려 있다.

---

51) Certified B Corporations(균형인증기업: B Corp): 목적과 이익 간의 균형을 추구하는 새로운 형태의 기업을 인증하는 것으로 균형인증기업은 자신의 결정이 종업원, 고객, 공급자, 지역사회 및 환경에 미치는 영향을 법적으로 고려한다. 균형인증기업은 비즈니스를 좋은(또는 착한) 추진력으로 사용하는 사람들로 구성되어 글로벌 운동을 주도하는 리더 공동체이다.

파타고니아의 사명 Mission Statement	"우리는 우리의 터전, 지구를 되살리기 위해 사업을 한다" "We're in Business to save our home planet"
파타고니아의 존재이유	• 우리는 지구상의 모든 생명체가 멸종위기에 처해있다는 사실을 잘 알고 있다. 이에 대한 변화를 위해 사업을 이용하고, 자원을 투자하고, 목소리를 높이며, 때로는 상상력을 활용한다.
파타고니아의 핵심가치	• 사업 초기에는 모든 것이 단순 명쾌했다. 지금은 사업 외형이 그때와 비교할 수 없을 만큼 커졌지만 여전히 제품 디자인에 있어 '단순함'과 '기능성'을 핵심가치로 유지하고 있다.
지구를 되살리는 최고의 제품	• 최고의 제품은 기능성, 수선 용이성 및 내구성이 월등해야 한다. 환경에 피해를 주지 않기 위해 우리가 할 수 있는 방법은 몇 세대에 걸쳐 입을 수 있는 제품을 만드는 것, 재활용이 가능한 소재로 제품을 만드는 것이다. 그런 의미에서 최고의 제품을 만드는 것은 곧 지구를 되살리는 일이 될 수 있다.
불필요한 환경 피해의 최소화	• 매장에 불을 밝히는 일에서 셔츠를 염색하는 과정까지, 우리가 하는 모든 사업행위가 환경에 피해를 준다는 사실을 알고 있다. 대신 우리는 어떻게 변화할 수 있을지 끊임없이 고민하며, 방법을 찾아낸 부분은 사회와 공유한다. 그러나 이것 만으로는 결코 충분치 않다는 반성 아래, 환경에 피해를 주지 않는 것을 넘어 환경에 이로움을 줄 수 있는 방법을 찾고 있다.
환경보호를 위한 사업과 행동실천	• 오늘날 우리 인간사회가 마주하고 있는 환경위기에 대응하기 위해서는 강력한 리더십이 요구된다. 문제의 원인을 알아냈다면 행동해야 한다. 우리는 기꺼이 위험을 감수하며, 자연과 생명의 안정과 온전함 그리고 아름다움을 보호하기 위해 행동에 나선다.
관습을 탈피한 새로운 길 탐색	• 관습에 얽매이지 않고 새로운 길을 찾아내는 것. 그동안 파타고니아가 성공할 수 있었고, 앞으로도 즐겁게 사업을 해 나갈 수 있는 비결이다.

④ 기업환경과 강점강화 전략

1. 경쟁환경

파타고니아가 만들어가고 있는 친환경 사업환경을 이해하기 위해 우선 주요 경쟁사와의 비교부터 해보도록 한다. 파타고니아의 최대 경쟁자는 노스페이스The North Face이다. 두 회사 모두 야외복, 일반의류 및 하이킹 제품을 선도하고 있다. 물론 매출규모에 있어서는 노스페이스가 훨씬 앞서지만 파타고니아는 비즈니스 사업체이기 이전에 갈수록 고객의 관심을 끌고 있는 강력한 **환경운동 집단**이라는 특유의 강점을 보여준다.

파타고니아는 1966년에 창립한 노스페이스보다 6년 늦은 1972년에 출범하였다. 노스페이스와 파타고니아 양사 모두 사업내용은 매우 유사하지만 파타고니아는 재료에

파타고니아	노스페이스
• **1972년 창업**: 환경 행동주의 역사를 가진 아웃도어 의류기업 • **지속가능성**: 순수익의 1%를 환경보호 및 지속가능성 증진 비영리 단체에 지원 → 목재펄프 80%와 재활용 면화 스크랩 20%로 만든 REFIBRATM 라이오셀Lyocell 섬유를 사용한 "ReCircle 컬렉션" 출시 • **2018년 총 수입**: 8억 달러 • **글로벌 위상**: 80개국 (주로 전자상거래) 107개 지점 운영	• **1966년 창업**: 고성능 아웃도어 의류, 신발, 장비, 액세서리 • **지속가능성**: 2017년 출시한 Climate Beneficial Wool 컬렉션 확대, 지속가능 인증 농장에서 원재료 조달 → 재고, 손상, 수리 제품 및 중고 제품을 판매하는 "RENEWED 컬렉션" 출시 • **2018년 총 수입**: 138억 달러 (VF그룹) • **글로벌 위상**: 60개국 500개 지점 운영 및 전자상거래 확대 중

대한 엄격한 환경지침과 재활용 등 환경적 이슈에 초점을 맞추어 사업의 성장 자체보다는 **지구환경보존**을 경영철학의 근간으로 하고 있는 점에서 큰 차이를 보인다.

이와 같은 파타고니아의 친환경 사업전략에 위협을 느낀 노스페이스는 2018년부터 철이 지난 재고품, 손상 및 수리 또는 중고 제품 등을 판매하는 'Renewed 컬렉션'을 출시하여 파타고니아처럼 친환경 활동을 통한 지속가능경영을 내세우고 있다.

흥미로운 사실은 익스트림 스키 장비부터 러닝화까지 모든 것을 제공하는 세계 최대의 아웃도어 장비회사로 성장한 노스페이스도 자사품의 친환경 이미지가 제고될수록 즉각 수익창출로 이어진다는 새로운 **비즈니스 메커니즘**을 확인하게 된 점이다. 매출액 기준으로 자사의 5% 남짓한 파타고니아로부터 노스페이스가 배우고 있는 부분이 바로 이와 같은 친환경 ESG 경영으로 나타나고 있다.

파타고니아는 등반 커뮤니티에 장비를 제공하는 회사로 태어났지만 이제는 최고의 품질과 스타일리시 한 아웃도어 장비업체로써 염료사용을 감소하고 유기농 면화사용을 대폭 증대하는 등 노스페이스보다 한발 앞선 친환경 사업에 열정을 보이고 있다. 그 한 예로서 파타고니아에서는 매출의 1% 이상을 **기금으로 기부**할 뿐만 아니라 근무시간과 서비스 활동 역시 1% 이상을 환경적 이슈를 개선하는데 **재능으로 기부**하고 있다.

재료공급에서 제조활동까지 모든 업스트림 활동에서 철저한 윤리원칙ethical principles을 적용하는 파타고니아는 고객과 사회를 향한 다운스트림 활동에서도 철저한 기부의무donation duty를 실천함으로써 **[친환경 전략 → 수익창출 → 자발적 기부 → 고객 창출]**이라는 선순환적 메커니즘virtuous-cycle of mechanism을 구축한 것이다.

하지만 파타고니아가 친환경 원자재 공급과 제품의 품질에 더 많은 투자를 할수록 일 반적으로 파타고니아 제품은 노스페이스 제품보다 비용이 더 많이 들고 가격 또한 상 대적으로 높아지게 마련이다. 경쟁에서 '착한 기업'이 성공한다고 보장할 수 없는 만큼 파타고니아로서는 노스페이스와 비교하여 새로운 매장의 확대보다 **전자상거래** 부분을 강화함으로써 글로벌 시장에서의 점유율을 유지하는 전략으로 이를 극복하고 있다.

2. 환경분석

기업이든 개인이든 자신의 강점strength이 좋은 기회opportunity와 결합될 때 성공의 길 이 열리게 마련이다. 파타고니아의 미래가 밝은 것은 ESG에 포함되어 있는 **친환경** 시대, 그리고 사회책임과 이해관계자와의 **소통**이 중시되는 시대라는 기업 외부적인 기회가 커 지고 있으며, 다음 표에서 보듯이 창업 초부터 구축해 온 강점요인들 역시 고객으로부 터 환영받고 있기 때문이다. 친환경 기업이라는 브랜드와 함께 품질에서도 내구성 있고 매력적이며 지속가능한 제품을 제공함으로써 더욱 긍정적인 브랜드 이미지를 만들어

파타고니아와 노스페이스의 SWOT 분석 비교

	파타고니아	노스페이스
강점	• 내구성 및 고품질 제품 • 좋은 브랜드 이미지 • 지속가능 브랜드 • 낮은 이직률 (협업과 공감경영) • 강력한 유통망 • 숙련도: 기술, 혁신, 다각화 • 강력한 소셜 미디어 효과	• 고품질 제품 • 강력한 브랜드 평판 • 기술에 집중 • 지속 가능성 (글로벌 시장점유) • 고도의 제품 포트폴리오 • 입지성: 양호한 지리적 입지 • 강력한 온·오프라인 판매력
약점	• 제한적인 광고활동 • 고가의 제품 (환경은 비용이다) • 고객충성도 강화 부족 • 경쟁사 대비 제품 다양성 부족 • 높은 제조원가	• 마케팅 캠페인 부족 • 고가의 제품 (새로운 패션중시) • 임직원들의 낮은 사기 • 경영진에 대한 의견개진 부족 • 고객과의 커뮤니케이션 부족
기회	• 새로운 아웃도어 시장 진출 • 브랜드 노출 증대, 제품라인 확장 • 온라인 매출 증가 • 친환경 제품 및 서비스의 성장 • 정부의 친환경제품 보조금 지원	• 경영진과의 소통을 장려하기 위한 다양한 교육 실시 • 조직문화의 혁신 추진 • 평판도 제고를 위한 커뮤니티 참여 • 활동의 증대
위협	• 치열한 경쟁 • 노후화 대상 시장의 증가	• 치열한 경쟁 • 법적규제와 브랜드 이미지 손상

가고 있는 선순환 메커니즘은 사내외 SNS 소통을 통해 더욱 확산되고 있다.

또한 세계적으로 ESG 모범기업이라는 구성원들의 자부심, Think-Tank 리더십으로 자유로운 소통이 이루어지는 조직풍토, 직원들의 높은 직무만족도와 낮은 이직률, 그리고 혁신적이며 다양한 전문인력을 보유하고 있는 파타고니아의 핵심역량core competence 은 글로벌 유통 네트워크의 확장에도 초석이 되고 있다.

흥미로운 점은 파타고니아의 약점이 바로 그들의 강점으로부터 나온다는 사실이다. 파타고니아에서는 소비자의 과도한 소비를 강요하지 않기 때문에 제한적으로 광고하며 재활용과 유기농 면화 등을 사용하므로 생산비용이 높아 제품가격 역시 상대적으로 높은 편이다. 그리고 고객 설문조사에 따르면 파타고니아 제품은 경쟁사 노스페이스에 비해 패션 감각이 부족한 것으로 나타난다.

한편 노스페이스의 강점은 높은 기능성과 편안함을 제공하는 우수한 품질의 제품을 판매하는 강력한 브랜드 명성, 그리고 끊임없는 기술혁신과 첨단의 패션제품으로 전세계 유통 네트워크를 구축한데서 찾을 수 있다.

하지만 노스페이스는 세계 최대의 아웃도어 의류회사이면서도 직원들의 사기가 낮고 사내외적으로 소통활동이 어렵고 부족하다는 조직풍토상의 약점이 부각된다. 이처럼 강약점에 있어서 공통적인 측면도 많지만 파타고니아가 골리앗 같은 노스페이스보다 더 나은 이유는 지속가능성에 대한 직원들의 강한 열정과 자부심, 그리고 낮은 이직률을 통해 살펴볼 수 있다.

한편 이들 두 브랜드 모두 가격이 높다는 근본적인 문제를 안고 있다. 따라서 친환경 ESG 경영만으로 미래의 경쟁우위가 보장되는 것이 아닌 만큼 파타고니아로서는 '착한 가격'으로 시장점유율을 높여가는 전략을 구상하는 것도 흥미로울 것이다.

외부환경상의 기회와 위협 요인은 양사 모두에게 온라인 부분의 확대, 환경친화적 제품과 서비스의 증대, 저가제품과의 치열한 경쟁과 밀레니얼 이후 MZ세대를 위한 제품과 서비스 혁신을 요구하고 있다. 파타고니아로서는 특히 콜럼비아 스포츠웨어Columbia Sportswear 등 저가 제품과의 경쟁이 오히려 가장 힘든 과제로 표출되고 있다.

3. 강점강화 전략

친환경 사업으로 성공한 파타고니아의 강점강화 전략은 기업의 사회적책임을 포함한 ESG 경영이 강조되는 시대적 조류에 맞추어 다양한 형태로 실천되고 있다.

- 첫째는 시장의 소비자를 환경주의자로 끌어 들이는 전략이다. 실제로 파타고니아는 SNS에서 강력한 존재감을 활용하여 입소문과 함께 특히 젊은 층들이 웹 페이지를 방

문하도록 함으로써 지속적으로 **잠재고객**을 창출하고 있다.

- 둘째는 혁신적으로 저비용-친환경 제품을 개발하여 저가로 판매하는 전략이다. 이는 친환경 기업에 대한 정부지원 덕분에 가능하게 되었으며 **지구환경보호**에 대한 강한 의지를 보이는 세계 각국의 고객들부터 파타고니아 제품을 우선적으로 구매하는 효과로 나타난다.
- 셋째는 아웃도어 사업시장 자체를 키워가는 전략이다. 파타고니아는 친환경 제품의 브랜드 이미지 제고와 함께 건강과 행복을 위해 아웃도어 활동이 중요하다는 점을 적극 알리고 다양한 환경보호 이벤트를 통해 고객과 함께하며 **고객의 의견**을 듣고 반영하는 직원들의 노력이 따르고 있다.

❙ 파타고니아의 강점강화 4P 마케팅 전략 ❙

Place
소비자를 환경보호주의자로 끌어 들이는 시장침투 마케팅 확대

Product & **P**rice
저비용·친환경 혁신제품개발로 저렴한 판매가격 제공

Promotion
브랜드 이미지 제고를 위한 아웃도어 활동의 중요성 홍보

©www.hanol.co.kr

4. 위험분석과 위기관리

"우리는 우리의 터전, 지구를 되살리기 위해 사업을 하고 있습니다"라는 그들의 **사명문**mission statement에서 강조하고 있듯이 파타고니아의 모든 제품 브랜드에는 기업의 이익추구가 아니라 사업의 환경지향적 의미가 담겨 있다. 이러한 가치를 지키기 위해 파타고니아 직원들은 친환경 활동가로서 위험을 감수하는 행동까지 적극 실천하고 있다.

- 파타고니아는 매년 총매출액의 1 퍼센트를 현금으로 기부하는데 1985년부터는 주로 각국의 비영리

환경단체를 지원하는데 활용하고 있다.

- 2011년 11월에는 "이 재킷을 사지 마십시오Don't Buy this Jacket"라는 문구가 달린 플리스 재킷Fleece Jacket 사진을 뉴욕 타임즈에 게시하여 소비자들이 과잉 소비를 하지 않도록 요구하는 캠페인을 펼쳤다.
- 2016년에는 연매출액의 1 퍼센트 기부에 추가하여 블랙 프라이데이 매출액 천만 달러 전액을 비영리 환경단체에 기부하였다.
- 2018년 11월에는 트럼프 행정부의 기업 법인세 감세에 반대하면서 환경단체에 천만 달러를 기부하였다.

2019년 9월 20일, 27일 양일간에는 고객들이 기후파업climate strike에 참여하도록 하기 위해 전세계 107개 모든 매장을 완전 폐쇄하였다. 자금 손실이 따를 수 있는 이와 같은 파타고니아의 천문학적 기부와 환경행동 실천활동은 전세계적으로 '깨어 있는' 고객들의 관심과 사랑을 받으면서 오히려 매출 성장세를 이어가고 있다.

5 핵심역량과 주요 자원

1. 핵심역량

1997년 발족한 GRIGlobal Reporting Initiative에서 제시하고 있는 TBLThe triple bottom line은 사회적social, 환경적environmental또는 생태적ecological 및 재무적financial 성과 등 세 부분으로 구성된 회계상 프레임워크로 기업에서 지속가능보고서를 작성하는 지침으로 활용되고 있다. 한편, 파타고니아에서는 GRI-TBL보다 더 야심 찬 수준의 비즈니스 가치를 창출하기 위해 폭넓은 관점에서 경영성과를 평가하는 『Patagonia-TBL』 프레임워크로 엘킹턴John Elkington이 1997년에 처음으로 제시한 『3P: 지구Planet, 인간People, 수익Profits』 체제를 그대로 활용하고 있다.

❶ Planet   파타고니아는 환경을 해치지 않으면서 최고의 의류제품을 생산한다. 이것이 가능한 이유는 원자재에 있다. 1993년부터 재활용 플라스틱 음료병으로 만든 섬유를 사용하고 1994년부터는 유기농 면화만 사용하도록 전환했다. 또한 고객이 필요로 하는 제품을 필요로 할 때만 제품을 만들어 제공하므로 오히려 고객들이 구매를 할 때 과연 꼭 필요한 것인지를 다시 생각해 보도록 한다.

나아가 프로슈머prosumer로서 고객의 역할을 강조하여 사용하던 중고품을 자선

❘지구 - Planet	❘인간 - People	❘수익 - Profits
• 환경파괴 방지 원자재 • 플라스틱병으로 재킷 제조 (1993~) • 유기농 면화 (1994~) • 고객요구 제품만 생산 ⇒ 고객의 중고품 기부, 자선 및 판매를 조장 • 매출 1% 기부(1985~) ⇒ 지구세 1% (2002~): "1% for the Planet"	• 고객 충성도 중시 • 환경실천 자질 인력의 채용 및 사업 교육 • WLB 준수와 공정처우 • 아동 돌봄센터 운영 • 개별근무시간제 • 건강보험 100% 제공 • 유급 육아휴가 2개월 ⇒ 이직율 25% 수준 (산업평균 43%)	• 현재의 성공을 만든 두번의 파산 위기: (1)홍콩에서 제조한 조잡한 럭비셔츠 (1970) (2)경기 쇠퇴에 따른 완전 자본잠식 (1991) ⇒ 120명 해고 발생 • 최근 10년동안 수익 4배 증가 (부채 제로) • 창업자의 소박한 생활

단체에 기부하거나 판매하도록 권장하고 있다. 환경보호를 위한 기부활동은 초기에는 수익의 10%를 제공하다가 1985년부터는 매출액의 1%로 대폭 증대하였고, 2002년부터는 "지구를 위한 1%" 기부단체를 조직하여 운영하고 있다.

❷ People: 파타고니아에서는 창업초부터 독립적이고 환경친화적인 의식이 강하며 야외활동을 즐기는 인물을 채용하여 사업과 과업내용은 회사에서 교육으로 가르치는 방식을 택하고 있다. 그냥 일류대학을 나왔다거나 시험을 치르고 입사하는 것이 아니다.

환경친화적인 사업을 함께 펼쳐가는 이들 직원이라는 **내부고객**의 이직율이 낮은 이유도 바로 여기에 있다. 파타고니아에서는 일과 삶의 균형WLB: Work-Life Balance을 중시하고 사내 보육센터 운영과 업무시간을 개인 스스로 설정하도록 함으로써 직원들의 일에 대한 만족도 역시 매우 높게 나타난다.

아웃도어 활동을 즐기는 사람을 채용하므로 이들은 입사 후 처음부터 업무를 멈추고 언제든 서핑을 즐기거나 하이킹을 할 수 있도록 회사정책으로 보장해 주고 있다. 암벽 등반이나 플라이 낚시를 배우는 현장 학습도 교육과정으로 운영되고 있다. 그러므로 최대 2개월간의 유급 육아휴가와 건강보험료 100% 지급 등이 기본적으로 제공되는 파타고니아의 입사경쟁률이 900 대 1 정도로 높은 것도 당연하다 할 것이다.

한편 외부고객에 대해서는 고객의 충성도를 가장 중시한다. 실제로 파타고니아에서는 자사품에 대하여 모든 것을 책임지는 경영을 하고 있다. 고객은 언제든지 제품에 만족하지 않으면 반품할 수 있으며 제품이 낡은 경우에는 회사에서 완벽하게 수리해주고 고객의 과실로 제품이 손상된 경우에도 소액의 비용으로 수리해 주는 등 제품의 수명주기 전체에 대한 사후관리에 철저를 기하고 있다.

❸ Profits: 오늘날 파타고니아는 ESG 경영을 차치하고서도 사업상 큰 성공을 한 모범사례 기업이지만 대부분의 비즈니스에서처럼 파타고니아 역시 두 번에 걸친 파산의 위기가 있었다. 첫번째는 1970 년대 홍콩 공장에서 잘못 만들어진 럭비 셔츠를 공급받았을 때, 그리고 두번째는 1991 년 경기침체로 신용한도가 바닥을 보이면서 결국 대출을 받지 못하고 처음으로 120 명의 직원을 해고해야 했던 때였다. 이후 친환경 철학에 고품질 제품과 재무적 신용을 다지면서 지난 10년 동안 파타고니아의 수익과 매출 모두 4배나 증대하였고 **부채 제로**의 회사로 거듭난 것이다.

2. VRIN 역량요인

ESG 경영의 세계적 모범기업으로 부각된 파타고니아의 핵심역량을 VRIN[52] 프레임워크로 분석하여 과연 지속가능한 경쟁우위의 원천인지를 살펴보도록 하자. 지속가능한 경쟁우위의 기반이 되기 위해서는 파타고니아가 보유하고 있는 ESG 경영의 자원과 역량이 귀중하고V, 희귀하며R, 흉내낼 수 없고I, 대체 불가능N해야 하기 때문이다.

❶ Valuable: 파타고니아 특유의 기업가치가 부각되는 비즈니스 활동은 친환경으로 나타난다. 1985년 파타고니아는 매년 매출의 1%를 자연환경 보존과 복원을 위해 사용한다는 서약과 함께 제품의 환경 발자국environmental footprint을 줄이기 위해 제품수명주기 주도계획initiative을 마련했다. 본 계획에는 파타고니아 제품의 소비를 줄이고Reducing, 수리해서 사용하고Reparing, 재사용하고Reusing, 재활용하고Recycling, 재구상하는Reimagining 등 다섯 가지의 『5R 실천』사항이 담겨 있다.

1994년부터는 유기농 면화만 사용하기로 결정했다. 파타고니아의 '섬유자재 교류 프로그램Textile Exchange Program'은 친환경 원자재 사용이 제품 브랜드 가치에 얼마나 사회적·환경적으로 큰 혜택을 부여하게 되는지를 중간소매업자, 생산농가

---

52) VRIN Framework (Barney, 1991): 지속가능한 경쟁우위의 원천이 되는 가치있고(Valuable), 희귀하며(Rare), 모방이 어렵고(Inimitable), 대체 불가능한(Non-substitutable) 역량을 분석하기 위한 틀

및 주요 이해관계자들을 대상으로 함께 공감하도록 가르쳐주는 상호 교육의 장으로 활용되고 있다.

❷ Rare: 파타고니아의 보기 드문 사업활동은 상상을 초월하는 환경 기부에 있다. 유기농 면화사용의 선구자로서, 그리고 지속가능성 및 재활용 분야의 리더로서 전 세계 환경단체에 매출액의 1%를 기부하고 있으며, 자발적으로 지구를 살리기 위한 지구세를 마련하여 공익적 활동을 주도하고 있다. 이와 함께 파타고니아는 고품질-저가격 제품을 제공하기 위한 **기술혁신과 혁신 아이디어 창출의 글로벌 리더**이기도 하다.

❸ Inimitable: 파타고니아의 남들이 흉내내기 어려운 사업활동은 지구환경보호라는 사명완수를 위한 막대한 비용을 **장기적 투자**로 바라보는 데서 찾을 수 있다. 실제로 경쟁사들이 사용하는 일반 면화의 3배나 비싼 유기농 면화만 사용하기 위해 파타고니아는 회사 지분의 20 퍼센트약 2천만 달러를 추가로 부담해야 하는 재정위기에 몰리기도 했지만 지금은 친환경 유기농 면화를 사용하는 글로벌 리더로 발돋움하였다. 이외에도 『5R 실천』 재활용 이니셔티브와 원자재 관련 자체 연구개발에 천문학적 자금을 투자하고 있다.

❹ Non-substitutable: 노스페이스나 콜럼비아 스포츠웨어는 왜 파타고니아처럼 하기가 어려운가? 파타고니아를 대체할 수 있는 친환경 아웃도어 의류기업이 나타나기 어려운 점은 파타고니아가 추구하고 또한 실현하고 있는 **재활용율** 목표이다. 파타고니아의 목표수준은 모든 자사제품의 재활용률을 기존의 65% 수준에서 90% 이상으로 높이는 것이다. 파타고니아는 유기농 면화로 만든 제품의 판매량 자체가 거대 경쟁사인 노스페이스와 콜럼비아 스포츠웨어 등을 모두 포함해도 8% 이상 더 많이 판매하고 있다.

파타고니아의 경쟁우위를 만들어 준 이들 실천역량은 한마디로 지속가능성에 있다. 이처럼 친환경 사업체로서 지속가능한 경영을 실천하고 있는 파타고니아는 마케팅 전략에 있어서도 이들 **철학이 있는 친환경 전략**과 함께 각 나라별로 차별화되어 나타나는 고객들의 요구에 부응하는 제품 제공이라는 다국적 전략으로 연 평균 성장률 30% 수준을 지속하고 있는 사실이 이를 보여준다.

⑥ 선순환 경영 메커니즘

1. 균형성과 창출 비즈니스 모델

ESG 경영의 글로벌 모범기업으로 평가받고 있는 파타고니아의 비즈니스 모델을 캐플란Kaplan과 노튼Norton의 균형성과표로 분석하면 더욱 부각되어 나타난다.

- 첫째, 파타고니아의 조직문화에 내재된 '환경 청지기Environment Stewardship' 활동으로 고객의 욕구대응과 문제해결
- 둘째, 이를 통한 환경친화적 고객가치의 창출
- 셋째, 창출된 고객가치를 통한 수익성 개선, 매출액 증대 및 시장점유율 확대라는 재무적 성과로 이어지는 [ESG 경영 → 수익 창출] 메커니즘으로 표출된다.[53]

파타고니아의 성공적인 선순환 메커니즘은 이처럼 단순히 친환경 사업, ESG 경영 만으로 이루어진 것이 아니라, 종신고용을 창출해 낸 내부 조직관리시스템의 우수성, 끊임없는 기술개발과 아이디어, 고객에 대한 이해와 즉각적인 고객대응 활동 등이 마치 레고 조각들을 맞추듯 함께 운영되고 있음을 필히 파악해야 한다.

- 지속적 가치창출을 위한 **학습**Learning & Growth: 종신고용을 보장하는 파타고니아의 조직문화에는 직원을 평생고객으로 대하는 인간존중의 철학이 스며들어 있으며 환경 청지기 역할은 윤리와 정도경영으로 뿌리내리고 있다.
- 탁월함을 추구하는 내부 경영 **프로세스**Internal Business Process: 파타고니아는 사업과 관련된 전체 공급망 활동에서 불필요한 비용과 낭비를 줄이기 위해 최선을 다하고 있다. 또한 고객을 이해하고 고객의 문제를 해결할 수 있도록 긴밀한 관계를 유지하고, 혁신을 통해 친환경 제품을 생산하는 새로운 방법을 지속적으로 모색하고 있다. 특히 제조 프로세스에서 나타나는 환경의 피해를 줄이기 위한 환경 청지기 활동은 ESG 경영의 모범으로 부각된다.
- 파타고니아를 바라보는 거울 속의 **고객**Customer: 내부의 경영 프로세스를 통해 구축된 역량으로 파타고니아에서는 친환경 기반의 고객가치 창출을 추구하면서 고객의 불만에는 초음속기의 속도로 대응하는 "날쌘 경영Agility Management"을 보여준다.

---

53) 균형성과표(BSC: Balanced Scorecard): 기업의 비전과 전략을 조직 내외부의 핵심성과지표 (KPI)로 재구성하여 전체 조직이 목표달성을 위한 활동에 집중하도록 하는 전략경영시스템으로 1992년 하버드대학교의 Robert Kaplan교수와 David Norton 박사가 내부와 외부, 유형과 무형, 단기와 장기의 균형 잡힌 관점에서 기업의 경영성과를 측정하고 관리하기 위해 개발했다. BSC는 지속가능한 전략 프로세스 개발을 위한 수단으로 활용되면서 ESG경영과 지속가능성장이라는 목표를 같이 하는 도구로도 새롭게 주목받고 있다.

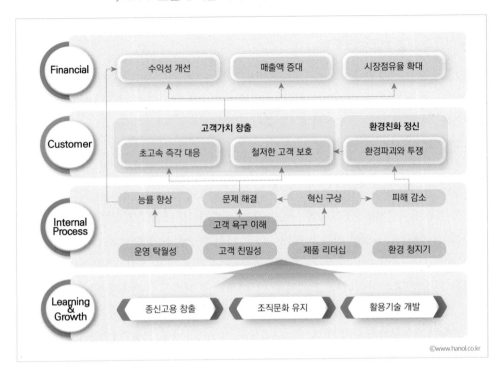

- 주주는 물론 이해관계자 모두를 위한 **재무적 성과**Financial performance: 파타고니아의 친환경 사업철학은 매년 30% 이상의 수익성 증가와 최근 10년간 4배 이상의 시장점유율 증가라는 재무적 성과로 이어지고 있다.

2. 환경적 차별화 전략

마이클 포터 교수의 본원적 전략이나 보스턴컨설팅의 BCG 모델 등에서는 비즈니스의 실태와 유형구분을 제시하면서 각 "**기업의 상황에 적합한 전략**"을 스스로 찾아가도록 권유한다. 이에 비해 경영의 실천The Practice of Management을 강조하는 피터 드러커 교수나 스티브 잡스 등 실천을 중시한 대가들은 기업의 규모나 시장상황에 관계없이 "**남들과 다른 차별화**Differentiation"를 기업들이 추구해야 할 최선의 성공 전략으로 내세운다.

친환경 기업경영으로 차별화한 파타고니아의 독특한 전략은 최근의 시대정신과 맞물리면서 성공의 길을 넓혀가고 있다. 특히 비상장 기업인 파타고니아는 주주들의 눈치를 보며 매 분기마다 매출과 수익을 보고해야 하는 상장기업들의 경영관행을 답습하지 않아도 되는 점 역시 눈여겨 볼 사항이다.

　이처럼 파타고니아는 친환경 사업의 핵심개념을 자사제품이 평생 **지속되도록** 『제조-
수선-재활용』하는데 두고 있다. 그러므로 파타고니아의 제품은 한번 판매하면 고객과
의 관계가 수익과 매출로 종료되는 것이 아니라 고객과 기업이 함께 제조-수선-재활용
의 순환경제에 참여함으로써 『**생각하는 생산, 낭비없는 소비**』가 이루어지는 진정한 고객을
위한 가치를 창출하고 있다. 이처럼 '자연스럽게' 성장하는 파타고니아에서는 고객들이
동참하여 함께 소비를 줄이고, 제품을 수선, 재사용, 재활용하도록 장려하는 『Common
Threads Recycling Program-함께하는 재활용 프로그램』도 도입했다.

┃ 파타고니아의 지속가능 순환경제 메커니즘 ┃

　재활용을 위해서는 우선 파타고니아의 제품이 그대로 매립되거나 소각되지 않도록
회수하는데 노력하고 반품된 제품과 중고품은 별도의 웹 사이트를 통해 저렴하게 판매
한다. 특히 수명을 다한 제품도 회수하여 새로운 제품을 만드는 재료로 최대한 활용한
다. 그래서 "파타고니아의 제품에는 끝없는 사랑이 담겨있다"는 찬사도 받고 있다.

3. 파타고니아의 경영성과

　학계에서는 기업활동을 친환경 순환경제로 전환하는 것이 어렵다며 사실 회의적인
태도를 보인다. 하지만 친환경 사업으로 성공한 파타고니아에서는 재활용 또는 재생 가

능한 원료를 65 퍼센트나 사용하고 있으며 목표는 90 퍼센트까지 올리는데 두고 있다. 이론적으로도 어려운 제품의 선순환 메커니즘을 실천적으로 보여주는 파타고니아의 사례는 그래서 ESG 경영의 살아 있는 비즈니스 모델이라 할 수 있다.

특히 "ESG 경영은 정부가 아니라 기업이 주도해야 한다"는 논지는 파타고니아 사례를 통해 여실히 확인할 수 있다. 파타고니아는 1985년부터 환경사업에 1억 5천만 달러를 지원해 왔으며 약 550명의 직원이 직접 환경단체를 지원하며 활동하고 있다. 순환경제의 한 사례로 2018년에만 전 세계적으로 10만개 이상의 의류를 재활용하였으며, 2019년에는 약 1,300만 킬로와트의 태양광 에너지 생산을 위한 기금을 투자하였다. 재활용을 위한 수거에 값비싼 유기농 면화구입보다 비용이 더 들더라도 이를 실천한 결과는 파타고니아의 재무적 성과로 이어지고 있다.

이처럼 파타고니아는 **친환경 철학**을 바탕으로 지속가능한 해결책 마련에 매진하고 있으며, 사내에서부터 재활용 또는 유기농 원자재의 선택, 작업장의 깨끗한 전기 사용, 제조공정에서의 탄소배출 환경영향footprint 분석과 자체감사 등을 실천하고 투명하게 정보를 공개함으로써 고객들로부터 사랑받는 기업으로서 타 어느 정부나 기업들보다 주도적으로 '지구를 살리는 길'을 열어가고 있다.

7 파타고니아의 미래 전망

사업 초기에 '환경 악당'이란 오명도 가졌던 파타고니아의 성공비결은 무엇보다 즉각적이고 과감한 결단, 즉 "환경에 피해를 주는 제품은 생산하지 않는다"는 경영자의 철학에 있다. 그리고 파타고니아를 ESG 경영의 모델로 다루는 것 역시 탄소중립을 포함한 지구환경보호라는 시대적 조류의 영향도 중요한 평가기준이 되었다.

친환경 철학을 바탕으로 자연스럽게 친환경 사업을 차별화 전략으로 영위해 온 파타고니아 사례는 단순히 성공한 기업이라는 데 의미를 부여할 것이 아니라 사랑받는 기업이자 존경받는 경영자에 대한 사례로 다음과 같은 특성에 가치를 부여할 수 있다.

첫째, 파타고니아는 환경친화적 기업의 선구자이자 창업이래 야심찬 목표를 설정해 왔다. 모든 전략적 결정은 이러한 지속가능성을 중심으로 면밀히 검토되고 평가된다.

"우리는 우리의 고향인 지구를 구하기 위한 사업을 하고 있습니다"라는 사명문은 야심차지만 한편으로는 위험한 목표와 전략으로 표출되기도 하였다.

둘째, 파타고니아는 환경보호적 실천을 지원하기 위해 막대한 자금을 기부한다. 예를 들어, 2011년 블랙 프라이데이에 "이 재킷을 사지 마십시오"라는 광고를 광고했지만 글로벌 브랜드 경쟁자들은 고객이 엄청난 소비를 하도록 유도했다. 이는 단기적 수입확보에는 위험한 전략이었지만 언론과 고객의 관심과 사랑을 받는 기회가 되었다.

셋째, 파타고니아는 어떤 것도 당연한 것으로 받아들이지 않는다. 주주에 대한 책임이 아니라 고객과 이해관계자에 대한 책임, 나아가서는 전 인류사회와 지구에 대한 책임을 의식 있는, 즉 "양심이 있는 경제The Consciousness Economy"로 내세우며 그 결과는 사업성장의 기회와 함께 지속적인 고수익을 창출하고 있다. 이처럼 친환경 사업철학과 신념을 지키기 위해 파타고니아는 실제로 재무적 위험도 과감하게 감수한다. 그리고 그 결과는 고객의 신뢰로 이어지고 있다.

> 개인이든 기업이든 약점으로 성공하기는 정말 어렵다. 한마디로 강점으로 승부해야 한다. 파타고니아의 강점은 바로 『소비감소C-reduce, 기부참여D-participate, 환경친화E-friendly』 등 남들이 외면했거나 하기 싫어했던 부분에 전력투구하는 차별화 전략으로 성공한 사례로 나타난다.

파타고니아가 구축해 온 친환경 사업에 대한 일관성과 신뢰성은 고객을 포함한 모든 이해관계자들과의 소통을 원활하게 해 주고 있으며, 과소비 방지운동과 『5R』 재활용 순환경제 메커니즘은 다른 경쟁자들의 동참을 요구하고 있다. 바로 파타고니아의 미래 목표이다. 마치 테슬라가 전기자동차 판매수익보다 탄소배출권 판매로 흑자를 이어 왔듯이 파타고니아는 가장 대표적인 탄소배출권 경쟁우위로 실질적 성장을 이어가는 친환경 비즈니스 모델을 보여주고 있다.

ESG 기반의 친환경 비즈니스 모델을 중심으로 살펴본 파타고니아의 미래상은 환경 이슈가 강조될수록 더욱 밝아질 것이다. 물론 시대정신을 고려한 사회책임경영으로 성공하는 기업도 많으며 투명경영과 윤리경영을 핵심역량으로 성공한 기업도 많다. 여기에서 우리가 평가해야 할 사항은 "과연 우리는 성공한 기업에 더 많은 의미를 부여하는가 아니면 사랑받는 기업에 더 많은 의미를 부여하는가?"하는 사회적 공감과 시대정신으로 나타나는 가치관이다.

ESG 경영으로 성공한 기업이자 존경받는 경영자들로서 우리 사회와 항상 함께하는 기업이 늘어난다면 ESG의 가치는 시대를 초월하여 커 나갈 것이다. 이미 한겨레신문사와 HERI의 『동아시아30 미래포럼』으로 우리나라 기업뿐만 아니라 중국과 일본을 포함한 ESG 책임투자에 대한 평가와 분석틀을 마련한 노력이 있었듯이 과연 우리사회에 탄소중립과 ESG 잣대로 평가한 사랑받는 기업, 그리고 존경받는 경영자가 얼마나 많이 나올 것인지 기대와 함께 친환경 ESG 경영의 미래에 대한 가치를 부여하고자 한다.

Section 6

ESG 경영을 선도할
윤리와 정도경영

ESG 경영을
읽는다

"조국이 그들에게 **감사하는 마음으로**Aux Grands Hommes La Patrie Reconnaissante." 프랑스의 위인을 모신 국립묘지 팡테옹Panthéon에는 대통령이나 고관대작의 묘소가 없다.[54]

그들처럼 한다면 우리는 과연 어떤 분들부터 모셔야 하는가? 프랑스를 프랑스답게 만들어 준 이들은 지성과 행동으로 시대적·사회적 가치관을 보여준 인물이다. 21세기를 살고 있는 우리는 그러한 사상과 철학을 잃어가고 있다. 그리고 정치 지도자나 사회 사상가보다 MAGAMicrosoft, Apple, Google, Amazon 또는 FAANGFacebook, Amazon, Apple, Netflix, Google 으로 불리는 세계적 대기업 CEO의 한마디 한마디에 더 많은 관심을 기울인다.

기업이 경제와 사회에 미치는 영향이 갈수록 지대한 만큼 기업 특히 대기업 경영자라면 국가경제적 기여분만 아니라 미래 세대를 위한 시대정신을 이끌어 주어야 한다.

그기에는 기업가의 '**철학이 있는 경영**', 즉 사회적 리더로서 경영자의 윤리의식과 가치관이 무엇보다 중요하게 자리잡고 있어야 한다. 한마디로 경영자들이 사회로부터 존경받는 주인공이 되고, 나아가 국가와 국민이 그들의 경영철학을 기리고, 기업은 사랑받는 기업으로 지속적인 성장을 할 수 있어야 한다는 것이다.

우리나라에서 변함없이 가장 존경받는 경영자로 평가되고 있는 유한양행의 창업주

---

54) 1789혁명이후 인물로 문필가이자 혁명가인 미라보(Honoré Gabriel Riquetti Comte de Mirabeau), 계몽사상가 볼테르(François Marie Arouet dit Voltaire), 루소(Jean-Jacques Rousseau), 대문호 빅토르 위고(Victor-Marie Hugo), 에밀 졸라(Émile Zola), 앙드레 말로(André Malraux), 알렉상드르 뒤마(Alexandre Dumas), 보불전쟁의 영웅 감베타(Léon Gambetta), 사회주의 노조운동가 장 조레스(Auguste Marie Joseph Jean Léon Jaurès), 노벨 물리학상 수상자 장 페랭(Jean Baptist Perrin)과 피에르 퀴리, 마리 퀴리 부부(Pierre Curie, Marie Curie, 노벨 평화상 수상자 르네 카생(René Cassin), 레지스땅스 지도자 장 물랭(Jean Moulin), 경제학자이자 유럽연합의 아버지 장 모네(Jean Monnet), 마티니끄 출신 시인 애메 세자르(Aimé Césaire) 등 2020년 현재 80명의 묘소가 안치되어 있다. 한편, 마을마다 중심부에 동판이나 석판으로 세계대전 참전 용사명을 새긴 작은 추모비는 프랑스인들의 생활 속 철학으로 또 다른 의미를 보여준다.

유일한 박사를 제외하고는 솔직히 사회적 물의를 일으키지 않은 사업가는 정말 찾아보기 어렵다. 하지만 "20세기 역사는 한국의 경제성장을 살펴보지 않고는 이해할 수 없다"는 피터 드러커의 칭송처럼 한국경제를 성장시켜온 배경에 그들의 도전과 노력이 있었다는 점은 인정해야 한다.

기업경영과 관련된 정경유착과 부정부패는 단순히 후진국의 산물이 아니라 선진국에서도 끊임없이 나타난다. 젊은이들로부터 가장 동경 받던 기업 중 하나였던 엔론Enron Corporation이 2001년말 분식회계로 파산하자 수만명이 일자리를 잃고 엔론의 회계감사를 담당했던 거대 회계법인 아서앤더슨Arthur Anderson도 해체되면서 '주식회사 미국'의 신뢰를 잃게 만든 것이 그 대표적 사례이다.[55]

국가경영에서 정권이 바뀌거나 기업경영에서 경영권이 바뀌는 경우를 보면 거의 예외 없이 윤리와 책임의 부족이 그림자처럼 따라다니고 있다. 종교집단도 그 예외는 아니다. 드러커는 **기업의 사명**을 수익창출profit, 사회적책임responsibility, 그리고 고객을 위한 혁신innovation에 있다고 하였다. 이는 세가지 사명 중 한가지만 강조하거나 하나라도 버릴 경우 이미 그 기업은 존경받을 수 없는 경영을 하고 있다는 논지이다. 그러므로 기업의 수익창출에는 공정거래와 사회공헌을 포함한 사회적책임, 그리고 고객을 위한 혁신에 초점을 둔 경영권에 대한 **견제와 균형**check and balance이 요구된다.

기업과 정부, 그리고 기업과 고객 간의 권력관계에서도 권력이 한 곳에 몰리지 않도록 구성원의 역량강화Empowerment와 조직간 상생협력, 고객과 이해관계자stakeholders를 위한 책임경영 활동 등이 조직의 문화이자 리더의 경영철학으로 정립되어야 한다.

기업의 사회적책임에 대한 중요성은 피터 드러커의 저서 '경영의 실제The Practice of Management1954'에서 시작되었다고 볼 수 있다. 문제는 "왜 우리나라 기업은 수익 창출에는 지나칠 정도로 관심을 갖는데 비해 사회적책임의 수행과 고객을 위한 혁신활동은 상대적으로 취약하게 나타나는가?" 하는데 있다. 그만큼 고객을 위한 기업의 진정한 혁신활동과 경영자의 인본주의적 리더십이 중요하다. 그리고 필히 기업과 경영자는 윤리경영과 정도경영, 그리고 투명경영과 책임경영의 실천을 통하여 사회로부터 존경받는 존재가 되도록 노력해야 할 것이다.

"성공한 기업은 많지만 존경받는 기업은 드문 나라", "세계적 기업은 많지만 지속가능한 기업은 드문 나라" … 바로 우리 대한민국이다.

---

55) 미국에서는 엔론, 타이코인터네셔널, 아델피아, 페레그린시스템즈, 월드콤 같은 거대기업들의 연이언 회계부정사건들에 대한 반응으로 2002년 7월 30일 사베인스-옥슬리 법(Sarbanes-Oxley Act, Sox: 상장회사 회계개선과 투자자보호법, 법인과 회계감사책임법)이 연방법으로 발효되었다.

1 이윤창출과 기업의 사회적책임

기업이 지속적으로 성장하기 위해서는 생산활동에 투입되는 **비용**Cost보다 시장에서 결정되는 **가격**Price이 더 커야 한다. 그만큼 **수익**Profit이 창출되기 때문이다. 그리고 고객client이 지불하는 **가격**Price보다 고객client이 평가하는 **효용**Utility이 더 커야 한다. 그래야 **단골고객**customer과 **잠재고객**potential customer이 창출되기 때문이다. 그러므로 기업의 수익 창출과 고객창출 모두 중요하며 특히 고객이 평가하는 효용을 제고시키는 것이 전통적 관점에서 기업의 지속적 성장을 위한 핵심활동으로 다뤄지고 있다.

이와 같은 '**단골고객**customer 만들기' 중심으로 기업경영을 바라보던 관점이 디즈니사 Disney처럼 '**초청손님**guest 대하듯 감동경영을 강조'하는 상황에서 최근들어 다양한 이해관계자stakeholder, 특히 투자자의 관점에서 기업과 경영활동의 가치를 종합적으로 평가하는 **기업의 사회적 가치창출과 지속성장**Creating Corporate Social Value 이슈가 부각되고 있다.

‖ 기업의 지속가능 경영함수 ‖

지속경영함수	생산비용 Cost	시장가격 Price	고객효용 Utility	기업가치 Value
지속가능 조건 Pro-Sustainability	비용 최소화 Cost-Down	이익 극대화 Profit-Up	고객 만족도 Satisfaction	사회적 가치 Value Creation
의사결정 주체 Principal Actor	기업 경영활동 Corporation	시장 메커니즘 Market	고객 구매활동 Customer	자산운용 기관 Stakeholder
성과평가 기준 Evaluation Criteria	투입 활동 Input-based	변환 활동 Process-based	산출 활동 Output-based	책임 투자 PRI-based
기업주도 역량 Focus of Control	직접 통제 Cost Down	경쟁 선도 Competitive Edge	간접 통제 Needs & Wants	정도 경영 Business Ethics
기업경영 목표 Corporate Goal	[효율성 + 수익성] → [고객 만족도] → [사회적 가치 + 지속 성장성] Profit → Customer Satisfaction → Social Value & Sustainable Growth			

기업의 사회적책임 수행과 지속가능경영 활동을 모두 포함한 투자자 중심의 ESG 경영이 확산되면서 제품이나 서비스를 생산하는데 투입된 **비용**보다 시장에서 받는 가격이 더 크고, **가격**보다 고객이 평가하는 효용이 더 커야 함은 물론, 고객이 평가하는 제품과 서비스의 **효용**보다 투자자를 포함한 이해관계자 모두가 평가하는 기업의 사회적 **가치**가 더 커야만 기업의 지속가능성이 보장될 수 있다는 것이다.

경제학에서의 생산함수는 [P=f$_{K \cdot L}$]이라는 자본$_K$과 노동$_L$ 양대 요소로 대변된다. 하지만 기업을 대상으로 하는 **경영학의 생산함수**는 이들 두가지 **본원적 가치**authentic value 창출 요소만 다루는 것이 아니라, [P=f$_{K \cdot L \cdot M \cdot I \cdot C \cdot T \cdot LO \cdot KM \cdot HN \cdot EE \cdot SM \cdot TG \cdot SV \cdot RI}$]로 요약되는 다양한 **인위적 가치**artificial value 창출 요소에 초점을 두고 다음 표에서 보듯이 끊임없이 변천해 오고 있다.

‖ 경영함수의 시대적 발전 ‖

요소	원어	시기	사례
자본	Kapital (Capital)	18세기	A. 스미스: 국부론
노동	Labor	19세기	K. 마르크스: 자본론
마케팅	Marketing	1950년대	P. 코틀러: 마케팅관리론
정보	Information	1970년대	D. 벨: 탈공업사회의 도래
문화	Culture	1980년대	E. 샤인: 조직문화와 리더십
시간	Time		P. 드러커: 미래경영
학습조직	Learning Organization	1990년대	P. 셍게: 학습하는 조직
지식경영	Knowledge Mgt		I. 노나카: 노나카의 지식경영
휴먼 네트워킹	Human Networking		D. 모건: 네트워킹의 대가
환경과 윤리	Environment & Ethics	2000년대	A. 캐롤: 기업의 사회적책임
지속가능성	Sustainability		TBL: Triple Bottom Line
투명 지배구조	Transparent Governance		SOx: Sarbanes-Oxley Act
사회적 가치	Social Value	2010년대	CSV: Creating Shared Value
ESG 경영과 사회책임투자	ESG Management & Responsible Investment	2020년대	SRI: Socially responsible investing

    기업의 경영활동에는 이처럼 자본과 노동은 물론 마케팅, 정보, 문화, 시간, 학습, 휴먼 네트워킹, 지식, 환경과 윤리, 지속가능성, 지배구조, 사회적 가치, 책임투자 등 고객은 물론 모든 이해관계자들을 대상으로 하는 다양한 가치창출 요소를 활용한다. 경영함수의 각 독립변수는 하나같이 중요하지만 특히 최근 부각되는 지속경영, 투명경영, 준법경영, 그리고 기업의 사회적책임과 사회적 가치경영 등은 주주에 대한 책임 및 고객에 대한 책임의 시대를 지나 이제는 이해관계자 모두에 대한 의무와 책임의 수행으로 사회로부터 **존경받는 기업**Good to Great Company이 되기 위한 필수조건으로 강조되고 있다.

그렇다면 경영자는 어떻게 기업경영에 대한 제반규제와 위기상황을 헤쳐가야 하는가?
그리고 정부는 기업경영이 바람직하게 영위되도록 어떤 규제와 지원을 해야 하는가?

피터 드러커의 '경영의 실제The Practice of Management1954' 출간이후 끊임없이 강조되어 온 기업의 사회적책임 수행과 지속가능경영, 그리고 ESG 경영에 대해서는 우선 다음과 같은 질문을 통하여 그 근본배경이 되는 철학과 현실적 이슈에 대한 이해가 요구된다.

1. 경영자의 청렴과 윤리는 기업의 경영성과에 긍정적인 영향을 미치는가?
2. 우리나라의 성공한 기업에는 사회적으로 존경받는 경영자가 존재하는가?
3. 바람직한 윤리풍토를 조성한 모범기업으로는 어디를 내세울 수 있는가?
4. 국민정서법으로도 불리는 시대적 가치평가의 잣대는 어떻게 나타나는가?
5. 윤리경영과 ESG 경영의 지속적 실천을 위한 경영자의 사명은 무엇인가?

② 윤리경영과 기업의 지속가능성

"윤리는 돈이 될 수 있지만, 돈은 윤리가 되기 어렵다". 이는 학술연구를 통해서도 검증되고 있다.[56] 세계 굴지의 기업으로 성장한 우리나라의 삼성전자와 현대자동차도 기업경영의 윤리적 수준에 있어서는 결코 세계적 수준에 못 미친다.

국제투명성기구TI 발표 2020년 국가 청렴도 순위 역시 OECD 37개국 중 23위로 중하위권에 있으며 특히 부패수준과 뇌물관행은 아직도 하위권에 머물러 있다. 그렇다면 기업 경영활동에 있어서 윤리경영과 정도경영의 역할과 성과는 어떻게 나타나고 있는가? 이에 대한 연구결과를 보면 윤리경영과 정도경영 활동은 부족해도 산출 수익은 오히려 높게 나타나는 경우가 많다. 즉, 윤리와 정도경영은 수익창출을 위한 조절변수moderator 역할은 하지만 원인 또는 매개변수mediator 역할은 거의 나타나지 않는다.[57]

---

56) Carroll A. (2015), "Corporate social responsibility", *Organizational Dynamics*, 44(2).
57) Park et al. (2012), "Desirable ethical climates on Organizational effectiveness, *AJBM*, 6(14).

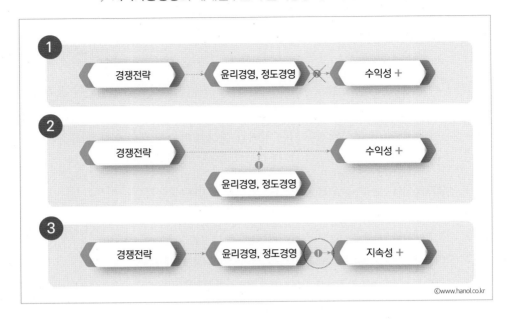

지속가능성장의 매개변수로서 윤리경영·정도경영의 역할

이에 비해 기업의 지속가능성장을 위해서는 윤리경영과 정도경영이 매우 중요한 원인 또는 매개 역할을 하는 것으로 증명되고 있다. 그러므로 기업에서 일시적 또는 단기적 수익창출만 고려할 것이 아니라 기업의 지속가능성장을 기대한다면 정도경영, 윤리경영, 그리고 청렴한 조직사회 풍토를 조성하는 것이 무엇보다 중요하다.

『1 : 29 : 300』이라는 **하인리히의 법칙**Heinrich's Law(1931)이 있다. 한 건의 심각한 사고예: 사망 배경에는 동일한 원인으로부터 발생하는 29건의 경미한 사고예: 경상자, 그리고 그에 앞서 관련 사고의 조짐예: 무상해 사고을 300건 정도 경험한다는 통계적 논리다.

버드Frank Bird는 이를 새롭게 해석하여 『1사망 : 10경상 : 30물적피해 : 600앗차 사고』라는 **버드의 피라미드**Bird's Pyramid, 1966를 밝힌 바 있다. 이는 모두 "큰 재해는 항상 사소한 것을 방치할 때 발생한다"는 통계분석에 의거한 주장이다. 윤리경영, 정도경영, 그리고 기업의 사회적책임과 ESG 경영 등에 있어서 하인리히의 법칙이 중요한 이유는 이를 평가하고 측정할 때 네거티브 스크리닝Negative Screening 기준으로 활용할 수 있기 때문이다. 하인리히의 법칙에 따르면 기업에서 한 건의 부정부패 사건이 표출되었을 때는 이미 그러한 조짐이 300건 이상 있었다는 사실이다.

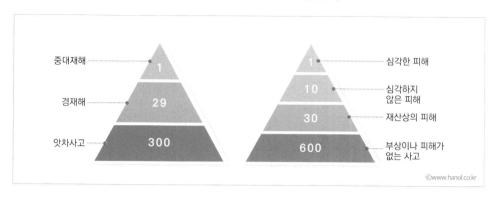

이는 마치 물밑에 잠겨 있는 빙산의 심층부처럼 잘 보이지는 않지만 이를 살피는 노력이 심각한 사고를 예방하는 원동력이라는 것이다. 그러므로 기업의 사회적책임이나 ESG 경영을 위해서는 공시의무 등 법제도적 장치 이상으로 비윤리적 경영이 발생하는 원천에 대한 고찰과 함께 과연 ESG 지표들이 기업의 지속가능경영을 위한 통제변수, 매개변수 또는 조절변수 중 어떤 역할을 할 것인지에 대한 전략적 분석부터 요구된다.

❸ 성공한 기업의 존경받는 경영자

"한국에는 성공한 기업은 많지만 존경받는 경영자는 드물다"고 한다. 이는 기업뿐만 아니라 정계와 관계도 마찬가지다. 어렵게 국회의원이 되고, 개인적 노력으로 출세한 관료는 많지만 국민들로부터 진정 존경받는 인물은 드물다는 것이다. 오죽하면, "총리 구인난", "회전문 인사와 낙하산 인사", "갑질 소동"같은 신조어와 힐난의 소리가 우리 사회에 끊이지 않고 나오겠는가?

> 이제는 우리 곁을 떠났지만 '무소유無所有'와 '맑고 향기로운 세상'을 부탁한 법정스님, 그리고 "머리에서 마음까지 50센티미터 밖에 안 되지만 그 거리를 내려오는데 70년이나 걸렸다"고 한 김수환 추기경의 말씀에는 청렴과 윤리의 중요성이 고스란히 담겨 있다.

그렇다고 글로벌 경쟁시대에 기업의 경영자와 정부의 관료, 그리고 정치인들에게 종교 지도자처럼 초자아Super ego를 갖도록 요구할 수는 없을 것이다. "소득이 있는 곳에

과세가 있다"는 말처럼 이제는 교회나 사찰도 납세와 경영성과를 보여야 할 대상이 되고 나아가 탄소중립 등 지속가능성장을 주도해야 하는 시대가 되었기 때문이다.

1. 사랑받는 기업의 철학이 있는 경영

물론 우리나라에도 외국의 학자와 경영자들이 존경해 마지않는 인물들이 있다. 민츠버그Henry Mintzberg 교수는 그의 저서 『Mintzberg on Management1989』에서 한국의 정주영 회장으로부터 **직관의 경영**Management by Intuition을 배워야 한다고 피력하였으며, POSCO 박태준 회장 같은 분 세 명만 있으면 중국을 세계의 중심으로 만들 수 있다는 중국 지도자들의 예찬, 그리고 미국 등 주요 비즈니스 스쿨의 사례연구 대상이 되고 있는 창업가 이병철·구인회·박승직·조중훈·최종현 회장 등이 바로 그들이다. 물론 세월이 지나도 여전히 우리나라 존경받는 경영자 제1위의 자리에 있는 유한양행의 창업주 유일한 박사도 있다.

> 존경받는 경영자들의 공통점은 모두 『**철학이 있는 경영**』으로 기업을 성장시켜온 분들이라는 사실이다. '제약보국', '제철보국', '사업보국' 등 대한민국의 경제성장 기반을 굳건히 해준 창업주들의 경영이념에는 **'국가와 사회에 보답한다는 철학'**이 자리잡고 있다.

‖ 성공한 기업의 존경받는 경영자 ‖

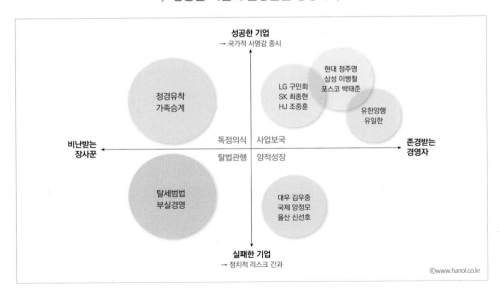

청렴문화와 부패방지를 법과 제도로 강화하고, 윤리와 정도경영을 슬로건으로 외치기 이전에 경영활동의 심층기반에는 이처럼 '업業'에 대한 철학이 있는 경영이 요구된다. 철학이 없는 경영자들에게 윤리경영과 부패방지를 법과 제도로 강요하면 할수록 기업은 면피성 투자와 회피성 대응책 마련에 급급할 것은 명약관화하기 때문이다.

그러므로 친환경 등 **철학이 있는 경영**은 제도적으로 강요될 것이 아니라 경영자들이 자발적으로 구축한 실천적 지혜로부터 나오는 지속가능성장의 방향타라 할 것이다.

2. ESG 기반으로서 윤리경영의 실천

흔히 아이젠하우어 매트릭스Eisenhauer Matrix로 불리는 방법으로 의사결정의 우선순위priority를 결정한다. 이는 사안들의 '**중요성**'과 '**긴급성**'에 대한 가중치weighting를 동시에 고려하여 사업의 전략과제 To-Do 리스트를 작성하는 방식이다. 그렇다면 과연 우리나라 기업의 경우 가장 시급하고 중요한 과제는 무엇이 되어야 한다고 생각하는가?

경쟁우위 전략으로 양적성장만을 추구하는 동안에는 사실 기업의 사회적책임이나 윤리경영은 비록 중요하다고 생각은 했더라도 시급한 과제로 내세워 실천되지는 않았었다.

"한국의 기업인은 교도소 담벼락과 시장의 돈벼락 사이를 아슬아슬하게 걷고 있는 요주의 인물이다"라는 풍자도 그 때문일 것이다. 이처럼 우리의 실태를 보면 기업의 사회책임이나 윤리경영은 아직도 시대적, 그리고 사회적 분위기에 따라 할 수 없이 대응하거나 나중으로 미루는 **레인 체크**rain check 수준에 있다.

그러므로 기업의 윤리경영과 사회책임은 소극적 네거티브 스크리닝Negative Screening에 초점을 두기보다는 적극적 포지티브 스크리닝Positive Screening에 의한 모범사례의 발굴과 함께 지속가능형 경쟁전략sustainable competitive strategy으로 활용될 것이 요구된다.

특히 **실물시장의 고객을 위한** 혁신경영보다 **자본시장의 투자자를 위한** ESG 책임경영 지표가 지나치게 강조될 경우에는 자칫 기업으로서는 이를 새로운 규제나 골치 아픈 위협요인으로 바라보면서 또 다른 탈법과 편법을 구상하는 악순환이 되풀이될 것이다.

그러므로 ESG 책임투자 관련 정보공시의 의무화와 지표의 표준화도 중요하지만 ESG 경영이 강조되는 시대적 조류와 가치를 이해하고 무엇보다 경영자의 윤리의식과 실무적 보고서 작성의 편의성을 도모함으로써 **즉각 실시**Do it Now될 수 있도록 해야 한다.

원래 ESG 경영에 담긴 취지는 사회책임수행과 지속가능경영을 추구하는 기업의 자발적 참여에 있지만 현재 확산되고 있는 ESG 지표는 자산운용사의 책임투자를 위한 또 하나의 제도적 평가기준 및 규제로 해석되기도 한다. "사람을 움직이게 하는 세가지 요소인 규칙, 인센티브, 실용적 지혜 중에서 가장 중요한 것은 서로가 공감하는 실용적 지혜이다. 실용적 지혜란 도덕적 기술과 자발성의 조합에서 나온다"라는 아리스토텔레스Aristotle의 주장이나 "제도만으로 사회를 변화시킬 수 없다"는 크로지에Michel Crozier의 논지[58]를 새겨보면 새로운 잣대로서 제도화를 추진하고 있는 ESG 지표의 한계는 분명히 드러난다.

---

58) Michel Crozier (1982), *"On ne change pas la société par décret"*, Collection Pluriel

달리 표현하면 지속가능성sustainability이라는 ESG 경영의 성과는 단순히 그 원칙과 지표에 의존된 것이 아니라 이를 자발적, 그리고 공감적으로 실천하는 기업의 실용적인 지혜와 경영자의 경험으로 다져진 철학에 의존되어 있다는 것이다.

기업의 **의무사항**Must-Do처럼 ESG 경영관련 지표가 규칙과 인센티브로 제도화되면 오히려 기업의 도덕적 자발성과 판단력이 약화되면서 "주어진 일Doing the Things Right" 위주로만 수행하는 '관리쟁이' 역할에 빠질 우려도 있다. 즉, 제도적으로 강화된 ESG와 관련된 책임투자원칙PRI 때문에 경영자들부터 "올바른 일Doing the Right Things"을 주도하는 리더로서의 용기와 정직, 그리고 배려에서 나오는 ESG 경영의 철학과 지혜를 깨우치지 못하는 위험을 피해 가기 어렵다는 것이다.

3. 사회라는 거울에 비친 ESG 경영 기업가치

"고객은 기업의 거울이다"라는 시대가 이제는 ESG 지표를 내세우며 마치 투자자가 기업의 거울처럼 강조되고 있다. 그리고 ESG 경영이 ESG 책임투자와 관련된 수많은 지표관리로 강조되면서 또다시 기업들부터 환경경영, 공유가치창출CSV경영, 그리고 지배구조 개선 관련 평가와 점수에 매몰되는 현상이 벌써부터 나타난다.

실제로 환경지킴이 보존과 사회돌봄이 책임과 투명청지기 경영을 내세운 ESG 경영의 본질은 지속 가능한 미래사회를 위한 기업의 사회적책임을 강조한데 있다.

이러한 논지는 포터Michael E. Porter와 크레이머Mark R. Kramer가 2011년 논문에서 소개한 **공유가치창출**CSV: Creating Shared Value을 통해 경영학 분야에 이미 도입된 개념이다. CSV는 그동안 기업에게 비용으로 인식되어 온 시민의식과 자선 및 봉사활동과 같은 기업의 사회적책임CSR 수행과는 달리 "기업은 경제적 가치Business Value의 창출과 함께 사회적 부조리 관행을 제거하고 환경보존에 앞장서는 사회적 가치Social Value를 동시에 창출하는 상생적Win-Win 게임의 주체가 되어야 한다"는 기업과 경영자 주도의 새로운 책임활동이다.

마치 아침 출근시에 거울을 보고 자신의 모습을 챙기듯 CSV는 "사회라는 거울에 비친 자사의 가치"를 바라보며 공동체의 사회적 욕구를 파악하고 이를 해결하는 과정에서 경제적 수익과 사회적 가치를 동시에 창출하는 의사결정을 하자는 것이다.

친환경 아웃도어 스포츠 브랜드로 유명한 파타고니아Patagonia, 트랜스지방을 제거한 식용유를 개발한 다우케미컬Dow Chemical, 불필요한 포장을 줄이고 재고관리 방식을 개선한 월마트 Walmart, 아프리카 농장과 인도에서 지속가능한 사업에 투자한 네슬레Nestlé 등 CSV의 대표적 실천사례는 주로 친환경 사업을 펼친 분야에서 쉽게 살펴볼 수 있다.

▌ 기업의 공유가치 창출 - 마이클 포터(2011) ▌

Creating Social Value	→ CSV: Creating Shared Value →	Creating Business Value
기업의 사회적·환경적 목표를 달성할 수 있는 사업 및 투자활동	기업의 장기적 경쟁력 강화와 사회적·환경적 목적을 동시에 달성할 수 있는 사업 및 투자활동	기업의 장기적 경쟁력을 강화할 수 있는 사업 및 투자활동

실무차원은 물론 학계에서도 CSV를 새로운 것이 아니라 기업의 사회적 가치창출을 강조하는 CSR의 한 분야로 보고 있다. 이처럼 그동안 학문적, 개념적 차원에서 강조된 논지가 비즈니스 모델로 실천되면서 이제는 국제적으로 통용되는 지표로 체계화되고 CSR, CSV 등에 대한 학자들의 논쟁을 거쳐 친환경 기반의 ESG로 통합되고 있다.

하지만 ESG 평가지표 역시 너무 복잡하고 객관적 분석이 어려우며 지속가능보고서로 작성하는 데에도 편의성이 부족한만큼 기업이 제공하는 주관적 정보를 자산운용사나 평가기관에서 계량 적 평가로 환산한 결과에 의존하는 위험은 여전히 상존한다.

그러므로 GE의 잭 웰치Jack Welch 회장이 강조하였듯이 "**매스컴에 나와도 괜찮다고 생각 하면 그대로 실천하세요**"라는 단 하나의 기준만 잘 지켜도 시대정신에 부합하는 대표적 ESG 우량기업이 될 수 있다. 반대로 윤리와 정직에 기반하지 않은 ESG 지표관리와 보 고서 발간활동은 그동안 우리나라 기업들이 보여주었듯이 또 다른 숨바꼭질 홍보 게임 과 그린워싱Greenwashing을 유도하면서 기업에 고통을 더해주는 규제로 작동할 것이다.

4. SNS시대의 네거티브 스크리닝 효과

시대정신도 급변하고 있다. 전후에 태어난 베이비 부머Baby Boomer 세대는 고도 경제 성장의 주역으로 권위적·집단주의적 문화에 익숙한 편이다. 이에 비해 MZ 밀레니얼

SNS세대는 개방적이고 개인주의적이며 상의하달Top-Down식의 일방적 지시는 아예 소통 활동으로 간주하지 않는 사회적 형평성과 공정성을 중요한 가치관으로 내세운다.[59]

이처럼 초고령사회의 장수시대에 여러 세대가 함께 살고 있지만 각 세대별 성장배경은 물론 소비패턴과 가치관은 매우 달리 나타난다. 여기에 인터넷과 SNS는 기업의 ESG 경영과 윤리경영 실태를 즉각적으로 확인하고 바로 댓글로 자기표현을 할 수 있는 새로운 장도 열어 주었다. 학회와 주요기관에서 경영자대상이나 윤리경영대상 후보기업을 선정할 때도 흔히 인터넷 검색으로 네거티브 스크리닝부터 실시한다. 자칫 사회적 물의를 빚은 기업이 그 대상이 되지 않도록 하기 위해서이다.

> **칭찬에 인색**한 것은 세대를 관통하여 한국 사회 전반적으로 공통된 현상으로 나타난다. 서양의 교육에서는 상대방의 강점부터 파악하도록 가르치지만 우리의 풍조는 강점이나 칭찬보다 상대방의 약점은 매몰차게 공격하고 비판하면서 칭찬에는 정말 인색하다.

ESG 경영은 분명 네거티브 스크리닝보다 포지티브 스크리닝으로 사회적 가치창출에 앞선 모범기업을 선별하고 책임투자의 대상으로 추천하는데 있다. 우리나라 기업들이 그 근본취지를 살려 ESG 경영이 성공적으로 정착할 수 있을지는 의문이지만 실제 SNS 시대에 기업의 부정부패와 비리를 은폐하는 것 자체가 매우 어려워졌다. 언론기관의 취재활동부터 전문화되었지만 누리꾼과 블로그들이 전문기자 수준을 뛰어넘는 비판을 가하고 다양한 NGO의 견제는 감사원이나 검찰의 수사력을 앞서가는 현상도 보인다.

앨빈 토플러Alvin Toffler는 그의 저서 '부의 미래Revolutionary Wealth2006'에서 기업이 시속 100마일로 달린다면 NGO는 90마일로 추격하고 있으며, 가정주부들도 60마일로 달리고 있다고 하였다. 이에 비해 정부는 25마일, 대학은 10마일, 정치는 3마일, 법조계는 고작 시속 1마일 정도로 굼벵이 모습을 보이는 것은 우리도 마찬가지일 것이다. 1995년 당시 이건희 회장이 "정치는 4류, 행정은 3류, 기업은 2류"라고 일갈했던 표현은 지금도 기업만 일류에서 초일류를 지향하지 이념적 정치와 관료적 행정은 소위 '3김시대'만도 못하다는 평이다.

---

59) M세대(Millenial Generation): 미국기준으로 1980년대초~2000년대초 사이에 태어난 신세대를 의미하며, 1970-1980년에 태어난 X세대 다음에 태어났다고 해서 Y세대로도 부른다. 이들은 자기위주로 생각하고 표현하며 소셜네트워킹서비스(SNS: Social Networking Service)에 익숙한 특성을 갖고 있다. 한편 1997년 이후 태어난 Z세대는 X세대의 자식 세대로 디지털 네이티브(Digital Native)로 불리며 TV나 컴퓨터보다 스마트폰과 유튜브, 넷플릭스 등으로 동영상 콘텐츠를 즐긴다.

검색 대상	유죄선고·고발조치, 벌금부과·제재, 인적·물적사고, NGO·사회적 이슈
검색 기간	최근 1년간 언론매체에 나타난 평가대상 기업의 모든 네거티브 이슈
주의 산업	시장가격 담합 등 비윤리적인 문제 발생이 잦은 통신·정유·건설 산업
완전 배제	경영진의 횡령이나 배임, 비리 연루 등 고질적인 인사사고 발생 기업
검토 배제	경미한 사건 및 사고의 발생에 대해서는 재 검증하여 배제 여부 결정

한편, 21세기 SNS 시대는 간혹 과속을 하기도 하지만 SNS와 NGO 세력이 이미 기업 경영자와 정부 관료, 그리고 정치인들이 가진 권력의 횡포를 견제하는 지렛대 역할을 하고 새로운 사회적 계약 및 공감의 주체로 부각되고 있다는 사실은 부정할 수 없다.

그렇다면 이렇게 열심히 뛰고 있는 기업을 굼벵이 관료와 학자, 그리고 정치인들이 비난하고 법조인들이 판결을 내리도록 하는 것이 과연 공정한 사회인가? 그리고 ESG 잣대와 정부의 규제 및 지침들이 투자유치에 안간 힘을 쏟고 있는 스타트업start-up 신생 벤처기업들까지 괜한 허들 경주Hurdle Races를 하도록 만들고 있지는 않는가?

그러므로 우리의 경우는 ESG 경영이 사회 전반적으로 확산되기 이전에 그 발판마련을 위해서라도 기업활동에 대한 제반 규제부터 정부의 관료가 아닌 기업의 경영자가 만족할 수준으로 충분히 완화하는 정부정책 차원의 혁신이 우선되어야 할 것이다.

기존의 기업에 대한 규제위에 올라탄 ESG 책임투자원칙PRI은 결코 사회적 네거티브 스크리닝을 벗어나기 어려우며 그 때문에 기업은 다시 ESG 지표관리라는 가면을 쓰고 홍보성 지속가능보고서를 작성할 것이기 때문이다. 그러므로 윤리와 과학적 분석에 기반하지 않은 ESG 경영 실천은 마약단속만큼이나 어려운 수사대상으로 전락할 수도 있다.

이처럼 정부의 과감한 **규제완화**와 기업의 자발적 **윤리경영**의 실천은 ESG 경영과 책임투자 활동이 드높이 날수 있도록 해주는 양 날개와 같은 핵심요인이다.

행정개혁과 규제완화가 세계적으로 느린 일본에서 기업들은 '**편안한 장사**'에 몰입하고 젊은이들은 꿈을 도둑맞은 지난 20년은 우리의 향후 20년으로 될지도 모른다. 반면에 청렴문화와 윤리경영이 세계적으로 느린 중국이지만 규제완화 덕분에 중국 기업들은 지난 20년 동안 마음껏 '**사업에 질주**'하고 젊은이들은 꿈을 실현해 오고 있다. 중국의 지난 20년은 이제 개도국들의 향후 20년이 될지도 모른다. 그만큼 우리의 미래는 지나온 일본처럼 어둡고 중국처럼 질주하기에는 너무나 규제가 심하다는 것이다.

그렇다면 과연 ESG는 우리나라 기업들에게 새로운 성장을 위한 원동력이 될 수 있는가? 성장이 아니라면 지속가능한 성장을 위한 안전장치라도 보장해 줄 것인가? 그리고 ESG의 근원에 있는 윤리경영과 투명경영은 어떻게 확립해 가야 할 것인가? 지나온 국내외 사례를 통하여 생각해 보도록 하자.

④ 컴플라이언스 프로그램의 실천 사례

기업에 대한 규제완화와 기업의 자발적 윤리풍토가 조화롭게 구축된 국가로는 흔히 독일과 덴마크를 들고 있다. 규제와 윤리가 결합된 준법compliance정신이 지켜지지 않으면 얼마나 큰 사건으로 나타나는지는 독일 **지멘스**Siemens 사례를 통해 살펴볼 수 있다.

> 지속가능성sustainability이 ESG 경영의 궁극적 목적이라면 1847년에 설립되어 170년 이상을 지속적으로 성장해온 지멘스의 부패 스캔들과 이후 **"부패 제로**corruption zero"를 실천에 옮긴 성공사례는 결국 **"윤리가 경쟁력이다"**라는 점을 여실히 보여준다.

지멘스는 2006년 말 공금횡령, 탈세, 비자금 조성, 뇌물제공 등 부패 스캔들이 터져 나와 기업파산의 위기까지 몰리게 되었다. 1988년부터 2004년까지 ABB, 후지, 미쓰비시 등 다국적 기업 11개와 담합해 유럽 전기시장에서 가격조작을 주도했다는 이유로 2007년에 3억 9천600만 유로의 벌금형을 받았다.

이외에도 2007년 나이지리아 전직 장관에게 공사수주 대가로 뇌물을 제공하는 등, 약 20여 년에 걸쳐 지멘스에는 비윤리적 행태가 만연했다. 당시 경영진이 부당하게 빼돌린 회사공금이 1억 유로를 넘고, 스위스, 그리스, 오스트리아에 있는 지멘스 간부들의 계좌에서는 수천만 유로의 뭉칫돈이 발견되었다.

총 332건의 프로젝트에서 4,283건의 뇌물제공 사실이 드러났고, 뇌물공여액은 14억 달러한화 1조 5천억로 집계되었다. 이와 같은 사건이 터지자 최고경영자들이 줄줄이 사임하고 수백명의 지멘스 직원이 해고와 징계를 받았으며 벌금과 부당이득 환수금액은 무려 16억 달러한화 1조 8천억에 달했다. 이러한 비윤리경영으로 지멘스는 총 100억 유로약 13조 원 규모의 손실을 봤다. 그리고 이로 인해 한때 독일의 자부심이었던 지멘스의 신뢰와 위상은 하루아침에 땅에 떨어졌다.

수많은 전쟁과 세계적 경제위기에도 굳건하게 성장해 온 회사가 부패 스캔들로 창업 157년만에 폐업의 위기에 처하자 2007년 지멘스는 『부패 제로에의 도전』이란 슬로건과 함께 전사적인 윤리경영 추진체계와 준법 프로그램compliance program을 구축하여 즉각적이고도 강력한 자체정화 전략을 추진하였다.

우선 뇌물공여 감독을 철저하지 못했던 경영진들부터 총 사퇴하였고 준법체계 강화를 위해 최고준법책임자제도를 도입하여 특히 뇌물공여의 주된 원인이었던 **입찰제도**를 개혁하였다. 당시 조지프 윈터Josef Winter 최고준법책임자는 "부패를 근절하고 공정경쟁 위반을 방지하는 일은 『**지멘스 지속가능 프로그램**Sustainability Program』의 최우선 순위에 있습니다. 윤리경영과 정도경영을 위한 지멘스의 원칙은 바로 지멘스가 하는 사업은 오로지 깨끗한 사업뿐입니다"라며 다음과 같은 행동지침을 실천하도록 하였다.

- 첫째, 전 세계 모든 지멘스 직원은 부패방지에 초점을 맞춘 지멘스의 사업행동 지침과 부패척결을 위한 국제협약 및 권고안을 성실히 준수할 의무가 있다.
- 둘째, 경영진의 가장 중요한 역할은 깨끗한 기업을 만들겠다는 의지를 정확하고 철저하게 임직원들에게 전하도록 하는데 있다.
- 셋째, 지멘스의 어떤 미팅에서든 간에 윤리와 준법정신을 이야기하도록 해야 한다.
- 넷째, 지멘스는 윤리와 준법을 어기는 사례가 제로화 되는 상태를 지향해야 한다.

지멘스는 이들 행동지침을 지원하기 위해 경영진을 대상으로 부패에 대한 무관용 원칙을 적용하고 **2008년부터 준법보상금 지급제도**를 전 세계 최초로 도입하였다. 직원 대상으로는 2007년부터 전 세계 30만명 이상의 지멘스 직원에게 준법교육을 실시하고 내부고발 핫라인 운영 등 윤리경영 실천에 주력하였다.

물론 윤리와 준법교육은 최고경영진도 예외가 아니며, 특히 영업이나 마케팅, 구매 및 법무분야에 근무하는 직원은 중점교육 대상으로 관리하였다. 그 결과 지멘스는 이미지 회복은 물론 국제적으로 우수한 평가를 받는 모범기업으로 재 탄생하였다. 주가에 반영된 성과로는 2007년 주당 96유로에서 2008년 66유로로 폭락한 지멘스의 주가는 2013년 말 주당 90유로, 2017년 말 117유로, 그리고 2021년 141유로로 지속적인 상승세에 있다.

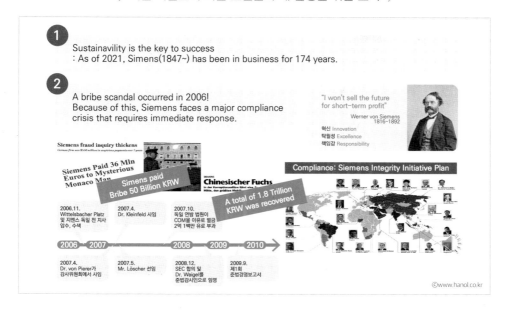

지멘스의 준법경영에 대한 노력의 결과는 실물시장에서의 매출증대와 함께 지속적인 주가향상으로 나타나고 있다. 또한 지멘스의 자부심을 되살려 주듯 2012년에는 다우존스 지속가능경영지수DJSI 준법경영 부문에서 100점 만점에 100점을 받았다.

2017년에는 **포브스**Forbes가 전세계 60개국 1만 5천명을 대상으로 기업의 신뢰성, 정직성, 제품 및 서비스, 사회적책임수행 등을 종합 평가한 결과 **지멘스가 세계에서 가장 존경받는 기업 1위에 선정**되었다. 이처럼 윤리경영으로 재탄생한 지멘스는 2021년 현재 174년간 세계최고의 지속가능 기업으로 발전해 가는 모범을 보이고 있다.

5 다산茶山으로부터 배우는 윤리경영 사례

ESG 지표도 그러하지만 분석적·합리적 경영을 내세우는 서구의 잣대는 제도의 실용성에 바탕을 두고 있다. 이에 비해 우리나라를 포함한 **동양의 잣대**는 시대를 초월하여 새겨야 할 함축적·도덕적 철학과 정신을 보다 강조한다. 그만큼 우리의 경우에는 ESG 이슈를 다루는데 있어서 공표된 ESG 지표에만 몰입할 것이 아니라 ESG 경영의 철학부터 이해할 것이 요구되며, 한편으로는 『철학이 있는 경영』의 실천을 위해 ESG 지표와 같은 세계적으로 체계화된 지표관리에 대한 보다 엄밀한 측정 및 분석활동이 요구된다.

그러한 측면에서 '국민교육진흥'과 '민족자본형성'을 기치로 내걸고 1958년 창업한 교보생명그룹은 매우 흥미로운 정도경영integrity management의 역사를 보여준다. 우선 다음과 같은 문장에서 창업주 신용호 회장의 "철학이 있는 경영"을 여실히 살펴볼 수 있다.

> "우리 회사가 돈벌이만을 목적으로 한다면 이 자리에는 으리으리한 고급상가를 들여야 합니다. 그러나 적자가 나더라도 우리가 꼭 해야 하는 일이 있습니다. 우리 회사의 창립이념이 무엇입니까? 국민교육진흥 아닙니까? 이 사통팔달, 한국 제일의 목에 청소년과 시민을 위해 멍석을 깔아주면 어떻겠습니까? 여기에서 책을 읽고 자란 청소년이 장차 훌륭한 작가가 되고 대학교수가 되고 사업가가 되고 노벨상을 타고 대통령이 된다고 생각해 보세요".

창업주 신용호 회장의 이와 같은 경영철학에는 보국사상과 기업의 사회적책임이라는 소명의식이 고스란히 담겨 있다. 그리고 대를 이어 윤리와 정도경영을 실천하고 있는 교보생명 신창재 회장의 "윤리 1등급은 바로 옳은 일을 하고 이익을 얻는 것입니다"라는 경영철학을 새겨보아야 한다. 교보에서는 유배시절 다산茶山 정약용 선생이 내세운 4가지 윤리등급을 잣대로 하고 있다.

> "너는 내 유배생활을 끝내기 위해서 홍씨에게 편지를 해서 나를 잘 봐 달라고 하고 강씨와 이씨에게 꼬리치면 동정을 받도록 애걸해 보자는 이야기를 했는데, 이것은 앞서 말한 셋째 등급을 택하는 일이다. 그러나 마침내는 넷째 등급으로 떨어지고 말 것이 명약관화한데 무엇 때문에 내가 그 짓을 해야겠느냐?"

❘ 다산 정약용 선생의 4가지 윤리 등급 ❘

교보의 윤리경영에서 강조하는 "진실의 순간MOT: Moment of Truth"60)은 다산 정약용 선생이 피력한 기준에 따라 다음과 같이 스스로 물어보는 데서 출발한다.

- 나중에도 나 자신이 이 일에 대해 옳았다고 생각할까?
- 이 일이 고객이나 동료, 가족에게 알려져도 떳떳할까?
- 이 일로 부당한 이익이나 손해를 보는 사람은 없을까?

교보의 윤리경영 실천 기준은 간명하고 강한 철학적 관점으로 우리에게 '생각하는 윤리경영Thinking Business Ethics'을 보여준다. 이처럼 다산의 4가지 윤리등급은 다시금 ESG 지표의 복잡성과 측정의 곤란성, 그리고 무엇보다 투자자 관점위주로 바라보는 그 '철학의 빈곤Poverty of Philosophy'을 어떻게 보완해가야 할 것인가 하는 길을 제시하고 있다. 즉, 윤리의 실천은 바로 자기자신이 주체이지 결코 복잡한 지표와 표준화된 제도만으로 이루어지는 것이 아니라는 간결한 **실용적 지혜**practical wisdom가 4가지 윤리등급에 담겨있다는 것이다.

⑥ 투명한 정보제공과 과학적 측정분석

우리는 어릴 때부터 신문기사는 『5W 1H의 원칙』에 맞추어 언제, 어디서, 누가 무엇을 어떻게, 그리고 왜 하였는가를 싣는다고 배웠다. 기업의 환경-사회-지배구조에 대한 주요 평가지표에 대해서도 다음과 같이 5W 1H 방식으로 설명할 수 있다면 ESG의 성공적 운영을 보다 명확하게 기대할 수 있을 것이다.

---

60) 스웨덴의 경제학자 리차드 노먼(Richard Norman)이 고객에게 결정적인 인상을 남기는 순간을 '진실의 순간'이라고 표현했다. 1987년 스칸디나비아항공(SAS)의 사장 얀 칼슨(Jan Carlzon)이 이를 원용하여 고객과 직원이 마주하는 15초 안에 자사 서비스가 좋은 선택이었다는 사실을 고객에게 입증해야 한다고 강조하면서 비즈니스에 확산되었다. 우리의 경우는 반도체 산업에 뛰어든 삼성의 이건희 회장, 철강산업의 포철 박태준 회장, 조선산업을 일군 현대의 정주영 회장, 그리고 항공산업의 조중훈 회장 등은 '진실의 순간'이자 '결단의 순간'으로 귀감을 보여준 인물들이다.

│ 성공적 ESG 경영을 위한 윤리실천의 5W 1H │

윤리실천 5W1H	WHEN	WHO	WHAT	WHERE	WHY	HOW
의사결정 Timing	시대정신 Spirit	"골든타임을 놓치면 호미로 막을 것을 가래로도 못 막는다"				
책임경영 Responsibility		솔선 수범 Leadership	"권한은 위임해도 책임은 그대로 상사에게 남는다"			
도전목표 Challenge-MBO			윤리 실천 Ethics	"윤리경영도 6σ 수준으로 실천하자"		
이해관계자 Stakeholders	"매스콤에 나도 괜찮다면 그대로 해요"		국민 정서 Opinion			
공유가치 Shared Value	"빨리 가려면 혼자 가고, 멀리 가려면 함께 가라"			상생 협력 Collabo		
강점 강화 Must-Do	"Eisenhower Matrix에서 도출된 'To-do List' 전략을 실천하라"				우선 순위 Priority	

기업의 탄소배출량에서부터 사내외 책임경영과 투명경영의 실천 사항을 평가하기 위해서는 무엇보다 과학적인 측정measurement과 정확한 데이터data가 요구된다. 달리 표현하면 기업으로서는 현재의 수준As-Is에서 미래의 목표To-Be를 달성하기 위해 이와 같은 차이gap를 메워 가기 위한 전략을 수립Plan하여 주어진 기간내에 실천Do하고 또한 그 결과에 대한 평가See를 엄밀하게 측정measure하여 피드백feedback해야 한다는 것이다.

1. 은폐와 조작 없는 기업정보 제공의 중요성

최근 "원전 조기폐쇄를 위해 월성 1호기 경제성 평가가 조작되었다"는 주장과 "이는 국민안전을 최우선에 둔 국정과제였다"는 주장이 대립되는 사건을 보면 과학적 측정과 정보의 투명성이 얼마나 중요한지 알 수 있다. UAE원전수출에 대한 연구Kichan PARK & Françoise CHEVALIER, 2010[61]와 원자력 안전문화에 대한 연구박기찬 외, 2015[62]를 하다가 알게 되었지만 프랑스의 원자력 기업인 아레바AREVA에서는 사고의 원인으로 인적오류human error가 80%로 나타나는데 비해 우리나라 한국수력원자력KHNP에서는 고작 20%로 나타났다. 과연 이러한 자료를 그대로 믿는 국민이 얼마나 되겠는가?

---

61) Park & Chevalier (2010), "The Winning Strategy of the Late-comer: How Korea was awarded the UAE Nuclear Power Contract", *International Review of Business Research papers*, 6(2), pp.221-238

62) 박기찬 외 (2015), "안전문화의 역량평가 모형개발: 원자력 산업의 사례를 중심으로", 창조와 혁신, 피터드러커소사이어티, 8권 2호, 197-235

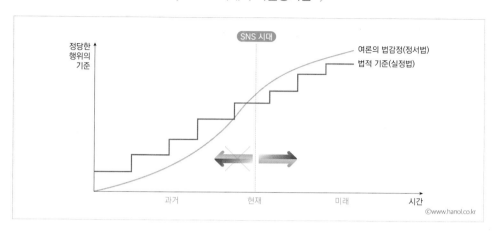

| SNS 시대의 국민정서법 |

1963년 감사원이 설립된 이후 공직사회에서는 "도대체 감사원 때문에 일 못해 먹겠다!"라는 불만이 많았다. 하지만 이제는 감사원도 SNS의 위력을 피해가지 못하는 시대가 되었다. 언론과 CCTV, 그리고 시민단체의 집념을 피해 가기 어렵기 때문이다.

여기에는 구시대적인 실정법의 기준이나 정부 관료들의 자세보다 훨씬 빠르고 높은 여론의 법감정, 즉 **국민정서법**이 매스콤은 물론 스마트폰을 타고 그 영향력을 발휘하고 있기 때문이다. 국민정서법은 법조항을 따지기 이전에 설득가능한 과학적 분석자료와 기업의 투명한 사업자료를 요구하는 만큼 지속가능성을 위한 ESG 경영의 성공여부도 경직된 정부 관료들의 태도변화와 함께 기업경영자들 역시 사회와 국민이 기대하는 시대정신에 맞추어 운영하는데 달려 있다.

2. 경영자가 솔선하는 윤리경영의 중요성

나라마다 역사와 함께 변화해 온 각기 다른 문화를 갖고 있고 기업마다 다른 조직문화가 있다. 물론 그기에는 나름대로의 강점과 약점이 있게 마련이다. 우리는 스스로 해결하기 어려운 문제로 답답할 때면 제일 먼저 하는 말이 바로 "누구 아는 사람 좀 없냐?"하는 것이다. 그만큼 인맥을 동원해서 해결해 보려는 연고주의 풍토가 강하게 퍼져 있다. 이를 'Know-Whom' 문화라고 부를 만큼 학연과 지연이 중요한 사회가 바로 한국이다. 이에 비해 미국은 실용주의 Know-How, 일본은 학습지식 Know-What, 프랑스는 사색적 사고 Know-Why 풍토가 강하다는 비교연구도 있다.[63]

---

63) 박기찬(1997), 팀업적평가. 한국능률협회

Actors and Systems (행위자와 행동시스템)		System's Rule (제도적 규범과 관행)	
		Principled & Positive (원칙적 긍정적)	Heuristic & Skeptical (경험적 회의적)
Actor's Role (구성원 역할)	Logical & Mechanistic (논리적 기계적)	JAPAN (지식기반) know-what Mechanism	FRANCE (사고기반) know-why Mechanism
	Practical & Organic (실용적 유기적)	U.S.A (실용기반) know-how Mechanism	KOREA (과거기반) CHINA (미래기반) know-whom Mechanism

ESG 경영을 성공적으로 도입하고 발전시켜 가기 위해서는 무엇보다 투명하고 윤리적인 풍토가 조성되어 있어야 하는 만큼 인맥으로 위기를 극복하려 하거나 사업 성장의 기회를 잡으려는 사회에서 ESG 경영의 성공을 기대하기란 정말 어렵다. 투명사회의 모델로 불리는 덴마크에는 소위 '김영란법'으로 불리는 『부정청탁 및 금품 등 수수의 금지에 관한 법』 같은 것이 아예 없다. 그 답은 바로 이미 그들의 문화에는 청렴이 녹아 있고 국가든 기업이든 지도자의 행동에 윤리경영이 담겨있기 때문이다.

그러므로 모처럼 글로벌 기준으로 전세계가 ESG 경영을 부르짖고 있는 시점에서 ESG 잣대가 요구하는 첫 단계는 법제도가 아니라 바로 청렴과 윤리라는 기업과 사회의 토양이다. 1960년대 이후 우리나라의 고도 경제성장과 '빨리빨리' 작업풍토, 그리고 출세지향적 문화가 인맥과 연고주의를 윤활유로 하여 키워온 악순환의 고리를 이제는 윤리경영이라는 가위로 함께 자르도록 해야 할 것이다.

> "저희 덴마크에서는 기업의 경영자들이 정부의 공무원을 만날 이유가 전연 없습니다. 필요하면 변호사가 만나면 됩니다." 이는 세계에서 가장 청렴한 국가 덴마크의 자평이다.

그런데, 우리나라 경영자들은 공무원을 만날 이유가 너무나 많다. 필요하면 인맥도 동원하고, 전관예우로 영입한 인물이나 사외이사를 앞세워 로비에 투입하기도 한다. 알리바바 마윈Jack Ma회장이 "모든 성공은 실천을 빠시게 잘 할 때 실현될 것입니다"라고 피력하였듯이 ESG 경영의 기반인 청렴과 윤리경영도 빠시게 실천할 때 성공할 수 있을 것이다. 이를 위해서는 우선 인맥을 동원하여 사건을 무마하고 사업을 도모하려는 시도, 특히 기업 경영자들이 아예 공무원을 만날 필요가 없도록 해야 할 것이다.

나라와 조직마다 서로 상이한 문화적 특성을 갖고 있지만 부정부패와 비윤리적 행위의 공통점은 유사하게 나타난다. 그리고 바람직한 윤리풍토를 조성하기 위한 필수요건 역시 공통적으로 나타난다. 그러므로 경영자의 윤리실천을 위한 솔선수범과 법제도의 예외 없는 적용, 그리고 지속적인 준법교육으로 윤리풍토를 구축하는 노력이 요구된다. 특히 **최고경영자의 솔선수범**은 "윗물이 맑아야 아랫물이 맑다"는 속담이 그대로 적용되어야 하는 필수요건이 될 것이다. 글로벌 표준이자 새로운 과제로 부각된 탄소중립과 ESG 경영은 단순히 기관투자자의 평가 잣대로 중요한 것이 아니라 기업과 사회와 지구의 지속가능성을 위해 함께 추진해야 할 인류 전체의 과제이기도 하다. 그러므로 ESG 경영의 기본풍토로 조성되어야 할 윤리경영의 실천은 ESG 측정활동 이상으로 중요하다.

┃ 윤리풍토 조성을 위한 공통적 성공요인 ┃

윤리규범 위반의 공통요인	윤리경영의 공통적 성공요인
의도적으로 법규와 회사정책 위반	경영진의 솔선수범 (Tone at the Top)
실수를 은폐 또는 왜곡하여 보고	체계적 윤리규범과 철저한 실행
회사에 도움이 된다면 '규칙을 어기는 것도 괜찮다'라는 생각	예외가 없는 적용 "매스컴에 나더라도 괜찮다"라는 기준
개인적으로 얻는 것이 없으므로 '규칙을 어겨도 된다'는 생각	변화하는 환경하에서도 일관성 있게 지속적으로 강조
회사 이익보다 개인의 이익 우선	지속적이고 정기적인 교육
작은 금액의 위반은 문제가 되지 않으리라는 생각	질의와 신고 등을 편하게 상담할 수 있는 환경조성

최근 대기업을 중심으로 보란듯이 사회공헌팀, CSR팀, 이제는 ESG팀이나 ESG 경영위원회가 조직되고 있지만 사실 윤리경영위원회나 준법감시위원회만 전략적으로 운영되면 CSR 활동을 포함한 ESG 경영의 성과 역시 한껏 기대할 수 있을 것이다.

첫째, ESG 경영으로 주어진 윤리경영 실천의 '**골든 타임**'을 놓치지 말 것

둘째, CEO의 강점 및 기업의 사회적책임을 통한 '**솔선수범**'을 유도할 것

셋째, 6 Sigma 윤리경영으로 '**부패 제로**'의 도전목표를 기한내 달성할 것

넷째, NGO와 이해관계자의 '**다양한 의견**'을 SNS와 매스컴으로 수렴할 것

다섯째, 상생적 CSV '**협업생태계**' 조성으로 독과점 위상을 상시 견제할 것

여섯째, ESG 경영의 지표별 가중치와 실행 전략의 '**우선순위**'를 설정할 것

그러므로 특히 대기업을 대상으로 의무사항처럼 도입되고 있는 ESG 책임경영이 하나의 추세가 아니라 글로벌 지구촌의 지속가능한 성장을 위한 공통적 잣대로 선진국에 갓 진입한 우리 한국사회에 정착되기 위해서는 윤리에 바탕을 둔 『Ethical ESG』 경영을 사회적 계약 또는 노·사·정·종 간의 사회적 대타협으로 추진해야 할 것이다.

제2부
ESG 경영의
실천과 분석모델

ESG 경영을
읽는다

Section 1

ESG 경영의 실천

ESG 경영을
읽는다

1950년대 초반부터 기업의 사회적책임CSR이 강조된 이후 이를 실천하기 위한 방법이 다양하게 발전되어 왔었지만 최근들어 세계적 기후위기, 환경위기, 노동위기, 인권위기 등에 대한 활발한 담론과 구체적 가이드라인이 정립되면서 이제는 글로벌 표준 또는 규범에 의한 ESG 경영의 실천이슈가 국제적으로 확산되고 있다. 특히 선진국부터 경영 인증시스템 도입으로 기업의 ESG 경영실천을 위한 법제화를 함께 추진하고 있다. 실제로 기업의 지속가능성보고서 작성과 ESG 경영 실천활동은 2000년대 초반부터 진행되어 지난 20여년간 괄목할 성장을 해 왔으며, 기업의 지속가능보고서를 기반으로 한 ESG 경영에 대한 성과평가와 사회책임투자SRI 활동이 글로벌 차원에서 확산되고 있다.

1 규범에 의한 ESG 경영 실천

ESG와 관련된 다양한 국제적 규범이 제정되면서 이를 준수하기 위한 국내규범도 하나씩 정립되고 있다. 그러나, 도입방식이 ESG를 하나로 통합한 규범으로 제정하기 보다는 환경E, 사회S, 지배구조G 등 각 섹터별로 구분되고 나아가 세부지표와 평가이슈가 더욱 분화되는 추세를 보이고 있다. 한마디로 환경분야 하나만 하더라도 이를 모두 이해하고 추진할 수 있는 전문가는 기업에도 정부에도 없다는 것이다. 그 결과 벌써부터 기업 입장에서는 ESG와 관련된 전체 규범체계를 국제법 수준과 국내법 수준에서 종합적, 그리고 융합적으로 이해하는 것이 쉽지 않다는 불평과 함께 적용상의 한계를 보인다. 그만큼 ESG의 기반, 즉 표준과 가이드라인을 제시해 준 다음과 같은 UNGC의 10대 원칙을 중심으로 보다 전문적 관점에서 ESG 경영을 이해하고 실천하는 자세가 요구된다.

1. 환경규범

환경에 관한 규범은 대기배출물, 에너지, 원료, 폐수 및 폐기물, 생물다양성, 운송 및 환경회계 분야로 구분되어 국제협약 등이 제정되고, 이와 관련된 국내규범이 새롭게 제정되어 가면서 기업의 환경경영 실천활동을 규제 및 지원하고 있다.

▌ UNGC(United Nations Global Compact, 1999): 163개국 15,268개 기업 참가 ▌

구분	내용
인권 (Human Right)	1. 기업은 국제적으로 선언된 인권보호를 지지하고 존중해야 하고, Businesses should support and respect the protection of internationally proclaimed human rights; and 2. 기업은 인권 침해에 연루되지 않도록 적극 노력한다. Make sure that they are not complicit in human rights abuses.
노동 (Labor)	3. 기업은 결사의 자유와 단체교섭권의 실질적인 인정을 지지하고, Businesses should uphold the freedom of association and the effective recognition of the right to collective bargaining, 4. 모든 형태의 강제노동을 배제하며, the elimination of all forms of forced and compulsory labor, 5. 아동노동을 효율적으로 철폐하고, the effective abolition of child labor; and 6. 고용 및 업무에서 차별을 철폐한다. the elimination of discrimination in respect of employment and occupation.
환경 (Environment)	7. 기업은 환경문제에 대한 예방적 접근으로, Businesses should support a precautionary approach to environmental challenges, 8. 환경적 책임을 증진하는 조치를 수행하며, undertake initiatives to promote greater environmental responsibility. 9. 환경친화적 기술의 개발과 확산을 촉진한다. And encourage the development and diffusion of environmentally friendly technologies.
반부패 (Anti-corruption)	10. 기업은 부당취득 및 뇌물 등 모든 형태의 부패에 반대한다. Businesses should work against corruption in all its forms, including extortion and bribery.

자료원: UN Global Compact, https://www.unglobalcompact.org/what-is-gc/mission/principles

기후재앙이라는 위기상황에서 가장 중시되는 국제규범은 2015년 UN기후변화회의에서 채택된 조약인 파리협약Paris Agreement 이다. 파리협약은 2015년 12월 12일에 채택되어 2016년 11월 4일부터 포괄적으로 적용되는 국제법으로 발효되었다.[1]

---

1) 주요사항은 지구 평균온도 상승폭을 산업화 이전 대비 2℃ 이하로 유지하고, 나아가 온도 상승폭을 1.5℃ 이하로 제한하기 위해 함께 노력하자는 국제적 약속에 있다. 즉, 각국은 온실가스 감축목표를 스스로 정하여 국제사회에 약속하고 제시된 목표를 실천해야 하며 국제사회는 그 이행에 대하여 공동으로 검증하게 된다.

2017년 6월 미국의 일방적 파리협약 탈퇴선언에도 불구하고 여전히 세계 탄소배출의 87%에 달하는 200여개국에서 협정을 이행 중이며, 다시 2021년 미국은 조 바이든 대통령 당선 이후 파리협정에 복귀하고 2021년 11월에는 지난 탈퇴행위에 대한 사과도 하였다. 그동안 환경규범관련 사항은 다음과 같은 협약과 협정 또는 의정서를 통하여 구체화되고 있다.

1) 대기배출물

- 기후변화에 관한 유엔기본협약

  United Nations Framework Convention on Climate Change, UNFCCC or FCCC, 1992

- 기후변화에 관한 국제연합기본협약에 대한 교토의정서

  Kyoto Protocol to the United Nations Framework Convention on Climate Change, 1997

- IPCCIntergovernmental Panel on Climate Change 기후변화 2001, 실무그룹I: 과학적 기초
- 파리협정Paris Agreement, 2015
- 오존층 파괴물질에 대한 몬트리올의정서

  Montreal Protocol on Substances that Deplete the Ozone Layer, 1987

- 오존층 보호를 위한 비엔나협약산성화, 부영양화, 지표면 오존: 2012년 개정

  Vienna Convention for the Protection of the Ozone Layer, 1985

- 월경성 대기오염에 관한 제네바협약

  Geneva Protocol to the Convention on Long-Range Transboundary Air Pollution, 1979

- 월경성 대기오염에 관한 제네바협약평가와 모니터링을 위한 협조 프로그램

  Geneva Protocol to the Convention on Long-Range Transboundary Air Pollution, 1984

- 월경성 대기오염에 관한 헬싱키협약황산화물 30% 감축

  Helsinki Protocol to the Convention on Long-Range Transboundary Air Pollution, 1985

- 월경성 대기오염에 관한 소피아의정서질소산화물 억제

  Sofia Protocol to the Convention on Long-Range Transboundary Air Pollution, 1988

- 월경성 대기오염에 관한 제네바의정서1991: 휘발성 유기화합물 감축
- 월경성 대기오염에 관한 오슬로의정서1994: 추가적인 황산화물 감축
- 월경성 대기오염에 관한 야르후스의정서1998: 중금속 감축2012년 개정
- 월경성 대기오염에 관한 야르후스의정서1998: 잔류성 유기오염 감축2009년 개정
- 산성화, 부영양화, 지표오존감소를 위한 1979년 월경성 대기오염 협약관련 예테보리의 정서

Gothenburg Protocol to the 1979 Convention on Long-Range Transboundary Air Pollution to abate

acidification, eutrophication, and ground level ozone, 1999

- MARPOL협약선박오염방지에 관한 국제협약

International Convention for the Prevention of Pollution of Ships, 1973

- 잔류성 유기오염물질POP에 관한 스톡홀름 협약

Stockholm Convention on Persistent Organic Pollutants, 2001

2) 에너지

- 기후변화에 관한 국제연합기본협약에 대한 교토의정서

Kyoto Protocol to the United Nations Framework Convention on Climate Change, 1997

- GHGGreenhouse Gas Protocol Initiative
- 세계자원연구소World Resources Institute 및 지속가능발전을 위한 기업협의회World

Business Council for Sustainable Development의 기업회계 및 보고기준2004년 개정판

- IEA 발행 국가에너지 수급현황 보고Energy Balances for OECD and non-OECD countries 및
- ISOInternational Organization for Standardization의 에너지 효율표준 및 관련 검사절차
- IECInternational Electrotechnical Commission의 에너지 효율표준 및 관련 검사절차

3) 원료

- OECD, 원료 흐름 및 자원 생산성에 대한 위원회 권고안

Recommendation of the Council on Material Flows and Resource Productivity, 2004

4) 폐수 및 폐기물

- OECD 폐기물방지/재활용실무그룹Working Group on Waste Prevention & Recycling
- 유해폐기물의 국가간 이동 및 처분규제에 관한 바젤협약의 금지개정안

Ban Amendment to the Basel Convention on the Control of Transboundary Movements of Hazardous

Wastes and their Disposal, 1989

- 사전고지동의PIC 절차에 관한 로테르담 협약

Rotterdam Convention on the Prior Informed ConsentPIC Procedure, 1998

- 런던협약 및 폐기물 기타 물질 투기에 의한 해양오염 방지협약

London Convention on the Prevention of Marine Pollution by Dumping of Wastes and Other Matter,

1972

5) 생물다양성

- 국제자연보존연맹IUCN의 멸종위기종Red List 관련 람사협약

  Ramsar Convention on Wetlands, 1971

- UNESCO 세계문화유산World Heritage Sites

- UN 생물권 보호구역United Nations Biosphere Reserves

- Conservation International의 생물다양성 위험 지역 및 야생지

  Biodiversity Hotspots and Wilderness Areas

- WWF의 국제 200 생태 지역Global 200 Ecoregion

- Bird Life International의 주요 조류 서식지Important Bird Areas

- IUCN의 식물 다양성 센터Centres of Plant Diversity

- GRI Cross-Reference: GRI 생물다양성 자원 문서Biodiversity Resource Document

6) 운송

- UN 위험물 운송에 관한 권고안

  United Nations Recommendations on the Transport of Dangerous Goods

7) 환경회계

- UNDSDUnited Nations Division for Sustainable Development, 2003

- 환경관리회계 절차 및 원칙

  Environmental Management Accounting Procedures and Principles

- 환경관리회계 연구 정보센터

  Environmental Management Accounting Research and Information Center, EMARIC, 2003

- IFAC 환경 관리 회계에 관한 국제 가이드라인 문서2005

2. 인권규범

1948년 UN총회에서 제정된 UN인권선언은 제2조에서 "모든 사람은 인종, 피부색, 성, 언어, 종교, 정치적 또는 기타 견해, 민족적·사회적 출신, 재산, 출생, 기타의 지위 등에 따른 어떠한 종류의 구별 없이, 본 선언에 제시된 모든 권리와 자유를 누릴 자격이 있다. 나아가 개인이 속한 나라나 영역이 독립국이든 신탁통치 지역이든, 비자치 지역 또는 다른 주권상 제한을 받고 있는 지역이든, 그 나라나 영역의 정치적·사법적·국제

적 지위를 근거로 차별이 행해져서는 안된다"는 사항을 규정하고 있다.[2] 이에 따라 ESG 경영에서도 종업원Employee을 기본적으로 보호해야 한다는 인권규범의 모델로 도입하였다.

- UN 세계인권선언Universal Declaration Rights, 1948
- UN 경제적·사회적·문화적 권리규약

  International Covenant on Economic, Social and Cultural RightsA규약: ICESCR, 1966

- UN 시민적·정치적 권리규약

  International Covenant on Civil and Political RightsB규약: ICCPR, 1966

- UN 모든 형태의 인종차별철폐에 관한 국제협약

  International Convention on the Elimination of All Forms of Racial Discrimination: ICERD, 1965

- UN 여성에 대한 모든 형태의 차별철폐에 관한 협약

  Convention on the Elimination of All Forms of Discrimination against Women: CEDAW, 1979

- UN글로벌콤팩트UNGC, 1999
- 강제실종협약International Convention for the Protection of All Persons from Enforced Disappear-

  ances, 2007

- 장애인권리협약Convention on the Rights of Persons with Disabilities: CPD, 2007

3. 노동규범

국제노동기구ILO의 190개 국제노동협약International Labor Convention과 206개 권고사항 Recommendation[3] 및 UN의 인권규범 중 노동관련 규범 등을 『ESG의 사회적S 분야』 실천사항으로 강제하고 있다.

- ILO가 1919년 창설 이래 190개의 국제노동협약International Labor Convention과

  206개의 권고Recommendation 사항 제정

- ILO의 목적에 관한 선언필라델피아 선언, 1944 – ILO 헌장 부속서
- ILO 노동자의 개인정보 보호에 대한 행동준칙1996 및 ILO의 노동자 기본권 선언1998
- UN의 노예제도, 노예매매, 그리고 노예제도와 유사한 제도 및 관행의 폐지에 관한 보

  충협약United Nations Supplementary Convention on the Abolition of Slavery, the Slave Trade, and

  Institutions and Practices Similar to Slavery, 226 U.N.T.S.3, 1957

---

2) UN, https://www.un.org/en/about-us/universal-declaration-of-human-rights
3) ILO, https://www.ilo.org/global/standards/lang--en/index.htm

- UN 종교나 신념에 따른 일체의 불관용 및 차별 철폐를 위한 선언

  Declaration on the Elimination of All Forms of Intolerance and of Discrimination based on Religion or

  Belief, 1981
- 고문 및 잔혹한·비인도적 또는 굴욕적인 대우나 처벌의 방지에 관한 협약

  Convention against Torture and Other Cruel, Inhuman or Degrading Treatment or Punishment, 1984
- UN 아동권리 협약United Nations Convention on the Rights of the Child, UNCRC, 1989
- UN 이주 노동자와 그 가족 권리보호 협약

  International Convention on the Protection of the Rights of All Migrant Workers and Members of

  Their Families: ICPRMW, 1990
- UN글로벌콤팩트UNGC, 1999
- UN 민족적, 인종적, 종교적, 언어적 소수 집단의 권리에 관한 선언

  Declaration on the Rights of Persons Belonging to National or Ethnic, Religious and Linguistic Minori-

  ties, 1992

4. 반부패분야

UN, OECD[4) 및 미주지역 협약 등에서 제시하고 있는 국제적 반부패분야 관련 규범에 따라 『ESG의 지배구조G 분야』 윤리경영 실천사항으로 강제하고 있다.

- 미주부패방지협약Inter-American Convention Against Corruption, 1996
- OECD 국제 상거래에 있어서 외국 공무원에 대한 뇌물방지협약1997
- UN글로벌콤팩트UNGC, 1999
- OECD 다국적 기업 가이드라인2000
- 국제상거래에서의 외국 공무원에 대한 뇌물공여 척결에 관한 UN부패방지협약

  United Nations Convention Against Corruption, 2003
- 뇌물방지를 위한 기업원칙Business Principles for Countering Bribery, 2003
- OECD 기업 지배구조 원칙2004

---

4) OECD, https://www.oecd.org

② 자가진단에 의한 ESG 경영 실천

기업 내부적으로는 ESG 경영을 자율적으로 실천하는 방법론을 제공하여 윤리경영과 인권경영에 대한 자가진단 방식으로 ESG 경영을 준수하도록 하고 있다. 기업의 사회적책임CSR 자가진단을 위한 대표적 가이드라인으로는 '인권영향평가'를 촉진하기 위해 개발한 덴마크 인권연구소DIHR, The Danish Institute for Human Rights의 '인권준수평가Human Rights Compliance Assessment: HRCA'를 들 수 있다.

덴마크 인권연구소가 경영자총연합회 등 이해당사자와의 협의와 대기업 대상 시험운영을 거쳐 2005년에 세상에 내놓은 인권준수평가HRCA 자가진단도구는 UN인권선언의 개별인권을 구체화한 상세 인권규범이다.[5]

여기에는 인권규범이외에 이행체계 전반에 대한 지침, 인권정책과 이행실태에 대한 기업의 자가진단기준, 기업의 인권책임 이행에 필요한 정책 및 실행과제 교육과정, 그리고 대기업과의 협력·협의·시험운영과정 등이 포함되어 있다. 또한 덴마크 인권연구소에서는 기업이 해외 어디에서나 활용할 수 있는 쌍방향 데이터베이스를 개발했다.

웹에 기반한 이들 도구는 약 200개의 질문과 1,000개 이상의 방대한 인권관련 지표를 수록하고 있는데, 이들 지표는 세계인권선언과 여타 80여개의 주요 인권조약, 그리고 ILO 협약 등에서 강조하고 있는 규정사항을 활용하여 개발되었다. 도구개발에는 70여개 이상의 기업과 인권단체, 35명의 연구원이 참여했다. HRCA 데이터베이스는 2011년과 2014년에 개량되었다.[6]

우리나라에서도 국가인권위원회에서 UN의 인권경영 가이드라인을 기반으로 2009년에 '인권경영 자가진단도구'를 개발하였다.[7] 한편, 기업의 윤리경영은 개별기업이 자율적으로 윤리헌장 등을 작성하는 방식으로 윤리경영시스템을 도입했으며, 전경련FKI에서 2007년 '윤리경영 자율진단지표[8]'를 개발하여, 회원사 윤리경영을 촉진시키고자 노

---

5) The Danish Institute for Human Rights, https://www.humanrights.dk, https://www.humanrights.dk/tools/human-rights-indicators-business, https://old.business-humanrights.org/en/platform-for-human-rights-indicators-for-business-hrib

6) 인권준수평가의 자유로운 이용과 보급을 위해 '인권준수평가 신속점검(HRCA Quick Check, Human Rights Compliance Assessment Quick Check)' 시스템을 개발하여 기업이 용이하고 신속하게 점검하도록 하였다. HRCA Quick Check의 기반이 되는 HRCA가 2016년에 HRIB(Human Rights Indicators for Business) 오픈소스 데이터베이스로 대체되어, HRCA Quick Check는 더 이상 유통되지 않고 있다. https://www.humanrights.dk/publications/human-rights-compliance-assessment-quick-check

7) 곽노현·정경수·최정철·강주현·홍성수·심재진(2009), 기업인권경영 모범사례 연구 및 자가진단도구 개발, 국가인권위원회

8) 전국경제인연합회(FKI)(2007), 윤리경영자율진단지표

력하였다.

하지만 앞에서 논의했듯이 인권경영이나 윤리경영의 자가진단을 위한 가이드라인은 기업 스스로 그 수준을 점검하고 미흡한 점을 보완한다는 점에서는 의미가 있으나, 대외적으로 이해관계자들에게 공개하여 확인하도록 하거나 기업에서 공개를 하는 것을 꺼리는 한계가 있다. 그러므로 인권경영과 윤리경영, 그리고 ESG 경영관련 자가진단시스템은 다음과 같은 경영인증시스템 및 사회보고시스템과 병행하여 활용할 것이 요구된다.

3 경영인증에 의한 ESG 경영 실천

국제적 품질규격 등에 대해서는 국제표준화기구ISO 주도로 기업이 자발적으로 외부인증기관의 인증을 받아 ESG 경영의 실천상황을 입증하도록 하고 있다.[9] 이에 따라 CSR, 즉 기업의 사회적책임에 대한 규범은 국제 협약과 각국의 법규정 이외에 국제표준화기구 등에 의한 사회적책임 경영인증시스템 형태로 진화되고 있다.

CSR경영인증시스템은 ISO의 ISO9000품질경영인증시스템Quality management systems, 1987, 1994, 2000, 2008, 2015, ISO14000환경경영인증시스템Environmental management systems, 1996, 2004, 2008, 2015, 미국 노동부 산하조직인 근로문제연구기관 SAISocial Accountability International[10] 제정 SA8000노동경영인증시스템Social Accountability 8000, 1997, 2001, 2008, 2014, 그리고 영국규격협회 등 세계적 13개 표준화 기구 및 인증기관 등이 공동작업하여 제정한 OHSAS18001산업안전보건경영인증시스템Occupational Health and Safety Assessment Series, 1999, 2007, 2015[11] 등이 있다.

이들 경영인증 활동 중에서도 특히 2010년 11월 국제표준화기구ISO 주도로 기업의 사회적책임에 대한 다양한 경영인증시스템을 통합하고자 전세계 관련 전문가들이 모여 자발적 표준으로 ISO26000을 제정하여 발표한 것이 가장 대표적인 작품으로 부각된다.

이처럼 기업의 사회적책임CSR 경영인증시스템은 기업이 사회적책임에 대한 보편적 규범준수 여부를 제3자가 검토 및 인증하는 것이지만 이 역시 사회적책임 준수정도에 관한 정보를 외부에 공표하지 않는다는 한계를 갖고 있다. 또한 CSR경영인증시스템은

---

9) ISO, https://www.iso.org/standards.html

10) 이전의 CEPAA(Council of Economic Priorities Accreditation Agency)

11) OHSAS18001을 대체한 ISO45001이 2018년 3월 출간. https://en.wikipedia.org/wiki/ISO_45001

인류보편적 가이드라인으로서 지구사회 전체가 공통적으로 준수할 규범과 지표를 요구하므로 지역별 및 국가별 차이를 인정하지 않아 나라마다 국제표준을 국가표준으로 제정할 경우에도 국제표준을 그대로 국가표준으로 전환하고 있다.

> 사회책임경영 평가시스템이 ISO26000으로 통합되고 모든 조직에 적용가능하다는 점에서 큰 반향을 일으켰으나, 제정과정에 너무 많은 시간을 소요하였고, 제정된 이후에도 사회적책임 요소별로 경영인증시스템을 추가로 개발하고 있으며, ISO26000 역시 사회책임경영성과를 제3자에게 구체적으로 확인해 보이기 위해서는 사회보고시스템과 결합되어야 한다는 한계는 여전히 갖고 있다.

1. ISO9000

국제표준화기구ISO 제정 ISO9000 품질경영인증시스템Quality management systems, 1987/1994/2000/2008/2015은 모든 산업분야 및 활동에 적용할 수 있는 품질경영시스템 요구사항을 규정한 국제표준이다. 한편, ISO9001 인증은 제품 또는 서비스가 규정을 충족하고 이를 유효하게 운영하고 있음을 제3자가 객관적으로 인증해 주는 제도로 2020년말 현재 인증서certificates 916,842개, 그리고 인증사업체sites는 총 1,299,837개나 된다.[12]

1) ISO90011987

- ISO90001987: 영국표준 BS5750과 동일한 구조로 품질관리시스템을 위한 3가지 모델이 있으며 조직의 활동범위에 따라 선택 가능함
- ISO90011987: 설계, 개발, 생산, 설치 및 서비스 품질보증모델은 신제품 개발을 포함한 활동을 하는 회사 및 조직을 대상으로 함
- ISO90021987: 생산, 설치 및 서비스 품질보증 모델은 기본적으로 ISO9001과 동일한 재료를 사용하지만 연구개발에는 적용하지 않을 때 선택 가능함
- ISO90031987: 최종검사 및 테스트 품질보증 모델은 완제품 최종 검사할 때 선택 가능함

---

12) 1979년 영국에서 BS5750 발표, 1987년 3월 ISO에서 ISO9000시리즈 발표, 그리고 우리나라에서는 1992년 4월 한국공업규격 KS9000시리즈를 발표함

2) ISO9001₁₉₉₄

- ISO9000₁₉₉₄: 최종제품을 확인하는 대신 예방조치를 통해 품질보증을 강조하며 문서화된 절차를 준수한다는 증거를 계속 요구하므로 기업에 부담이 되는 경우도 발생함

3) ISO9001₂₀₀₀

- ISO9001₂₀₀₀: 1994년 제정된 ISO9001, ISO9002 및 ISO9003 등 세가지 표준을 모두 대체한 2000 버전은 최종제품을 검사하는 대신 회사의 업무 및 활동을 모니터링하고 최적화함

4) ISO9001₂₀₀₈

- ISO9001₂₀₀₈: ISO9001₂₀₀₀의 기존 요구사항에 대한 설명과 ISO14001₂₀₀₄의 일관성 향상을 위해 일부 변경한 사항만 소개함

5) ISO9001₂₀₁₅

- 2015 버전은 조직의 모든 프로세스 활동에 'Plan-Do-Check-Act_P-D-C-A' 주기를 채택하고 이전보다 완화된 규범을 적용함

2. ISO14000

1992년의 리우지구정상회의를 계기로 환경적으로 건전하고 지속가능한 개발을 달성하기 위한 실천적 방법론으로 '환경경영'이 새로운 기업경영의 패러다임으로 등장하였다. ISO14000은 조직에 경제적 수익_economic profit_뿐만 아니라 환경적 지속가능성_environmental sustainability_을 포괄하는 경영전략을 도입하도록 강력히 요구한다. 한편, ISO14001은 2020년말 현재 인증서_certificates_ 348,473개, 인증사업체_sites_ 총 568,798개 정도로 나타난다.

- 1974년 국제상공회의소_ICC_가 '세계 산업계를 위한 환경지침' 발표
- 1989년 '환경감사_Position Paper_' 작성
- 1991년 7월 '지속발전을 위한 산업계회의_BCSD_'가 ISO에 환경관리 규격화 요구
- 1992년 3월 영국 BS7750 발표
- 1993년 EU 환경규격안 발간
- 1996년 10월 ISO14000 제정 발표

- 2004년; 2008년; 2015년 개정판 발행

일부의 환경담당자들에 의해 운영되어온 기존의 관리방식을 탈피하자는 ISO14000 환경경영인증시스템Environmental management systems, 1996/2004/2008/2015은 전체 직원 참여로 사전에 환경문제를 관리하는 시스템적 접근방법이다. 한편, ISO14001은 모든 산업분야 및 활동에 적용할 수 있는 환경경영시스템에 관한 국제규격으로 기업은 환경경영시스템을 통해 환경측면을 체계적으로 식별, 평가, 관리 및 개선함으로써 환경위험성을 효율적으로 관리할 수 있으며, ISO14001 인증을 통해 조직에서는 경제적 이윤창출과 환경적 성과 개선이라는 두 가지 효과를 동시에 누릴 수 있다.

3. SA8000

미국의 CEPAACouncil of Economic Priorities Accreditation Agency, 이후 미국 노동부 산하 근로문제 연구기관인 SAI-Social Accountability International로 변경가 제정한 SA8000 노동경영인증시스템Social Accountability 8000, 1997/2001/2008/2014은 감사활동이 가능하도록 제정된 인증표준시스템으로, 조직 스스로 사회적으로 허용가능한 관행을 개발, 유지 및 적용하도록 권장한다. SA8000은 1989년 사회적책임국제기구이전의 경제적우선순위협의회와 노동조합, NGO, 시민사회단체 및 회사로 구성된 자문위원회에 의해 개발되었다. SA8000 인증은 ISO 표준에 따라 모델링된 표준관리시스템으로 인증을 희망하는 업체에서는 이를 관리관행에 통합하고 지속적으로 표준을 준수한다는 점을 입증해야 한다.[13]

- 1997년 미국 SAISocial Accountability International 제정
- 국제노동기구 총회를 통해 세계 12개국에서 표준으로 채택
- 노동자의 권리를 위한 최초의 인증기준으로 수용
- 2002년 GRI의 지속가능성보고서 개정판G2에서 대부분 수용
- 2001년; 2008년; 2014년 개정판 발행

2021년 10월 현재 56개 국가와 58개 산업부문에 걸쳐 총 2,191,838명의 근로자들이 포함된 4,608개의 인증시설이 있다.

---

13) SA8000은 SAAS(Social Accountability Accreditation Services)에서 인증하고 감독하며, 국제노동기구협약, 아동권리협약 및 세계인권선언에 기술된 국제인권규범의 원칙에 기반을 두고 있다. 이는 아동노동, 강제노동, 보건 및 안전, 결사의 자유 및 단체교섭, 차별, 징계관행, 근로시간 및 보상과 같이 직장내 사회적책임에 중요한 8가지 영역에서 회사의 성과를 측정한다.

4. ISO45001OHSAS18001

영국규격협회British Standards Institution: BSI 등 세계적 13개 표준화기구 및 인증기관에서 공동으로 제정한 OHSAS18001 산업안전보건경영인증시스템Occupational Health and Safety Assessment Series, 1999/2007/2015과 이후 OHSAS18001을 대체한 ISO45001이 2018년 3월 출간되었다.

- 1982년 유럽연방규정Seveso Directive 제정
- 1991년 영국 산업안전보건청 HSG65산업안전보건경영시스템 개발
- 1996년 영국 BS8800 산업안전보건경영시스템 개발
- 1996년 미국 산업위생협회 산업안전보건경영시스템 개발
- 1999년 BSI 등 13개 표준 및 인증기관 OHSAS18000 제정
- 2001년 6월 ILO 독자적 안전보건경영시스템 승인 및 공표
- 2007년; 2015년 개정판 발행

2018년에 제정된 ISO45001은 '산업안전 및 보건OH&S'에 대한 국제적 표준관리시스템으로 목적은 산업재해 및 질병감소에 있다. ISO45001은 OHSAS18001, ILO-OSH2001, ISO 90012015 및 ISO 140012015 등 주로 ISO 표준구조를 따른다.[14]

5. AA1000

지속가능경영보고서 검증을 위한 AccountAbility[15]의 AA1000 표준시리즈는 글로벌 기업, 민간기업, 정부, 시민단체 NGO 등 다양한 조직의 책임과 지속가능성 관련 리더십 및 성과를 입증하는데 사용되는 간편하고 실용적인 표준 및 분석 프레임워크이다.

AA1000 표준시리즈에는 ① 지속가능성 이니셔티브 개발, 분석 및 구현AA1000 AccountAbility Principles, 2018, ② 지속가능성과 관련된 포괄적인 이해관계자 참여 관행의 수립 및 수행AA1000 Stakeholder Engagement Standard, 2015, ③ 지속 가능성 목표를 향한 진행 상황에 대한 보고의 신뢰성 보장AA1000 Assurance Standard v3, 2020이 있다.

---

14) 2021년 3월 까지 회사 및 조직은 ISO45001로 전환해야 하지만, ISO는 COVID-19의 영향을 받는 조직에 대해 최대 6개월(2021년 9월 11일)까지 전환기간을 연장하였다. BSI는 연장된 마이그레이션 기간(COVID-19로 인한 조정기간)이 끝나는 2021년 9월 BS OSHAS 18001을 공식적으로 철회하였다.

15) 1995년 영국 런던에서 "개인, 기관 및 동맹이 글로벌 문제에 더 잘 대응할 수 있도록 하는 새로운 도구, 사고 및 연결 개발"을 목표로 설립되었으며, 런던, 뉴욕, 워싱턴DC, 요하네스버그, 상파울루 및 베이징에 사무실을 두고 있다.

6. ISO26000

　ISO26000은 ISO 주도로 기업의 사회적책임 관련 다양한 인증시스템을 하나로 통합하기 위해 전세계 CSR 전문가들이 자발적으로 모여 작성한 대표적인 국제표준이다.

- 2001년 9월 ISO 소비자정책위원회COPPLCO의 추진 결의
- 2002년 ISO총회 의결로 표준화 추진 개시
- 2005년 3월 제1차 ISO/SR/WG회의
- 2005년 9월 제2차 ISO/SR/WG회의
- 2006년 6월 제3차 ISO/SR/WG회의 및 2006년 위원회 초안Committee Draft 발간
- 2007년 DIS 발간
- 2008년 3월 국제규격 발간
- 2010년 8차 총회 및 2010년 11월 제정 및 발표

　ISO26000 등 CSR인증시스템은 인류보편적 가이드라인을 제시하여 지구사회가 공통적으로 준수할 것을 요구하므로 지역별 또는 국가별 차이를 인정하지 않는다. 각국이 국제표준을 국가표준으로 제정할 경우에도 국제표준을 그대로 국가표준으로 전환하고 있다.

　ISO26000은 2010년에 발간되자마자 미국, 프랑스, 독일, 영국, 덴마크, 남아공, 일본 등 세계 40여개국이 앞 다투어 국가표준으로 도입하였으며, 우리나라도 2012년 8월 30일자로 KSA-ISO26000을 고시하여 한국표준정보망www.kssn.net을 통해 보급하고 있다.[16]

　특히 2008년 글로벌 금융위기 이후 경영의 투명성에 대한 이해관계자의 요구와 기대 수준이 날로 높아지는 추세에 부응하여 선진국에서는 기업의 사회적책임과 관련된 법과 규정을 제정하여 국가표준으로서 ISO26000의 실효성을 강화하고 있다. 또한 글로벌 대기업에서는 협력사에게 사회적책임 관련 활동을 보고하도록 하고 감사를 하는 등 공급사슬관리SCM를 강화하고 있다.

> 이에 따라 유럽과 미국의 수출기업, 국제적 공급사슬관리에 포함된 기업, 기업의 제품과 서비스가 본원적으로 환경과 사회에 미치는 영향이 큰 기업, 사회책임투자로부터 자금을 지원받는 기업, 그리고 치열한 시장경쟁에서 지속가능한 경쟁우위를 확보하려는 기업 등은 ISO26000 준수가 필수적 요소로 작용하고 있다.

---

16) KSA 한국표준협회, https://www.ksa.or.kr/ksa_kr/875/subview.do

ISO26000 준수는 금융기관, 신용평가기관의 기업투자 및 평가의 주요지표로 사용되거나 소비자단체를 비롯한 NGO 등 이해관계자들의 모니터링 활동기준으로도 사용되고 있으며, 나아가 정부조달기준, 포상기준, 세금감면기준, 우선구매기준, 우대금리 적용기준 등에도 다양하게 활용되고 있다.

그러나, ISO는 사회적책임을 통합한 ISO26000을 지속적으로 개정하고 보완하기 보다는 사회적책임요소별로 ISO 표준을 계속 제정하고 있기 때문에, 기업에게는 사회적책임인증에 관한 부담을 가중시키고 있다.

7. ESG경영 관련 ISO의 기타 표준

- ISO 50001:2011 에너지관리시스템EMS
- ISO 46001:2019 물효율성관리시스템
- ISO 44001:2017 협업적비즈니스관리시스템
- ISO/IEC 27000:2018 정보보안관리시스템
- ISO/IEC 27701:2019 개인정보관리
- ISO 37101:2016 지역사회의 지속가능한개발을 위한 관리시스템
- ISO 31000:2018 리스크관리
- ISO 37001:2016 뇌물방지관리시스템

기업의 ESG경영관련 ISO 등의 경영인증시스템은 기업이 ESG경영 관련 요구사항을 준수하고 있는지 여부를 제3자가 검토하고 부합여부에 따라 인증시스템을 부여한다. 하지만 ESG경영 관련 요구사항을 준수하는 수준에 관한 정보를 외부에 공식적으로 공표하지 않는다는 한계를 갖고 있다.

④ ESG 경영보고에 의한 ESG 경영 실천

기업의 사회적책임에 관한 활동결과를 보고하는 사회보고는 프랑스의 Bilan Social사회보고서, 사회적 대차대조표, 환경보고서, 환경산업안전보건보고서, 지속가능성보고서, 통합보고서의 단계로 진화하고 있다.[17] 기업의 사회적책임 전영역을 포괄하는 사회보

---

17) 최정철(2006), "사회책임경영과 지속가능성보고 – 국내기업의 지속가능성보고서 도입실태분석을 중심으로-", 기업윤리연구 제11집(2006. 2.), 한국기업윤리학회

고서Social Report는 기업에 따라 사회책임보고서, 사회보고서, 지속가능성보고서, 지속
가능경영보고서 등 다양한 명칭으로 발간된다. 사회적책임에 관한 보고는 기업의 재무
적 상황 보고처럼 모든 이해관계자에게 기업의 사회적 상황을 공개하고, 노력에 대한
성과를 객관적으로 평가받는다는 측면에서 매우 중시되는 경영활동이다.

∦ 경영인증시스템과 사회보고시스템의 발전과정 비교 ∦

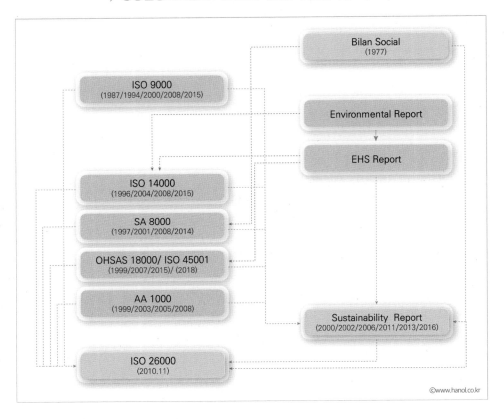

경영인증시스템과 사회보고시스템은 상호 영향을 주면서 발전해 오고 있다. 초기에
는 사회보고서가 경영인증시스템 제정을 촉진하였고, 사회적책임에 대한 경영인증시스
템이 제정되면서 이를 통합한 GRIGlobal Reporting Initiative의 지속가능성보고 가이드라인
Sustainability Reporting Guideline: SRG이 탄생하였다. 한편, GRI-SRG는 2010년 사회적책임
에 관한 통합경영인증시스템인 ISO26000 제정의 기반이 되었다. 하지만, ISO26000 통
합경영인증시스템 구축작업이 지연됨에 따라 오랫동안 'ISO9000'과 'ISO14000'이 통
합되지 못하는 등 사회적책임인증시스템의 정체가 지속되었다.

1. 프랑스의 사회보고서Bilan Social: 기업의 내부 사회적 성과에 대한 사회보고제도

프랑스의 사회보고제도인 'Bilan Social'은 이해관계자 중 종업원에 한정하여 내부 사회적 성과만을 대상으로 하는 사회보고제도로 발전되었다.[18] 프랑스의 경우, 1960년 대와 1970년대 활발히 전개되었던 기업의 사회적 성과 이슈와 관련된 제반 연구결과 들을 종합하여 사회보고제도인 Bilan Social 시스템을 확립하였다. 흥미로운 점은 사 회보고서에 최근 3개 년도의 사회적 성과 7대 영역에 대한 계량적 정보를 처음부터 법 적으로 의무화한 점이다.

‖ 프랑스의 사회보고서 'Bilan Social'의 7대 보고 영역 ‖

©www.hanol.co.kr

---

18) 최정철(1998), 한국기업의 사회적 성과평가시스템 구축에 관한 연구, 인하대 대학원
박기찬(1999), 전략적 인적자원관리를 위한 사회감사론, 한국능률협회

이처럼 프랑스 기업에서는 조직내 사회적 성과를 평가하는 사회보고서 Bilan Social[19]을 기반으로 사회감사social audit와 인적자원관리human resource management를 발전시키고 있으며, 기업의 사회정책을 자극 및 촉진시키고 노사간 기업의 사회적 정보에 대한 정보공유를 실현시키고 있다. 또한 프랑스 학계에서는 계량적 정보로 제공되는 기업의 사회성과보고서 즉, Bilan Social 자료를 토대로 기업의 연도별 사회적 성과를 비교분석하고 장기적 관점으로 정책 평가도 다양하게 하고 있다[20].

- 1975년: 쉬드로보고서 제출 및 기업내 사회적 성과에 대한 계량적 정보제공을 필수화[21]
- 1977년: 종업원 300명 이상의 4대 분야공공건설, 교통, 상업서비스, 산업 및 농업 대기업 대상 노동법으로 법제화Loi sur le Bilan Social dans les entreprises de plus de 300 salariés. 또한 종업원 750명 이상 및 2,000명 이상의 대기업 대상으로는 보완적 평가지표를 추가함
- 1979년: 1977년 7월 12일 제정된 Bilan Social 법령의 시행고용, 임금, 산업안전보건, 노동시간, 교육훈련, 노사관계, 복리후생 등을 주요 이슈로 다룸. 300인 이상 모든 기업은 노동조건관련 사회보고서를 의무적으로 작성하여 종업원대표 및 노동조합과 협의 후 제출
- 1993년 12월 20일: 300명 미만 기업 대상 노조, 사용자 및 종업원 대표로 구성된 기업위원회에 연도별 사회보고서를 제출하도록 법제화Loi sur le Rapport Annuel d'Information au Comité d'Entreprise dans les entreprises de moins de 300 salariés
- 1994년 6월 20일: 1993년 법령 시행Décret d'application de la loi du 20 Décembre 1993

2. 환경보고서

환경보고서란 일정기간 기업의 환경전략, 조직 및 시스템, 성과 등 전반적인 환경경영에 대한 정보를 전달함으로써 이해관계자의 판단에 영향을 줄 수 있는 유용한 정보를 제공하고 동시에 환경 커뮤니케이션을 촉진하기 위해 발간되는 보고서이다.

미국 에너지국 산하 국립페르미연구소에서는 1971년부터 환경보고서를 발간하고 있으며, 1980년대 후반부터는 해외 선진기업들이 자발적으로 환경보고서를 발간하고 있다.

---

19) Bilan Social은 최근 3년간 기업의 7대 사회적분야에 대한 상황 및 성과관련 데이터를 분석 및 평가하여 통합적으로 보고하는 프랑스의 사회보고서이다.

20) 박기찬·최정철(1999), "한국식 사회보고제도의 정립방안 – 사회적 대차대조표(Bilan Social)를 중심으로 –", 노사관계연구 제10권(1999.11.), 서울대학교 경영대학 노사관계연구소.

21) 쉬드로보고서(Rapport Sudreau)의 서문의 다음 내용이 흥미롭다. "재무적·경제적 성과와 마찬가지로 사회적 성과를 기업전략으로 다루기 위해서는 상대적·주관적 질적평가로 진행되어도 필히 계량정보로 제공되어야 한다. 특히 목표가 국가정책으로 설정되면 이러한 노력은 더욱 중요하다."

- 1990년대 UNEP 지원으로 환경보고서 발간
- 1996년 덴마크의 환경보고서 법제화
- 1999년 네덜란드 환경보고서 법제화
- 2001년 프랑스의 환경보고서 법제화 Bilan Social 및 환경보고서 작성 의무화

우리나라 역시 환경부에서 1999년부터 환경보고서 가이드라인 개발 연구용역을 시작하였고, 2001년에는 2000년에 개발된 기업 환경보고서 가이드라인 초안의 현장 적용성을 높이기 위하여 1차 시범사업을 추진하였다.

- 2001년 1차 시범사업에 전기·전자 삼성전기, 삼성전자, LG전자 창원1·2사업장, 삼성코닝, 화학 LG화학 여수·청주사업장, 태평양, 자동차 현대자동차, 제지 유한킴벌리, 항공 대한항공, 아시아나 항공, 숙박 호텔신라 등 6개 업종에서 13개 업체가 참여하여 환경보고서를 작성

- 2002년 5월에 「2002 환경보고서 가이드라인」을 공개하였으며, 2002년 7월부터 2003년 4월까지 「환경보고서 가이드라인 2002」의 확대 적용을 위해 환경보고서 2차 시범사업을 추진하였으며, 동부제강, 한국수자원공사, 한국동서발전주식회사, 삼성SDI, LG전선, LG화학이 참여하여 가이드라인에 준하여 환경보고서를 작성

- 2003년 「2003 환경보고서 가이드라인」을 개발하여 공개하였으며, 3차 환경보고서 시범사업을 진행하였으며, 한국수자원공사, 지엠대우오토앤테크놀로지(주), 한국중부발전(주), LG석유화학(주), 한라공조, 삼성테크윈, 대한항공, 삼양사, LG생활건강, 도레이새한(주) 10개사가 참여하여 가이드라인에 준하는 환경보고서를 작성

- 2004년에 개발한 「2004 환경보고서 가이드라인」의 정보공개 분야는 (1)개요 (2)환경비전 및 전략 (3)환경경영시스템 (4)환경영향 및 성과 (5)이해관계자 파트너십 (6)지속가능한 기업전략 (7)부록 등 7개 분야 41개 항목 핵심 25개 항목 및 부가 16개 항목으로 구성됨

- 2005년 2월 「지속가능경영추진 가이드라인-환경측면을 중심으로」 공개, 2006년 11월 지속가능경영기법개발 연구용역추진, 2007년 11월 「2007 환경보고서 가이드라인」[22] 공개, 2007년에는 환경보고서 발간경험이 있거나 2007년 발간예정 국내기업 대상 심층 인터뷰를 실시하여 문제점 보완과 국제기준 「지속가능경영보고서 가이드라인 G3」에 맞추는 노력 수행

- 그러나, 2002년 요하네스버그 세계정상회의에서 지속가능성보고서 작성을 권유함에 따라 환경부주도의 환경보고서 대신 지속가능보고서를 작성하도록 하는 정책변화와 함께 대부분 기업에서는 환경보고서를 지속가능성보고서로 대체하여 작성

---

22) 환경부, 2007 환경보고서 가이드라인, 2007.11.

일본의 경우, 대표적으로 Sony에서 1994년 환경보고서를 처음 발표하였으며, 기업의 사회적책임CSR 관련 정보강화를 위해 2003년 보고서 이름을 CSR보고서로 변경했다.

- 소니Sony: 사업영역과 상황변화에 따른 최신정보 유지를 위해 2014년부터 웹에 CSR활동을 공개하고 2018년에는 '지속가능성보고서'로 변경하여 사업성과관련 재무/비재무 정보는 물론 경영정책과 사업전략을 통합한 중장기 가치창출을 다루는 「기업보고서 2019」를 발표
- 후지츠Fujitsu그룹: 사회적책임과 투명성 제고를 위해 1996-2017년 환경보고서 발간, 2003-2017년까지 사회적 활동의 접근, 이니셔티브 및 결과에 초점을 맞춘 별도의 CSR보고서 병행 보고, 2018년부터는 CSR보고서와 환경보고서를 하나로 통합한 지속가능성보고서를 발간
- 스즈키Suzuki: 2003년까지 환경보고서, 2004-2015년 환경과 사회보고서, 그리고 2016년부터는 CSR과 환경보고서로 변경하여 작성 및 보고
- 아스텔라스Astellas제약: 2011년까지는 CSR보고서, 2012-2018년 환경보고서, 그리고 2019년부터는 EHS보고서를 작성

한편, 한국이나 일본과는 달리 여전히 환경보고서를 별도로 작성하여 보고하는 기업들도 있다. 예를 들면, 애플과 구글, 그리고 IBM 등에서는 1990년부터 '환경보고서'를 작성하고 있으며, 2002년부터 현재까지 '기업책임보고서'도 병행해서 발간하고 있다.

3. 환경산업안전EHS보고서

역사적으로 안전보건관리는 '산업안전보건규정' 주도로 근로자를 직업상 위험으로부터 보호하고 생산적 인력확보의 필요성에서 비롯되었으며, 프랑스의 Bilan Social 사례처럼 주로 직장 내에서 발생한 문제로 제한되었다. 하지만, 공장 밖에서 발생하는 영향에 관한 규제가 증가함에 따라 환경문제를 운영실무에 통합하는 시도와 함께 많은 회사들이 기존의 직장내 산업안전보건 정책과 절차를 확장하여 외부환경을 이에 포함시키고 있다.

한편, 규제강화와 함께 환경악화 현상에 대한 대중의 관심이 높아짐에 따라 기업 스스로 환경산업안전EHS에 대한 책임을 진지하게 받아들이면서 환경산업안전관리에 대한 보고가 의무적, 그리고 필수적 내용으로 강조되고 있다. 이에 따라 많은 기업들이 외부 이해관계자들에게 약속과 목표를 알리기 위해 연도별 환경산업안전EHS보고서를 발행하기 시작하였으며, 일부 기업에서는 건강 및 안전문제와는 별도로 환경문제를 보고하기도 하였다.

선진국에서는 1990년대 후반부터 환경보고서를 환경산업안전보고서로 전환하였으며, 2002년 이후 요하네스버그 세계정상회의의 권유에 따라 지속가능성보고서로 변경하였다. 우리나라에서는 하이닉스반도체가 2002-2004년까지 환경안전보건활동보고서, 2005년에는 EHS보고서, 그리고 2008년부터는 지속가능경영보고서를 작성해 오고 있다.

4. GRI Standards

GRI는 1997년 세리즈원칙환경윤리규범-CERES Principles을 제정한 미국의 환경보호단체 NGO 인 CERES환경에 책임을 지는 경제를 위한 연합-Coalition for Environmentally Responsible Economics와 국제연합환경계획UNEP 등이 중심이 되어 설립한 기구이다.

GRI는 2000년 6월『환경적 성과, 경제적 성과, 사회적 성과』를 통합한 지속가능성보고서 가이드라인 제1판G1을 발표한 이후 2002년 8월 개정본G2를 발표하였고, 2006년 11월 제3판G3을 발표하여 지배구조 이슈를 강화하였다. 2011년 3월 인권분야, 지역사회 영향 및 성과관련 지표를 보완한 제3판의 보완판G3.1 공표, 2013년 5월 제4판G4 공표, 그리고 2016년 10월 제5판으로 국제표준인 GRI Standards를 공표하였다.

❘❘ GRI 표준의 변천과정 - SlidePlayer.com Inc.(2021) ❘❘

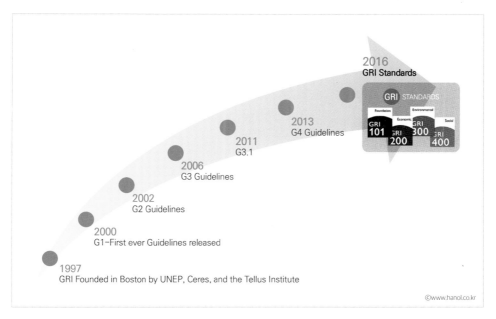

GRI의 지속가능성보고서 가이드라인은 환경적environmental 분야, 사회적social 분야, 지배구조governance 분야를 모두 포함함으로써 ESG 경영의 실천 성과를 가장 잘 표현할 수 있는 보고서 가이드라인으로 자리잡았다.

5 탄소제로기술과 탄소포집기술 활용에 의한 ESG 경영 실천

1. 탄소제로기술 활용에 의한 ESG경영실천

파리기후협정에서 약속한 대로 2050년까지 지구 온도 상승 폭을 1.5℃까지 낮추려면, 탄소배출이 높은 산업군인 발전, 철강, 시멘트, 석유화학 뿐만 아니라, 모든 기업이 탄소제로기술을 적극적으로 활용하여야 한다.

발전산업에서의 신재생에너지, 수소 등 탄소제로기술 활용, 철강산업에서의 수소환원제철기술 활용, 자동차산업에서의 전기자동차 보급 등 탄소제로기술 활용, 조선산업에서의 탄소제로기술 활용, 항공기제조산업에서의 탄소제로기술 활용, 건설산업에서의 탄소배출제로건물을 위한 탄소제로기술 활용 등 기업이 탄소제로기술을 적극적으로 개발하고 활용하는 것은 기업이 ESG경영을 실천함에 있어서 중요한 요소이다.

기업이 가치를 창출하는 주요 프로세스Main Process와 가치사슬Value Chain 전체에 탄소제로기술을 적극적으로 활용하여 ESG경영을 직접적으로 실천할 수 있다.

2. 탄소포집기술 활용에 의한 ESG경영실천

탄소포집, 활용, 저장기술CCUS은 말 그대로 탄소Carbon를 포집Capture, 활용Utilization 또는 저장/격리Storage/Sequestration하는 기술로, 포집한 이산화탄소를 '자원화'하는 것을 일컫는다. [23]

파리기후협정에서 약속한 대로 2050년까지 지구 온도 상승 폭을 1.5℃까지 낮추려면, 탄소제소제로기술 등이 필수적이나, 당장은 실현이 불가능하므로 탄소포집, 활용, 저장기술CCUS도 효과적으로 사용되어야 하며, 이러한 기술을 적극적으로 개발하고 활용하는 것은 기업이 ESG경영을 실천함에 있어서 중요한 요소이다.

특히 탄소배출이 높은 산업군인 발전, 철강, 시멘트, 석유화학 등 기업이 대량의 연소

---

23) 탄소포집활용저장기술 동향과 선도 기업들, 딜로이트 인사이트 편집국, 2021 No.19, 2쪽

직후 이산화탄소 농도가 높은 공기에서 이산화탄소를 직접 포집하거나, 연료를 연소하기 전에 연료에서 탄소를 제거하거나, 연소 단계부터 포집이 쉽도록 연소 후 이산화탄소 농도를 대단히 높이는 방법 등 다양한 탄소포집, 활용, 저장기술CCUS에 대한 투자와 전략적 활용을 통하여 ESG경영을 직접적으로 실천할 수 있다.

6 ESG 경영평가 및 ESG 경영지수에 의한 ESG 경영 실천

1. ESG 경영평가

기업의 사회책임 활동에 관한 사회보고가 활성화되면 CSR 성과에 대한 평가 역시 활성화된다. 대표적 사례로 영국의 EIRIS와 미국의 Innovest 등에서는 기업의 CSR 성과 평가모델을 독자적으로 개발하여 CSR 성과를 평가하고 데이터베이스를 구축하고 있다.

CSR성과평가 모델과 사회책임투자SRI 지수를 개발한 글로벌 사회적 성과평가기관들은 이러한 방법론을 전세계적으로 확산시키고 있는데, 이는 글로벌 기관투자자들의 이해와 일치하고 있다. 글로벌 기관투자기관에서는 선진국 기업의 사회적 성과평가 정보와 사회책임투자 신흥시장기업의 사회적 성과평가정보를 비교하여 기업의 사회적위험social risk 여부를 파악하므로 국제적으로 통용되는 통일된 기준으로 평가한 데이터베이스를 활용한다.

우리나라의 경우, 기업의 사회적 성과를 평가하고 데이터베이스를 구축하는 활동은 상장기업 중 지속가능성보고서를 작성하여 보고하는 비율이 매우 낮음에도 불구하고 주로 민간부문을 중심으로 다음과 같이 활발하게 전개되고 있다.

- Eco-Frontier: 1995년 에코경영컨설팅으로 출범한 에코프론티어는 미국 이노베스트Innovest와 제휴하여 500여개사를 대상으로 사회적 성과 평가
- Sustinvest: 2006년 창업한 서스틴베스트는 독자적 방법론을 구축하여 200여개사를 대상으로 ESG 기반의 사회적 성과 평가
- KOCSR: 기업책임시민센터 산하 한국CSR평가는 영국 EIRIS와 제휴하여 100여개사를 대상으로 사회적 성과를 평가하고 데이터를 FTSE 및 SRI관련 투자기관에 제공
- CGCG: 2001년 발족한 좋은기업지배구조연구소는 지배구조를 중심으로 상장기업 전반에 걸쳐 투명경영에 대한 평가와 함께 데이터베이스를 구축
- KCGS: 한국증권거래소 산하 한국기업지배구조원은 2003년부터 Eco-Frontier 지원으로 기업지배구조평가 실시, 2011년부터는 사회책임과 환경경영을 포함한 ESG 지표

로 매년 국내 상장회사의 지속가능경영 수준을 평가하는데, 실제로 상장회사 2,200여 개 중 지속가능성보고서 작성 기업은 100여개에 불과하며, 기업공시자료, 뉴스 등 미디어자료, 감독기구 지자체 등 공시자료를 통한 기초데이타 수집, 기본평가, 심화평가 후 ESG평가등급을 상장회사에 피드백 실시[24]

- KPC: 1957년 출범한 한국생산성본부는 2009년부터 글로벌 금융정보 제공기관인 미국 S&P다우존스인덱스S&P Dow Jones Indices, 지속가능경영평가 전문기관 S&P Global Switzerland SA와 공동으로 DJSI Korea를 개발해 발표하고 있음[25]

2. ESG 경영지수

기업의 ESG 경영평가 결과에 대한 데이터베이스가 구축되면 이를 기반으로 ESG 경영지수 개발과 함께 기업의 ESG 경영성과에 대한 순위매김을 할 수 있다. 우리나라의 경우에는 한국증권거래소, 한국생산성본부, 한겨레신문사의 한겨레경제연구소HERI 등이 ESG 지표를 활용한 사회적 성과관련 지수개발에 노력해 왔으며, 경향신문 산하 지속가능사회를 위한 경제연구소ERISS 역시 독자적 지표체계를 구축하고 설문으로 평판도 평가와 실적 데이터 평가를 종합하여 기업의 사회적 성과에 대한 순위를 매기는 작업을 하였다.

영국과 미국 등 사회책임투자SRI가 발달한 국가에서는 이러한 데이터베이스를 활용하여 여러 종류의 사회책임투자지수SRI Index를 개발하고 있다. 대표적 사회책임투자지수로는 영국의 FTSE4Good Index영국증권거래소와 파이낸셜 타임즈의 합작사인 FTSE사가 개발 및 미국의 Dow Jones Sustainability IndexDJSI 등이 있다.

---

24) 2021년 10월에 상장회사 950개를 대상으로 2021년도 ESG 수준을 평가하여 765개사에게 7단계(S, A+, A, B+, B, C, D) 등급으로 공표함. 향후에는 우리나라 상장회사 모두 지속가능성보고서 작성을 의무화하고, 이를 활용하여 ESG평가를 하는 방향으로 추진할 것이 요구됨

25) DJSI는 경제적, 그리고 환경적·사회적·거버넌스(ESG-Environmental, Social, Governance) 측면의 성과를 종합적으로 고려하는 지속가능성 평가/투자지수로, 유동시가총액기준 글로벌 상위 2,500대 기업을 대상으로 하는 DJSI World 지수와, 아시아/오세아니아 지역 상위 600대 기업을 평가하는 DJSI Asia Pacific 지수, 그리고 국내 상위 200대 기업을 평가하는 DJSI Korea 지수 등으로 구성됨

1) FTSE4Good Index Series

FTSE4Good 지수는 영국 FTSE그룹이 2001년 시작한 일련의 윤리적 투자 주식시장지수이다. 영국, 미국, 유럽 및 일본을 포함하는 여러나라 주식시장지수를 다양한 기업의 사회적책임 기준에 따라 사용할 수 있는 장점이 있으며, 지수에 대한 리서치는 EI-RIS윤리투자리서치서비스에서 지원한다. FTSE4Good 지수는 담배, 핵무기, 재래식무기시스템 또는 석탄발전산업 참여기업은 평가에서 제외시키고, 환경기반 지속가능성, 이해관계자와의 관계, 인권에 대한 태도, 공급망 노동기준 및 뇌물수수에 대한 기준 등으로 평가한다. 학계연구에 따르면 지수 포함여부가 기업의 행동과 성과에 별 영향을 미치지 않지만, 지수에 초점을 둔 투자자들이 그렇지 않은 투자자들에 비해 평균수익이 낮지는 않다고 한다.

2) MSCI-KLD400 Social Index

1990년 시작된 MSCI-KLD400 Social Index는 사회적 의식social consciousness이 있는 투자자가 자신의 사회적·환경적 요인의 가중치를 투자 시 선택할 있도록 설계되었다.[26] MSCI-KLD400 사회지수는 KLD가 긍정적인 ESG환경, 사회, 지배구조 특성을 가졌다고 판단하는 기업들의 보통주를 평가하도록 설계되었다. KLD400은 시가총액 3,000대 미국 기업 중 400개로 구성되어 있다. KLD400 지수는 대형캡 기업 약 90%와 부문다각화를 위해 선정된 미들캡 기업 9%, 사회적 환경성과가 모범적인 소형캡 기업 1%로 구성된다. 2010년 영국 FTSE-KLD400 사회지표에서 미국 MSCI-KLD400 사회지표로 개칭하였다.

3) Calvert Social IndexCSI

캘버트 사회지수Calvert Social Index는 사회적책임 또는 윤리적 책임을 고려한 대기업의 벤치마크로서 Calvert Impact2017년 Calvert Social Investments를 개칭에 의해 만들어진 주식시장 지수이다. 현재 캘버트 사회지수는 미국 1000대 상장기업 중 시가총액 기준 680개 회사로 구성되어 있다. 사회지수 기준으로는 환경, 작업현장, 제품안전, 지역사회, 무기계약, 국제거래 및 인권 등이 포함되어 있다. KLD Research & Analytics, Inc.의 Domini 400 Social Index로 구축된 캘버트 사회지수는 현재 많은 사회적책임 뮤추얼펀드에서 성과평가 기준으로 사용되고 있다.

---

26) KLD의 Amy Domini가 Domini 400 Social Index를 정립

4) Dow Jones Sustainability Indices DJSI

DJSI는 미국의 S&P다우존스지수와 S&P다우존스지수의 RobecoSAM 지속가능자산관리간 전략적 제휴에 의해 1999년부터 운영해온 1만개 이상 기업의 지속가능성을 평가하는 대표적인 지수이다. DJSI는 전세계에서 가장 오래된 글로벌 지속가능성 벤치마크이자 투자자와 기업 모두에게 지속가능성 투자결정을 위한 핵심기준이 되었다. 2012년부터 S&P DJSI는 S&P 지수와 Dow Jones 지수간 합병으로 확립된 통합지수로 공표하고 있다.

DJSI는 기업의 경제적·환경적·사회적 TBL 성과에 대한 분석을 기반으로 거버넌스, 리스크 관리, 브랜드, 기후변화, 공급망 표준 및 노동관행 관련문제를 평가하는데, 최근 추세는 지속가능하고 윤리적인 방식으로 운영되지 않는 회사를 네거티브 스크리닝으로 제외시키는 적격성 평가를 강화하고 있다. 여기에는 산업분류벤치마크 ICB[27]에 따라 정의된 60개 산업 각각에 대한 산업별 지속가능성 기준이 포함된다.

DJSI 제품군은 DJSI World 지수와 유럽, 북유럽, 북미 및 아시아 태평양과 같은 지역을 기반으로 하는 다양한 지수를 포함하고 있는데 한 예로 "블루칩 인덱스 Blue Chip Index"라는 산업별 인덱스도 포함되어 있다. DJSI에 진입하려는 기업은 매년 장기적 경제, 사회 및 환경자산관리 계획을 제출하여 평가받는데 선발기준이 계속 변화하므로 기업으로서는 지속가능성 계획을 계속 개선해야 한다.

- 1999년 9월: 지속가능성투자에 주력해온 글로벌 투자회사 SAM과 Dow Jones Indexes 협업으로 DJSI 출시 다우존스 상장 2,500여개사 중 상위 10% 포함
- 2001년: DJSI 지수에 STOXX Ltd. 지수를 포함한 다우존스-STOXX Sustainability Index는 유럽의 주요 지속가능 기업을 대상으로 확장되어 활용됨
- 2005년: Dow Jones Sustainability North America Index 작성
- 2006년: Dow Jones Indexes와 SAM 공동으로 DJSI의 이슬람 투자원칙과 지속가능성 기준을 결합한 Dow Jones Islamic Market Sustainability Index 개시
- 2009년: Dow Jones Sustainability 아시아 태평양지수 및 한국지수 개시
- 2010년: SAM과 Dow Jones Indexes가 STOXX와의 협력종료: Dow Jones Indexes는 유럽지수를 포함한 지수계산, 마케팅 및 배포를 담당하고 SAM은 구성요소 선택을 담당

---

27) 산업분류벤치마크(ICB: Industry Classification Benchmark)는 2005년 다우존스와 FTSE에서 사용하기 시작한 기업분류법으로 거시경제관점에서 시장을 여러 업종으로 나누어 분류하는데 적용함

- 2010년: SAM 및 Dow Jones Indexes가 DJSI Nordic Index 개시
- 2012년: S&P지수와 다우존스지수가 합병되어 S&P-다우존스지수 형성

한편, DJSI는 전세계 지역별 또는 국가별로 다음과 같이 다양한 벤치마크로 구분된다:

- DJSI World Index: 1999년 9월 시작된 다우존스 글로벌 종합주가지수(DJGTSMI)는 주요 2,500개 기업을 기반으로 경제, 환경, 사회적 기준에서 상위 10%를 차지하는 약 300개 기업에 의해 도출된다. 2021년 DJSI 평가결과 DJSI World 지수에는 글로벌 2,544개 평가대상 기업 중 12.7%인 322개 기업이 편입되었으며, 국내 기업은 21개 기업이 편입되었다. DJSI 월드는 다시 DJSI World 80과 DJSI World ex US 80으로 구분되는데, 이들 모두 2008년 8월에 개시되었으며 미국의 80개 기업, 해외의 80개 기업을 대상으로 각각 실적을 분석한다.
- DJSI Europe Index: DJGTSMI의 지속가능성 측면에서 600대 유럽기업 중 상위 20%를 대상으로 하며, 소규모 유럽지역 기업대상 Dow Jones Sustainability Eurozone Index(DJSI Eurozone)도 공표한다. 이들 두 지수 모두 2010년 8월부터 Dow Jones Sustainability 유럽40(DJSI Europe 40) 지수와 Dow Jones Sustainability 유로존40(DJSI Euro Zone 40) 지수를 각각 공표하고 있다. 지수편성의 정확성 유지를 위해 DJSI유럽과 유로존40은 분기별로 검토·분석하며, DJSI유럽40과 DJSI유로존 40은 연차적으로 검토한다.
- DJSI North America Index: DJSI Europe과 유사하게 600대 기업 중 20%를 포함한 Dow Jones Sustainability United States Index(DJSI United States)와 함께 2005년 9월 시작되었다. Dow Jones Sustainability North America 40 Index(DJSI North America 40)와 Dow Jones Sustainability United States 40 Index(DJSI United States 40)로 세부지수도 공표한다.
- DJSI Asia Pacific Index: DJSI Asia Pacific Index는 단일 하위세트인 Dow Jones Sustainability Asia Pacific 40 Index(DJSI Asia Pacific 40)와 동시에 2009년 1월 시작되었다. 2009년 지속가능성 측면에서 아시아·태평양 상위 600대 기업 중 20%를 포함하는 방식, 그리고 하위 세트 DJSI Asia Pacific 40 선도기업 40에 대한 지수 평가 방식 등은 미주나 유럽의 방식과 동일하게 운영된다. 2021년 DJSI 평가결과 DJSI Asia Pacific 지수에는 평가대상 609개 기업 중 25.1%인 153개 기업이 편입되었으며, 국내 기업은 32개 기업이 편입되었다.

- DJSI Korea Index: DJSI Korea는 한국기업 중 지속가능한 상위 30%를 대상으로 하며, 상위 20대 기업을 대상으로 하는 Dow Jones Sustainability Korea 20 Index DJSI Korea 20와 함께 2009년 10월 시작되었다. 기타 지역의 경우와 유사하게 DJSI Korea는 분기별로 검토되며 DJSI Korea 20은 연도별로 평가하고 있다. 2021년 DJSI 평가결과 DJSI Korea 지수에는 203개 평가대상 기업 중 21.2%인 43개 국내 기업이 편입되었다.

DJSI에 편입된 상위 10%, 20%, 30%, 또는 80대, 40대, 20대 기업은 다음과 같은 다양한 혜택을 누릴 수 있으므로 특히 DJSI 지표와 평가가 주목된다.
- 벤치마킹 피드백: 평가에 참여한 모든 기업은 평가항목에 대한 해당 기업의 지속가능성 성과를 산업별 평균점수와 해당산업의 글로벌 최고기업 점수를 비교하여 확인 가능하도록 RobecoSAM Bechmarking Scorecard를 제공해 준다.
- 평판도 및 브랜드: 주주, 애널리스트, 일반대중에게 기업 평판도를 향상시켜 준다.
- 지속가능경영투자 책임투자: DJSI에 편입된 기업의 주식은 DJSI 기반 포트폴리오의 재적 투자대상이 되며, 갈수록 관심이 고조되고 있는 사회책임투자 SRI 수요에 대한 직접적인 혜택을 얻을 수 있다.
- 홍보효과: DJSI에 편입된 기업들은 멤버십 로고와 자격을 대내외 마케팅 및 커뮤니케이션 목적으로 활용하는 것이 가능하다.

> 우리나라의 경우, DJSI처럼 통합된 수준의 지표와 평가활동이 이루어지기 위해서는 평가 및 인증기관의 글로벌 위상부터 정립되어야 한다. 이를 위해 우선은 기업의 ESG 경영 실천활동을 분석하는 기관과 ESG 경영지수를 공표하는 기관부터 분리할 것이 요구된다.

즉, ESG 경영을 분석하고 데이터베이스를 구축하는 기관은 데이터베이스 구축에 전념하고, ESG 경영지표는 신뢰할 만한 기관에서 독자적인 관점을 갖고 개발, 분석 및 평가하여 공표하도록 해야 한다는 것이다. 그리고 ESG 경영 평가지표의 개발과 평가시스템의 유지에 필요한 정보는 ESG 경영을 분석하고 데이터베이스 구축을 담당하는 기관으로부터 제공받도록 해야 한다. 특히 기업의 비재무적 정보를 계량적으로 평가해야만 측정과 분석이 가능하므로 기업 스스로 자사의 정보를 투명하게 공개하도록 사내 투명경영 풍토부터 조성해야 할 것이며, 또한 이를 객관적으로 평가할 수 있는 평가지표와

다우존스의 산업분류 벤치마크(Industry Classification Benchmark)

산업(Industrials)
· Construction and Materials
· Defense and Aerospace
· General Industrials
· Electronic and Electrical Equipment
· Industrial Engineering
· Industrial Transportation

기초자재(Basic material)
· Chemicals
· Forestry and paper
· Industrial Metals
· Mining

석유 및 가스(Oil & Gas)
· Oil and Gas producers
· Oil Equipment
· Services and distriburion
· Alternative energy

공익사업(Utilities)
· Electricity
· Gas, Water and Multi-utilities

금융(Financials)
· Banks
· Insurance
· Real Estate
· Financial Services
· Equity Investment Instruments

소비재(Consumer Goods)
· Automobiles & Parts
· Beverages
· Food Producers
· Household Goods and Home Construction
· Leisure Goods
· Personal Goods
· Tobacco

서비스(Consumer Servies)
· Food and Drug Retailers
· General Retailers
· Media
· Travel & Leisure

의료(Health Care)
· Health Care Equipment
· Pharmaceuticals
· Biotechnology

통신(Telecommunications)
· Telecommunications

기술(Technology)
· Non-equity Investment Instruments
· Software and Computer Services
· Technology Hardware and Equipment

산업분류
벤치마크
Industry
Classification
Benchmark

©www.hanol.co.kr

가중치 부여 프레임워크를 정부주도보다는 기업회원으로 구성된 전경련FKI 그리고 대한상공회의소, 경총 등을 중심으로 구축할 것이 요구된다.

결국 기업의 ESG 경영은 기업과 기업인 단체 스스로 구축한 자가진단시스템인권경영, 자가진단, 윤리경영, 전문가에 의한 경영인증시스템사회책임경영, ESG 경영보고시스템지속가능성보고시스템, ESG 경영평가, ESG 경영지수 및 ESG 책임투자SRI가 종합적, 그리고 균형적으로 정립되고 운영되어야 이해관계자 모두로부터 신뢰받는 기업의 ESG 경영시스템이 정립될 수 있을 것이다.

7 ESG 경영평가 및 ESG 책임투자_{SRI}에 의한 ESG 경영 실천

1. UN PRIUN 책임투자원칙

UN책임투자원칙_{PRI: Principles for Responsible Investment}은 금융기관을 위한 대표적 책임투자원칙으로 2006년에 제정되었다. PRI 제정에 중추적 역할을 수행한 유엔환경계획 금융부문 산하조직인 UNEP FI_{UN환경프로그램 금융 이니셔티브}는 2007년 40여개국 170여개 금융기관이 참여하여 만든 글로벌 금융기관들의 자발적인 모임으로 은행 및 투신사의 원활한 의견수렴에 목적을 두고 있다. UNEP FI는 산하 AMWG_{Asset Management Working Group}를 통해 산업별 ESG 이슈 발굴, 다양한 연구를 통한 ESG 성과와 기업가치 간의 상관관계 증명 등을 기반으로 금융기관의 책임투자원칙_{PRI}을 제정하였다.

> UN PRI는 금융기관들이 투자의사결정시 ESG 이슈를 투자 및 운용에 고려하도록 유도하고 있으며 2021년 현재 4,000여개의 금융기관이 동참하고 있다. PRI에는 핵심역할을 하는 UNEP FI와 UNGC 등 양대 파트너 기구가 있다.

- UNEP FI: 200개가 넘는 금융기관과 긴밀히 협력하여 지속가능성과 금융성과 간의 연계와 공동발전을 추구하며, P2P 네트워크, 연구 및 훈련을 통해 바람직한 금융기관 운영환경 조성 및 지속가능성 제고를 추구한다.
- UNGC: 2000년 출범한 정책 플랫폼으로 기업의 지속가능성 제고와 책임경영 실천을 위한 실용적 프레임워크로 인권, 노동, 환경 및 반부패 분야에 보편적으로 요구되는 10가지 원칙을 담고 있다. 2021년 현재 135개국의 7,000여개 기업이 참여한 UNGC는 세계 최대의 자발적 기업 지속가능성 이니셔티브로 인정받고 있다.

2. 글로벌 사회책임투자SRI

미국 및 유럽에서는 종교기관과 연기금을 중심으로 사회책임투자_{SRI}가 발달하였다. 글로벌지속가능투자연합_{GSIA}에 따르면 2020년 말 ESG 투자규모는 35조 3천억 달러이며, 도이치뱅크는 ESG 의무가 유지될 경우 2035년에는 160조 달러 이상으로 성장한다는 보고서를 낸 바 있다. 블룸버그에 따르면 지속가능채권 규모도 2019년 5,659억 달러에서 2020년에는 7,320억 달러로 급증하였다.

지역	2016년	2018년	2020년
유럽	12,040	14,075	12,017
미국	8,723	11,995	17,081
일본	474	2,180	2,874
캐나다	1,086	1,699	2,423
오세아니아	516	734	906
합계	22,890	30,683	35,301

전세계 ESG 투자규모 추이 (단위:10억달러)

자료원: 이종오(한국사회포럼, 2021. 10. 03), 왜 지금 ESG인가?

3. 국내 사회책임투자SRI

우리나라 사회책임투자Socially responsible investing: SRI는 2001년 에코펀드 출시로 시작되어 2005년 이후 본격적으로 확산되었다. 2006년에는 한국기업지배구조펀드가 출시되고 국민연금이 사회책임투자 위탁운영을 실시하기 시작하였다. 대표적 전문가인 양춘승 한국사회책임포럼KOSIF 상임이사는 국내 사회책임투자가 활성화되기 위해서는 첫째, 기업의 사회적책임 관련 정보공개, 둘째, 연기금의 사회책임투자 확대, 셋째, 사회책임투자펀드 가이드라인 제정과 적용 및 사회책임투자관련 지표개발 등을 제시하고 있다.[28]

그러므로 우선은 국내의 기관투자자가들이 UN책임투자원칙PRI에 적극적으로 동참하여 환경Environmental, 사회Social 및 지배구조Governance 이슈를 투자의사결정 및 운용에 고려하는 글로벌 시각이 요구된다. 최근 우리나라 ESG 투자규모는 2019년 33조 2,350억원에서 2020년 약 105조원 수준으로 급성장하였다. 사회책임투자채권도 2018년 최초 상장 이후 2021년 9월 기준 145조원을 상회하였다.[29]

대표적 사례로 900조원이 넘는 자금을 운용하는 국민연금은 2022년부터 ESG 평가등급에 기초한 투자를 전체 운용 자산의 50%까지 확대할 계획이다. 이 경우 거의 절반에 해당하는 400조원 이상의 자금이 ESG와 연계한 국내외 다양한 투자처로 유입될 것으로 전망된다.[30]

---

28) 양춘승(2009), 한국의 사회책임투자 현황과 과제, KOSIF
29) 이종오, 한국사회책임투자포럼 사무국장, 왜 지금 ESG인가, 2021.10.03
30) 강두순 기자, 충무로에서 ESG투자 열기, 찻잔 속 태풍 안되려면, 2021.10.12.

사회책임투자채권은 발행자금이 친환경 또는 사회적 편익을 창출하기 위한 프로젝트에 사용되는 채권으로 녹색채권, 사회적채권, 지속가능채권, ESG채권, Thematic채권, 사회공헌채권 등으로 사용되고 있는데, 사회책임투자채권에 대한 국제기준으로는 국제자본시장협회International Capital Markets Association, ICMA에서 발표한 녹색채권원칙Green Bond Principles, GBP, 사회적채권원칙Social Bond Principles, SBP, 지속가능채권 가이드라인Sustainability Bond Guidelines, SBG, 국제기후기구Climate Bond Initiative, CBI에서 발표한 기후채권기준The Climate Bond Standards, CBS 등이 있다.

국내에서는 ESG 채권으로 통칭하며 최근 발행 붐이 이루어지고 있다. ESG채권의 발행은 일반적인 채권의 발행절차에 추가하여 조달자금의 목적과 관리체계가 ESG채권 적용기준에 부합하는지에 대한 외부 전문기관의 검토와 인증을 받는 절차를 거쳐 이루어진다. ESG채권발행에 대한 정보는 한국거래소의 사회책임투자채권 전용사이트https://sribond.krx.co.kr/에서 제공하고 있다.

Section 2

ESG 경영 보고기준

ESG 경영을
읽는다

ESG 경영의 보고기준으로 가장 널리 활용되고 있는 GRI Standards_{GRI 표준}은 GRI Global Reporting Initiative에서 2016년에 전면 개정, 그리고 2018년에 다시 부분 개정한 것으로 GRI Standards에는 환경적·사회적·경제적 TBL[31]성과 관련 지표를 담고 있다.

1 GRI의 지속가능성 보고기준의 변화

GRI는 1997년 세리즈 원칙을 제정한 미국의 NGO 기구인 CERES_{환경에 책임을 지는 경제를 위한 연합}와 국제연합환경계획_{UNEP} 등이 주도하여 설립한 기구이다. 앞에서도 보았듯이 GRI에서는 2000년 6월 지속가능성보고서 가이드라인 제1판_{G1}을 발표한 이후, 2002년 8월 개정본_{G2} 및 2006년 11월 제3판_{G3}을 발표하였다. 2011년 3월 인권, 지역사회 영향 및 성과관련 지표를 보완한 제3판의 보완판_{G3.1}, 2013년 5월 제4판_{G4}, 그리고 2016년 10월에는 국제표준으로 정립된 제5판 GRI Standards를 발표하였다.

┃ GRI 지속가능성 보고기준의 변화 개요 ┃

Version	GRI G1	GRI G2	GRI G3	GRI G3.1	GRI G4	GRI 표준
연도	2000	2002	2006	2011	2013	2016/2018
주요 내용	1999년 발표한 초안을 재정비하여 첫 공표: 요약, 일반지표, 세부지표 등으로 구성	이해관계자 참여, 환경, 노동, 인권 강조: 산업가이드, 핵심지표 및 부가지표 총 142개 지표	외부검증 강화, 보고경계 설정, 경영방식 공시추가: 산업/지표/기술 규약제공 총 121개 지표	부정적 이슈 보고강화, 인권, 지역사회, 다양성 보완: 성과지표 5개 추가한 총 126개 지표	중대이슈 중심 보고체계 도입, 이해관계자 참여강화, 적용수준 폐지, 중대성 확인: 2016년 시행	2016년 10월 지속가능보고서 작성을 위한 국제표준으로 공표: 2018년 부분적 보완 및 확산

2016년 공표된 GRI Standards의 환경적·사회적 성과지표는 ESG 경영의 환경적_E 및 사회적_S 지표와 일치한다. 그리고 GRI 표준의 경제적 성과지표 중 윤리경영지표와 이사회, 리스크 관리, 윤리·청렴성지표를 활용하면 다음과 같은 GRI의 지속가능성보고 가이드라인을 대체하는 새로운 ESG 경영보고서 작성기준을 마련할 수 있다.

---

31) TBL: Triple Bottom Line

구분	INPUT 투입지표	OUTPUT 산출지표	OUTCOME 성과지표
환경 성과 지표	GRI 302 에너지 GRI 301 원재료 GRI 303 물 GRI 307 환경법규준수 GRI 308 공급자 환경평가	GRI 305 배출 GRI 306 폐기물 GRI 303 폐수	GRI 304 생물 다양성
사회 성과 지표	GRI 401 고용 GRI 405 다양성과 기회균등 GRI 406 차별금지 GRI 407 결사의 자유와 단체교섭권 GRI 408 아동노동 GRI 409 강제노동 GRI 410 보안실무 GRI 412 인권평가 GRI 413 공급자사회평가 GRI 419 사회경제적법규 준수	GRI 402 노사관계 GRI 403 산업안전보건 GRI 404 교육훈련	GRI 416 고객안전 　　　　 보건 GRI 417 마케팅, 　　　　 라벨링 GRI 418 고객 　　　　 프라이버시 GRI 415 공공정책 GRI 411 원주민권리 GRI 413 지역사회
경제 성과 지표	GRI 202 시장 지위 GRI 204 구매실무	GRI 205 반부패 GRI 206 반경쟁행위	GRI 201 경제적 성과 GRI 203 간접적 　　　　 경제적 영향
지배 구조 지표	GRI 102-18 지배구조 GRI 102-20 경영진의 책임 GRI 102-21 자문 이해관계자 GRI 102-22 기구 및 산하위원회 구성 GRI 102-23 기구의 위원장 GRI 102-24 기구 지명 및 선정 GRI 102-26 기구의 역할 GRI 102-27 기구 집단지식 GRI 102-32 보고에 대한 기구의 역할 GRI 102-35 보수정책 GRI 102-36 보수결정 프로세스 GRI 102-37 보수에 이해관계자 참여 GRI 102-16 가치/원칙/표준/행동규범 GRI 102-17 윤리에 관한 조언 및 관심사 메커니즘	GRI 102-19 권한위임 GRI 102-25 이해충돌 GRI 102-28 기구의 성과 평가 GRI 102-29 영향파악 및 관리 GRI 102-31 주제 검토 GRI 102-33 심각한 문제 의사소통 GRI 102-34 심각한 문제 본질과 총 건수 GRI 102-38 연간 총 보수 비율 GRI 102-39 연간 총 보상 증가 비율	GRI 102-30 리스크 　　　　 관리 및 프로세스 　　　　 의 효과

1. GRI - G1

　　1999년 3월 지속가능성보고 가이드라인 초안발표 이후, 지속가능성보고 가이드라인을 정기적_{매 2~3년}으로 검토하기 위해 1999년 5월 GRI운영위원회의에서 상설기관화

가 결정되고 2000년 6월 지속가능성보고 가이드라인 제1판을 발표G1하였다.[32] GRI의
G1 지표는 TBLTriple Bottom Line에서 제시한 프레임워크와 같이 환경적 · 사회적 · 경제적
성과로 구분되었다.

‖ 환경적 성과 보고지표 ‖

① **에너지**energy척도: J쥴. 1J=0.23892칼로리[33]
6.1. 총 에너지 사용량
6.2. 주요 종류별 전기사용량자가발전 경우에는 발전량
6.3. 재생가능 에너지 사용이나 에너지 효율을 향상시키고자 하는 대응노력
6.4. 연료총사용량. 차량용 연료와 비차량용 연료를 종류별로 구분
6.5. 기타에너지사용량예: 지역난방

② **원료**materials척도: 톤, 킬로그램
6.6. 연료나 물이외의 원료 총 사용량
6.7. 재생원료 사용량소비자 사용전 재생과 사용후 재생으로 구분
6.8. 포장재 사용량
6.9. 유해화학물질 사용량유해화학물질로 구분되는 근거 명시
6.10. 유해화학물질을 유해성이 적은 원료대체 대상과 방안 및 목표수준 등
6.11. 생산공정에서 사용된 천연야생 동식물의 종류 및 이들 동식물의 수확방법

③ **수질**척도: 리터, 입방미터
6.12. 총 물사용량
6.13. 조직의 물이용에 따라 중대한 영향을 받는 수질자원
       수자원의 배수는 아래의 "배기나 배수, 폐기물"을 다루는 부분에서 언급

④ **배기, 배수, 폐기물**척도: 톤이나 킬로그램
6.14. 쿄토의정서에 정의된 기준에 따라 지구온난화정도를 CO2 상당량으로 환산한 온실효
       과가스의 배출량
6.15. 몬트리올의정서에 정의된 기준에 따라 오존층파괴정도를 CFC-11 상당량으로 환산한
       오존층 파괴물질의 배출량
6.16. 폐기처분시킨 폐기물 총량폐기물 정의, 최종처리담당자, 추정방법 등 언급
6.17. 해당국가나 지역, 지방자치단체의 관련법규에 따라 정의된 유형별 제조공정 및 제품시
       장으로 회수되는 폐기물의 양[34]

---

32) Global Reporting Initiative, 지속가능성보고 가이드라인, 경제적, 환경적, 사회적 성과의 보고, 2000년 6월, 한국어판
    번역: 장지인, 중앙대 경영연구소
33) J(에너지 단위): 1J은 1N(뉴턴)을 가해 1m를 움직이는데 필요한 열량(1J=1N·m으로 표기)
34) 여기서 회수는 재생(recycle), 재활용(reuse) 또는 반복제조(re-manufacturing) 등을 의미한다.

6.18. 시설내·외부에서의 폐기물 관리방법예: 재생, 재활용, 반복 제조

▶ 토양에 대한 폐기물배출

6.19. 해당국, 지역, 지방자치단체의 관련법규에 따라 정의된 물질별 토양에의 폐기물 배출량

6.20. 시설내·외부에서의 폐기물 관리방법예: 소각, 매립 등

▶ 대기오염배출

6.21. 대기에의 오염배출량을 배출물질 종류별예: NH3, HCl, HF, NO2, SO2 및 아황산가스, VOCs, NOX, 중금속, 난분해성 유기화학물질, 성질별예: 점/비점 오염원로 구분 표시

▶ 수계에 대한 폐수배출

6.22. 수계에 대한 폐수배출을 배출물질 종류별예: 유지류, TSS, COD, BOD, 금속류, 난분해성 유기화학물질, 성질별예: 점오염원 혹은 비점오염원로 구분 표시

6.23. 배출물이 유입된 수역에 대한 개요예: 지하수, 호, 하천, 늪지, 해양 등

⑤ 수송

6.24. 조직활동관련 운송활동예: 출장, 출퇴근, 제품배달, 운송장비 가동 등 대상과 환경보존방안 및 목표수준 등항공기, 기차, 자동차 등 운송수단별 예상운행거리 정보 포함 가능

⑥ 공급업체

6.25. 전절〈5.9〉에 기술된 프로그램과 절차 중 환경적 요소에 대한 공급업체의 성과

6.26. 일반적으로 보급된 개별국가 혹은 국제적 규격을 준수하지 않은 횟수와 종류

6.27. 이해관계자와의 협의를 통해 특정된 공급업자 문제예: 삼림보존, 유전자변형작물, 분쟁지역에서 생산된 석유 등 및 이들 문제에 대처하기 위한 방안과 구체적 계획도 포함

⑦ 제품과 서비스

6.28. 기업이 생산 및 판매하는 주요제품과 서비스의 사용 및 폐기에 관련된 환경적 요소와 영향 및 측정 가능할 경우 그 영향에 대한 정량적·정성적 예측치

6.29. 제품 및 서비스 사용으로부터 비롯되는 잠재적 악영향을 예방하거나 최소화하기 위한 방안과 구체적인 절차책임있는 제품관리, 리콜, 수명주기관리 등을 포함

6.30. 영업활동에 있어 경제적·환경적·사회적 측면과 관련된 광고와 라벨링 대책

6.31. 사용 후 회수된 제품중량/수량비율

⑧ 토지이용과 생물다양성

6.32. 소유토지, 임대토지, 관리토지 및 기타 영향을 받는 토지정보. 보고주체의 활동에 따라 영향을 받는 생태계 서식지와 보존상태예: 악화, 원상보존 등. 소유지 포장면적의 비율

6.33. 영업활동에 따른 생물서식지의 변화. 보호되거나 원상 복구된 생물서식지 면적

6.34. 토지고유의 생태계와 생물보호와 복구를 위한 방안과 계획 및 목표수준

6.35. 영업활동이 국립공원·생물보호구역·세계유물등록지 등 보호구역에 미치는 영향

⑨ 법규 및 규칙 준수

0.36. 환경문제예: 대기, 수질 등와 관련하여 존재하는 법규나 규칙예: 국제선언이나 조약 혹은

협정, 국가나 행정관청 혹은 지방자치단체의 규제 등에 대한 위반으로 인한 벌금액과 내용을 영업활동이 수행되는 국가별로 설명

사회적 성과 보고지표

① 작업환경workplace

▶ 경영관리의 질적 측면

6.60. 종업원 정착률retention rates

6.61. 구인수 대비 응모자수의 비율

6.62. 종업원 교육에서 나타난 조직의 미래 비전 이해

6.63. 경영의사결정에 있어 종업원의 참여수준

6.64. 사내·외 설문조사를 통해 나타난 당해조직의 순위

6.65. 종업원의 직업만족도

▶ 보건과 안전health and safety

6.66. 외부위탁종업원 등을 포함한 종업원의 건강과 안전에 관련된 사례

6.67. 외부위탁종업원을 포함한 종업원의 평균상해일수, 노동상실일수 및 결근율

6.68. 질병이나 상해를 예방하기 위한 종업원 1인당 투자액

▶ 급료 및 복리후생wages and benefits

6.69. 국가별 법정최저임금 대비 실제 최저임금의 비율

6.70. 지역별 생계비 대비 최저임금의 비율

6.71. 종업원에게 제공된 건강 및 퇴직연금수당

▶ 차별대책non-discrimination

6.72. 최고경영자와 임원 및 중간관리자 중 여성이 차지하는 비율

6.73. 성차별과 관련한 소송빈도와 종류

6.74. 소수민에 대한 조언지도프로그램

▶ 교육·훈련education/training

6.75. 연간 영업비에서 차지하는 교육훈련 예산 비율

6.76. 의사결정에의 종업원참가를 촉진하는 프로그램

6.77. 종업원의 평균교육연수변화. 연수프로그램과 관련된 성과

▶ 아동노동child labor

6.78. 아동노동에 관한 법률위반 사례

6.79. 아동노동 실태에 관한 독립된 기관의 평가 혹은 시상

▶ 강제노동forced labor

6.80. 종업원의 강제노동 건수

6.81. 공급업체에 대한 자체감사를 통해 파악된 강제노동 건수

▶ **결사의 자유**freedom of association

6.82. 업무현장에서 이루어지는 종업원과의 공개 토론이나 고충처리 방법. 전체 영업 사무소나 영업점 소재국에서 이러한 활동이 이루어지는 비율

6.83. 노동협약 위반에 따른 법적대응 사례의 형태와 건수

6.84. 노동조합이 없는 사무소나 자회사의 노조결성 움직임에 대한 보고주체의 반응

② **인권보장**human rights

▶ **일반적으로 적용하는 지표**general

6.85. 투자의사결정시 인권문제에 대한 공식적인 검토나 조사 실시

6.86. 인권문제와 관련한 보고실체의 관행을 체계적으로 조사한 내용

6.87. 인권침해행위로 제기된 사례의 건수와 종류 및 보고실체의 입장과 대응방안

▶ **토착주민의 권리**indigenous rights

6.88. 토착주민거주지역의 의사결정에 토착주민대표가 참여하였음을 입증하는 내용

6.89. 기업활동에 대한 토착주민의 항의 건수와 원인

▶ **안전보장**security

6.90. 특정기업의 국가별 위험평가나 사무소 설치계획의 안전보장 및 인권문제를 고려한 사례

6.91. 공권력 행사로 인한 희생자 발생사례와 당해 희생자에 대한 보장 및 재활지원

③ **공급업체**suppliers

6.92. 항목〈5.9〉의 프로그램과 구체적 절차 중 사회적 성과관련 공급업체 성과

6.93. 개별국가나 국제기구에서 규정하고 있는 일반화된 규격을 준수하지 않은 사례 및 구체적 내용

6.94. 아동고용 등과 같은 노동환경에 관한 계약당사자의 관찰 사례

④ **제품 및 서비스**

III. 95. 주된 목적사업과 관련된 주요상품이나 서비스의 사용혹은 제공 및 폐기와 관련하여 발생하는 주요 사회적 이슈와 그 영향가능하다면 그와 같은 영향에 대한 정량적, 정성적 예측치도 포함

6.96. 소비자 만족도

⑤ **종합성과**

종합지표integrated performance는 앞으로 적용하게 될 가능성이 있는 일반지표와 조직의 고유지표이기는 하지만, 현재로서는 지표개발 초기단계에 있으며, 시험적으로 적용되고 있는 추세에 있다.

① **수익**profit **지표**

    6.37. 순이익

    6.38. 영업이익순매출액-영업비

    6.39. 매출총이익순매출액-매출원가 혹은 서비스원가

    6.40. 투자수익률순이익/투하자본

    6.41. 배당금

    6.42. 〈6.37〉부터〈6.41〉까지 제시된 항목들의 지역별 성과

② **무형자산**intangible assets

    6.43. 장부상 총자본 대비 시가자본총액장부상 총자본에 무형자산이 포함됨에 유의

③ **투자**investment

    6.44. 인적자본예: 종업원에 대한 교육·훈련, 지역사회 구성원에 대한 교육

    6.45. 연구개발비

    6.46. 기타의 자본투자

    6.47. 부채비율

④ **임금 및 복지수당**

    6.48. 국가별 임금총액

    6.49. 국가별 복지수당 총액

⑤ **노동생산성**

    6.50. 직무별 노동생산성 및 그 변화 추이

⑥ **세금**

    6.51. 전체 세무당국에 대한 세금납부액

⑦ **지역사회개발**

    6.52. 직종별, 국가별 고용규모 및 그 변화

    6.53. 자선활동과 기부활동

⑧ **공급업체**

    6.54. 항목〈5.9〉 프로그램과 구체적 절차 중 경제적 성과와 관련된 공급업체의 성과

    6.55. 개별국가나 국제기구가 규정한 일반화된 규격을 준수하지 않은 사례와 내용

    6.56. 외부위탁사업의 종류, 성격 및 장소

    6.57. 외부제작제품이나 외부수행서비스의 규모

    6.58. 공급업체와의 계약이행성과예: 대금지급 기일준수

⑨ **제품 및 서비스**

    6.59. 목적사업과 관련된 주요상품 및 서비스 사용혹은 제공 및 폐기와 관련하여 발생하는 주요 경제적 과제와 영향가능하다면 그 영향에 대한 정량적, 정성적 예측치도 포함

Part A: 서문 및 일반사항

1. GLOBAL REPORTING INITIATIVE의 설립배경
2. GRI의 필요성
3. GRI의 연혁
   3.1. GRI의 과거
   3.2. GRI의 현재
   3.3. GRI의 미래
4. 가이드라인의 내용
5. 가이드라인의 의의
6. 가이드라인의 대상자
   6.1. 적용범위에 관한 일반적인 기술
   6.2. 소규모 조직에 의한 보고
7. 가이드라인의 이용-구체적 과제
   7.1. 가이드라인의 단계적 적용
   7.2. GRI보고서 구성상 유연성
   7.3. 이해관계자의 참여에 의한 지표선정
   7.4. 보고빈도와 매체
   7.5. 보고실체의 특수한 상황을 반영한 가이드라인의 적용
   7.6. 도표나 그림의 활용
8. GRI보고서에 대한 검토
9. GRI가이드라인과 다른 가이드라인과의 관계

Part B: 보고원칙 및 실무관행

1. GRI보고의 기본원칙
   1.1 보고실체reporting entity의 원칙
   1.2. 보고범위의 원칙
   1.3. 보고기간의 원칙
   1.4. 계속기업의 원칙
   1.5. 보수주의의 원칙
   1.6. 중요성원칙
2. GRI보고의 질적 특성
   2.1. 목적적합성
   2.2. 신뢰성
   2.3. 명료성
   2.4. 비교가능성
   2.5. 적시성

자료원: Global Reporting Initiative, 지속가능성보고 가이드라인, 경제적, 환경적, 사회적 성과의 보고, 2000년 6월

2. GRI - G2

2002년 4월 상설기관으로 GRI가 정식으로 발족되어 2002년 4월 4일 UN에서 이사 취임식이 거행되었다. 제1차 이사회에서는 본부 소재지를 네덜란드의 암스테르담으로 결정하였다. 2002년 8월에 개최된 지속가능발전 세계정상회의WSSD에 지속가능성보고 가이드라인의 개정본G2이 제출되었으며, 이에 의거하여 기업들이 적극적으로 지속가 능성보고 가이드라인을 채택할 것을 권고하였다. [35] 개정본 G2의 가이드라인은 다음 과 같이 5개 부분으로 구성되었다:

- 서문: 지속가능성 보고 경향 및 보고의 긍정적 효과
- Part A: GRI 지침서 활용 지침서 사용 일반 안내
- Part B: 엄격한 보고 지원 및 가이드라인의 적용을 위한 원칙과 실천사항
- Part C: 보고 및 보고서의 내용
- Part D: 용어 해석 및 추가적 안내와 가이드라인을 사용하기 위한 자료 등

G2의 보고지표는 G1과 동일하게 환경적·사회적·경제적 TBL 성과로 구분되었으나, 환경적 성과지표의 계량화 비율을 높였으며, 사회적 성과지표에는 인권관련 차별근절 과 징계관행, 제품책임관련 광고 및 프라이버시 추가, 사회관련 지역사회, 뇌물과 부패, 정치자금 기부, 경쟁과 가격설정을 추가하고, 경제적 성과지표는 이해관계자고객, 공급자, 종업원, 자본 제공자, 공공부문, 간접경제효과별로 구분하여 보고지표를 정비하였다.

┃ G2 지속가능성 가이드라인 성과보고지표의 주요 내용 ┃

구분	범주	관점
환경적	환경	자재, 에너지, 물, 생명 다양성, 배출, 폐수, 폐기물, 공급자, 제품과 서비스, 법규 준수, 운송, 종합
사회적	노동관행 및 좋은 일자리	고용, 노사관계, 보건 및 안전, 교육과 훈련, 다양성과 기회
	인권	전략과 관리, 비차별, 결사 및 단체교섭의 자유, 아동노동, 강제 및 강요 노동, 징계관행, 보안관행, 토착주민의 관리
	제품 책임	고객 보건과 안전, 제품과 서비스, 광고, 프라이버시 존중
	사회	지역사회, 뇌물과 부패, 경찰역할 및 기여, 경쟁과 가격책정
경제적	직접경제영향	고객, 공급자, 종업원, 자본 제공자, 공공부문, 간접경제효과

---

35) Global Reporting Initiative, Sustainability Reporting Guidelines, 2002

3. GRI – G3

G3가 공표된 2006년 3월말 당시에는 전세계 57개국 823개 기업 정도만이 GRI의 지속가능성보고 가이드라인을 활용하여 년 1회 이상 지속가능성보고서를 작성한 것으로 나타났다. 한국의 경우에도 2003년 삼성SDI가 최초의 지속가능성보고서를 발간한 이후, 2003년 4개 기업, 2004년 6개 기업, 2005년 13개 기업, 2006년 26개 기업이 GRI 지속가능성보고 가이드라인에 따라 지속가능성보고서를 발간하는 추세에 있었다. 이와 같은 지속가능보고서에 대한 주요 기업들의 관심에 힘입어 GRI에서는 2006년 3월 G3 초안에 대한 의견을 수렴하여 2006년 11월 제3판G3을 발표하였다. [36) G3의 지속가능성보고 가이드라인은 기본적으로 프로필, 경영방식, 성과지표를 공시하도록 하였다.

| G3 지속가능성보고 가이드라인(표준 공시안)의 개요 |

보고서 구성		개요
전략 및 분석		선언문, 주요 영향, 위험요인과 기회에 대한 기술
조직 프로필		조직명칭, 대표 브랜드/제품/서비스, 조직구조 등
보고 매개변수		보고서 프로필, 보고범위 및 경계, GRI 대조표, 검증
지배구조, 책임, 참여		지배구조, 외부 이니셔티브에의 책임, 이해관계자 참여
경영방식 및 성과 지표	환경적 성과	자재, 에너지, 물, 생명다양성, 폐수 및 폐기물, 공급자, 제품과 서비스, 준법, 운송 등의 환경 영향에 대한 설명
	사회적 성과	노동관행과 좋은 일자리, 인권, 사회, 제조물 책임 등의 사회적 영향에 대한 설명
	경제적 성과	고객, 공급자, 종업원, 자본 제공자, 공공부문, 간접적 경제 효과 등의 성과에 대한 설명

G3의 프로필에는 보고조직의 전략 및 분석, 조직 프로필, 지배구조 등 조직의 성과를 이해하기 위한 전반적인 배경 설명, 경영방식에는 특정 성과영역에서의 성과를 이해하기 위해 보고 조직이 해당 주제의 범위를 어떻게 다루는지 설명, 그리고 성과지표에는 보고 조직의 환경적·사회적·경제적 성과에 대해 비교 가능한 정보를 제공하도록 하였다. 또한 2006년의 G3에서는 기업 지배구조 관련 10개의 지표를 포함시킴으로써 GRI 지속가능성보고서가 현재와 같은 ESG 경영성과 전체를 담을 수 있도록 완성되었다.

---

36) Global Reporting Initiative, 지속가능경영보고서 가이드라인 G3버전, 2006, 한국어판 번역: 에코프론티어와 한국표준협회

구분		G2 지표	G3 지표	주요 변화
환경적		35	30	생물다양성 지표 정비, 공급자 지표 삭제
사회적	노동	17	15	성, 임금비율, 평생학습 등 신규이슈 추가
	인권	14	10	징계관행 지표 삭제
	제품책임	11	9	측정가능성 향상
	일반사회	7	6	부패관련 지표 세분화, 측정가능성 향상
경제적		13	9	경제적 성과와 시장지위로 관점을 구분
총 지표수		97개	79개	

│ G3 지속가능성보고 가이드라인의 주요 내용 │

서문
지속가능발전과 투명성 과제

서론

지속가능경영 보고개요
지속가능경영보고서 목적
GRI 보고 프레임워크 소개
GRI 가이드라인 소개
가이드라인 적용

1부

보고내용, 품질, 경계 정의
보고내용 정의지침
보고 내용 정의 원칙
보고 품질 보증 원칙
보고 경계 설정 지침

2부

표준 공시안
프로필

1. 전략 및 분석
1.1 최고의사결정권자예: CEO, 회장 또는 동급 임원가 보고조직 및 전략과 지속가능성의 연관
성을 밝힌 선언문.

특히 경제/환경/사회성과와 관련된 핵심과제에 대한 단기/중기(예: 3-5년)/장기비전 및 전략을 제시하는 이 선언문은 다음 사항을 포함해야 한다.

1.2 주요 영향, 위험요인 및 기회에 대한 기술

2. 조직 프로필

2.1 조직 명칭

2.2 대표 브랜드, 제품 및 서비스

2.3 주요 사업부서, 운영회사, 자회사, 합작회사를 비롯한 보고 조직의 조직구조

2.4 본사/본부 소재지

2.5 보고조직이 영업 중인 국가 수, 주요 사업장이 있거나 보고서에서 다루는 지속가능성
　　문제와 구체적인 연관성을 갖는 국가명

2.6 소유구조 특성 및 법적형태

2.7 대상 시장(지역별 구분, 사업분야, 고객/수익자 유형)

2.8 보고 조직의 규모

2.9 보고 기간 중 규모, 구조 또는 소유 구조 상의 중대한 변화

2.10 보고기간 중 수상 내역

3. 보고 매개변수

보고서 프로필

3.1 보고대상 기간(예: 회계연도/달력연도)

3.2 최근 보고서 발간 일자(존재하는 경우)

3.3 보고주기(매년, 격년 등)

3.4 보고서 및 관련 내용에 대한 문의처

보고범위 및 경계

3.5 보고내용 정의 프로세스

3.6 보고 경계(예: 국가, 사업부, 자회사, 임대시설, 합작회사, 공급업체).
　　추가 지침은 GRI 경계 규약을 참조

3.7 보고범위 또는 보고경계상의 구체적 제한사항을 기술

3.8 합작회사, 자회사, 임대시설, 외주업무 등 기간별 또는 조직간 비교 가능성에 큰 영향
　　을 줄 수 있는 객체에 대한 보고기준

3.9 성과지표 등 기타 정 수집 과정에서 적용된 예측을 뒷받침하는 가정과 기법을 포함한
　　데이터 측정 기법 및 계산 기준

3.10 이전 보고서에 제시된 정보의 재기술로 인한 효과 및 재기술 사유
　　(예: 인수/합병, 기준 연도/기간 변경, 사업 성격, 측정 방법)에 대한 설명

3.11 이전 보고기간 대비 보고서의 범위, 경계 또는 측정방식 상의 큰 변화

GRI 대조표

3.12 보고서 내에서 표준 공시 사항의 위치를 나타내는 표

검증

3.13 보고서에 대한 외부검증을 구하기 위한 정책 및 현재 활동. 외부 검증의 범위와 기준이 지속가능경영 보고서에 첨부된 검증의견서에 포함되지 않은 경우에는 이를 설명하고 보고조직과 검증기관 간의 관계도 함께 설명

4. 지배구조, 책임, 참여

지배구조

4.1 조직의 지배구조 - 전략 수립, 전사적 감독 등을 책임지는 이사회 산하 위원회 포함

4.2 이사회 의장 겸직여부임원인 경우 경영진 내에서의 역할과 의장에 임명된 이유 명시.

4.3 이사회가 일원화된 조직의 경우, 이사회에서 독립적 또는 임원이 아닌 구성원의 수 명시

4.4 주주와 직원이 이사회에 조언하거나 방향을 제시하는 메커니즘

4.5 이사회 구성원, 고위관리자, 임원 등에 대한 보상부서별 구성 포함과 조직의 성과사회/환경 성과 포함 간의 관계

4.6 이사회 내의 이해 관계상의 충돌 방지를 위한 프로세스

4.7 경제/환경/사회 전략보조를 위한 이사회 구성원의 자격 및 전문성 기준 결정 프로세스

4.8 경제/환경/사회 성과 및 활동 관련 미션/핵심가치 진술문, 행동강령 및 원칙

4.9 이사회가 경제/환경/사회 성과 파악 및 관리를 관장하는 절차 - 관련 위험 요소 및 기회, 국제적으로 합의된 표준, 행동강령 및 원칙준수 포함

4.10 이사회 자체의 성과, 특히 경제/환경/사회 관련 성과를 평가하는 프로세스

외부 이니셔티브에 대한 책임

4.11 사전예방의 원칙과 접근방법 채택여부 및 채택방식에 대한 설명

4.12 경제/환경/사회 헌장, 원칙 등 가입하거나 지지하고 있는 외부 이니셔티브

4.13 다음과 같은 협회(예: 산업협회) 및 국가별/국제적 정책기구 멤버십 획득 현황

이해관계자 참여

다음 공시항목은 보고기간 중 보고조직이 수행한 일반적인 이해관계자 참여활동을 표시 이는 지속가능경영보고서 작성을 위한 이해관계자 참여에만 국한되는 것은 아님

4.14 참여한 이해관계자 그룹 목록

4.15 참여할 이해관계자 식별 및 선정 기준

4.16 참여 유형, 이해관계자 그룹별 참여 빈도 등 이해 관계자 참여 방식 현황

4.17 이해관계자 참여를 통해 제기된 핵심 주제와 관심사, 이에 대한 대처 방식

5. 경영 방식 및 성과 지표

경제적

환경적

사회적

- 노동 여건 및 관행
- 인권
- 사회
- 제품 책임

공통사항

데이터 수집
- 실행가능성평가
- 데이터 통합 및 세분화

보고형식 및 빈도
- 지속가능성보고서의 정의
- 보고 매체
- 보고 빈도
- 보고 내용 업데이트

검증

용어 정리

자료원: Global Reporting Initiative, 지속가능경영보고서 가이드라인 G3버전, 2006

환경적 성과 보고지표의 G1, G2, G3의 변화

G1(2000)		G2(2002)		G3(2006)	
원료	6.6 연료나 물이외의 원료총사용량	자재 (재료)	EN 1 물 이외 사용한 형태별 총 자재	자재 (재료)	EN 1 중량 또는 부피 기준 자재 사용량
	6.7 재생원료 사용량. 소비자 사용전 재생과 사용후 재생으로 구분				
	6.8 포장재 사용량				
	6.9 유해화학물질 사용량. 유해화학물질로 구분되는 근거 명시				
	6.10 유해화학물질을 유해성이 적은 다른 원료로 대체하는 것과 같은 원료 대체 대상과 방안 및 목표수준 등		EN 2 조직외부의 소수에서 나온 폐기물(가공 또는 미가공)로써 재활용된 자재의 비율		EN 2 재생 자재 사용 비율
	6.11 생산공정에서 사용된 천연(야생)동식물의 종류,				
에너지	6.1 총에너지 사용량	에너지	EN 3 1차 에너지원별 직접 에너지 소비량	에너지	EN 3 1차 에너지원별 직접 에너지 소비량
	6.2 주요 종류별 전기사용량, 자가발전이 행해지는 경우에는 그 발전량		EN 4 간접 에너지 소비량(구매한 에너지의 생산.운반에 사용된 양)		EN 4 1차 에너지원별 간접 에너지 소비량
	6.3 재생가능에너지 사용이나 에너지 효율을 향상시키고자 하는 대응노력		EN17 재생가능한 에너지원사용과 에너지효율향상 이니셔티브		EN 5 절약 및 효율성 개선으로 절감한 에너지량
	6.4 연료총사용량. 차량용연료와 비차량용연료를 종류별로 구분		EN18 주요 제품(연단위 환산한 제품수명 기간동안 에너지 필요량)의 에너지 소비량		EN 6 에너지 효율적이거나 재생가능에너지 기반 제품/서비스 공급 노력 및 해당 사업을 통한 에너지 감축량
	6.5 기타 에너지 사용량		EN19 조직차원의 여행, 제품수명관리, 에너지 집약자재의 사용 등 기타간접(업스트림/다운스트림) 에너지 소비량		EN 7 간접 에너지 절약 사업 및 성과

	G1(2000)			G2(2002)			G3(2006)	
수질	6.12	총 물사용량	용수	EN 5	총 수자원 사용량	용수	EN 8	공급원별 총 취수량
				EN20	물의 사용에 의해 상당히 영향 받는 취수원과 관련된 생태계/서식지		EN 9	취수로부터 큰 영향을 받는 용수 공급원
	6.13	조직의 물 이용량에 따라 중대하게 영향을 받는 수질자원		EN21	연간재생 가능한 물에 대한 비율로 표시된 지하수와 지표수의 연간 소실량			
				EN22	물의 재활용과 재사용		EN10	재사용 및 재활용된 용수 총량 및 비율
토지 이용과 생물 다양성	6.32	소유토지, 임대토지, 관리토지 및 기타 보고실체에 의해 영향을 받는 토지에 대한 정보. 보고실체의 활동에 따라 영향을 받는 생태계의 서식지와 그 보존상태(예, 악화, 원상보존 등). 소유지 면적에 대한 포장면적의 비율	생물 다양성	EN 6	생물다양성이 풍부한 서식지내에 소유, 임대, 관리하는 부지 현황	생물 다양성	EN11	보호 구역 및 생물다양성 가치가 높은 구역 또는 주변지역에 소유, 임대, 관리하고 있는 토지의 위치 및 크기
	6.33	영업활동에 따른 생물서식지의 변화. 보호되거나 원상복구된 생물서식직 면적		EN 7	육지, 바다에서 생물의 다양성에 주요한 영향을 미치는 조직의 활동이나 제품 및 서비스에 대해 서술		EN12	보호 구역 및 생물다양성 가치가 높은 구역에서의 활동, 제품, 서비스로 인하여 생물다양성에 미치는 영향
				EN23	생산활동 등을 위한 소유, 리스, 관리되는 필지의 총량			
				EN24	구매 또는 리스된 땅 중에서 표면 투과성이 없는 땅의 비율			
	6.34	토지고유의 생태계와 생물보호와 복구를 위한 방안과 계획 및 목표수준		EN25	보호지 및 민감한 지역에 대한 활동과 운영의 영향		EN13	보호 또는 복원된 서식지
				EN26	사업 활동에서 야기된 자연서식지의 변화, 보호 및 복구되어야 할 서식지의 비율			
				EN27	원래의 생물 다양성과 오염지의 종의 보호와 복구를 위한 목표, 프로그램		EN14	생물다양성 관리 전략, 현행 조치 및 향후 계획
				EN28	사업활동에 영향 받은 지역 내부 서식지의 IUCN Red List(멸종위기동식물 명단)에 올라가 있는 종의 수			
	6.35	영업활동이 국립공원이나 생물보호구역, 세계유물등록지 등과 같은 보호구역에 미치는 영향		EN29	보호지 내지는 민감한 지역안이나 주변에서 현재 활동중이거나 활동을 계획하고 있는 사업단위		EN15	사업 영향 지역 내에 서식하고 있는 국제자연보호연맹(IUCN) 지정멸종 위기종(Red List)과 국가지정 멸종 위기 종의 수 및 멸종 위험도

	G1(2000)		G2(2002)		G3(2006)
	6.14	교통의정서에서 정의된 기준에 따라 지구온난화 정도를 CO_2상당량으로 환산한 온실효과가스의 배출량	EN 8	온실가스 배출(CO_2, CH_4, N_2O, HFCs, PFCs, SF_6)	EN16	직·간접 온실가스 총 배출량
	6.15	몬트리올의정서에서 정의된 기준에 따라 오존층 파괴 정도를 CFC-11상당량으로 환산한 오존층파괴물질의 배출량	EN30	다른 관련 있는 간접 온실가스 배출	EN17	기타 간접 온실가스 배출량
	6.16	폐기처분시킨 폐기물총량.			EN18	온실가스 감축사업 및 성과
배기 배수 폐기물	6.17	해당국가나 지역, 지방자치단체의 관련 법규에 따라 정의된 유형별로 제조공정이나 제품시장으로 회수되는 폐기물의 양	EN 9	오존파괴물질의 사용과 배출량	EN19	오존층 파괴 물질 배출량
	6.18	시설내부 외부에서의 폐기물 관리방법(예, 재생, 재활용, 반복제조)	EN10	형태별 NOx, SOx 및 기타 주요 대기 배출물	EN20	NOx, SOx 및 기타 주요 대기 오염물질 배출량
	6.19	해당 국가나 지역, 지방자치단체의 관련 법규에 따라 정의된 물질별로 토양에의 폐기물 배출량	EN11	형태별, 최종처리방법별(재활용, 소각, 매립 등) 총 폐기물의 양	EN21	최종 배출지별 총 폐수 배출량 및 수질
	6.20	시설내부 외부에서의 폐기물 관리방법(예, 소각, 매립 등)	EN31	바젤 협약 부속서 I, II, III, VIII에 규정된 모든 폐기물의 생산, 운송, 수입, 수출	EN22	형태 및 처리방법별 폐기물 배출량
					EN23	중대한 유해물질 유출 건수 및 유출량
	6.21	대기에의 오염배출량을 배출물질 종류별, 성질별로 구분하여 표시	EN12	종류별 중요 바다(수계) 폐기물의 양	EN24	바젤 협약 부속서 I, II, III, VIII에 규정된 폐기물의 운송/반입/반출/ 처리량 및 해외로 반출된 폐기물의 비율
	6.22	수계에 대한 폐수배출을 배출물질 종류별, 성질별로 구분하여┼표시	EN13	화학물질, 기름, 연료의 중대한 유출, 주변 환경에의 영향		
	6.23	배출물이 유입되는 수역에 대한 개요(예, 지하수, 호, 하천, 늪, 해양 등)	EN32	물과 유거수의 방류에 의해 중대한 피해를 입은 취수원과 관련 생태계/서식지	EN25	보고 조직의 폐수 배출로 인해 영향을 받는 수역 및 관련 서식지의 명칭, 규모, 보호 상태 및 생물다양성 가치

G1(2000) 좌측 라벨: 배기 배수 폐기물
G2(2002) 좌측 라벨: 배출물
G3(2006) 좌측 라벨: 대기 배출물 폐수 및 폐기물

G1(2000)			G2(2002)			G3(2006)		
공급자	6.25	유통망이나 아웃소싱을 원활하게 수행하기 위한 프로그램과 절차 가운데 환경적 요소에 대한 공급업체의 성과	공급자	EN33	지배구조와 경영시스템 섹션에 대한 대응에 설명된 프로그램과 절차의 환경관련 구성요소 대비 공급자의 성과			
	6.26	일반적으로 보급되고 있는 개별국가 혹은 국제적 규격을 준수하지 않은 횟수와 종류						
	6.27	이해관계자와의 협의를 통해 특정된 공급업자 문제(예, 산림보존, 유전자변형작물, 분쟁지역애서 생산된 석유 등). 이들 문제에 대처하기 위한 방안과 구체적인 계획도 포함						
제품과 서비스	6.28	(당해 기업이 생산 판매하는) 주요 제품과 서비스의 사용 및 폐기에 관련된 환경적 요소와 그 영향, 그리고 측정 가능하다면 그와 같은 영향에 대한 정량적, 정성적 예측치	제품과 서비스	EN14	주요 제품과 서비스의 중대한 환경적 영향 관련이 있는 곳을 설명/계량화	제품과 서비스	EN26	제품 및 서비스의 환경 영향 저감 활동과 성과
	6.29	제품과 서비스의 사용으로부터 비롯되는 잠재적인 악영향을 예방하거나 최소화하기 위한 방안과 구체적인 절차. 여기에는 제품에 대한 책임 있는 관리, 리콜, 수명주기관리 등을 포함		EN15	제품 사용기간의 종료시점에서 재생 가능한 제품들 무게의 퍼센티지와 실제 재생 비율		EN27	판매된 제품 및 관련 포장재의 재생 비율
	6.30	보고실체의 영업활동에 있어 경제적, 환경적, 사회적 측면과 관련한 광고와 라벨링 대책						
	6.31	사용후 회수된 제품 중량/수량 비율						
법규나 규칙의 준수	6.36	환경문제(예:대기, 수질 등)와 관련하여 존재하는 법규나 규칙 등의 위반으로 인한 벌금액과 그 내용을 영업활동이 수행되는 국가별로 설명	준수	EN16	모든 국제 선언문/협정/조약 및 환경 이슈와 관계된 국가, 준 국가, 지역 규정의 불이행(위반 건수와 벌금)	법규 준수	EN28	환경 법규 위반으로 부과된 벌금액 및 비금전적 제재 건수
수송	6.24	조직활동관련 운송활동(예, 출장, 종업원출퇴근, 제품배달, 운송장비 가동 등)에 대한 대상과 환경보존방안 및 목표수준 등	운송	EN34	물류에 사용된 운송의 중대한 환경영향	운송	EN29	제품 및 원자재 운송과 임직원 이동의 중대한 환경영향
			전체	EN35	형태별 전체 환경 비용 지출	전체	EN30	환경보호 지출 및 투자 총액

주) 밑줄 부분 지표는 추가지표를 의미(이하 동일)

사회적 성과(노동) 보고지표의 G1, G2, G3의 변화

G1(2000)			G2(2002)			G3(2006)		
경영 관리 의 질적 측면	6.60	종업원 정착률	고용	LA 1	지역/국가, 위상(고용/비고용), 고용형태별(정규/파트타임), 고용 계약(무한 기간, 유한 및 임시)별 인력분류. 다른 고용주(임시에이전시 파견 직원 또는 공동 고용관계에 있는 직원)에 연계된 보유 인력을 지역/국가별 파악	고용	LA 1	고용 유형, 고용 계약 및 지역별 인력 현황
	6.61	구인수 대비 응모자 수의 비율						
	6.62	종업원 교육에서 나타난 조직의 미래 비전 이해						
	6.63	경영의사결정에 있어 종업원의 참여 수준						
	6.64	사내외 설문조사를 통해 나타난 당해 조직의 순위		LA 2	지역/국가별 순 고용창출과 이직율		LA 2	직원 이직 건수 및 비율 (연령층, 성별 및 지역별)
	6.65	종업원의 직업만족도						
급료 와 복지 수당	6.69	국가별 법적최저임금 대비 실제 최저임금의 비율		LA12	법적으로 규정된 내용이상의 직원복리(예, 건강관리, 장애, 출산, 교육, 퇴직)		LA 3	임시직 또는 시간제 직원에게는 제공하지 않고 상근직 직원에게만 제공하는 혜택(주사업장별)
	6.70	지역별 생계비 대비 최저임금비율						
	6.71	종업원에게 제공된 건강 및 퇴직연금 수당						
결사 의 자유	6.82	업무현장에서 이루어지는 종업원과의 공개토론이나 고충처리방법. 전체 영업사무소나 영업점 소재국에서 이러한 활동이 이루어지는 비율	노사 관계	LA 3	지역별 독립 노조소속의 직원 또는 자발적 참여직원의 비율 또는 지역/국가별 단체협상 합의의 적용을 받는 직원 비율	노사 관계	LA 4	단체 교섭 적용 대상 직원 비율
	6.83	노동협약 위반에 따른 법적 대응 사례의 형태와 건수		LA 4	조직의 운영변화(예, 구조조정)에 대한 정보, 협의, 종업원과의 협상과 관련된 정책과 절차		LA 5	중요한 사업 변동 사항에 대한 최소 통보 기간(단체협약에의 명시 여부 포함)
	6.84	노동조합이 없는 사무소나 자회사에서의 노조결성 움직임에 대한 보고실체의 반응		LA13	의사결정 또는 경영, 기업, 지배구조에 공식적인 직원 참여를 위한 조항			

	G1(2000)			G2(2002)			G3(2006)	
보건과 안전			보건과 안전	LA5	산업재해, 질병기록과 통지 사례 및 ILO 해당 코드와의 관련성	보건과 안전	LA 6	노사 공동 보건 안전 위원회가 대표하는 직원 비율
	6.66	외부위탁종업원 등을 포함한 전 종업원의 건강과 안전에 관련된 사례		LA14	산업안전보건관리시스템을 위한 ILO가이드라인 준수 증거			
				LA 6	경영진과 종업원 대표로 구성된 공식 합동 보건안전위원회에 대한 설명 및 위원회에서 수용하는 종업원 비율		LA 7	부상, 직업병, 손실 일수, 결근 및 업무 관련 재해 건수(지역별)
	6.67	외부위탁종업원을 포함한 전 종업원의 평균적인 상해일수, 노동상해일수 및 결근율		LA15	작업 중 보건과 안전을 다루는 노조 또는 자발 노조 참여 직원과의 공식 합의에 대한 설명, 그러한 합의에 의해 커버되는 인력의 비중			
							LA 8	심각한 질병에 관해 직원 및 그 가족 그리고 지역주민을 지원하기 위한 교육, 훈련, 상담, 예방 및 위험관리 프로그램
	6.68	질병이나 상해를 예방하기 위한 종업원의 1인당 투자액		LA 7	표준 부상, 손실일수, 결근율과 작업관련 사상자수(하청 계약근로자 포함)			
				LA 8	HIV/AIDS 정책과 프로그램(작업장과 그 이상 대상) 설명		LA 9	노동조합과의 정식 협약 대상인 보건 및 안전 사항
교육훈련	6.75	연간 영업비에서 차지하는 교육훈련예산 비율	교육훈련	LA 9	직원 형태별 일인당 연평균교육시간	교육훈련	LA10	직원 형태별 일인당 연평균 교육시간
	6.76	의사결정에의 종업원 참가를 촉진하는 프로그램		LA16	직원들의 지속적인 고용가능성과 경력관리 지원 프로그램 설명		LA11	지속적인 고용과 퇴직직원 지원을 위한 직무교육 및 평생 학습 프로그램
	6.77	종업원의 평균교육연수 변화. 연수프로그램과 관련된 성과		LA17	기술관리 또는 평생교육을 위한 정책과 프로그램 구체적 명시		LA12	정기 성과평가 및 경력 개발 심사 대상 직원의 비율
차별대책	6.72	전체 최고경영자와 임원 및 중간관리자 가운데 여성이 차지하는 비율	다양성과 기회	LA10	동등 기회 정책과 프로그램, 준수를 위한 모니터링과 그 결과 설명(성희롱과 역차별 조치 등)	다양성과 기회	LA13	이사회 및 직원의 구성 현황(성, 연령, 소수계층 등 다양성 지표 기준)
	6.73	성차별과 관련한 소송빈도와 종류		LA11	고위 관리자 및 기업 지배구조 구성(남녀 구성비와 다양성 관련 지수 포함)		LA14	직원 범주별 남녀 직원간 기본급 비율
	6.74	소수민에 대한 조언지도 프로그램						

사회적 성과(인권) 보고지표의 G1, G2, G3의 변화

G1(2000)			G2(2002)		G3(2006)		
일반 지표	6.85	투자의사결정시 인권문제에 대한 공식적인 검토나 조사 실시	HR 1	모니터링 매커니즘과 그 결과를 포함하여 운영과 관련한 인권의 모든 측면을 다루는 정책, 가이드라인, 기업 구조·절차 설명		HR 1	인권 보호 조항이 포함되거나 인권 심사를 통과한 주요 투자 협약 건수 및 비율
	6.86	인권문제와 관련한 보고실체의 관행을 체계적으로 조사한 내용					
	6.87	인권침해행위로 제기된 사례의 건수와 종류 및 보고실체의 입장과 대응방안	<u>HR 8</u>	<u>사업운영과 관련된 모든 인권 측면에 관련된 정책과 관행에 대한 직원교육</u>			
공급 업체	6.92	공급업체 선정기준, 평가, 교육훈련, 감시 등을 포함한 유통망이나 아웃소싱을 원활하게 수행하기 위한 프로그램과 구체적인 절차 중 사회적 성과와 관련된 공급업체의 성과	전략 과 관리 HR 2	인권의 영향을 공급자와 계약자 선정을 포함하여 투자 및 조달 결정의 일부로 보는 증거	투자 및 조달 관행	HR 2	주요 공급업체 및 계약업체의 인권 심사 비율
	6.93	개별국가나 국제기구에 규정되어 일반화된 규격을 준수하지 않은 사례와 구체적인 내용	HR 3	공급사슬내의 인권 실적을 평가하고 다루기 위한 정책과 절차 설명		<u>HR 3</u>	<u>업무와 관련한 인권 정책 및 절차에 대한 직원 교육 시수(교육이수 직원 비율 포함)</u>
	6.94	아동노동 등과 같은 노동환경에 관한 계약당사자의 관찰 사례					
			차별 근절 HR 4	모니터링 시스템과 결과 포함 모든 차별관행을 예방하는 종합 정책과 절차/프로그램 설명	차별 금지	HR 4	총 차별 건수 및 관련 조치
			결사 및 단체 교섭 자유 HR 5	결사의 자유 및 정책이 해당지역 법에 무관하게 보편적으로 어느 정도나 적용될 수 있는지에 대한 범위 및 이 문제를 다루기 위한 절차와 프로그램에 대한 설명	결사 및 단체 교섭 자유	HR 5	결사 및 단체 교섭의 자유가 심각하게 침해될 소지가 있다고 판단된 업무분야 및 해당 권리를 보장하기 위한 조치
아동 노동	6.78	아동노동에 관한 법률 위반 사례	아동 노동 HR 6	ILO협정 138이 정한 아동노동을 배제하는 정책의 설명, 이러한 정책이 분명하게 진술되고 적용될 수 있는 범위. 이 문제를 다룰 절차와 프로그램(모니터링 시스템과 그 결과를 포함) 설명	아동 노동	HR 6	아동노동 발생 위험이 높은 사업 분야 및 아동노동 근절을 위한 조치
	6.79	아동노동 실태에 관한 독립된 기관의 평가 혹은 시상					

G1(2000)		G2(2002)			G3(2006)		
강제 노동	6.80 종업원으로부터 제기된 고충 처리 건수	강제 노동	HR 7	강제/강요 노동을 예방하 는 정책 설명: 이 정책이 분 명히 진술되고 적용될 수 있는 범위, 이 문제를 다룰 절차와 프로그램(모니터링 시스템과 그 결과 포함) 설 명 ILO협정 29번, 2항 참고	강제 노동	HR 7	강제 노동 발생 위험이 높 은 사업 분야 및 강제노동 근절을 위한 조치
	6.81 공급업체에 대한 자체감사를 통해 파악된 강제노동 건수		HR 9	항의관행에 대한 설명			
		징계 관행	HR10	보복금지 정책, 효과적이면 서도 비밀유지가 되는 직원 고충처리시스템의 설명			
안전 보장	6.90 특정기업의 국가별 위험평가 나 사무소 설치계획에 있어 안전 보장과 인권문제를 고 려한 사례	보안 관행	HR11	보안직원에 대한 인권 교육	보안 관행	HR 8	업무와 관련한 인권 정책 및 절차 교육을 이수한 보 안 담당자 비율
	6.91 공권력 행사로 인한 희생자 발생사례와 당해 희생자에 대한 보장이나 재활지원						
토착 주민 의 권리	6.88 토착주문 거주지역에서의 의사결정에 토착주민 대표 참여를 입증하는 내용	토착 주민 의 권리	HR12	토착주민의 니즈를 처리할 정책, 가이드라인, 절차의 설명	토착 주민 의 권리	HR 9	토착주민 권리 침해 건수 및 관련 조치
			HR13	합동으로 관리되는 커뮤니 티 고충처리 메커니즘/기관 설명			
	6.89 기업활동에 대한 토착주민의 항의 건수와 원인		HR14	로컬 커뮤니티에 재분배된 사업 영역에서 나오는 매출 비중			

사회적 성과(고객) 보고지표의 G1, G2, G3의 변화

G1(2000)			G2(2002)			G3(2006)		
제품과 서비스	6.95	주된 사업목적과 관련된 주요 상품이나 서비스의 사용(혹은 제공) 및 폐기와 관련하여 발생하는 주요 사회적 이슈와 그 영향. 가능하면 그와 같은 영향에 대한 정량적, 정성적 측정치도 포함	고객 보건 및 안전	PR 1	제품과 서비스 사용기간 동안 고객 건강과 안전유지 정책, 정책이 분명히 진술되고 적용될 수 있는 정도 및 문제처리위한 절차와 프로그램 설명	고객 보건 및 안전	PR 1	개선을 목적으로 제품 및 서비스의 건강 및 안전 영향을 평가한 라이프 사이클 상의 단계, 주요 제품 및 서비스의 해당 평가 실시 비율
				PR 4	고객 건강과 안전관련 규정위반 사례의 수와 그 형태, 위반을 사정하여 계산한 벌금액수 포함		PR 2	제품 및 서비스의 라이프 사이클 상에서 고객의 건강과 안전 영향 관련 규제 및 자발적 규칙 위반 건수(결과 유형별)
				PR 5	제품과 서비스의 안전과 고객 안전을 감독하고 규제하는 규제 또는 당국이 시인하는 민원제기 건수			
				PR 6	자발적 강령 준수, 제품 라벨 또는 사회와 환경 책임과 관련한 수상			
			제품과 서비스	PR 2	제품 정보와 라벨링 관련 정책, 절차, 경영시스템, 준수 메커니즘 설명	제품 및 서비스 라벨링	PR 3	절차상 필요한 제품 및 서비스 정보 유형, 그러한 정보 요건에 해당되는 주요 제품 및 서비스의 비율
							PR 4	제품 정보와 라벨링 관련 정책, 절차, 경영시스템, 준수 메커니즘 설명
				PR 7	제품 정보와 라벨링 관련 규정 미준수 사례의 수와 형태. 이러한 위반을 사정하여 계산한 벌금 포함		PR 5	제품/서비스 정보 및 라벨링 관련 규제 및 자발적 규칙 위반 건수(결과 유형별)
	6.96	소비자만족도		PR 8	고객만족관련 정책, 절차/관리시스템. 준수 메커니즘 설명, 고객만족도 측정 설문 결과 포함. 정책이 적용되는 지리적 위치 파악	마케팅 커뮤니케이션	PR 6	고객만족도 평가 설문 결과 등 고객 만족 관련 활동
			광고	PR 9	광고관련 표준, 정책, 절차/관리시스템, 준수 메커니즘 설명		PR 7	광고, 판촉, 스폰서십 등 마케팅 커뮤니케이션과 관련된 규제, 표준 및 자발적 규칙 위반 건수
				PR10	광고/마케팅 규정위반 횟수 및 유형			
			프라이버시 존중	PR 3	고객 프라이버시 관련 정책, 절차/관리 시스템, 준수 메커니즘 설명. 정책 적용되는 지역 파악	고객 개인 정보 보호	PR 8	고객 개인 정보 보호 위반 및 고객 데이터 분실과 관련하여 제기된 불만 건수
				PR11	고객 프라이버시 위반 관련 근거가 확실한 불만 건수			
						법규 준수	PR 9	제품 및 서비스 공급에 관한 법률 및 규제 위반으로 부과된 벌금 액수

사회적 성과(사회) 보고지표의 G1, G2, G3의 변화

G1(2000)	G2(2002)		G3(2006)	
지역사회	지역사회	SO 1	활동이 영향을 준 지역사회에 대한 영향 관리 정책에 대한 설명. 이 문제를 다루기 위한 절차와 프로그램(지역사회 이해관계자와 대화방식 파악 및 참여를 위한 절차 설명)	지역사회	SO 1	업무 활동의 시작·운영·종료 단계에서 지역사회 영향을 평가하고 관리하는 프로그램의 특성과 범위 및 실효성
	SO 4	사회, 윤리, 환경 성과와 관련한 수상 기록		
뇌물과 부패	SO 2	뇌물과 부패에 대한 정책, 절차/관리 시스템, 준수 매커니즘 설명. (OECD의 뇌물 금지협약 요구 조건을 조직이 어떻게 충족하는지에 대한 설명 포함)	부패	SO 2	부패 위험이 분석된 사업 단위의 수 및 비율
				SO 3	반부패 정책 및 절차에 대한 교육을 받은 직원의 비율
				SO 4	부패 사건에 대한 조치
정치자금 기부	SO 3	정치적 로비와 헌금 관리를 위한 정책, 절차/관리 시스템, 준수 매커니즘 설명	공공정책	SO 5	공공정책에 대한 입장, 공공 정책 수립 및 로비 활동 참여
	SO 5	정당과 정당 또는 후보에 자금을 대는 기관에 지불한 액수		SO 6	정당, 정치인 및 관련 기관에 대한 국가별 현금/현물 기부 총액
경쟁과 가격 결정	SO 6	독점금지규정과 관련한 사건에 대한 법원의 결정	경쟁 저해 행위	SO 7	부당 경쟁 행위 및 독점 행위에 대한 법적 조치 건수 및 그 결과
	SO 7	경쟁 저해 행위 예방을 위한 정책, 절차/관리 시스템, 준수 메커니즘 설명			
			법규준수	SO 8	법률 및 규제 위반으로 부과된 벌금 및 비금전적 제재 건수

경제적 성과 보고지표의 G1, G2, G3의 변화

G1(2000)		G2(2002)		G3(2006)	
수익	6.37 순이익			경제성과	EC 1	직접적인 경제적 가치의 창출과 배분 - 예: 수익, 영업 비용, 직원 보상, 기부, 지역사회투자, 이익잉여금, 자본비용, 세금 등
	6.38 영업이익			
	6.39 매출총이익	고객	EC 1 순매출	
			EC 2 지리적 위치에 따른 시장 분류	
	6.40 투자수익률			
	6.41 배당금	자본제공자	EC 6 대출이자별 분류된 자본제공자 분포, 미지급 우선 배당금 포함 모든 종류의 채권의 배당금별로 분류된 자금공급자의 분포	
	6.42 6.37-6.41의 지역별 성과		EC 7 기말 이익 잉여금의 증감	

G1(2000)			G2(2002)			G3(2006)	
						EC 2	기후 변화의 재무적 영향과 사업활동에 대한 위험과 기회
무형자산	6.43	장부상 총자본 대비 시가자본총액					
투자	6.44	인적자본					
	6.45	연구개발비					
	6.46	기타의 자본투자					
	6.47	부채비율					
임금복지수당	6.48	국가별 임금총액	종업원	EC 5	국가별 지역별 총 종업원수와 보상체계(임금, 연금, 다른 수당, 퇴직금)	EC 3	연금 지원 범위
	6.49	국가별 복지수당 총액					
노동생산성	6.50	직무별 노동생산성과 변화 추이					
세금	6.51	세무당국 총 세금 납부액		EC 8	국가별 모든 형태의 납세액 총합		
				EC 9	국가별 지역별 수취 보조금	EC 4	정부 보조금 수혜 실적
지역사회개발	6.52	직종별, 국가별 고용규모와 변화	공공분야			EC 5	주요 사업장의 현지 법정 최저 임금 대비 신입사원 임금비율
						EC 7	주요 사업장의 현지인 우선 채용 절차 및 현지 출신 고위 관리자 비율
	6.53	자선활동과 기부활동		EC10	현금과 현물 기부 기준 지역 사회, 민간 단체 등에 대한 기부		
공급업체	6.54	유통망이나 원활한 아웃소싱을 위한 프로그램과 절차 중 경제적 성과와 관련된 공급업체의 성과				시장지위	
	6.55	개별 국가가 국제기구에서 규정되어 일반화된 규격을 준수하지 않은 사례와 구체적인 내용					
	6.56	외부위탁사업의 종류, 성격 및 장소		EC11	조직과 국가별 공급업자 분류		
	6.57	외부제작 제품이나 외부수행 서비스의 규모	공급자	EC 3	구매한 제품, 자재, 서비스의 원가	EC 6	주요 사업장의 현지 구매 정책, 관행 및 비율
	6.58	공급업체와의 계약 이행성과 (예: 대금지급기일 준수)		EC 4	벌금을 제외하고 계약 조건대로 지불된 계약의 퍼센티지		
제품서비스	6.59	목적사업과 관련된 주요 상품이나 서비스의 사용(혹은 제공) 및 폐기와 관련하여 발생하는 주요 경제적 과제와 그 영향. 가능하다면 그와 같은 영향에 대한 정량적, 정성적 예측치도 포함	공공분야	EC12	비핵심 사업 인프라 개발에 쓰인 자금총액	간접경제효과	EC 8	공익을 우선한 인프라 투자 및 서비스 지원 활동과 효과(지원 형태구분 포함)
			간접경제효과	EC13	조직의 간접 경제 효과	EC 9	간접적인 경제적 파급효과에 대한 이해 및 설명 (영향의 범위 포함)

4. GRI - G3.1

GRI가 2006년 발표한 G3 지속가능성보고 가이드라인은 환경, 노동, 인권, 제품책임, 사회, 경제 등 다양한 측면의 지속가능성 보고지표를 포함하고 있지만 실제로 환경 및 경제 분야 이외 지표들의 측정가능성이 상대적으로 미흡하고, 또한 기업의 부정적인 정보도 균형 있게 보고하도록 촉구하는 데에는 어려움이 있었다. 글로벌 기업에게 가장 중요한 요소인 인력의 다양성 측면 또한 몇몇 지표에서만 단편적으로 요구되어 성별, 소수계층 등과 관련된 기업정책 및 실천활동을 심도 있게 보여주기에는 한계가 있었다.

이처럼 G3 지속가능성보고 가이드라인의 경우, 인권, 지역사회, 성별 분야 지표가 미흡한 것으로 판단되자 GRI는 노동, 인권 및 사회관련 지표를 보완한 G3.1버전을 2011년 3월 23일 발표하였다.[37] G3.1 지속가능성보고 가이드라인은 Working Group의 연구결과에 따라 노동, 인권 및 사회 분야가 중점적으로 보완되어 일부 지표들이 수정되거나 새롭게 추가되었다. 특히 기존 G3 지속가능성보고 가이드라인 내 총 10개 지표프로필의 지배구조 4.1, 4.3, 4.7 및 성과지표 EC5, LA1, LA7, LA10, LA12, LA13, LA14 정보를 성별로 구분하도록 수정하고, G3.1의 지배구조 10개 지표 역시 G3의 10개 지표를 그대로 유지하되 내용상으로 상세하게 보고하도록 보완하였다.

⫸ G3.1의 추가지표 ⫷

자료원: 하현주(2011), GRI G3.1 가이드라인 개정의 주요내용, Eco-Frontier, Sutainability Issue Papers, 제122호 ECO201105

---

37) Global Reporting Initiative, Sustainability Reporing Guidelines, Version3.1, 2011

G3.1 지속가능성보고 가이드라인의 5개 추가 성과지표 주요 내용

구분	지표	지표 내용
노동	LA15	출산휴가 이후 성별 업무복귀율 및 유지율
인권	HR10	인권 관련 검토 및 영향평가의 대상이 된 사업장의 수와 비율
	HR11	공식 고충처리 메커니즘을 통해 접수·처리·해결된 인권관련 고충건수
사회	SO 9	잠정적 또는 실제로 지역사회에 부정적인 영향을 미치고 있는 사업장
	SO10	지역사회에 부정적 영향을 미치고 있는 사업장에 적용된 예방/완화 조치

자료원: 하현주(2011), GRI G3.1 가이드라인 개정의 주요내용, Eco-Frontier, Sutainability Issue Papers, 제122호 ECO201105

G3.1 지속가능성보고 가이드라인의 지배구조 보고지표

지표	지표 내용
4.1	전략수립 또는 조직감독 같은 특정 작업을 담당하는 최고위 산하 위원회를 포함한 조직의 거버넌스 구조 최고위 거버넌스 기구 및 위원회의 권한과 구성(독립위원 및/또는 비상임위원 포함)을 설명하고, 각 개인의 지위와 경제적, 사회적 및 환경적 성과에 대한 직접적인 책임을 표시 조직의 최고 거버넌스 기구와 위원회 내에서 성별에 따른 개인의 비율을 연령그룹, 소 그룹 구성원 및 기타 다양성 지표별로 분류하여 보고 LA13에 대한 지표 프로토콜에서 연령 및 소수그룹의 정의를 참조하고, 4.1에 따라 보고된 정보는 LA13에 대해 보고된 정보와 상호 참조
4.2	최고 거버넌스 기구의 의장의 집행임원 여부 표시(그렇다면 조직내에서의 역할 및 이러한 배치이유 설명).
4.3	단일 이사회 구조의 경우 독립 및/또는 비상임 구성원인 최고 거버넌스 기구 구성원의 수와 성별을 명시 조직이 '독립'과 '비집행'을 어떻게 정의하는지 기술(이는 단일 이사회 구조를 가진 조직에만 적용)
4.4	주주와 종업원이 최고 거버넌스 기구에 권고 또는 지시를 제공하는 메커니즘(다음 프로세스 참조 포함) • 소액 주주가 최고 거버넌스 기구에 의견을 표명할 수 있도록 하는 주주결의 또는 기타 메커니즘의 사용 • 최고 거버넌스 기구에 '직장평의회'와 종업원대표 같은 공식적 대표기관과 노사관계 정보를 알리고 자문 보고 기간 동안 이러한 메커니즘을 통해 제기된 경제, 환경 및 사회적 성과와 관련된 주제를 파악
4.5	최고 거버넌스 기구 구성원 및 임원에 대한 보상(퇴사준비 포함)과 조직성과(사회·환경 성과 포함)간 연결.
4.6	이해 충돌을 방지하기 위해 최고 거버넌스 기구가 시행 중인 프로세스
4.7	성별 및 기타 다양성 지표 포함 최고 거버넌스 기구와 산하 위원회 구성, 자격 및 전문성을 결정하는 과정.
4.8	경제적, 환경적, 사회적 성과와 이행 상태와 관련된 사명 또는 가치관 선언문, 행동강령 및 원칙 • 다른 지역 및 부서/단위에 있는 조직에도 적용되는가? • 국제적으로 합의된 표준과 관련되는가?
4.9	국제적으로 합의된 표준, 행동강령 및 원칙에 대하여 관련 위험과 기회, 수용 또는 준수를 포함하여 경제적, 환경적, 사회적 성과에 대한 조직기구의 파악과 경영을 감독하는 최고 거버넌스 기구의 절차 확인 최고 거버넌스 기구가 지속가능성 성과를 평가하는 빈도 확인
4.10	특히 경제적, 환경적, 사회적 성과와 관련하여 최고 거버넌스 기구의 자체성과를 평가하기 위한 프로세스

자료원: Global Reporting Initiative, Sustainability Reporing Guidelines, Version3.1, 2011

5. GRI - G4

GRI가 2013년 5월에 발표한 G4 버전[38]은 G3.1 버전에 비해 다음과 같이 변경되었다.[39]

① GRI가 지속가능성보고 가이드라인 공시지표의 적용 항목수에 따라 A+, A, B+, B, C+, C의 등급을 매겨주던 기존방식을 폐지하고, 다음의 전제조건 충족시 최고의사결정기구나 CEO 주재로 보고서에 'G4에 따라in accordance with G4' 작성하였음을 선언하는 형태로 변경하였다.

- 모든 조직의 프로필 공시항목 공개
- 중대성 이슈Material Aspects의 전 항목과 관련된 경영방식 공시Disclosure on Management Approach, DMA 및 핵심지표Core Indicator 공시
- 해당 GRI 산업별 부가지표Sector Supplements에 포함되는 모든 항목 공시
- GRI 가이드라인에 따른 GRI Content Index
- 지속가능성 보고서가 "가이드라인G4에 따라in accordance with" 작성되었음을 증명하는 최고의사결정기구 또는 CEO의 선언문

② 공급업체와 같은 보고조직의 업스트림 집단upstream entity과 유통업체나 고객 등 다운스트림 집단downstream entity 중 통제력이나 영향력을 행사하는 집단을 보고 범주로 하던 방식에서 가치사슬 전반에 효과Impacts throughout the entire value chain를 미치는 가치사슬 내 집단이나 영역을 보고의 범주 또는 경계로 삼도록 변경하였다.

③ 경영방식 공시 부문은 경제EC/환경EN/사회Social의 세 카테고리로 구성되어 있으며, 환경EN 카테고리와 사회Social 카테고리내 노동, 인권, 사회 부문에 대한 스크리닝과 평가Screening & Assessment 및 개선Remediation이라는 두가지 사항이 신설되고, 사회Social 카테고리는 노동여건 및 관행LA, 인권HR, 사회SO, 제품에 대한 책임PL 등 네가지 부문으로 나뉘었다. 또한 노동부문에 양성평등 보상이 추가되고, 경제EC 카테고리에는 조달관행Procurement Practices이 추가되어, G3.1에서 34개 측면으로 이뤄진 것에 비해 G4는 44개 측면으로 늘어났다.

④ G3.0과 G3.1에서 10개 지표였던 지배구조 부문이 G4에서 22개 지표로 확대되어 구체적인 공시요건을 제시하였으며, G4에서 윤리와 청렴성 지표 3개를 신설하여 조직의 윤리경영을 강화하였다.

---

38) Global Reporting Initiative, G4 지속가능성보고 가이드라인, 2013, 한국어판번역: 한국생산성본부
39) 안상아(2012), "지속가능경영보고서, G3.1체제에서 G4체제로의 전환", CGS Report 19호, pp.12-15

G4 지속가능성보고 가이드라인 지배구조 보고지표

구분	지표	지표 내용
지배구조		거버넌스의 구조와 구성: 조직의 거버넌스 구조 및 그 구성에 대한 투명성은 관련기관 또는 개인의 책임보장을 위해 중요하다. 이 표준공개는 조직의 목적을 위해 최고 거버넌스 기구를 어떻게 설립하고 구성하는지, 그리고 그 목적이 경제적, 환경적, 사회적 차원과 어떻게 관련되는지 설명한다.
	G4-34	a. 최고 거버넌스 기구의 위원회를 포함한 조직의 거버넌스 구조를 보고한다. 또한 경제적, 환경적, 사회적 영향에 대한 의사결정 책임이 있는 위원회를 파악한다.
	G4-35	a. 최고 거버넌스 기구가 고위 임원 및 기타 종업원에게 경제적, 환경적, 사회적 과제에 대한 권한을 위임하는 절차를 보고한다.
	G4-36	a. 조직내 임원인사나 경제적, 환경적, 사회적 과제를 책임지는 인사가 임명되어 있는지 보고한다. 또한 그러한 직위 담당자가 최고 거버넌스 기구에 직접 보고할 수 있는 시스템이 있는지 보고한다.
	G4-37	a. 경제적, 환경적, 사회적 과제에 관해 이해관계자와 최고 거버넌스 기구간의 협의과정을 보고한다. 협의가 위임된 경우 누구에게 위임되었는지 최고 거버넌스 기구에 대한 피드백 절차를 설명한다.
	G4-38	a. 최고 거버넌스 기구와 그 위원회의 구성을 다음 항목에 따라 보고한다: • 상임 또는 비상임　　　• 독립성　　　• 거버넌스 기구 임기 • 각 개인의 다른 주요 직위 및 업무 수와 그 업무의 성격 • 성별　　　• 대표자가 불충분한 사회집단의 구성원 • 경제적, 환경적, 사회적 영향 관련 역량　　　• 이해관계자 대표
	G4-39	a. 최고 거버넌스 기구의 의장이 임원의 직위를 겸하는지에 대해 보고한다 (겸하는 경우에는 조직의 경영에 대한 그의 역할, 그리고 이러한 겸직의 이유를 밝힌다).
	G4-40	a. 최고 거버넌스 기구 및 산하위원회의 임명과 선정 절차, 그리고 아래 사항을 포함한 최고 거버넌스 기구 구성원의 임명 및 선정 기준을 보고한다: • 다양성의 고려 여부 및 그 방법 • 독립성의 보장 여부 및 그 방법 • 경제적, 환경적, 사회적 토픽에 관련된 전문지식과 경험의 고려 여부 및 그 방법 • 이해관계자들의(주주 포함) 참여 여부 및 그 방법
	G4-41	a. 최고 거버넌스 기구가 이해관계 상충을 방지하고 관리하는 프로세스에 대해 보고한다. 이해관계상충 사항에 대해 최소한 아래의 사항을 포함하여 이해관계자들에게 공개한다: • 이사회 구성원의 겸직사항 • 공급업체 및 다른 이해관계자와 상호주식의 보유 • 지배주주의 존재 • 관련 당사자의 공개자료
	G4-42	a. 최고 거버넌스 기구와 고위 임원이 경제적, 환경적, 사회적 영향과 관련된 조직의 목적, 가치 또는 미션, 전략, 정책, 목표 등을 개발, 승인, 개선하는 데 어떤 역할을 하는지 보고한다.
		목적, 가치, 전략 수립에 관한 최고 거버넌스 기구의 역할: 최고 거버넌스 기구는 조직의 성격을 설정하고, 조직의 목적, 가치, 전략을 결정하는 데 있어 중요한 역할을 담당한다.

구분	지표	지표 내용
	G4-43	a. 최고 거버넌스 기구의 경제적, 환경적, 사회적 과제에 대한 집단지식을 개발하고 강화하기 위한 조치를 보고한다.
	G4-44	a. 경제적, 환경적, 사회적 토픽의 관리방식에 대한 최고 거버넌스 기구의 성과평가를 위한 절차를 보고한다. 또한 이러한 평가가 독립적으로 수행되는지 여부와 수행 빈도, 그리고 조직이 자체적으로 평가를 수행하는지 보고한다. b. 경제적, 환경적, 사회적 토픽의 관리방식에 대한 최고 거버넌스 기구의 성과평가에 대한 대응조치를 보고한다(최소한 구성원과 조직관행의 변화에 관한 내용을 포함시킨다).

위험관리에 관한 최고 거버넌스 기구의 역할: 이 표준공개는 최고 거버넌스 기구의 위험관리 프로세스에 대한 책임과 전반적 효과에 대해 설명한다. 최고 거버넌스 기구와 고위 임원이 보다 장기적이고 광범위한 관점에서 위험요인을 고려하여 전략수립에 반영하는지 여부는 거버넌스에 관한 중요한 공개내용이다.

구분	지표	지표 내용
	G4-45	a. 경제적, 환경적, 사회적 영향과 위험 및 기회를 파악·관리하는데 최고 거버넌스 기구가 어떤 역할을 하는지 보고한다. 또한 실사 시행과정에서 최고 거버넌스 기구가 어떤 역할을 하는지 보고한다. b. 최고 거버넌스 기구가 이해관계자와의 협의과정을 거쳐 경제적, 환경적, 사회적 영향과 위험 및 기회를 파악하고 관리하는지 보고한다.
	G4-46	a. 최고 거버넌스 기구가 경제적, 환경적, 사회적 토픽에 대한 조직의 위험관리 프로세스를 검토할 때 어떤 역할을 하는지 보고한다.
	G4-47	a. 최고 거버넌스 기구가 경제적, 환경적, 사회적 영향과 위험 및 기회에 대한 검토 빈도를 보고한다.

지속가능성보고에 관한 최고 거버넌스 기구의 역할: 이 표준공개는 조직이 지속가능 공개자료를 개발하고 승인하는 과정에서 최고 거버넌스 기구가 관여하는 정도를 보여주며, 재무보고의 과정 및 어느정도 수준으로 함께 진행되는지를 보여준다.

구분	지표	지표 내용
	G4-48	a. 조직의 지속가능성보고서를 공식적으로 검토하고 승인하며, 중대 측면이 모두 포함되어 있는지 확인하는 최고 위원회 또는 직위에 대해 보고한다.

경제적, 환경적, 사회적 성과평가에 관한 최고 거버넌스 기구의 역할: 이 표준공개는 경제적, 환경적, 사회적 토픽에 대한 조직성과를 모니터링하고 대응하는 방식에 대해 최고 거버넌스 기구가 어떤 방식으로 관여하는지 나타낸다. 경제적, 환경적, 사회적 성과는 주요 위험과 기회를 나타내는 것으로서 최고 거버넌스 기구는 필요한 경우 이에 대한 모니터링과 처리가 확실하게 진행되도록 해야 한다. 또한 조직의 주요사항을 최고 거버넌스 기구에 보고하는 절차에 대해 기술한다.

구분	지표	지표 내용
	G4-49	a. 중요 사항을 최고 거버넌스 기구에 보고하는 절차에 대해 보고한다.
	G4-50	a. 최고 거버넌스 기구에 보고된 주요사항의 성격과 보고횟수, 그리고 이를 다루고 해결하기 위한 제도에 대해 보고한다.

보수와 인센티브: 이 표준공개는 보수제도가 조직의 전략적 목표를 수행하는데 도움이 되고 이해관계자들의 관심사항에 합치하며 또한 최고 거버넌스 기구 구성원, 고위 임원, 근로자의 채용, 동기부여, 근무유지를 가능하도록 보장하기 위해 수립된 조직의 보수정책에 초점을 둔다.

구분	지표	지표 내용
	G4-51	a. 다음의 보수유형별로 최고 거버넌스 기구와 고위 임원에 대한 보수정책을 보고한다: • 고정급여와 변동급여 • 보너스 또는 채용 인센티브 지급 • 퇴직급여 • 임원보수 환수금 • 최고 거버넌스 기구, 고위 임원, 기타 종업원별 퇴직급여제도(이들 간의 복리후생과 기여율의 차이를 포함하여 보고) b. 보수 정책상의 성과기준이 최고 거버넌스 기구 및 고위 임원의 경제적, 환경적, 사회적 목표와 어떠한 관련이 있는지 보고한다.
	G4-52	a. 보수결정 절차에 대해 보고한다. 보수자문위원이 보수결정에 관여하는지, 경영과 독립적으로 수행하는지에 대해 보고한다. 또한 보수자문위원이 조직과 기타 어떠한 관계를 맺고 있는지 보고한다.
	G4-53	a. 보수와 관련하여 이해관계자의 견해를 어떻게 수렴하고 참작하는지 보고한다. 여기에는 보수정책에 대한 투표결과와 보수정책에 대한 제안이 포함된다(이러한 제도가 존재하는 경우).
	G4-54	a. 주요사업장이 있는 국가별로 전체 종업원(최고 연봉자 제외) 연간 총 보상의 중앙값과 대비한 조직 최고 연봉자의 연간 총 보상비율을 보고한다.
	G4-55	a. 주요사업장이 있는 국가별로 전체 종업원(최고 연봉자 제외) 연간 총 보상 증가율의 중앙값과 대비한 조직 최고 연봉자의 연간 총 보상 증가율 비율을 보고한다.
윤리와 청렴성	G4-56	a. 조직의 가치, 원칙, 표준 그리고 행동강령, 윤리강령과 같은 행동규범에 대해 보고한다.
	G4-57	a. 윤리 및 법규준수 행위와 조직의 청렴성 문제에 대한 내외부의 자문 메커니즘에 대해 보고한다(안내 또는 상담서비스 등).
	G4-58	a. 비윤리적이거나 불법적인 행위, 그리고 조직의 청렴성 문제 등을 신고할 수 있는 조직의 내외부 제도에 대해 보고한다(계통보고, 내부고발제도, 핫라인 등).

자료원: Global Reporting Initiative, G4 지속가능성보고 가이드라인, 2013

‖ G4 지속가능성보고 가이드라인의 주요 내용 ‖

서문

1. GRI 지속가능성보고 가이드라인의 목적

2. 가이드라인 사용법
2.1 가이드라인
2.2 지속가능성보고서 작성을 위한 가이드라인 사용 방법: 단계별 안내
2.3 통지 요청

3. 가이드라인에 '부합in accordance'하는 지속가능성보고서 작성 기준
3.1 기준
3.2 참조를 활용한 필수 표준공개 보고
3.3 가이드라인에 '부합'하는 보고서에 대한 사항

3.4 가이드라인에 '부합'하지 않는 보고서에 대한 사항

3.5 G4 가이드라인으로 전환

4. 보고원칙

4.1 보고서 내용 결정에 관한 원칙

4.2 보고서 품질 결정에 관한 원칙

5. 표준공개

5.1 일반표준공개

전략 및 분석

조직 프로필

파악된 중대측면과 경계

이해관계자 참여

보고서 프로필

지배구조

윤리와 청렴성

5.2 특정표준공개

경영접근방식공개 DMA

지표

- 범주: 경제
- 범주: 환경
- 범주: 사회
- 하위범주: 노동관행 및 양질의 일자리
- 하위범주: 인권
- 하위범주: 사회
- 하위범주: 제품책임

6. 관련 참조

6.1 통합보고와 지속가능성보고의 관계

6.2 외부 검증

6.3 공급망 관련 표준공개

6.4 전략, 위험, 기회 관련 표준공개

6.5 산업별 공개

6.6 유엔글로벌콤팩트 '10대 원칙', 2000 연결

6.7 OECD 다국적 기업 MNEs 가이드라인, 2011 연결

6.8 유엔 '기업과 인권에 관한 지침 원칙', 2011 연결

6.9 보고서 내용 결정 과정 - 요약

7. 핵심 용어 정의

자료원: Global Reporting Initiative, G4 지속가능성보고 가이드라인, 2013

6. GRI StandardsGRI 표준

　GRI는 2016년 10월 19일 제5판으로서 국제표준인 'GRI StandardsGRI 표준'를 발표하였으며[40], 2018년 7월 1일부터는 GRI Standards를 반드시 적용하도록 하였다.[41]

- GRI Standards의 주요 변화: '모듈화 구조 사용', '내용과 용어의 명확화', 'GRI G4 내용 일부 수정' 등으로 기존 GRI G4에 따라 보고하는 조직에게는 영향이 크지 않다.[42]
- 구성: 36개의 표준과 별도 용어사전으로 이뤄졌으며, 36개 표준은 모든 조직에 적용되는 3개의 공통표준과 경제·사회·환경에 걸친 33개의 특정주제표준으로 구분된다.[43]
- 지배구조 지표: GRI G4의 22개 지표를 그대로 유지하였으며 보고지표별로 명칭을 부여하고 내용을 가다듬어 사용자가 내용을 쉽게 인지하도록 하였다.
- 윤리와 청렴성 지표: GRI G4의 3개 지표를 2개 보고지표로 줄여서 공시하도록 하였다.

▎ GRI Standards 지속가능성보고 가이드라인 지배구조 보고지표 ▎

구분	번호	지표	지표 내용
지배구조	Disclosure 102-18	지배구조	a. 최고 거버넌스 기구의 위원회를 포함한 조직의 거버넌스 구조 b. 경제적, 환경적, 사회적 주제에 대한 의사결정을 담당하는 위원회
	Disclosure 102-19	권한위임	a. 최고 거버넌스 기구가 고위 임원 및 기타 근로자에게 경제적, 환경적, 사회적 토픽에 대한 권한을 위임하는 절차
	Disclosure 102-20	경제적, 환경적, 사회적 주제에 대한 경영진의 책임	a. 조직 내에 임원급 인사나 경제적, 환경적, 사회적 토픽을 책임지는 인사가 임명되어 있는가 b. 그러한 직위에 있는 자가 최고 거버넌스 기구에 직접 보고할 수 있는 시스템이 있는가
	Disclosure 102-21	경제적, 환경적, 사회적 주제에 대한 자문하는 이해관계자	a. 경제적, 환경적, 사회적 토픽에 관해 이해관계자들과 최고 거버넌스 기구가 협의하는 과정 b. 협의가 위임되어 있는 경우에는 어디에 또는 누구에게 위임되어 있는지, 그리고 최고 거버넌스 기구에 대한 피드백 방법

---

40) Global Reporting Initiative, CONSOLIDATED SET OF GRI SUSTAINABILITY REPORTING STANDARDS, 2018

41) 서지윤(2017.6.4.), GRI사회보고기준, G4에서 Standards로 바뀐다, 지속가능저널

42) 한국표준협회(2018.1.), GRI Standards: GRI G4에서 GRI 표준으로

43) 송은하(2018.1.15), EU기업들 올해부터 비재무 정보 공시 쏟아낸다, 뉴스토마토

구분	번호	지표	지표 내용
	Disclosure 102-22	최고 거버넌스 기구 및 산하 위원회 구성	a. 최고 거버넌스 기구와 그 위원회의 구성 ⅰ. 상임 또는 비상임 ⅱ. 독립성 ⅲ. 거버넌스 기구의 임기 ⅳ. 각 개인의 다른 중요한 직위 및 업무 수와 그 업무의 성격 ⅴ. 성별 ⅵ. 대표자가 불충분한 사회집단의 구성원 ⅶ. 경제적, 환경적, 사회적 영향 관련 역량 ⅷ. 이해관계자 대표
	Disclosure 102-23	최고 거버넌스 기구의 위원장	a. 최고 거버넌스 기구 의장이 임원 직위를 겸하는지에 대해 보고한다 b. 겸하는 경우, 조직의 경영에 대한 역할과 겸직의 이유를 기술한다.
	Disclosure 102-24	최고 거버넌스 기구 지명 및 선정	a. 최고 거버넌스 기구 및 그 산하위원회의 임명과 선정 절차 b. 아래 사항의 고려 여부와 방법을 포함해 최고 거버넌스 기구 구성원의 임명 및 선정 기준 ⅰ. 이해관계자(주주 포함) 참여 ⅱ. 다양성 고려 ⅲ. 독립성 고려 ⅳ. 경제적, 환경적, 사회적 토픽관련 전문지식과 경험
	Disclosure 102-25	이해충돌	a. 최고 거버넌스 기구가 이해관계 상충을 방지하고 관리하는 프로세스 b. 이해관계 상충사항을 최소한 아래사항 포함 이해관계자에 공시 여부 ⅰ. 이사회 구성원의 겸직사항 ⅱ. 공급업체 및 다른 이해관계자와 상호주식의 보유 ⅲ. 지배주주의 존재 ⅳ. 관련 당사자의 공시
	Disclosure 102-26	목적, 가치, 전략 수립에 있어 최고 거버넌스 기구의 역할	a. 최고 거버넌스 기구와 고위 임원이 경제적, 환경적, 사회적 영향과 관련된 조직의 목적, 가치 또는 미션, 전략, 정책, 목표 등을 개발, 승인, 개선하는 데 어떤 역할을 하는가
	Disclosure 102-27	최고 거버넌스 기구에 대한 집단지식	a. 최고 거버넌스 기구의 경제적, 환경적, 사회적 토픽에 대한 집단지식을 개발하고 강화하기 위한 측정
	Disclosure 102-28	최고 거버넌스 기구의 성과 평가	a. 경제적, 환경적, 사회적 토픽의 관리방식에 대한 최고 거버넌스 기구의 성과를 평가하기 위한 프로세스 b. 이러한 평가가 독립적으로 수행되는지 여부와 수행 빈도 c. 조직이 자체적으로 평가를 수행하는지 여부 d. 경제적, 환경적, 사회적 토픽의 관리방식에 대한 최고 거버넌스 기구의 성과평가 대응조치, 최소한 구성원과 조직관행 변화 내용을 포함
	Disclosure 102-29	경제적, 환경적, 사회적 영향 파악과 관리	a. 경제적, 환경적, 사회적 영향과 위험 및 기회 파악과 관리에 최고 거버넌스 기구의 역할, 실사 시행과정에서 최고 거버넌스 기구의 역할 포함 b. 최고 거버넌스 기구가 이해관계자 협의과정을 거쳐 경제적, 환경적, 사회적 영향, 위험과 기회를 파악하고 관리하는지 여부
	Disclosure 102-30	리스크 관리 프로세스의 효과	a. 경제적, 환경적, 사회적 토픽에 대한 조직의 위험관리 프로세스를 검토할 때 최고 거버넌스 기구의 역할

구분	번호	지표	지표 내용
	Disclosure 102-31	경제적, 환경적, 사회적 주제 검토	a. 경제적, 환경적, 사회적 영향과 위험 및 기회에 대해 검토하는 최고 거버넌스 기구의 빈도
	Disclosure 102-32	지속가능성 보고에 대한 최고 거버넌스 기구의 역할	a. 조직의 지속가능성보고서를 공식 검토하고 승인하며, 중대 측면이 모두 포함되어 있는지를 확인하는 최고 위원회 또는 직위
	Disclosure 102-33	심각한 문제에 대한 의사소통	a. 중요 사항을 최고 거버넌스 기구에 보고하는 프로세스
	Disclosure 102-34	심각한 문제의 본질과 총 건수	a. 최고 거버넌스 기구에서 의사소통된 심각한 사항의 총 횟수와 본질 b. 심각한 사항을 다루고 해결하기 위한 메커니즘
	Disclosure 102-35	보수 정책	a. 다음 보수유형별 최고 거버넌스 기구와 고위 임원에 대한 보수정책 　i. 고정급여와 변동급여, 성과급, 주식기반 보수, 보너스, 후배주(deferred shares) 　ii. 사인온 보너스(sign-on bonus) 및 채용 인센티브 지급 　iii. 퇴직급여　　iv. 임원보수 환수금 　v. 퇴직급여제도, 최고 거버넌스 기구, 고위 임원, 기타 종업원별 복리후생과 기여율의 차이를 포함 b. 보수 정책상의 성과 기준이 최고 거버넌스 기구 및 고위 임원의 경제적, 환경적, 사회적 목표와의 관련성
	Disclosure 102-36	보수결정 프로세스	a. 보수결정 절차 b. 보수자문위원의 보수결정 관여 및 경영과 독립적으로 수행하는 여부 c. 보수자문위원이 조직과 기타 어떠한 관계를 맺고 있는지 설명
	Disclosure 102-37	보수에 대한 이해관계자의 참여	a. 보수와 관련하여 이해관계자의 견해를 어떻게 수렴하고 참작하는가 b. 보수정책과 제안에 대한 투표결과(이러한 제도가 존재하는 경우)
	Disclosure 102-38	연간 총 보수 비율	a. 주요사업장이 있는 국가별로 전체 종업원(최고 연봉자 제외) 연간 총 보수의 중앙값 대비 조직 최고 연봉자의 연간 총 보상 비율
	Disclosure 102-39	연간 총 보수 비율 증가 비율	a. 주요사업장이 있는 국가별로 전체 종업원(최고 연봉자 제외) 연간 총 보수 증가율의 중앙값 대비 조직 최고 연봉자의 연간 총 보상 증가율
윤리와 청렴성	Disclosure 102-16	가치, 원칙, 표준 및 행동규범	a. 조직의 가치, 원칙, 표준 그리고 행동강령에 대해 기술
	Disclosure 102-17	윤리에 관한 조언과 관심사 메커니즘	a. 다음에 대한 내·외부 메커니즘에 대하여 기술 　i. 윤리적 행위와 법규준수 행위, 조직의 청렴성에 대한 자문 구하기 　ii. 비윤리적 행위와 불법적 행위, 조직의 청렴성에 대한 관심사 보고

자료원: Global Reporting Initiative, CONSOLIDATED SET OF GRI SUSTAINABILITY REPORTING STANDARDS, 2018

[보편적 표준]

[GRI 101: 기초 2016]

GRI 지속가능성보고 배경
GRI 지속가능성보고 표준 개요
GRI 표준의 사용

보고원칙
지속가능성보고를 위한 GRI 표준 활용
GRI 표준 사용 관련 요청

[GRI 102: 일반 공시 2016]

1. 조직 프로필
Disclosure 102-1 조직명
Disclosure 102-2 활동, 브랜드, 제품 및 서비스
Disclosure 102-3 본사 소재지
Disclosure 102-4 사업장 위치
Disclosure 102-5 소유권과 법적 양식
Disclosure 102-6 참여한 시장
Disclosure 102-7 조직규모
Disclosure 102-8 종업과 기타 노동자에 대한 정보
Disclosure 102-9 가치사슬
Disclosure 102-10 조직과 가치사슬에 대한 중대한 변화
Disclosure 102-11 예방 원칙 또는 접근방법
Disclosure 102-12 외부의 이니셔티브
Disclosure 102-13 협회의 회원자격

2. 전략
Disclosure 102-14 고위 의사결정권자의 선언문
Disclosure 102-15 주요한 영향, 리스크 및 기회

3. 윤리와 청렴성
Disclosure 102-16 가치, 원칙, 표준 및 행동규범
Disclosure 102-17 윤리에 관한 조언과 관심사 메커니즘

4. 지배구조

Disclosure 102-18 지배구조

Disclosure 102-19 권한위임

Disclosure 102-20 경제적, 환경적, 사회적 주제에 대한 경영진의 책임

Disclosure 102-21 경제적, 환경적, 사회적 주제에 대한 자문하는 이해관계자

Disclosure 102-22 최고 거버넌스 기구 및 산하 위원회 구성

Disclosure 102-23 최고 거버넌스 기구의 위원장

Disclosure 102-24 최고 거버넌스 기구 지명 및 선정

Disclosure 102-25 이해충돌

Disclosure 102-26 목적, 가치, 전략 수립에 있어 최고 거버넌스 기구의 역할

Disclosure 102-27 최고 거버넌스 기구에 대한 집단지식

Disclosure 102-28 최고 거버넌스 기구의 성과 평가

Disclosure 102-29 경제적, 환경적, 사회적 영향 파악과 관리

Disclosure 102-30 리스크 관리 프로세스의 효과

Disclosure 102-31 경제적, 환경적, 사회적 주제 검토

Disclosure 102-32 지속가능성 보고에 대한 최고 거버넌스 기구의 역할

Disclosure 102-33 심각한 문제 의사소통

Disclosure 102-34 심각한 문제의 본질과 총 건수

Disclosure 102-35 보수 정책

Disclosure 102-36 보수 결정 프로세스

Disclosure 102-37 보수에 대한 이해관계자의 참여

Disclosure 102-38 연간 총 보수 비율

Disclosure 102-39 연간 총 보수 비율 증가 비율

5. 이해관계자 참여

Disclosure 102-40 이해관계자 그룹 목록

Disclosure 102-41 단체협약

Disclosure 102-42 이해관계자 판단과 선정

Disclosure 102-43 이해관계자 참여 접근방법

Disclosure 102-44 제기된 주요 주제와 문제

6. 보고 관행

Disclosure 102-45 연결재무제표에 포함된 기업

Disclosure 102-46 보고서 내용과 주제 경계 정의

Disclosure 102-47 재료 주제 목록

Disclosure 102-48 정보의 수정

Disclosure 102-49 보고 변화

Disclosure 102-50 보고 기간

Disclosure 102-51 가장 최근 보고일

Disclosure 102-52 보고 주기

Disclosure 102-53 보고서 관련 질문 연락처

Disclosure 102-54 GRI표준에 따른 보고 주장

Disclosure 102-55 GRI 내용 목차

Disclosure 102-56 외부 보증

[GRI 103: 경영접근방법 2016]

경영 접근방법 보고를 위한 일반적 요구사항

Disclosure 103-1 중요 주제 및 그 경계에 대한 설명

Disclosure 103-2 경영접근방법과 그 구성요소

Disclosure 103-3 경영접근방법 평가

[주제별 표준]

GRI 200: 경제적

GRI 201: 경제적 성과 2016

GRI 202: 시장지위 2016

GRI 203: 간접경제 효과 2016

GRI 204: 조달관행 2016

GRI 205: 반부패 2016

GRI 206: 경쟁저해 행위 2016

GRI 300: 환경적

GRI 301: 원재료 2016

GRI 302: 에너지 2016

GRI 303: 용수 2018

GRI 304: 생물다양성 2016

GRI 305: 배출 2016

GRI306: 폐수와 폐기물 2016

GRI 307: 환경적 컴플라이언스 2016

GRI 308: 공급업체 환경평가 2016

GRI 400: 사회적

GRI 401: 고용 2016

GRI 402: 노사관계 2016

GRI 403: 산업 보건과 안전 2018

GRI 404: 훈련과 교육 2016

GRI 405: 다양성과 기회균등 2016

GRI 406: 차별금지 2016

GRI 407: 결사의 자유와 단체교섭권 2016

GRI 408: 아동노동 2016

GRI 409: 강제노동 2016

GRI 410: 보안관행 2016

GRI 411: 원주민권리 2016

GRI 412: 인권평가 2016

GRI 413: 지역사회 2016

GRI 414: 공급업체 사회적 평가 2016

GRI 415: 공공정책 2016

GRI 416: 고객 보건과 안전 2016

GRI 417: 마케팅과 라벨링 2016

GRI 418: 고객 정보보호 2016

GRI 419: 사회경제적 컴플라이언스 2016

[GRI Standards Glossary]

자료원: Global Reporting Initiative, CONSOLIDATED SET OF GRI SUSTAINABILITY REPORTING STANDARDS, 2018

환경적 성과 보고지표의 G3.1, G4, GRI Standards 변화

G3.1(2011)			G4(2013)			G Standards(2016)		
원료	EN 1	중량 또는 부피 기준 자재 사용량	원재료	EN 1	사용 원재료의 중량이나 부피	원재료	301-1	사용 원재료의 중량이나 부피
	EN 2	재생 자재 사용 비율		EN 2	재생투입 원재료 사용 비율		301-2	재활용 된 투입 원재료
							301-3	회수된 제품 및 포장원재료
에너지	EN 3	1차 에너지원별 직접 에너지 소비량	에너지	EN 3	조직내 에너지 소비	에너지	302-1	조직 내 에너지 소비
	EN 4	1차 에너지원별 간접 에너지 소비량		EN 4	조직 밖에서의 에너지 소비		302-2	조직 밖에서의 에너지 소비
	EN 5	절약 및 효율성 개선으로 절감한 에너지량		EN 5	에너지집약도		302-3	에너지집약도
	EN 6	에너지 효율적이거나 재생 가능에너지 기반 제품/서비스 공급 노력 및 해당 사업을 통한 에너지 감축량		EN6	에너지소비 감축		302-4	에너지소비 감축
	EN 7	간접 에너지 절약 사업 및 성과		EN 7	제품 및 서비스의 에너지 요구량 감축		302-5	제품 및 서비스의 에너지 요구량 감축
용수	EN 8	공급원별 총 취수량	용수	EN 8	수원별 총 취수량	용수	303-1	공유 자원으로서 물과의 상호 작용
							303-2	방류 관련 영향 관리
	EN 9	취수로부터 큰 영향을 받는 용수 공급원		EN 9	취수에 의해 중요한 영향을 받는 수원		303-3	취수
							303-4	방류
							303-5	물 소비
	EN10	재사용 및 재활용된 용수 총량 및 비율		EN10	재생 및 재사용 용수의 비율과 총량			
생물 다양성	EN11	보호 구역 및 생물다양성 가치가 높은 구역 또는 주변지역에 소유, 임대, 관리하고 있는 토지의 위치 및 크기	생물 다양성	EN11	보호지역 및 보호지역 밖의 생물다양성 가치가 높은 지역, 또는 그 인근에서 소유, 임대, 관리하는 사업장	생물 다양성	304-1	보호지역 및 보호지역 밖의 생물다양성 가치가 높은 지역, 또는 그 인근에서 소유, 임대, 관리하는 사업장
	EN12	보호 구역 및 생물다양성 가치가 높은 구역에서의 활동, 제품, 서비스로 인하여 생물다양성에 미치는 영향		EN12	보호지역 또는 보호지역 밖의 생물다양성 가치가 높은 지역에서의 생물다양성과 관련된 활동, 제품, 서비스가 미치는 중요한 영향에 대한 설명		304-2	생물다양성에 대한 활동, 제품 및 서비스의 중요한 영향
	EN13	보호 또는 복원된 서식지		EN13	서식지 보호 또는 복원		304-3	서식지 보호 또는 복원

G3.1(2011)			G4(2013)			G Standards(2016)	
	EN14	생물다양성 관리 전략, 현행 조치 및 향후 계획					
	EN15	사업 영향 지역 내에 서식 하고 있는 국제자연보호 연맹(IUCN) 지정 멸종위기종(Red List)과 국가 지정 멸종 위기 종의 수 및 멸종 위험도		EN14	사업장에 의해 영향을 받는 지역에 서식지를 둔 세계자연보호연맹(IUCN)의 멸종위기 종의 수 및 국가 보존종의 수(멸종 위기 단계별로)		304-4	사업장에 의해 영향을 받는 지역에 서식지를 둔 세계자연보호연맹(IUCN)의 멸종위기 종의 수 및 국가 보존종의 수
대기 배출물 폐수 및 폐기물	EN16	직·간접온실가스 총 배출량	배출	EN15	직접 온실가스(GHG) 배출	배출	305-1	직접(범위 1) 온실가스(GHG) 배출
	EN17	기타 간접 온실가스 배출량		EN16	에너지 간접 온실가스(GHG) 배출		305-2	에너지 간접(Scope 2) 온실가스(GHG) 배출
				EN17	기타 간접 온실가스(GHG) 배출		305-3	기타 간접(Scope 3) 온실가스(GHG) 배출
	EN18	온실가스 감축사업 및 성과		EN18	온실가스(GHG) 배출 집약도		305-4	온실가스(GHG) 배출 집약도
				EN19	온실가스(GHG) 배출 감축		305-5	온실가스(GHG) 배출 감축
	EN19	오존층 파괴물질 배출량		EN20	오존층 파괴물질(ODS) 배출		305-6	오존층 파괴물질(ODS) 배출
	EN20	NOx, SOx및 기타 주요 대기 오염물질 배출량		EN21	NOx, SOx 및 중요한 대기 배출물		305-7	질소 산화물(NOX), 황 산화물(SOX) 및 기타 중요한 대기 배출물
	EN21	최종 배출지별 총 폐수 배출량 및 수질		EN22	수질 및 도착지별 총 방류량		306-1	수질 및 도착지별 방류량
	EN22	형태 및 처리방법별 폐기물 배출량		EN23	유형 및 처리방법별 총 폐기물 중량		306-2	유형 및 처리방법별 폐기물
	EN23	중대한 유해물질 유출 건수 및 유출량		EN24	중요한 유해물질 유출 건수 및 유출량		306-3	중요한 유출
	EN24	바젤 협약 부속서 I, II, III, VIII에 규정된 폐기물의 운송/반입/반출/ 처리량 및 해외로 반출된 폐기물의 비율	폐수 및 폐기물	EN25	바젤협약2 부록 I, II, III 및 VIII의 조건에 따라 유해물로 간주되는 폐기물 중 운송, 수입, 수출, 또는 처리된 폐기물의 중량 및 국제적으로 출하되는 운송 폐기물의 비율	폐수 및 폐기물	306-4	유해 폐기물 운송
	EN25	보고 조직의 폐수 배출로 인해 영향을 받는 수역 및 관련 서식지의 명칭, 규모, 보호 상태 및 생물다양성 가치		EN26	조직의 방류와 지표유출로 인해 중요한 영향을 받는 수역 및 관련 서식지의 성격, 크기, 보호상태, 생물다양성 가치		306-5	배수 및/또는 지표유출로 인해 영향을 받는 수역

G3.1(2011)			G4(2013)			G Standards(2016)		
제품과 서비스	EN26	제품 및 서비스의 환경 영향 저감 활동과 성과	제품및 서비스	EN27	제품 및 서비스가 환경에 미치는 영향의 완화 정도			
	EN27	판매된 제품 및 관련 포장재의 재생 비율		EN28	판매된 제품 및 그 포장재의 재생 비율(범주별)			
법규 준수	EN28	환경 법규 위반으로 부과된 벌금액 및 비금전적 제재 건수	환경적 컴플라이언스	EN29	환경법 및 규정 위반으로 부과된 중요한 벌금의 액수 및 비금전적 제재조치의 수	환경적 컴플라이언스	307-1	환경법 및 규정 위반
운송	EN29	제품 및 원자재 운송과 임직원 이동의 중대한 환경 영향	운송	EN30	사업 운영을 위한 제품, 기타 재화, 재료의 운송과 인력 구성원 수송이 환경에 미치는 중요한 영향			
전체	EN30	환경보호 지출 및 투자 총액	종합	EN31	환경보호를 위한 총 지출과 투자(유형별)			
			공급업체 환경 평가	EN32	환경 기준 심사를 거친 신규 공급업체 비율	공급업체 환경 평가	308-1	환경 기준 심사를 거친 신규 공급 업체
				EN33	공급망 내 실질적이거나 잠재적으로 중대한 부정적 환경영향 및 이에 대한 조치		308-2	공급망 내 부정적인 환경 영향 및 취해진 조치
			환경 고충 처리 제도	EN34	공식 고충처리제도를 통해 제기, 처리, 해결된 환경영향 관련 고충 건수			

주) 밑줄친 지표는 추가지표를 의미함(이하 동일)

사회적 성과(노동) 보고지표의 G3.1, G4, GRI Standards 변화

G3.1(2011)			G4(2013)			G Standards(2016)		
고용	LA 1	고용유형, 고용계약, 지역별 인력 현황	고용	LA 1	신규채용 종업원과 이직 종업원의 인원수 및 비율 (연령별, 성별, 지역별)	고용	401-1	신규 채용 종업원과 종업원 이직
	LA 2	직원 이직건수 및 비율						
	LA 3	임시직 또는 시간제 직원에게는 제공하지 않고 상근직 직원에게만 제공하는 혜택(주 사업장별)		LA 2	사업장별 임시직/시간제 종업원 에게는 제공되지 않고 상근직 종업원에게 제공하는 복리후생		401-2	임시직 또는 시간제 종업원에게는 제공되지 않고 상근직 종업원에게 제공하는 복리후생
	LA15	출산휴가 이후 성별 업무복귀율 및 유지율		LA 3	성별에 따른 육아휴직 이후의 업무 복귀 및 근속 비율		401-3	육아 휴직

G3.1(2011)			G4(2013)			G Standards(2016)		
노사 관계	LA 4	단체 교섭 적용 대상 직원 비율	노사 관계	LA 4	경영상 변동에 관한 최소 통지기간(단체협약상의 명시여부 포함)	노사 관계	402-1	사업 변화에 관한 최소 통지 기간
	LA 5	중요한 사업변동사항에 대한 최소 통보기간(단체협약에 명시 포함)						
보건 과 안전	LA 6	노사 공동 보건 안전 위원회가 대표하는 직원 비율	보건 과 안전	LA 5	산업안전보건 프로그램의 모니터 및 자문을 지원하는 노사공동보건안전위원회가 대표하는 근로자 비율	보건 과 안전	403-1	산업안전보건경영시스템
							403-2	위해성 식별, 위험평가, 사고조사
							403-3	산업보건 서비스
							403-4	산업보건안전에 관한 노동자 참여, 상담 및 커뮤니케이션
							403-5	산업보건안전에 관한 노동자 훈련
							403-6	노동자 건강 증진
							403-7	비즈니스 관계에 직접 연결된 산업보건안전 영향의 예방과 완화
							403-8	산업안전보건경영시스템 적용을 받는 노동자
	LA 7	부상, 직업병, 손실 일수, 결근 및 업무 관련 재해 건수 (지역별, 성별)		LA 6	부상 유형, 부상 발생률, 업무상 질병 발생률, 휴직 일수, 결근률, 업 관련 사망자 수(지역별, 성별)		403-9	산업재해
	LA 8	심각한 질병관련 직원 및 가족, 지역주민 지원을 위한 교육, 훈련, 상담, 예방 및 위험 관리 프로그램		LA 7	업무상 질병 발생률 또는 발생 위험이 높은 근로자		403-10	직업병
	LA 9	노동조합과의 정식 협약 대상으로 보건 및 안전 사항		LA 8	노동조합과의 정식 협약 대상으로 안전보건 사항			
훈련 과 교육	LA10	직원 형태별 일인당 연 평균 교육시간	훈련 과 교육	LA 9	근로자 1인당 한 해에 받는 평균 훈련시간(성별, 근로자 범주별)	훈련 과 교육	404-1	종업원 1인당 연간 평균 훈련 시간
	LA11	지속적 고용, 퇴직자 지원을 위한 직무교육 및 평생 학습 프로그램		LA10	지속적 고용유지, 은퇴 후 관리 지원 직무교육, 평생교육 프로그램		404-2	종업원 역량향상 프로그램과 전환지원 프로그램
	LA12	정기 성과평가 및 경력 개발 심사 대상 직원의 비율		LA11	업무성과/경력개발관련 정기 검토 받은직원비율 (성별, 근로자 범주별)		404-3	정기적 성과와 경력개발 평가를 받는 종업원 비율

G3.1(2011)			G4(2013)			G Standards(2016)		
다양성과 기회균등	LA13	이사회 및 직원의 구성 현황(성, 연령, 소수계층 등 다양성 지표 기준)	다양성과 기회균등	LA12	범주별 지배구조, 직원구성 현황(성별, 연령별, 소수집단별, 기타 다양성 지표별)	다양성과 기회균등	405-1	지배구조와 종업원의 다양성
남녀동등보수	LA14	직원 범주별 남녀 직원 간 기본급 비율	남녀동등보수	LA13	남성 대비 여성의 기본급여 및 보수 비율(근로자 범주별, 주요 사업장별)		405-2	남성 대비 여성의 기본급과 보수의 비율
			공급업체 노동관행 평가	LA14	노동관행 기준에 의해 심사를 거친 신규 공급업체 비율			
				LA15	공급망 내 실질적이거나 잠재적으로 노동관행에 미치는 중대한 부정적 영향과 이에 대한 조치			
			노동고충처리	LA16	공식 고충처리제도에 의해 접수, 발견, 해결된 노동관행에 관한 고충 건수			

사회적 성과(인권) 보고지표의 G3.1, G4, GRI Standards의 변화

G3.1(2011)			G4(2013)			G Standards(2016)		
투자 및 조달관행	HR 1	인권보호 조항 포함, 인권심사 통과한 주요 투자협약 건수, 비율	투자	HR 1	인권조항을 포함하거나 인권심사 거친 중요 투자약정, 계약수, 비율			
	HR 2	주요공급/계약업체 인권심사 비율						
	HR 3	업무관련 인권정책/절차 직원교육 시수(교육이수 직원 비율 포함)		HR 2	사업관련 인권정책/절차 직원교육 시간, 훈련받은 근로자의 비율			
차별	HR 4	총 차별 건수 및 관련 조치	금지	HR 3	차별 사건수 및 시정조치	차별	406-1	차별 사건 및 시정조치
결사자유 단체권	HR 5	결사 및 단체 교섭의 자유가 심각하게 침해될 소지가 있다고 판단된 업무분야 및 해당 권리를 보장하기 위한 조치	결사자유 단체권	HR 4	결사 및 단체교섭 자유 침해 및 침해 위험성이 파악된 사업장 및 공급업체와 결사 및 단체교섭의 자유를 보장하기 위해 취한 조치	결사자유 단체권	407-1	결사의 자유와 단체교섭권이 위험에 처할 수 있는 사업장과 공급업체
아동노동	HR 6	아동노동 발생위험이 높은 사업 분야 및 아동노동 근절을 위한 조치	아동노동	HR 5	아동노동 발생위험이 높은 사업장 및 공급업체와 아동노동을 효과적으로 폐지하기 위한 조치	아동노동	408-1	아동 노동 사건에 대한 중대한 위험이 있는 사업장과 공급업체
강제노동	HR 7	강제노동 발생위험이 높은 사업 분야 및 강제노동 근절위한 조치	강제노동	HR 6	강제노동 발생위험이 높은 사업장 및 공급업체와 모든 형태의 강제 노동을 폐지하기 위해 취한 조치	강제노동	409-1	강제 노동 사건에 대한 중대한 위험이 있는 사업장과 공급업체

G3.1(2011)			G4(2013)			G Standards(2016)		
보안 관행	HR 8	업무와 관련한 인권 정책 및 절차 교육을 이수한 보안 담당자 비율	보안 관행	HR 7	사업과 관련된 인권정책 및 절차에 관한 훈련을 받은 보안요원의 비율	보안 관행	410-1	인권 정책 또는 절차에 대한 훈련을 받은 보안 요원
원주민	HR 9	토착주민 권리침해 건수 및 관련 조치	원주민	HR 8	원주민 권리 침해 사건의 수와 이에 대한 조치	원주민	411-1	원주민 권리 침해 사건
평가	HR10	인권 관련 검토 및 영향평가의 대상이 된 사업장의 수와 비율	평가	HR 9	인권검토 또는 인권영향평가 대상인 사업장의 수와 비율	인권 평가	412-1	인권 심사 또는 영향 평가를 받은 사업장
			공급 업체 인권 평가	HR10	인권기준에 의해 심사를 거친 신규 공급업체 비율		412-2	인권 정책 또는 절차에 대한 종업원 훈련
				HR11	공급망 내 실질적/잠재적 중대한 부정적 인권영향과 이에 대한 조치		412-3	인권조항 포함 또는 인권 심사를 받은 중요한 투자 협정과 계약
개선	HR11	공식 고충처리 메커니즘으로 접수·처리·해결된 인권 관련 고충 건수	인권 고충	HR12	공식 고충처리제도에 의해 접수, 발견, 해결된 인권고충 건수			

사회적 성과(고객) 보고지표의 G3.1, G4, GRI Standards 변화

G3.1(2011)			G4(2013)			G Standards(2016)		
고객 보건 과 안전	PR 1	개선을 목적으로 제품 및 서비스의 건강 및 안전영향을 평가한 라이프 사이클 상의 단계, 주요 제품 및 서비스의 해당 평가실시 비율	고객 보건 과 안전	PR 1	개선을 위해 안전보건 영향을 평가한 주요 제품 및 서비스군의 비율	고객 보건 과 안전	416-1	제품과 서비스 범주별 보건과 안전 영향 평가
	PR 2	제품 및 서비스의 라이프 사이클 상 고객의 건강과 안전 영향 관련 규제 및 자발적 규칙위반 건수(결과 유형별)		PR 2	제품생명주기 동안 제품 및 서비스 안전보건 영향에 관한 법률규정 및 자율규정을 위반한 사건의 수(처분 결과)		416-2	제품과 서비스의 보건과 안전 영향에 관한 미준수 사건
제품 및 서비스 라벨링	PR 3	절차상 필요한 제품 및 서비스 정보유형, 그 정보요건에 해당되는 주요 제품 및 서비스의 비율	제품 및 서비스 라벨링	PR 3	제품 및 서비스 정보와 라벨링 절차에 요구되는 제품 및 서비스 정보유형, 해당 정보요건을 갖추어야 하는 주요 제품 및 서비스군의 비율	마케팅 과 라벨링	417-1	제품과 서비스의 정보와 라벨링 요구 사항
	PR 4	제품정보와 라벨링관련 정책, 절차 경영시스템, 준수 메커니즘 설명						
	PR 5	제품/서비스 정보 및 라벨링과 관련된 규제 및 자발적 규칙 위반 건수(결과 유형별)		PR 4	제품 및 서비스 정보와 라벨링에 관한 법률규정 및 자율규정을 위반한 사건의 수(처분 결과)		417-2	제품과 서비스의 정보와 라벨링에 관한 미준수 사건

G3.1(2011)			G4(2013)			G Standards(2016)		
마케팅 커뮤니 케이션	PR 6	고객만족도 평가 설문 결과 등 고객 만족 관련 활동	마케팅 커뮤니 케이션	PR 5	고객 만족도 조사결과			
				PR 6	금지되거나 논란있었던 제품의 판매			
	PR 7	광고, 판촉, 스폰서십 등 마케팅 커뮤니케이션과 관련된 규제, 표준 및 자발적 규칙 위반 건수		PR 7	광고, 프로모션, 후원 등 마케팅 커뮤니케이션관련 법규와 자율규정 위반한 사건의 수(처분 결과)		417-3	마케팅 커뮤니케이션에 관한 미준수 사건
고객 정보	PR 8	고객개인정보보호 위반, 고객 데이터 분실관련 제기된 불만건수	고객 정보	PR 8	고객개인정보보호 위반 및 고객정보 분실 사실이 입증된 불만건수	고객 정보	418-1	고객 개인정보보호 위반 및 고객 데이터 손실에 대한 입증된 불만
법규 준수	PR 9	제품 및 서비스 공급에 관한 법률 및 규제위반으로 부과된 벌금액	컴플라 이언스	PR 9	제품 및 서비스공급 및 사용에 관한 법규 위반에 대한 중요한 벌금액	사회 경제적 준법	419-1	사회적과 경제적 영역에서 법률과 규정 미준수

사회적 성과(사회) 보고지표의 G3.1, G4, GRI Standards 변화

G3.1(2011)			G4(2013)			G Standards(2016)		
지역 사회	SO 1	업무활동 시작, 운영, 종료 단계의 지역사회 영향을 평가/관리하는 프로그램의 특성, 범위 및 실효성	지역 사회	SO 1	지역사회에 참여하고, 영향평가, 개발 프로그램을 수행하는 사업장의 비율	지역 사회	413-1	지역 사회 참여, 영향 평가 및 개발 프로그램을 갖고 있는 사업장
	SO 9	잠정적/실제적 지역사회에 부정적인 영향을 미치는 사업장		SO 2	실질적이거나 잠재적으로 지역사회에 중대한 부정적 영향을 미치는 사업장		413-2	지역사회에 중대한 실질적이고 잠재적으로 부정적인 영향을 미치는 사업장
	SO10	지역사회에 부정적 영향을 미치는 사업장에 적용된 예방/완화 조치						
부패	SO 2	부패 위험이 분석된 사업단위의 수 및 비율	반부패	SO 3	부패 위험을 평가한 사업장 수 및 비율과 파악된 중요한 위험	반부패	205-1	부패와 관련된 리스크에 대하여 평가된 사업
	SO 3	반부패 정책 및 절차에 대한 교육을 받은 직원비율		SO 4	반부패 정책 및 절차에 관한 공지와 훈련		205-2	반부패 정책과 절차에 관한 커뮤니케이션과 훈련
	SO 4	부패 사건에 대한 조치		SO 5	확인된 부패사례와 대응 조치		205-3	확인된 부패 사건과 조치
공공 정책	SO 5	공공정책에 대한 입장, 공공정책 수립 및 로비활동 참여	공공 정책			공공 정책		
	SO 6	정당, 정치인 및 관련기관에 대한 국가별 현금/현물 기부 총액		SO 6	기부한 정치자금의 총 규모 (국가별, 수령인/수혜자별)		415-1	정치적 기여

	G3.1(2011)		G4(2013)		G Standards(2016)	
경쟁 저해 행위	SO 7	부당경쟁 행위 및 독점행위 에 대한 법적 조치 건수 및 그 결과	경쟁 저해 행위	SO 7	경쟁저해 행위, 독과점 등 불공정한 거래행위에 대한 법적 조치의 수와 그 결과	경쟁 저해 행위	206-1	부당경쟁행위, 독점금지 및 독점관행에 대한 법적 조치
법규 준수	SO 8	법률 및 규제 위반으로 부 과된 벌금 및 비금전적 제 재 건수	컴플라이 언스	SO 8	법률 및 규정 위반에 대한 중요한 벌금액수와 비금전 적 제재의 횟수			
			공급 업체의 사회적 영향	SO 9	사회 영향 평가기준으로 심사를 거친 신규 공급업 체의 비율	공급 업체 사회적 평가	414-1	사회적 기준을 사용하여 심 사를 한 신규 공급업체
				SO10	공급망에서 실질적/잠재 적 중대한 부정적 사회영 향과 대응 조치		414-2	가치사슬에 부정적 사회적 영향 및 취해진 조치
			고충 처리 제도	SO11	공식 고충처리제도에 의해 접수, 발견, 해결된 사회에 미치는 영향에 관한 고충 건수			

경제적 성과 보고지표의 G3.1, G4, GRI Standards 변화

	G3.1(2011)			G4(2013)			G Standards(2016)	
경제 성과	EC 1	직접적인 경제적 가치 창출과 배분	경제 성과	EC 1	직접적인 경제가치 발생과 분배	경제 성과	201-1	직접적 경제적 가치 창출과 분배
	EC 2	기후변화의 재무적 영향과 사 업활동에 대한 위험과 기회		EC 2	기후변화가 조직의 활동에 미 치는 재무적 영향 및 기타 위험 과 기회		201-2	기후변화로 인한 재무적 영 향과 기타 리스크와 기회
	EC 3	연금 지원범위		EC 3	확정급여형 연금제도 채무 충당		201-3	확정급여형연금제도, 기타 퇴직연금제도
	EC 4	정부 보조금 수혜 실적		EC 4	정부의 재정지원		201-4	정부의 재정적 지원
시장 지위	EC 5	주요 사업장의 현지 법정최저 임금 대비 신입사원 임금비율	시장 지위	EC5	주요 사업장 지역의 최저임금 과 비교한 성별 기본 초임 비율	시장 지위	202-1	지방의 최저임금 대비 성별 표준 진입 수준 임금 비율
	EC 6	주요 사업장의 현지 구매 정 책, 관행 및 비율						
	EC 7	주요 사업장 현지인 우선채용 절차 및 현지 출신 고위 관리 자 비율		EC 6	주요 사업장의 현지에서 고용 된 고위 경영진의 비율		202-2	지역 사회에서 고용된 고위 경영진 비율
간접 경제 효과	EC 8	공익우선 인프라 투자 및 서 비스 지원 활동효과(지원형태 구분 포함)	간접 경제 효과	EC 7	사회기반시설 투자와 지원 서 비스의 개발 및 영향	간접 경제 효과	203-1	사회기반시설 투자와 서비 스 지원
	EC 9	간접적인 경제적 파급효과에 대한 이해 및 설명(영향 범위 포함)		EC 8	영향 규모 등 중요한 간접 경제 효과		203-2	중대한 간접 경제적 영향
			조달 관행	EC 9	주요 사업장에서 현지 공급업 체에 지급하는 지출 비율	조달 관행	204-1	현지 공급업체에 지급하는 지출 비율

② GRI Standards GRI 300 환경적 성과 보고기준

GRI Standards의 환경적 성과지표 8개를 논리모형logic model[44]으로 분류하면, IN-PUT-투입지표는 에너지, 원재료, 물, 공급자환경평가, 환경법규준수, OUTPUT-산출지표는 배출, 폐기물, 폐수, OUTCOME-성과지표는 생물다양성으로 구분할 수 있다.

GRI표준 환경적 성과 보고지표 논리모형 분석

구분	INPUT 투입지표	OUTPUT 산출지표	OUTCOME 성과지표
지표	GRI 302 에너지 GRI 301 원재료 GRI 303 물 GRI 307 환경법규준수 GRI 308 공급자 환경평가	GRI 305 배출 GRI 306 폐기물 GRI 303 폐수	GRI 304 생물 다양성

온실가스로 인한 기후위기대응이라는 측면에서는 환경지표 중 온실가스배출이 가장 심각하므로 우선적으로 에너지를 어느 정도 사용하고 있으며, 신재생에너지로 어느 정도 전환하고 있는지부터 살펴보도록 해야 한다. 생물 다양성 지표는 지구의 인류를 포함한 생물의 소멸 경험을 되풀이하지 않겠다는 상징적 의지의 표현으로 이해할 필요가 있다.

지구는 다섯 차례의 대멸종 사태를 겪었는데, 4억 5,000만년전 86%의 종이 소멸, 3억 8,000만년전 75%의 종이 소멸, 2억 5,500만년전 96%의 종이 소멸, 2억 500만년전 80%의 종이 소멸, 그리고 7,000만년전에 75%의 종이 소멸했다고 한다.[45]

여기에는 현재 온실가스에 의한 기후변화로 또다시 지구의 대멸종 사태를 겪지 않기 위해서는 인류가 지구상의 생물 전체에 대한 책임을 인식하고 기후변화에 대응하여야 한다는 의미를 담고 있다. 따라서, ESG 경영의 실천과 보고는 환경관련지표, 특히 기후재앙 대응을 위한 온실가스배출 지표를 중심으로 이루어져야 한다. 즉, 모든 건물과 생산활동에서 배출하는 온실가스배출량과 그 감축실적을 다음과 같이 보고해야 한다는 것이다.[46]

---

44) 최영출(2011), 논리모형의 성과관리 적용가능성, 정책분석평가학회보, 21(3), 13-38.

45) David Wallace-Wells(2019), 김재경 역 (2020), "2050 거주불능 지구", 추수밭, 16쪽

46) Gates B.(2021), 김민주·이엽 역(2021), 기후재앙을 피하는 법, 김영사, 82쪽. 온실가스배출량 가운데 인간행위 비중: 냉난방 7%, 전력생산 27%, 농축산 16%, 제조(시멘트, 철, 플라스틱) 31%, 이동 16%

1. GRI 301 원재료 MATERIALS 2016

Disclosure 301-1 사용한 원재료의 중량이나 부피(Materials used by weight or volume)

a. 보고기간에 제품 및 서비스의 생산과 포장에 사용한 원재료의 총 중량이나 부피

   i. 재생불능 사용한 원재료   ii. 재생가능 사용한 원재료

Disclosure 301-2 재활용된 투입 원재료(Recycled input materials used)

a. 조직의 주요 제품 및 서비스의 제조에 사용한 재생투입 원재료의 비율

Disclosure 301-3 회수된 제품과 포장원재료

(Reclaimed products and their packaging materials)

a. 제품범주별로 회수된 제품과 포장재료 비율   b. 이 공표 데이터의 수집방법

2. GRI 302 에너지 ENERGY 2016

Disclosure 302-1 조직 내 에너지소비(Energy consumption within the organization)[47]

a. 줄joule이나 배수단위로 연료 유형별 재생불능 연료원을 사용한 총 연료 소비량

b. 줄joule이나 배수단위로 연료 유형별 재생가능 연료원을 사용한 총 연료 소비량

c. 줄joule, 와트-시watt-hours 또는 배수로 총량

   i. 전기 소비량   ii. 난방 소비량   iii. 냉방 소비량   iv. 증기 소비량

d. 줄joule, 와트-시watt-hours 또는 배수로 총량

   i. 전기 판매량   ii. 난방 판매량   iii. 냉방 판매량   iv. 증기 판매량

e. 줄joule이나 배수 단위로 총 에너지 소모량

f. 사용한 표준, 방법론, 전제 및 계산도구   g. 사용한 변환계수 소스

Disclosure 302-2 조직 밖에서의 에너지소비

(Energy consumption outside of the organization)

a. 줄joule이나 배수로 조직 밖에서 소비된 에너지

b. 사용한 표준, 방법론, 전제 및 계산도구

c. 사용한 변환계수 소스

   • 업스트림upstream: 1. 매입한 재화와 서비스   2. 자본재   3. 연료와 에너지 관련 활동, 즉 지표 G4-EN3에서 제외된 활동   4. 업스트림 운송 및 유통

---

47) 1줄(J)은 1뉴턴 힘으로 물체를 1미터 이동시 필요한 에너지

5. 사업장에서 발생한 폐기물   6. 출장   7. 근로자 통근

8. 업스트림 임대 자산 및 기타

- 다운스트림downstream: 9. 운송/유통   10. 판매제품가공   11. 판매제품사용

  12. 판매제품폐기처리   13. 다운스트림 임대자산   14. 가맹점영업권 15. 투자

  및 기타

Disclosure 302-3 에너지 집약도(Energy intensity)[48]

a. 에너지 집약도 비율

b. 상기 비율 산출을 위한 조직별 미터법비율 분모

c. 연료, 전기, 난방, 냉방 및 증기 각각 또는 전체 집약도에 포함된 에너지 유형

d. 상기 비율이 조직 내외 또는 대내외에서 소비된 에너지를 사용한 값

Disclosure 302-4 에너지소비 감축(Reduction of energy consumption)

a. 줄joule이나 배수로 에너지 보존 및 효율성 추진예: 공정 재설계, 장비전환 및 재보강, 근로자 행동변화, 운영변화 등 결과로 나온 에너지소비 감축량

b. 연료, 전기, 냉방, 난방, 증기 등 에너지 유형별 감축량

c. 기준연도나 기준점 등 에너지소비 감축량 계산 기준과 그 기준 선정 이유

d. 사용한 기준, 방법론, 전제 및 계산도구

Disclosure 302-5 제품/서비스 에너지 요구량 감축(Reductions in energy requirements)

a. 줄joule이나 배수로 보고기간에 감소한 판매제품 및 서비스의 에너지 요구량

b. 기준연도나 기준점 등 에너지소비 감소량 산출 기준과 그 기준 선정 이유

c. 사용한 기준, 방법론, 전제 및 계산도구

3. GRI 303 물과 폐수 WATER AND EFFLUENTS 2018

Disclosure 303-1 공유 자원으로서 물과의 상호 작용

(Interactions with water as a shared resource)

a. 물의 취수, 소비 및 배출방법 및 장소, 물과 관련된 영향이 비즈니스 관계에 의해 조직의 활동, 제품 또는 서비스에 의해 야기 또는 기여되거나 직접 연결되는 것을 포함하여, 조직이 물과 상호작용하는 방법에 대한 설명예: 유출로 인한 영향 등.

---

48) 집약도: 조직의 절대 에너지소비량(분자)을 조직별 미터법(분모)으로 나눈 값

b. 평가범위, 기간 및 사용된 도구 또는 방법을 포함하여 물 관련 영향을 식별하는 데 사용되는 접근방식에 대한 설명.

c. 조직이 이해관계자와 협력하여 물을 공유자원으로 관리하는 방법, 물이 중대한 영향을 미치는 공급업체 또는 고객과의 관계를 포함하여 물 관련 영향을 다루는 방법에 대한 설명.

d. 조직의 관리접근 방식의 일부인 물 관련 목표 및 목표를 설정하는 프로세스에 대한 설명과 물 스트레스[49]로 공공정책 및 각 지역상황과 어떤 관련이 있는지 설명

Disclosure 303-2 방류 관련 영향 관리(Management of water discharge-related impacts)

a. 폐수방류 품질의 최소표준에 대한 설명 및 최소표준 결정방법:

  i. 지역방류 요건이 결정되지 않은 곳에서 운영되는 시설에 대한 표준의 결정

  ii. 내부적으로 개발된 수질 표준지침   iii. 고려된 부문별 표준

  iv. 수신수역 프로파일이 고려되었는지 여부 등

Disclosure 303-3 취수(Water withdrawal)

a. 메가리터 단위로 모든 영역으로부터의 취수 총량다음 원천별로 분류:

  i. 지표수   ii. 지하수   iii. 해수   iv. 생산된 용수   v. 제3자 용수

b. 메가리터 단위로 수원고갈의 취수 총량다음 원천별로 분류:

  i. 지표수   ii. 지하수   iii. 해수   iv. 생산된 용수

  v. 제3자 용수 및 i-iv에 열거된 취수원별로 분리

c. 다음 범주별 메가리터 단위로 303-3-a 및 303-3-b에 열거된 원천별 총 취수량:

  i. 담수≤1,000 mg/L 총용해성물질   ii. 기타물〉1,000 mg/L 총용해성물질.

d. 사용된 표준, 방법론, 가정 등 데이터 생성을 이해하는 데 필요한 모든 상황정보

Disclosure 303-4 방류(Water discharge)

a. 메가리터 단위로 모든 영역으로 방류한 총량다음 최종목적지 유형별로 분류:

  i. 지표수   ii. 지하수   iii. 해수

  iv. 제3자 물 및 다른 조직의 사용을 위해 보낸 총량

b. 다음 유형별로 메가리터단위로 모든 영역으로 방류한 총량을 분류:

  i. 담수총 1,000mg/L 총용해성물질   ii. 기타 물〉1,000 mg/L 총용해성물질

---

49) 물 스트레스(water stress): 수원고갈로 이용가능 신선한 수원(水源)을 얻기 어려운 것을 의미

c. 메가리터 단위로 수원고갈인 지역으로 방류한 총량다음 유형별로 분류:

    i. 담수총 1,000mg/L 총용해성물질   ii. 기타 물〉1,000 mg/L 총용해성물질

d. 방류수 처리와 관련된 우선순위 물질:

    i. 관심 물질의 정의 방법 및 사용된 국제표준, 권위 있는 목록 또는 기준

    ii. 관련된 우선순위 물질에 대한 방류 제한을 설정하는 접근방식

    iii. 방류 제한 규정을 준수하지 않는 경우의 수

e. 사용된 표준, 방법론, 가정 등 데이터 생성을 이해하는 데 필요한 모든 상황정보

Disclosure 303-5 물소비(Water consumption)

a. 메가리터단위로 모든 지역으로부터 총 물소비량

b. 메가리터단위로 수원고갈된 모든 지역으로부터 총 물소비량

c. 물저수지가 물 관련 중요한 영향이 확인된 경우, 메가리터 단위의 저수지 변화

d. 사용 표준, 방법론, 가정 등 데이터 생성 이해에 필요한 상황별 정보[50]

4. GRI 304 생물다양성 BIODIVERSITY 2016

Disclosure 304-1 보호지역 및 보호지역 밖 생물다양성 가치가 높은 지역 또는 그 인근 소유, 임대, 관리 사업장(Operational sites owned, leased, managed in, or adjacent to, protected areas and areas of high biodiversity value outside protected areas)

a. 보호지역 및 보호지역 밖의 생물다양성 가치가 높은 지역 또는 그 인근에서 소유, 임대, 관리되는 각 운영현장별로 아래 정보를 보고:

    i. 지리적 위치   ii. 조직이 소유, 임대 또는 관리할 수 있는 지표하부 및 지하토지

    iii. 보호지역해당지역, 해당 인근 지역 또는 보호지역 일부를 포함하는 지역이나 보호지역 밖의 생물다양성 가치가 높은 지역에 대한 입장

    iv. 사무실, 제조 및 생산 또는 채취 등 사업장 유형

    v. km2 단위의 운영현장 규모

    vi. 보호지역 특성에 의한 생물다양성 가치 또는 보호지역지상, 담수 또는 해양 생태계 외부의 높은 생물다양성 가치 지역

    vii. 보호상태 목록IUCN 보호지역 관리범주, 람사르 협약, 국가법률 등으로 특징된 생물다양성 가치

---

50) 직접적인 측정에서 정보를 계산, 추정, 모델링 또는 소싱하는 여부, 섹터고유 요소의 사용 등

Disclosure 304-2 생물다양성에 활동, 생산 및 서비스의 중요한 영향
(Significant impacts of activities, products, and services on biodiversity)

    a. 아래 사항을 한가지 이상 포함한 생물다양성에 직간접적 중요 영향 유형:

        i. 제조공장, 광산 및 운송 사회기반시설 건설 또는 사용

        ii. 오염자연적으로 발생하지 않는 물질의 서식지 이입

        iii. 외래 유입종, 해충 및 병원균 이입   iv. 종 감소   v. 서식지 전환

        vi. 염분, 지하수 수위변화 등 자연적 변화를 넘어 진행되는 생태학적 과정변화

    b. 다음 사항 포함 직간접적, 긍정적 및 부정적인 중요 영향:

        i. 영향을 받는 종   ii. 영향을 받은 지역 범위

        iii. 영향 지속기간   iv. 영향의 가역성 또는 비가역성

Disclosure 304-3 서식지 보호 또는 복구(Habitats protected or restored)

    a. 서식지 보호나 복구구역의 크기와 위치 및 복구조치가 성공적이었는지 또는 독립 외부전문가들이 복구조치를 승인하는지 설명

    b. 조직이 복구 또는 보호조치를 감독하고 수행했던 곳에서 떨어진 서식지를 보호 또는 복구하기 위해 제3자와 맺은 동반자 관계 유무

    c. 보고기간 당시의 환경을 기반으로 각 지역의 생태

    d. 사용한 기준, 방법론 및 전제

Disclosure 304-4 사업장 영향을 받는 서식지의 세계자연보호연맹 멸종위기 및 국가보존 종의 수(IUCN Red List species and national conservation list species with habitats in areas affected by operation)

    a. 멸종위기 단계별로 사업장에 의해 영향을 받는 지역에 서식지를 둔 세계자연보호연맹의 멸종위기 및 국가보존 종 수:

        i. 위급   ii. 위기   iii. 취약   iv. 준위협   v. 관심대상

5. GRI 305 배출 EMISSIONS 2016

Disclosure 305-1 직접 온실가스 배출(Scope 1) Direct(Scope 1) GHG emissions

    a. CO_2 환산량 미터톤으로 직접 온실가스Scope 1 총 배출량

    b. 산출 기체 종류가령, CO2, CH4, N2O, HFCs, PFCs, SF6, NF3: 이산화탄소CO2, 메탄CH4, 아산화질소N2O, 수소불화탄HFCs, 과불화탄소PFCs, 육불화황SF6, 삼불화질소NF3

c. CO2 환산량 미터 톤으로 생체 CO2 배출량

d. 계산한 기준연도_{해당되는 경우에는 다음을 포함}: i. 선정 근거   ii. 기준년도 배출량

   iii. 기준년도 배출량 재계산을 유도한 배출량에 있어서 중요한 변화 배경

e. 사용한 배출계수 출처와 지구온난화지수_{GWP} 또는 그 지수 출처

f. 선정한 배출량 통합방식에 대한 보고_{지분소유권, 재정통제, 운영통제.}

g. 사용한 기준, 방법론, 전제 및 계산도구

Disclosure 305-2 에너지 간접 온실가스 배출(Scope 2)
[Energy indirect(Scope 2) GHG emissions][51]

a. CO2 환산량 미터톤 단위로 에너지 간접 온실가스_{Scope 2} 총 배출량

b. Co2 환산량 미터톤 단위로 시장기반 총 에너지 간접 온실가스_{Scope 2} 배출량

c. CO2, CH4, N2O, HFCs, PFCs, SF6, NF3 또는 모두 계산에 포함된 배기가스

d. 계산한 기준연도, 해당되는 경우에는 다음을 포함:

   i. 선정 근거　　　　　　　　　　ii. 기준년도 배출량

   iii. 기준연도 배출량 재계산을 유도한 배출량에 있어서의 중요한 변화 배경

e. 사용한 배출계수 출처와 지구온난화지수_{GWP} 또는 그 지수 출처

f. 선정한 배출량 통합방식에 대한 보고_{지분소유권, 재정통제, 운영통제.}

g. 사용한 기준, 방법론, 전제 및 계산도구

Disclosure 305-3 기타 간접 온실가스 배출(Scope 3)
[Other indirect(Scope 3) GHG emissions][52]

a. CO2 환산량 미터톤 단위로 기타 간접 온실가스_{Scope 3} 총 배출량

b. CO2, CH4, N2O, HFCs, PFCs, SF6, NF3 또는 모두 계산에 포함된 배기가스

c. CO2 환산량 미터톤 단위로 생체 CO2 배출량

d. 기타 간접 온실가스 배출_{Scope 3}범주 및 계산에 포함된 활동

e. 계산한 기준연도_{해당되는 경우 다음을 포함}: i. 선정 근거   ii. 기준년도 배출량

   iii. 기준연도 배출량 재계산을 유도한 배출량에 있어서의 중요한 변화 배경

f. 사용한 배출계수 출처와 지구온난화지수_{GWP} 또는 그 지수 출처

g. 사용한 기준, 방법론, 전제 및 계산도구

---

51) 조직의 에너지 간접 온실가스 배출(Scope 2): 다른 조직에서 매입한 전기, 냉난방 및 증기

52) 업스트림과 다운스트림 배출: 조직의 폐기물 처리공정, 매입제품 제조기간 공정관련 배출

Disclosure 305-4 온실가스 배출 집약도(GHG emissions intensity)

a. 온실가스 배출 집약도

b. 비율 산출에 사용한 조직별 미터법비율 분모

c. 집약도에 포함된 온실가스배출 유형: 직접Scope 1, 간접Scope 2 및 기타 간접Scope 3

d. 계산에 포함된 기체별CO2, CH4, N2O, HFCs, PFCs, SF6, NF3 등 적합비율 분모를 선정해 단위당 산출, 활동 또는 기타 조직별 미터법으로 표현: 제품단위, 생산량미터 톤, 리터, 메가와트시MWh, 크기건평 X m2, 상근직 근로자 수, 금전적 단위수익, 판매 등

Disclosure 305-5 온실가스 배출 감축(Reduction of GHG emissions)

a. CO2 환산량 미터톤 단위로 배출감소 직접결과로 달성한 온실가스 배출 감축량

b. CO2, CH4, N2O, HFCs, PFCs, SF6, NF3 등 계산된 기체 종류별

c. 기준연도나 기준점 선정과 그 선정에 대한 근거

d. 온실가스배출 감축이 직접Scope 1, 간접Scope 2, 기타 간접Scope 3 배출 발생 확인

e. 사용한 기준, 방법론, 전제 및 계산도구이니셔티브의 예: 공정 재설계, 장비 전환 및 재보강, 연료 전환, 근로자 행동변화, 상쇄 등

Disclosure 305-6 오존파괴물질 배출
[Emissions of ozone-depleting substances(ODS)]

a. CFC-11환산량 미터톤으로 오존파괴물질 생산, 수입 및 수출량

b. 계산에 포함된 물질

c. 사용한 배출계수 출처

d. 사용한 기준, 방법론, 전제 및 계산도구

Disclosure 305-7 질소산화물(NOX), 황산화물(SOX) 및 기타 중요한 대기 배출물
[Nitrogen oxides(NOX), sulfur oxides(SOX) and other significant air emissions]

a. 킬로그램이나 배수로 유형별 대기 배출량 설명:

    i. 질소산화물NOX

    ii. 황산화물SOX   iii. 잔류성 유기오염물질POP

    iv. 휘발성 유기화합물VOC   v. 유해대기오염물질HAP

    vi. 입자상 물질PM   vii. 관련규정상 기타 대기 배출물 표준범주

b. 사용한 배출계수 출처

c. 사용한 기준, 방법론, 전제 및 계산도구

6. GRI 306 폐기물 EFFLUENTS AND WASTE 2016

Disclosure 306-1 수질 및 도착지별 총 방류량(Water discharge by quality and destination)

a. 계획적 및 비계획적 총 방류량:

i. 도착지별　　ii. 처리방법 등 수질별

iii. 또 다른 조직에서 재사용 됐는지 여부

b. 사용한 기준, 방법론 및 전제

Disclosure 306-2 유형 및 처리방법별 폐기물(Waste by type and disposal method)

a. 위험 폐기물의 총 중량폐기방법에 따라 분류:

i. 재사용　　ii. 재활용　　iii. 퇴비화　　iv. 에너지 회수 등 회수과정

v. 소각대량 소각　　vi. 심정주입　　vii. 매립　　viii. 부지 내 저장

ix. 기타조직에서 명시

b. 위험하지 않은 폐기물의 총 중량폐기방법에 따라 분류:

i. 재사용　　ii. 재활용　　iii. 퇴비화　　iv. 에너지 회수 등 회수 과정

v. 소각대량 소각　　vi. 심정주입　　vii. 매립　　viii. 부지 내 저장

ix. 기타조직에서 명시

c. 폐기물 처리방법 결정 방법:

i. 조직에서 직접 처리 또는 직접 확인　　ii. 폐기물 처리업체가 제공하는 정보

iii. 폐기물처리업체의 구조적 문제

Disclosure 306-3 중요한 유출(Significant spills)

a. 기록된 중요한 유출의 총 수 및 총량.

b. 조직의 재무제표에 보고된 각 유출에 대한 다음과 같은 추가 정보:

i. 유출 위치　　ii. 유출 부피

iii. 유출 물질: 오일 유출토양 또는 수면, 연료 유출토양 또는 수면, 폐기물 유출토양 또는 수면, 화학 물질의 유출대부분 토양 또는 수면 및 기타조직이 명시해야 함로 분류

c. 중요한 유출의 영향

Disclosure 306-4 유해 폐기물 운송(Transport of hazardous waste)

a. 다음 각각에 대한 총 중량:

i. 운송된 유해 폐기물　　ii. 수입 유해 폐기물

iii. 수출 유해 폐기물　　iv. 처리된 유해 폐기물

b. 국제적으로 운송된 유해 폐기물 비율

c. 사용한 기준, 방법론 및 전제

Disclosure 306-5 방류와 유출 영향수역

(Water bodies affected by water discharges and/or runoff)

a. 방류와 지표유출로 심각한 영향에 놓인 수역 및 관련 서식지다음 정보 포함:

i. 수역 및 관련 서식지 크기

ii. 수역 및 관련 서식지가 보호구역국가 또는 국제 지정되었는지 여부

iii. 생물다양성 가치보호 종의 총 수 등

7. GRI 307 환경법규준수 ENVIRONMENTAL COMPLIANCE 2016

Disclosure 307-1 환경법 및 규정 위반

(Non-compliance with environmental laws and regulations)

a. 환경법 및 규정을 준수하지 않아 다음의 중대한 벌금 및 비금전적 제재를 받은 경우:

i. 중요액수 벌금　　ii. 비금전적 제재조치 수　　iii. 분쟁해결에 제기된 사례

b. 환경법 및 규정위반 사례가 없는 경우에는 그러한 사실을 간략히 기술

8. GRI 308 공급자 환경평가 SUPPLIER ENVIRONMENTAL ASSESSMENT 2016

Disclosure 308-1 환경심사 거친 신규 공급업체

(New suppliers screened using environmental criteria)

a. 환경평가 심사를 거친 공급업체의 수

Disclosure 308-2 공급망 내 부정적 환경영향 및 조치(Negative environmental impacts)

a. 환경영향평가 대상 공급업체의 수

b. 실질적/잠재적으로 중대한 부정적 영향을 미치는 것으로 파악된 공급업체의 수

c. 공급망에서 파악된 실질적/잠재적으로 중대한 부정적 환경영향

d. 실질적/잠재적으로 중대한 부정적 환경영향을 미치는 것으로 평가된 결과 개선에 대한 협의가 이루어진 것으로 파악되는 공급업체의 비율

e. 실질적/잠재적으로 중대한 부정적 환경영향을 미치는 것으로 평가된 결과 관계가 종료된 공급업체의 비율과 그 이유

③ GRI Standards GRI 400 사회적 성과 보고기준

GRI Standards 사회적 성과지표 19개를 논리모형으로 분류하면, INPUT 투입지표는 고용, 결사의 자유와 단체교섭권, 아동노동, 강제노동, 보안실무, 인권평가, 공급자사회평가, OUTPUT 산출지표는 노사관계, 산업안전보건, 교육훈련, 다양성 및 고용평등, 차별 금지, 사회경제적 법규 준수, 그리고 OUTCOME 성과지표는 원주민 관리, 지역사회, 공공정책, 고객안전보건, 마케팅과 라벨링, 고객 프라이버시로 구분할 수 있다.

GRI표준 사회적 성과 보고지표 논리모형(logic model) 분석

구분	INPUT 투입지표	OUTPUT 산출지표	OUTCOME 성과지표
지표	GRI 401 고용 GRI 405 다양성, 고용평등 GRI 406 차별금지 GRI 407 결사자유/단체교섭권 GRI 408 아동노동 GRI 409 강제노동 GRI 410 보안실무 GRI 412 인권평가 GRI 413 공급자사회평가 GRI 419 사회경제적 법규준수	GRI 402 노사관계 GRI 403 산업 안전보건 GRI 404 교육훈련	GRI 416 고객 안전보건 GRI 417 마케팅과 라벨링 GRI 418 고객 프라이버시 GRI 415 공공정책 GRI 411 원주민 권리 GRI 413 지역사회

조직의 사회적성과 측면에서는 인권경영이 가장 중시된다. 즉, 공정하고 다양성이 존중되는 고용과 고용의 창출, 종업원 인권보호를 위한 결사의 자유와 단체교섭권 부여, 조직의 공급망 전체에서 아동노동과 강제노동의 방지 및 이를 위한 공급업체 대상 사회적 평가실시와 사회경제적 제반 법규준수, 그리고 무력을 소지하고 있는 보안업무담당자에 대한 인권교육 이수 등이 따라야 한다. 이러한 인식 기반위에 원만한 노사관계, 임직원과 공급자에 대한 건강과 안전의 보호, 진부화 되어가는 지식에 대한 주기적 양질의 교육훈련 등이 이루어져야 한다. 조직의 임직원과 공급자에 대한 이 같은 배려는 고객, 정부, 원주민 및 지역사회에 대한 기여로 나타나며, 궁극적으로는 온실가스배출 억제를 통한 인류와 지구상에 존재하는 모든 종의 소멸을 방지하도록 노력해야 한다.

1. GRI 401 고용 EMPLOYMENT 2016

Disclosure 401-1 신규 종업원 채용과 종업원 이직
(New employee hires and employee turnover)

    a. 연령별, 성별, 지역별로 보고기간 동안의 신규 채용 종업원 수 및 비율

    b. 연령별, 성별, 지역별로 보고기간 동안의 이직 종업원 수 및 비율

Disclosure 401-2 임시직 또는 시간제 종업원에게 제공되지 않는 상근직 종업원 제공 복리후생(Benefits provided to full-time employees, not to temporary/part-time employees)

    a. 주요 사업장별 임시직 또는 시간제 종업원에게는 제공되지 않고 조직의 상근직 종업원을 위한 표준 복리후생:

        i. 생명보험   ii. 건강관리   iii. 장애 및 상병 수당

        iv. 육아휴직   v. 퇴직연금   vi. 주식소유   vii. 기타

    b. '주요 사업장'에 대한 정의

Disclosure 401-3 육아휴직(Parental leave)

    a. 육아휴직권을 가진 성별 종업원 수

    b. 육아휴직을 받은 성별 종업원 수

    c. 보고기간동안에 육아휴직을 마치고 업무에 복귀한 성별 종업원 수

    d. 육아휴직을 마치고 업무에 복귀하여 복귀후 12개월간 근속한 성별 종업원 수

    e. 육아휴직을 받은 종업원의 성별 업무 복귀 및 근속 비율

2. GRI 402 노사관계 LABOR/MANAGEMENT RELATIONS 2016

Disclosure 402-1 사업변화의 최소통지기간
(Minimum notice periods regarding operational changes)

    a. 근로자에게 현저한 영향을 미치는 중요한 경영상 변동에 관해 종업원과 종업원 대표에게 알리는 최소 통지기간

    b. 단체협약이 존재하는 조직은 통지기간이나 협의 및 협상에 관한 조항이 단체협약서에 명시되어 있는지에 대한 보고

3. GRI 403 산업안전보건 OCCUPATIONAL HEALTH AND SAFETY 2018

Disclosure 403-1 산업안전보건경영시스템

(Occupational health and safety management system)

　a. 산업안전보건경영시스템의 구현 여부에 대한 진술예: 다음 사항 포함

　　i. 법적요건 및 해당요건 목록에 따라 구현

　　ii. 인지된 위험관리, 경영시스템표준/지침 및 표준/지침 목록있는 경우에 근거하여 구현

　b. 산업안전보건경영시스템에서 다루는 작업자, 활동 및 작업장 범위에 대한 설명, 어떠한 작업자, 활동 또는 작업장에 적용되지 않는 이유 및 그 이유에 대한 설명

Disclosure 403-2 위해성 식별, 위험평가, 사고조사

(Hazard identification, risk assessment, incident investigation)

　a. 작업 관련 위해성을 식별하고, 일상적이고 비일상적 기준으로 위험을 평가하고, 위해성을 제거하고 위험을 최소화하기 위해 통제계층을 적용하는 데 사용되는 프로세스의 설명:

　　i. 조직이 프로세스 수행자의 역량을 포함하여 프로세스 품질을 보증하는 방법

　　ii. 프로세스 결과로 산업안전보건경영시스템을 평가하고 지속적 개선에 사용하는 방법

　b. 작업자가 작업관련 위해성 및 위해 상황을 보고하는 프로세스의 기술 및 작업자가 보복으로부터 어떻게 보호되는지에 대한 설명

　c. 작업자가 부상이나 건강악화의 원인이 될 수 있다고 생각되는 작업상황으로부터 자신을 보호하기 위한 정책과 절차에 대한 기술, 작업자가 보복으로부터 어떻게 보호되는지 설명

　d. 사고와 관련된 위해성을 식별하고 위험을 평가하기 위한 프로세스를 포함하여 작업관련 사고를 조사하고, 통제계층을 사용하여 시정조치를 결정하고, 산업안전보건 경영시스템에 필요한 개선을 결정하는 데 사용되는 프로세스 기술

Disclosure 403-3 산업보건서비스(Occupational health services)

　a. 위해성 식별 및 제거와 위험의 최소화에 기여하는 산업보건서비스의 기능에 대한 기술과 조직이 이러한 서비스의 품질을 보증하고 작업자의 접근성을 용이하게 하는 방법에 대한 설명.

Disclosure 403-4 산업안전보건에 대한 노동자 참여, 상담 및 의사소통

(Worker participation, consultation, and communication on occupational health and safety)

a. 산업안전보건경영시스템의 개발, 실행 및 평가에 있어서 작업자 참여와 상담, 그리고 산업안전보건에 관한 정보를 작업자에게 접근성을 제공하고 의사소통하는 프로세스 기술

b. 공식적 공동 경영진-작업자 산업안전보건위원회가 존재하는 경우, 위원회의 책임, 회의 주기, 의사결정 권한, 어떠한 작업자가 이러한 위원회에 대표가 되지 않는 이유를 기술

Disclosure 403-5 산업안전보건에 대한 노동자 훈련

(Worker training on occupational health and safety)

a. 일반 훈련과 특정 작업관련 위해성, 위해성 활동 또는 위해성 상황에 대한 훈련을 포함하여 작업자에게 제공되는 산업안전보건 훈련에 대한 기술

Disclosure 403-6 노동자 건강 증진(Promotion of worker health)

a. 비산업 의료 및 건강관리서비스에 대한 작업자의 접근을 용이하게 하는 방법과 제공된 접근범위에 대한 설명.

b. 해결된 특정 건강위험을 포함하여 주요업무와 관련되지 않은 건강위험을 해결하기 위해 작업자에게 제공되는 자발적 건강증진 서비스와 프로그램, 그리고 조직이 이러한 서비스와 프로그램에 대한 작업자의 접근을 용이하게 하는 방법에 대한 기술

Disclosure 403-7 비즈니스 관계에 직결된 산업안전보건 영향의 예방과 완화

(Prevention and mitigation of occupational health and safety impacts directly linked by business relationships)

a. 비즈니스 관계로 운영, 제품 또는 서비스에 직결되는 중대한 부정적 산업안전보건 영향을 방지하거나 완화하기 위한 조직의 접근방식과 관련 위해성과 위험에 대한 기술

Disclosure 403-8 산업안전보건경영시스템의 적용을 받는 노동자

(Workers covered by an occupational health and safety management system)

a. 법적 요건 및/또는 공인된 표준/지침서에 근거한 산업안전보건경영시스템을 시행한 경우:

i. 종업원이 아니지만 산업안전보건경영시스템에 의하여 적용을 받으면서, 조직에 의해 작업 또는 작업장이 통제되는 모든 종업원과 작업자의 수와 비율

ii. 종업원이 아니지만 내부적으로 감사되는 산업안전보건경영시스템에 의해 적용을 받으면서, 조직에 의하여 작업 또는 작업장이 통제되는 모든 종업원과 작업자의 수와 비율

iii. 종업원이 아니지만 외부의 감사와 인증을 받는 산업안전보건경영시스템에 의해 적용을 받거나, 조직에 의해 작업 또는 작업장이 통제되는 모든 종업원과 작업자의 수와 비율

b. 제외된 작업자의 유형 포함, 어떠한 작업자가 공개에서 제외되었는지 여부와 제외된 이유

c. 사용된 표준, 방법론 및 가정 등에 대한 데이터를 이해하는 데 필요한 상황별 정보

Disclosure 403-9 산업재해(Work-related injuries)

a. 모든 종업원의 경우:

i. 산업재해로 인한 사망자의 수 및 비율

ii. 높은 수준의 산업재해 부상의 수 및 비율사망자 제외

iii. 기록 가능한 산업재해 부상의 수 및 비율

iv. 산업재해 부상의 주요 유형   v. 작업 시간

b. 종업원은 아니지만 조직에 의해 작업과 작업장이 통제되는 모든 종업원의 경우:

i. 산업재해로 인한 사망자 수 및 비율

ii. 높은 수준의 산업재해 부상 수 및 비율사망자 제외

iii. 기록가능한 산업재해 부상 수 및 비율   iv. 산업재해 부상의 주요 유형

v. 작업 시간

c. 다음을 포함하여 고차손상 위해성을 내포하는 산업재해:

i. 이러한 위해성의 결정 사유

ii. 보고 기간 동안 이러한 위해성 중에서 고부상을 유발하거나 유발하는데 기여한 위해성

iii. 이러한 위해성을 제거하고 위험을 최소화하기 위해 취하거나 진행 중인 조치

d. 다른 산업재해 위해성을 제거하고 위험을 최소화하기 위해 수행되거나 진행 중인 조치

e. 작업시간 20만 시간 또는 1백만 시간을 기준으로 비율을 계산했는지 여부.

f. 제외된 작업자의 유형 포함, 어떤 작업자가 이 공개에서 제외되었는지 여부와 제외된 이유

g. 사용된 표준, 방법론 및 가정 등 데이터 산출의 이해에 필요한 상황별 정보

Disclosure 403-10 직업병(Work-related ill health)

a. 종업원 대상:

i. 직업병 사망자　　ii. 기록가능 직업병 발생건수　　iii. 직업병 유형

b. 종업원이 아니지만 조직에 의해 작업과 작업장이 통제되는 모든 작업자의 경우:

i. 직업병으로 인한 사망자　　ii. 기록가능한 직업병 발생건수

iii. 직업병의 주요 유형

c. 다음과 같은 작업 관련 위해성:

i. 이러한 위해성의 결정 프로세스

ii. 보고기간 동안 위해성 중 직업병을 야기한 위해성

iii. 위해성을 제거하고 통제계층을 사용하여 위험을 최소화하기 위해 취하거나 진행 중인 조치

d. 제외된 작업자 유형 포함, 어떤 작업자가 공개에서 제외되었는지 여부와 제외이유

e. 사용된 표준, 방법론 및 가정 등 데이터에 대한 이해에 필요한 상황별 정보

4. GRI 404 교육훈련 TRAINING AND EDUCATION 2016

Disclosure 404-1 종업원 1인당 년간 평균 훈련시간

(Average hours of training per year per employee)

a. 보고기간 동안 받은 종업원 평균 훈련시간:

i. 성별

ii. 종업원 범주별

Disclosure 404-2 종업원 역량향상프로그램과 전직지원프로그램

(Programs for upgrading employee skills and transition assistance programs)

a. 종업원 역량향상을 위해 실행된 프로그램의 유형, 범위 및 제공된 지원

b. 지속적인 고용가능성, 퇴직이나 고용 종료로 인한 은퇴 후 관리를 가능하도록 제공되는 전직 지원프로그램

Disclosure 404-3 정기적 성과와 경력개발 평가를 받은 종업원 비율

(Percentage of employees receiving regular performance and career development reviews)

　a. 정기적인 성과 및 경력개발 검토를 받은 성별 종업원 범주별 전체 종업원의 비율

5. GRI 405 다양성과 기회균등 DIVERSITY AND EQUAL OPPORTUNITY 2016

Disclosure 405-1 지배구조와 종업원의 다양성

(Diversity of governance bodies and employees)

　a. 다음 각 다양성 범주에서 조직의 지배구조 기구내의 개인 비율:
　　i. 성별　　ii. 연령대: 30세 미만, 30-50세, 50세 초과
　　iii. 관련성이 있는 경우예: 소수 집단 또는 취약 집단 다양성의 기타 지표
　b. 다음 각 다양성 범주에서 종업원 범주별 종업원 비율:
　　i. 성별　　ii. 연령대: 30세 미만, 30-50세, 50세 초과
　　iii. 관련성이 있는 경우예: 소수 집단 또는 취약 집단 다양성의 기타 지표

Disclosure 405-2 남성대비 여성의 기본급과 보수비율

(Ratio of basic salary and remuneration of women to men)

　a. 주요 사업장별로 종업원 범주별 남성대비 여성의 기본급여 및 보수 비율
　b. '주요 사업장'에 대한 정의

6. GRI 406 차별금지 NON-DISCRIMINATION 2016

Disclosure 406-1 차별 사건과 시정조치

(Incidents of discrimination and corrective actions taken)

　a. 보고기간 동안의 차별 사건 전체 수
　b. 다음 관련 사건의 처리단계와 이에 대한 조치:
　　i. 조직 자체에서 검토한 사건
　　ii. 실행중인 교정계획
　　iii. 정기 내부경영감사 프로세스를 통하여 검토된 결과로 실행된 교정계획
　　iv. 더 이상 조치의 대상이 아닌 사건

7. GRI 407 결사의 자유와 단체교섭권 2016

FREEDOM OF ASSOCIATION AND COLLECTIVE BARGAINING

Disclosure 407-1 결사의 자유와 단체교섭권이 위험에 처할 수 있는 사업장과 공급업체

(Operations and suppliers in which the right to freedom of association and collective bargaining may be at risk)

    a. 다음과 같은 측면에서 작업자의 결사의 자유와 단체교섭권이 침해되거나 상당한 위험에 처할 수 있는 사업장과 공급업체:

        i. 사업장 유형제조 공장 등 및 공급업체

        ii. 사업장 및 공급업체가 위험에 처한 것으로 간주되는 국가 또는 지역

    b. 결사의 자유와 단체교섭권을 지원하기 위하여 보고기간에 조직이 취한 조치

8. GRI 408 아동노동 CHILD LABOR 2016

Disclosure 408-1 아동노동사건에 중대한 위험이 있는 사업장과 공급업체

(Operations and suppliers at significant risk for incidents of child labor)

    a. 다음 사건에 대한 현저한 위험성이 있는 것으로 인정되는 사업장 및 공급업체:

        i. 아동노동   ii. 위험한 일에 노출된 청소년 작업자

    b. 다음 항목 중에서 아동노동 발생 위험이 높다고 인정되는 사업장 및 공급업체:

        i. 사업장예를 들면, 제조공장과 공급업체 종류

        ii. 위험성이 있는 것으로 인정되는 사업장 및 공급업체의 국가 또는 지역

    c. 아동노동을 효과적으로 폐지하기 위해 보고기간 동안에 조직이 취한 조치

9. GRI 409 강제노동 FORCED OR COMPULSORY LABOR 2016

Disclosure 409-1 강제노동 발생 위험이 높다고 파악되는 사업장과 공급업체

(Operations and suppliers at significant risk for incidents of forced or compulsory labor)

    a. 다음 항목 중 강제노동 발생위험이 높다고 인정되는 사업장 및 공급업체:

        i. 사업장예: 제조공장과 공급업체 종류

        ii. 위험성이 인정되는 사업장 및 공급업체 국가 또는 지역

    b. 모든 강제노동을 폐지하기 위해 보고기간 동안에 조직이 취한 조치

10. GRI 410 보안실무 SECURITY PRACTICES 2016

Disclosure 410-1 인권정책과 절차에 대해서 훈련을 받은 보안요원

(Security personnel trained in human rights policies or procedures)

   a. 조직의 인권정책, 특정절차에 관한 공식훈련 받은 보안요원 비율과 보안에의 적용

   b. 보안요원을 공급하는 제3자 조직에게도 훈련요건이 적용되는지 확인

11. GRI 411 원주민권리 RIGHTS OF INDIGENOUS PEOPLES 2016

Disclosure 411-1 원주민 권리 침해 사건

(Incidents of violations involving rights of indigenous peoples)

   a. 보고기간 동안 발생한 원주민 권리침해 사건의 수

   b. 다음에 따라 사건의 처리단계와 이에 대한 조치:
      i. 조직 자체에서 검토한 사건   ii. 실행중인 교정계획
      iii. 정기 내부경영감사프로세스를 통해 검토된 결과로 실행된 교정계획
      iv. 더 이상 조치의 대상이 아닌 사건

12. GRI 412 인권평가 HUMAN RIGHTS ASSESSMENT 2016

Disclosure 412-1 인권심사 또는 영향평가를 받은 사업장

(Operations that have been subject to human rights reviews or impact assessments)

   a. 국가별 인권심사 또는 인권 영향평가의 대상이 된 사업장 수와 비율

Disclosure 412-2 인권정책 또는 절차에 대한 종업원 훈련

(Employee training on human rights policies or procedures)

   a. 사업장과 관련된 인권정책 또는 인권측면과 관련된 절차에 대한 훈련에 할애된 총 시간.

   b. 사업장과 관련된 인권정책 또는 인권측면과 관련된 절차에 대한 훈련을 받은 종업원 비율

Disclosure 412-3 인권조항이 포함된 또는 인권심의를 받은 중요한 투자협정과 계약

(Significant investment agreements and contracts that include human rights clauses or that underwent human rights screening)

a. 인권조항이 포함된 또는 인권심의를 받은 중요한 투자협정과 계약의 수와 비율

b. 중요한 투자협정에 대한 정의

13. GRI 413 지역사회 LOCAL COMMUNITIES 2016

Disclosure 413-1 지역사회참여, 영향평가, 개발프로그램을 갖고 있는 사업장(Operations with local community engagement, impact assessments, and development programs)

　　a. 지역사회참여, 영향평가, 개발프로그램을 갖고 있는 사업장의 비율

　　　i. 성Gender 영향 평가 포함한 참여과정에 근거한 사회영향평가.

　　　ii. 환경영향평가와 지속적인 모니터링

　　　iii. 환경영향평가와 사회영향평가의 결과를 대중에게 공개

　　　iv. 지역사회 욕구를 고려한 지역사회개발 프로그램

　　　v. 이해관계자 매핑에 따른 이해관계자 참여 프로그램

　　　vi. 취약계층을 포함시킨 광범위한 지역사회 자문위원회와 프로세스

　　　vii. 노사협의회, 산업안전보건위원회 및 영향을 다루는 기타 작업자대표기관

　　　viii. 공식적 지역사회 고충처리 프로세스

Disclosure 413-2 지역사회에 중대한 실질적이고 잠재적으로 부정적 영향을 미치는 사업장

(Operations with significant actual and potential negative impacts on local communities)

　　a. 지역사회에 중요한 실질적과 잠재적으로 부정적 영향을 미치는 사업장

　　　i. 사업장의 위치　　　ii. 사업장의 중요한 실질적과 잠재적 부정적 영향

14. GRI 414 공급업체 사회적 평가 SUPPLIER SOCIAL ASSESSMENT 2016

Disclosure 414-1 사회적 기준을 사용하여 심사를 한 신규 공급업체

(New suppliers that were screened using social criteria)

　　a. 사회적 기준을 사용하여 심사를 한 신규 공급업체 비율

Disclosure 414-2 가치사슬에 부정적 사회적 영향과 취해진 조치

(Negative social impacts in the supply chain and actions taken)

　　a. 사회적 영향에 대해 평가된 공급업체 수

　　b. 중요한 실질적과 잠재적 부정적 사회적 영향을 가진 것으로 확인된 공급업체 수

　　c. 공급망에서 확인된 중요한 실질적과 잠재적 부정적 사회적 영향

d. 평가결과로 개선이 합의된 중요한 실질적/잠재적 부정적인 사회적 영향을 가진 것으로 확인된 공급업체의 비율

e. 평가결과 관계종료된 실질적/잠재적 부정적 영향을 미치는 공급업체의 비율과 그 이유

15. GRI 415 공공정책 PUBLIC POLICY 2016

Disclosure 415-1 정치적 기여(Political contributions)

a. 국가별, 수령인/수혜자별 조직이 직간접적으로 제공한 재정적 및 현물 정치적 기여 총액

b. 해당되는 경우 현물 기여금의 화폐가치 추정하는 방법

16. GRI 416 고객 보건과 안전 CUSTOMER HEALTH AND SAFETY 2016

Disclosure 416-1 제품과 서비스 범주별 보건과 안전 영향 평가

(Assessment of the health and safety impacts of product and service categories)

a. 안전보건영향이 개선을 위해 평가된 중요한 제품과 서비스 범주의 비율

Disclosure 416-2 제품과 서비스의 보건과 안전 영향에 관한 미준수 사건(Incidents of non-compliance concerning the health and safety impacts of products and services)

a. 제품 및 서비스의 안전보건영향에 관한 규정 및/또는 자발적 법규를 위반한 경우의 총 수:

   i. 벌금 또는 형벌 부과된 법규위반사건

   ii. 경고 받은 법규위반사건

   iii. 자율규정 위반사건

b. 조직이 법률규정 및 자율규정을 위반한 경우가 없으면 그 사실을 간단히 언급

17. GRI 417 마케팅과 라벨링 MARKETING AND LABELING 2016

Disclosure 417-1 제품과 서비스의 정보와 라벨링의 요구 사항

(Requirements for product and service information and labeling)

a. 제품/서비스 정보와 라벨링에 대한 조직절차에 따라 다음 유형의 정보가 필요한지 여부:

   i. 제품/서비스의 구성요소 소싱

ii. 특히 환경적/사회적 영향을 미칠 수 있는 물질 내용

iii. 제품/서비스의 안전한 사용   iv. 제품 및 환경적/사회적 영향의 폐기

v. 기타_{설명}

b. 그러한 절차의 준수를 위해 적용되고 평가되는 중요한 제품 또는 서비스 범주의 백분율

Disclosure 417-2 제품과 서비스의 정보와 라벨링에 관한 미준수 사건

(Incidents of non-compliance concerning product and service information and labeling)

a. 제품 및 서비스 정보와 라벨링에 관한 법률규정 및 자율규정 미준수 사건의 수

i. 법률규정위반으로 벌금 또는 처벌을 받은 사건

ii. 법률규정 위반으로 경고를 받은 사건

iii. 자율 규정 위반사건

b. 조직이 법률규정 및 자율규정을 위반한 경우가 없다면, 그 사실을 간단히 언급

Disclosure 417-3 마케팅 커뮤니케이션에 관한 미준수 사건

(Incidents of non-compliance concerning marketing communications)

a. 광고, 프로모션, 후원 포함, 마케팅 커뮤니케이션에 관한 법률규정과 자율규정 위반사건 수

i. 법률규정위반으로 벌금 또는 처벌을 받은 사건

ii. 법률규정 위반으로 경고를 받은 사건

iii. 자율 규정 위반사건

b. 조직이 법률규정 및 자율규정을 위반한 경우가 없다면, 그 사실을 간단히 언급

18. GRI 418 고객프라이버시 CUSTOMER PRIVACY 2016

Disclosure 418-1 고객 개인정보 위반과 고객 데이터 손실에 대한 입증된 불만사

(Substantiated complaints concerning breaches of customer privacy & losses of customer data)

a. 고객개인정보보호 위반에 대하여 접수되어 입증된 불만 건수

i. 외부기관에 접수되어 조직에서 입증된 불만사항

ii. 규제기관으로부터 제기된 불만사항.

b. 고객 데이터의 확인된 유출, 도난 또는 손실 총 건수

c. 입증된 불만사례가 없으면 그 사실을 간단히 언급

19. GRI 419 사회경제적법규 준수 SOCIOECONOMIC COMPLIANCE 2016

Disclosure 419-1 사회적 경제적 영역에서 법률과 규정 미준수

(Non-compliance with laws and regulations in the social and economic area)

a. 사회 및 경제 분야의 법률 및/또는 규정 위반으로 중요한 벌금 및 비금전적 제재:

 i. 상당한 벌금에 대한 총 금전적 가치

 ii. 비 금전적 제재의 총 수

 iii. 분쟁 해결 메커니즘을 통해 가져온 사례.

b. 조직이 법률 및/또는 규정 위반 사례가 없다면, 이 사실을 간단히 언급

c. 중요한 벌금과 비화폐성 제재가 발생한 상황.

④ GRI Standards GRI 200 경제적 성과와 지배구조 보고기준

GRI Standards의 경제적 성과 지표 6개를 논리모형으로 분류하면, INPUT 투입지표는 시장지위, 구매실무, OUTPUT 산출지표는 반부패, 반경쟁행위, 그리고 OUTCOME 성과지표는 경제적 성과와 간접적 경제적 영향으로 구분된다.

┃ GRI표준 경제적 성과 보고지표 논리모형 분석 ┃

구분	INPUT 투입지표	OUTPUT 산출지표	OUTCOME 성과지표
지표	GRI 202 시장 지위 GRI 204 구매실무	GRI 205 반부패 GRI 206 반경쟁행위	GRI 201 경제적 성과 GRI 203 간접적 경제적 영향

GRI 표준의 경제적 성과 지표는 조직의 매출, 비용, 이익 등과 관련된 재무적 성과와 구별되는 것으로 해당 조직의 경제적 기여를 표현한다. 이를 ESG 경영으로 강조할 경우에는 각각의 환경E, 사회S, 지배구조G에 포함시켜 보고하는 것이 바람직할 것이다.

ESG 경영의 지배구조Governance는 이사회, 윤리경영, 리스크 관리 등으로 보고하는데, GRI 표준의 경제적 지표 중 반부패GRI 205, 반경쟁행위GRI 206 등이 윤리경영 항목으로 보고될 수 있다. 한편, 경제적 성과GRI 201의 경우, 기후변화는 환경적 성과, 연금제도는 사회적 성과 중 임직원 관련 지표, 정부의 재정적 지원은 공공정책의 재정적 지원과 세금 기여, 그리고 간접적 경제적 영향GRI 203 역시 공공정책에 포함시켜 보고할 수 있다.

또한 시장 지위GRI 202는 사회적 성과 중 임직원의 다양성과 고용평등, 그리고 구매실무GRI 204는 사회적 성과 중 공급자에 포함시켜 보고할 수 있다. 또한, ESG 경영의 환경E부분에서는 기후변화에 대한 대응노력을 충분히 보고해야 하며 지배구조G부분에서는 경제적 성과GRI 201의 기후변화가 재무적 영향 및 기타 위험과 기회에 미치는 영향GRI Disclosure 201-2을 이사회에서 어떻게 다루고 있는지 하는 사항과 이를 리스크 관리 차원에서 어떻게 다루고 있는지를 상세히 보고하도록 해야 한다.

GRI Standards의 경우 지배구조에 대해서는 별도로 장과 지표를 할당하여 제시하지 않고 있지만, 해당 보고조직의 개요 부분에서 지배구조를 보고해야 하므로 ESG 경영의 지배구조G를 별도의 장과 지표로 할당하여 이사회 운영 및 윤리경영 사항을 리스크 관리와 함께 상세하게 보고하면 된다.

1. GRI 201 경제적 성과 ECONOMIC PERFORMANCE 2016

Disclosure 201-1 직접적 경제적 가치 창출과 분배

(Direct economic value generated and distributed)

a. 세계에 분포된 보고조직 사업장의 기본 구성요소를 포함해 발생액 기준으로 직접적 경제가치 발생과 분배EVG&D에 대한 보고. 현금기준으로 데이터를 제시할 경우, 그 정당성과 함께 다음과 같은 기본 구성요소에 대하여 보고:

    i. 직접적인 경제가치 발생: 수익

    ii. 경제적 가치분배: 운영비용, 근로자 임금과 복리후생, 투자자에 지급하는 지불금, 국가별 정부에 지급하는 지불금, 지역사회 투자

    iii. 유보경제가치 '경제가치 배분'을 제외하고 '직접적 경제가치 발생'으로 계산

b. 현지의 경제적 영향 평가를 위해, 국가, 지역 또는 시장 수준에서 개별적으로 경제가치의 발생과 분배에 대한 보고 및 중요성 정의에 대한 기준을 아울러 보고

Disclosure 201-2 기후변화론 인한 재무적 영향과 기타 리스크와 기회

(Financial implications and other risks and opportunities due to climate change)

a. 사업장, 수익, 지출에 실질적 변화를 야기하는 기후변화에 의한 위험과 기회:

    i. 위험과 기회에 대해 기술하고 그것을 물리적, 규제적 또는 기타 등으로 분류

    ii. 위험이나 기회와 연관된 영향 설명

    iii. 행동을 취하기 전 위험이나 기회의 재무적 영향

    iv. 위험이나 기회 관리방법

    v. 위험이나 기회의 관리를 위해 취해진 행동 비용

Disclosure 201-3 확정급여형연금제도와 기타퇴직연금제도

(Defined benefit plan obligations and other retirement plans)

a. 확정급여형 연금제도의 채무가 조직의 일반재원으로 충당가능한 경우, 이 채무의 산출액

b. 본 제도의 연금채무를 지급하기 위해 별도의 기금이 존재하는 경우:

    i. 채무해결을 위해 확보한 자산으로 충당할 수 있는 본 연금제도 채무의 산출 범위

    ii. 도출된 추산의 기준

    iii. 추산 도출 날짜

c. 기금이 충분히 마련되지 못한 경우, 완전충당을 위해 고용주가 채택한 전략이 있으면 이를 설명하고, 완전충당을 달성하기 위해 고용주가 정한 기간이 있으면 이를 아울러 설명

d. 근로자나 고용주가 기부한 급여의 비율

e. 퇴직연금제도 참여도, 즉 의무적 또는 자발적 제도, 지역이나 국가 기반의 제도 또는 재정적 영향을 지닌 제도 등에 대한 참여 수준

Disclosure 201-4 정부의 재정적 지원(Financial assistance received from government)

a. 최소한 다음사항 포함, 보고기간에 조직이 정부로부터 받은 총 재정지원의 화폐적 가치

   i. 세금 감면과 공제   ii. 보조금

   iii. 투자보조금, 연구개발 지원금 및 기타 관련 보조금

   iv. 시상금   v. 로열티 면제   vi. 수출신용기관ECAs의 재정지원

   vii. 재정적 인센티브

   viii. 어떤 사업장 운영을 위해 정부로부터 받은 또는 받을 기타 재정 보조금

b. 국가별 상기 정보

c. 정부의 주식보유 여부 및 그 정도

2. GRI 202 시장 지위 MARKET PRESENCE 2016

Disclosure 202-1 지방의 최저임금 대비 성별 진입 수준 임금 비율

(Ratios of standard entry level wage by gender compared to local minimum wage)

a. 최저임금법에 따른 임금에 기반하여 인력의 상당 부분에 대한 보상이 이루어지는 경우, 주요 사업장의 성별 초임임금과 최저임금의 비율을 비교하여 보고

b. 최저임금 규정에 따른 임금기준으로 조직활동을 수행하는 다른 근로자직원 제외의 상당 부분이 보상될 경우, 해당 근로자가 최저임금보다 높은 임금을 받도록 취한 조치를 보고

c. 주요 사업장 현지의 최저임금이 부재하거나 가변적인지 경우에는 성별로 보고. 기준으로 사용할 수 있는 최저임금이 상이한 경우에는 어떤 최저임금제도를 사용 중인지 보고

d. '주요 사업장'에 대한 정의

Disclosure 202-2 지역사회에서 고용된 고위 경영진 비율
(Proportion of senior management hired from the local community)

a. 현지에서 고용한 주요 사업장의 고위 경영진의 비율

b. '고위 경영진'에 대한 정의

c. '현지'에 대한 조직의 지리적 정의

d. '주요 사업장'에 대한 정의

3. GRI 203 간접 경제적 영향 INDIRECT ECONOMIC IMPACTS 2016

Disclosure 203-1 사회기반시설 투자와 지원 서비스
(Infrastructure investments and services supported)

a. 중요한 사회기반시설 투자와 지원 서비스 개발 범위

b. 지역사회와 현지 경제에 대한 현재 및 예상 영향관련 긍정적, 부정적 영향 포함

c. 이 같은 투자와 서비스가 상업적, 현물기부 또는 프로보노pro-bono성 참여인지 설명

Disclosure 203-2 중요한 간접 경제적 효과(Significant indirect economic impacts)

a. 긍정적 영향과 부정적인 영향을 포함하여, 조직의 중요한 간접 경제적 영향의 사례
  - 조직, 부문이나 전체 경제의 생산력 변화
  - 극빈 지역의 경제 개발
  - 사회적 또는 환경적 여건을 개선 또는 악화시킬 수 있는 경제적 효과
  - 저임금자의 제품 및 서비스 가용성
  - 전문가 공동체 간에 또는 지리적 영역 내에 기술과 지식 강화
  - 공급망이나 유통망에서 지원되는 일자리
  - 외국인 직접투자 활성화, 성사 또는 억제
  - 사업장이나 활동 변화의 경제적 효과
  - 제품 및 서비스 사용의 경제적 효과

b. 국가 및 국제 표준, 규약 및 정책 안건 등, 대외적 기준과 이해관계자 우선순위를 배경으로 고려하여 간접 경제적 효과의 중요성 설명

4. GRI 204 구매실무 PROCUREMENT PRACTICES 2016

Disclosure 204-1 현지 공급업체에 지급하는 지출 비율

(Proportion of spending on local suppliers)

    a. 주요 사업장에서 해당 사업장의 현지 공급업체에 지급하는 조달비용 비율_{현지구입} 제품 및 서비스 비율 등

    b. '현지'라는 용어에 대한 지리적 정의 c. '주요 사업장'에 대한 정의

5. GRI 205 반부패 ANTI-CORRUPTION 2016

Disclosure 205-1 부패 관련 위험을 평가한 사업장

(Operations assessed for risks related to corruption)

    a. 부패관련 위험평가 사업장 수 및 비율

    b. 위험평가로 파악된 부패관련 중요한 위험

Disclosure 205-2 반부패 정책과 절차에 관한 의사소통과 훈련
Communication and training about anti-corruption policies and procedures

    a. 조직의 반부패 정책/절차에 대한 공지와 소통된 거버넌스 기구 구성원 수와 비율 지역별

    b. 조직의 반부패 정책/절차에 대한 공지와 소통된 근로자 수와 비율 범주별/지역별 종업원

    c. 조직의 반부패 정책/절차에 대한 공지와 소통된 사업파트너 및 비율 지역별 파트너 유형, 조직의 부패방지 정책/절차가 다른 사람이나 조직에게 소통되었는지 설명

    d. 조직의 반부패 훈련을 받은 거버넌스 기구 구성원 수와 비율 지역별

    e. 조직의 반부패 훈련을 받은 근로자의 수와 비율 범주별과 지역별 종업원

Disclosure 205-3 확인된 부패 사건과 조치

(Confirmed incidents of corruption and actions taken)

    a. 확인된 부패사례 수와 성격

    b. 확인된 부패사례 중 부패를 이유로 종업원이 해고되거나 징계를 받은 사례 수

    c. 부패관련 위반을 이유로 사업파트너와 계약이 종료되거나 갱신되지 않은 사례의 수

    d. 보고기간 동안에 부패와 관련하여 조직이나 종업원에 대해 발생한 법적분쟁과 그 결론

Disclosure 206-1 부당경쟁행위, 독점금지 및 독점관행에 대한 법적조치

(Legal actions for anti-competitive behavior, anti-trust, and monopoly practices)

 a. 경쟁저해행위, 독점금지위반, 독점금지법관련 보류 중이거나 완료된 법적조치의 수

 b. 결정 또는 판결포함 종결된 법적조치의 주요 결과

이처럼 기업의 사회적 성과 및 지배구조와 윤리경영은 항상 중시되어 왔으나, 최근의 ESG 경영에서는 사회적 책임투자socially responsible investing: SRI에 대한 관심과 함께 특히 기후변화climate change 이슈가 대두되면서 글로벌 차원에서 환경경영과 환경적 성과 그 중에서도 탄소배출 감축, 신재생에너지 생산 및 활용 등이 모든 기업의 핵심적 공통과제로 부각되고 있다.

ESG 경영을
읽는다

Section 3

우리나라 글로벌 대기업의 ESG 경영 실천과 확산

ESG 경영을
읽는다

기업의 재무적 성과에 대해서는 ① 기업 스스로 회계보고서를 작성하고 ② 작성된 회계보고서를 기업외부의 공인회계사가 검증하여 감사보고서를 제출하고 ③ 감사보고서를 포함한 기업의 사업보고서는 이사회를 거쳐 주주총회의 의결을 거친 다음 ④ 금융감독원에 신고하여 사업보고서를 공시함으로써 ⑤ 외부 이해관계자가 기업의 재무적 성과를 엄밀하게 평가할 수 있도록 하고 있다.

이에 비해 기업의 비재무적 성과를 주로 다루는 ESG 경영성과에 대한 보고서 작성과 요구되는 정보공개 활동 등은 다음과 같이 다양한 측면에서 그 한계와 문제점이 내재되어 있다. ① 기업 스스로 ESG 경영보고서를 작성하지만 전문가가 부족하며 ② ESG 경영보고서의 보고기준이 표준화되어 있지 않고 ③ ESG 경영보고서를 공인된 외부 전문기관의 검증을 거쳐 ESG 경영감사보고서로 제출하지 않고 있으며 ④ ESG 경영보고서와 ESG 경영감사보고서를 이사회와 주주총회를 통하여 의결하는 절차도 정립되지 않고 ⑤ ESG 경영보고서를 국가기관에 신고 및 공시함으로써 외부 이해관계자들이 기업의 ESG 경영성과를 엄밀하게 평가할 수 있는 프로세스 역시 정립되지 않은 실정이다.

이처럼 외부 이해관계자의 신뢰가 낮은 상태에서 ESG 경영 실천수준을 평가하는 활동 자체가 부실할 수밖에 없다. 그러므로 통합적 ESG 보고기준 없이 ESG 경영 실천수준을 평가하는 것은 오히려 기업에게 2중 3중의 부담만 더할 뿐 결코 사회책임투자_{SRI}나 탄소중립을 향한 좌표가 될 수 없다. 이미 EU에서는 2018년부터 500명 이상의 기업에게는 ESG 경영보고서_{지속가능성보고서} 보고를 의무화하고 있다. 우리나라 역시 민간기업과 공공분야를 모두 고려하면 적어도 3천개 이상의 조직이 그 대상이 되어야 한다.[53]

> ESG 경영의 실천은 GRI Standards, 즉 GRI 표준을 면밀히 검토하고 이를 중심으로 ESG 경영 보고서를 작성하는 작업에서 시작된다. 사람은 물론 기업도 법인으로서 주요 지표를 중심으로 평가하는데 따라 움직이는 것이 당연하기 때문이다.

---

[53] (1) 상장기업 2,268개(2020년 기준: 80여개 보고) (2) 중앙정부 54개 부처(지식경제부 2011년, 2013년 보고) (3) 중앙정부의 340개 공공기관(현재 34여개 보고) (4) 광역지방정부 17개(인천광역시 2014년, 2018년 보고) (5) 광역지방정부의 공공기관 52개(상수도와 하수도 제외: 서울메트로 합병 전 2008년, 2009년, 2010년 작성) (6) 기초지방정부 192개(행정시와 자치구가 아닌 2개 시와 32개 구의 34개 제외: 부평구 2020년에 4차 보고, 강동구 2010년, 2011년, 2012년, 2013~2014년 작성) (7) 기초지방정부의 공공기관 총 130개(상수도와 하수도 제외: 보고 사례 없음) (8) 대학 339개(원광대학교 2015년, 2017년 보고) (9) 대학병원 110개(보고사례 없음) 등 총 3,502개의 상장기업, 정부, 공공기관, 대학 및 대학병원이 상장기업의 재무적 정보가 담긴 사업보고서 수준으로 ESG 경영보고서를 공표하는 제도화가 요구됨.

- 환경적 성과(Environmental Performance): 환경분야는 GRI 표준에 따라 온실가스 배출직접 온실가스 배출, 에너지 간접 온실가스 배출, 기타 간접 온실가스 배출, 온실가스 배출 집약도, 온실가스 배출 감축, 오존층 파괴물질 배출, 기타 중요한 대기 배출물, 에너지, 원재료, 용수, 폐수와 폐기물, 생물 다양성 등에 대한 보고가 요구된다. 특히, 2050년 탄소제로를 위해서는 본사 및 사업장별로 온실가스 배출량과 감축을 위한 노력, 에너지 사용량과 감축 노력, 그리고 신재생에너지 사용량과 사용비율 등을 보고해야 한다.
- 사회적 성과(Social Performance): 사회적분야는 GRI 표준에 따라 인권경영, 종업원고용, 노사관계, 산업안전보건, 훈련과 교육, 다양성, 차별금지, 결사의 자유와 단체교섭권, 아동노동, 강제노동, 보안관행, 공급망, 동반성장, 고객안전보건, 마케팅과 라벨링, 정보보호, 공공정책, 조세, 사회공헌 등에 대한 보고가 요구된다.
- 지배구조 성과(Governance Performance): 지배구조분야는 GRI 표준에 따라 이사회구성 및 운영방법, 리스크 관리, 윤리경영반부패, 경쟁저해행위 등에 대한 보고가 투명하게 이루어져야 한다. 특히 2050 탄소제로를 위해서는 기업 이사회부터 경제적, 환경적, 사회적 영향에 대한 파악과 전략적 목표관리 등을 통하여 글로벌 지표와 협약사항 및 정부정책에 부응하는 방향으로 제반안건을 구체적으로 다루어야 한다.

이를 위해서 ESG 경영 보고기준에 의거하여 우리나라 글로벌 대기업이 보고하는 지속가능성보고서, 지속가능경영보고서, 환경사회보고서, CSR보고서, 기업시민보고서, 사회책임경영보고서, 사회가치실현보고서, ESG보고서, 통합보고서 등에 대한 검토를 통하여 내용적으로 누락된 것에 대한 확인 및 작성 등에 있어서 통일을 기할 수 있는 방법에 대한 고민과 함께 우리나라 글로벌 대기업이 지난 20년간 각고의 노력으로 진화시킨 분야별 우수사례들을 발굴하여 하나로 통합된 시스템을 구축하기 위한 검토를 하였다.

본서의 제1부에서 경영자를 위한 ESG 경영의 철학과 주요이슈를 살펴본데 비해 제2부에서는 실무자들을 위한 지표의 내용과 적용 실태를 살펴보았다. 그 결과 ESG 경영은 정부의 개입없이 기업 자율적으로 표준화된 기준을 정립할 수 있다는 점을 확인할 수 있다.

이러한 검토를 통하여 사회책임투자socially responsible investing의 잣대로서 ESG 경영에 대한 성과측정 및 평가가 중시되고 2050탄소제로가 강조되므로 우리나라의 총 3,502개 정도의 상장기업, 정부조직, 공공기관, 대학 및 대학병원으로 확산하여 GRI

Standards에 따라서 환경분야 지표, 사회분야 지표, 지배구조분야 지표를 충실히 담은 ESG 경영보고서를 작성 및 공표할 수 있다는 점을 확인할 수 있었다.

우선 다음의 ESG 각 분야별 체크리스트를 중심으로 우리나라 글로벌 대기업의 ESG 경영보고 평가 프레임워크에 대해 살펴보도록 한다.

┃ GRI표준 환경적 성과: ESG 경영의 환경(E) 분야 보고 체크리스트 ┃

항목	번호	지표	유무	점수
원재료	301-1	사용 원재료의 중량이나 부피		
	301-2	재활용된 투입 원재료		
	301-3	회수된 제품 및 포장원재료		
에너지	302-1	조직 내 에너지 소비		
	302-2	조직 밖에서의 에너지 소비		
	302-3	에너지집약도		
	302-4	에너지소비 감축		
	302-5	제품 및 서비스의 에너지 요구량 감축		
용수	303-1	공유 자원으로서 물과의 상호 작용		
	303-2	방류 관련 영향 관리		
	303-3	취수		
	303-4	방류		
	303-5	물 소비		
생물다양성	304-1	보호지역 및 보호지역 밖의 생물다양성 가치가 높은 지역, 또는 그 인근에서 소유, 임대, 관리하는 사업장		
	304-2	생물다양성에 대한 활동, 제품 및 서비스의 중요한 영향		
	304-3	서식지 보호 또는 복원		
	304-4	사업장에 의해 영향을 받는 지역에 서식지를 둔 세계자연보호연맹(IUCN)의 멸종위기 종의 수 및 국가 보존종의 수		
배출	305-1	직접(범위 1) 온실가스(GHG) 배출		
	305-2	에너지 간접(Scope 2) 온실가스(GHG) 배출		
	305-3	기타 간접(Scope 3) 온실가스(GHG) 배출		

항목	번호	지표	유무	점수
	305-4	온실가스(GHG) 배출 집약도		
	305-5	온실가스(GHG) 배출 감축		
	305-6	오존층 파괴물질(ODS) 배출		
	305-7	질소 산화물(NOX), 황 산화물(SOX) 및 기타 중요한 대기 배출물		
폐수와 폐기물	306-1	수질 및 도착지별 방류량		
	306-2	유형 및 처리 방법 별 폐기물		
	306-3	중요한 유출		
	306-4	유해 폐기물 운송		
	306-5	배수 및/또는 지표유출로 인해 영향을 받는 수역		
컴플라이언스	307-1	환경법 및 규정 위반		
공급업체 환경평가	308-1	환경 기준 심사를 거친 신규 공급 업체		
	308-2	공급망 내 부정적인 환경 영향 및 취해진 조치		

‖ GRI표준 사회적 성과: ESG 경영의 사회적(S) 분야 보고 체크리스트 ‖

항목	번호	지표	유무	점수
고용	401-1	신규 채용 종업원과 종업원 이직		
	401-2	임시직 또는 시간제 종업원에게는 제공되지 않는 상근직 종업원에게 제공하는 복리후생		
	401-3	육아 휴직		
노사관계	402-1	사업 변화에 관한 최소 통지 기간		
산업 보건과 안전	403-1	산업안전보건경영시스템		
	403-2	위해성 식별, 리스크 평가 및 사고 조사		
	403-3	산업보건 서비스		
	403-4	산업보건안전에 관한 노동자 참여, 상담 및 커뮤니케이션		
	403-5	산업보건안전에 대한 노동자 훈련		
	403-6	노동자 건강 증진		
	403-7	비즈니스 관계로 직접 연결된 산업보건안전 영향의 예방과 완화		
	403-8	산업안전보건경영시스템의 적용을 받는 노동자		

항목	번호	지표	유무	점수
	403-9	산업재해		
	403-10	직업병		
훈련과 교육	404-1	종업원 1인당 연간 평균 훈련 시간		
	404-2	종업원 역량향상 프로그램과 전환지원 프로그램		
	404-3	정기적 성과와 경력개발 평가를 받는 종업원 비율		
다양성과 기회균등	405-1	지배구조와 종업원의 다양성		
	405-2	남성 대비 여성의 기본급과 보수의 비율		
차별금지	406-1	차별사건과 시정조치		
결사의 자유와 단체교섭권	407-1	결사 자유와 단체교섭권이 위험에 처할 수 있는 사업장과 공급업체		
아동노동	408-1	아동노동 사건에 대한 중대한 위험이 있는 사업장과 공급업체		
강제노동	409-1	강제노동 사건에 대한 중대한 위험이 있는 사업장과 공급업체		
보안관행	410-1	인권정책 또는 절차에 대해 훈련을 받은 보안요원		
원주민 권리	411-1	원주민 권리 침해 사건		
인권평가	412-1	인권심사 또는 영향 평가를 받은 사업장		
	412-2	인권정책 또는 절차에 대한 종업원 훈련		
	412-3	인권조항이 포함된 또는 인권심사를 받은 중요한 투자협정과 계약		
지역사회	413-1	지역사회 참여, 영향평가 및 개발 프로그램을 갖고 있는 사업장		
	413-2	지역사회에 중대한 실질적/잠재적으로 부정적 영향을 가진 사업장		
공급업체 사회적평가	414-1	사회적 기준을 사용하여 심사를 한 신규 공급업체		
	414-2	가치사슬에 부정적 사회적 영향과 취해진 조치		
공공정책	415-1	정치적 기여		
고객 보건과 안전	416-1	제품과 서비스 범주별 보건과 안전 영향 평가		
	416-2	제품과 서비스의 보건과 안전 영향에 관한 미준수 사건		
마케팅과 라벨링	417-1	제품과 서비스의 정보와 라벨링 요구사항		
	417-2	제품과 서비스의 정보와 라벨링에 관한 미준수 사건		
	417-3	마케팅 커뮤니케이션에 관한 미준수 사건		
정보보호	418-1	고객 개인정보보호 위반과 고객 데이터 손실에 대한 입증된 불만		
컴플라이언스	419-1	사회적과 경제적 영역에서 법률과 규정 미준수		

GRI표준 경제적 성과: ESG 경영으로 분배된 분야 보고 체크리스트

항목	번호	지표	유무	점수
경제성과	201-1	직접적 경제적 가치 창출과 분배 → ESG 경영 개요		
	201-2	기후 변화로 인한 재무적 영향과 기타 리스크와 기회 → ESG 경영의 지배구조(E) 중 리스크관리		
	201-3	확정 급여형 연금제도와 기타퇴직연금제도 → 고용(GRI 401)		
	201-4	정부의 재정적 지원 → 공공정책(GRI 415)		
시장지위	202-1	지방의 최저 임금 대비 성별 표준 진입 수준 임금 비율 → 다양성과 기회균등(GRI 405)		
	202-2	지역 사회에서 고용된 고위 경영진 비율 → 고용(GRI 401)		
간접경제효과	203-1	사회기반시설 투자와 지원 서비스 → ESG 경영 개요		
	203-2	중대한 간접 경제적 영향 → ESG 경영 개요		
조달관행	204-1	현지공급업체에의 지급 지출비율 → 공급업체 사회적평가(GRI 414)		
반부패	205-1	부패와 관련된 리스크를 평가한 사업장 → ESG 경영의 지배구조(E) 중 윤리경영		
	205-2	반부패 정책과 절차에 관한 커뮤니케이션과 훈련 → ESG 경영의 지배구조(E) 중 윤리경영		
	205-3	확인된 부패 사건과 조치 → ESG 경영의 지배구조(E) 중 윤리경영		
경쟁저해행위	206-1	부당경쟁행위, 독점금지 및 독점관행에 대한 법적 조치 → ESG 경영의 지배구조(E) 중 윤리경영		

GRI표준 경제적 성과 중 ESG 경영의 지배구조(E) 분야 보고 체크리스트

항목	번호	지표	유무	점수
이사회	102-18	지배구조		
	102-19	권한위임		
	102-20	경제적, 환경적, 사회적 주제에 대한 경영진의 책임		
	102-21	경제적, 환경적, 사회적 주제에 대한 자문하는 이해관계자		
	102-22	최고 거버넌스 기구 및 산하 위원회 구성		
	102-23	최고 거버넌스 기구의 위원장		

항목	번호	지표	유무	점수
	102-24	최고 거버넌스 기구 지명 및 선정		
	102-25	이해충돌		
	102-26	목적, 가치, 전략 수립에 있어 최고 거버넌스 기구의 역할		
	102-27	최고 거버넌스 기구에 대한 집단지식		
	102-28	최고 거버넌스 기구의 성과평가		
	102-29	경제적, 환경적, 사회적 영향 파악 및 관리		
	102-30	리스크 관리 프로세스의 효과		
	102-31	경제적, 환경적, 사회적 주제 검토		
	102-32	지속가능성 보고에 대한 최고 거버넌스 기구의 역할		
	102-33	심각한 문제 의사소통		
	102-34	심각한 문제의 본질과 총 건수		
	102-35	보수 정책		
	102-36	보수 결정 프로세스		
	102-37	보수에 대한 이해관계자의 참여		
	102-38	연간 총 보수 비율		
	102-39	연간 총 보수 비율 증가 비율		
리스크 관리	201-2	기후변화로 인한 재정적 영향 및 기타 위험과 기회		
	102-16	가치, 원칙, 표준 및 행동규범		
	102-17	윤리에 관한 조언과 관심사 메커니즘		
윤리경영	205-1	부패와 관련된 리스크에 대하여 평가된 사업		
	205-2	반부패 정책과 절차에 관한 커뮤니케이션과 훈련		
	205-3	확인된 부패 사건과 조치		
	206-1	부당경쟁행위, 독점금지 및 독점관행에 대한 법적 조치		

　다음에서는 GRI Standards 지표를 체크리스트로 하여 우리나라 글로벌 대기업에 대한 ESG 경영보고서 현황체제를 살펴보고 개선 및 보완사항에 대하여 다루었다. 공통적 현상으로 환경분야, 사회적분야, 지배구조분야별로 지표를 재분류하고 지표별 실적에 대한 분석을 꼼꼼히 기술한다면 모범적 ESG 경영보고서가 될 수 있다. 향후 국내외 사업장별로 구분된 기업정보의 제공이 요구된다.

1 식료품제조업: CJ제일제당 ESG 경영[54]

CJ제일제당은 2009년, 2014년, 2016~2021년 현재 "지속가능경영보고서"를 공표하였다.

환경(Environmental) 분야: 본문에서 기후변화대응, 에너지 사용감축 및 신재생에너지, 원재료관리, 수자원관리, 폐기물관리, 대기오염물질관리 등 지난 3년간 실적을 담고있다.

① 기후변화관련 온실가스 배출관리_{온실가스 직접 배출량, 간접 배출량, 배출원단위, 감축량, 감축사례 등} 사항에 추가하여 본사 및 사업장별로 보고할 필요가 있다.

② 에너지는 연료사용량, 전기사용량, 스팀사용량, 에너지 소비원단위, 신재생에너지 도입 사업장, 사용량, 사용비율 등 사용실태 이외에 역시 본사 및 사업장별 에너지 사용량/감축량과 신재생에너지 사용량/사용비율을 보고할 필요가 있다.

구분	단위	2018	2019	2020
직접 배출량(Scope 1)	tCO2eq	183,930	200,770	198,610
간접 배출량(Scope 2)	tCO2eq	210,361	219,320	207,286
배출량 합계	tCO2eq	394,291	420,070	405,879
온실가스 배출 원단위	tCO2eq/톤	0.108	0.121	0.142
온실가스 감축량	(누적) tCO2eq	75,428	79,257	86,521
온실가스 감축 사례	(누적) 건수	111	147	187
연료 사용량	TJ	3,642	4,002	3,946
전기 사용량	TJ	4,331	4,410	4,206
스팀 사용량	TJ	1,255	1,270	1,116
에너지사용 총량	TJ	9,228	9,660	9,252
에너지 소비 원단위	TJ/톤	0.003	0.003	0.003
신재생에너지 도입 사업장	(누적) 개소	4	5	5
신재생에너지 사용량	TJ	1,108	1,193	1,061
신재생에너지 사용비율	%	12.01	12.24	11.47

자료원: CJ제일제당 2020 Sustainability Report, 43쪽, 45쪽

---

54) 대한민국 지속가능성지수, 지속가능성보고서DB 및 홈페이지(2021년 6월~9월 검색). 이하 동일

사회적(Social) 분야: 본문에서 임직원인권경영체계, 인권보호정책, 인권영향평가, 다양성존중, 여성 임직원, 인적자본, 노사협의회, 해외사업자 고용, 인재채용 및 이직, 임직원 평가 및 보상, 출산 휴가 및 육아휴직, 선진 조직문화 구축, 소통 및 고충관리, 인재육성, 직장인권교육, 안전보건, 공급망관리, 동반성장, 고객건강과 영양을 생각한 차별화된 제품개발, 안전한 식품을 위한 노력, 고객의소리관리, 소비자중심경영, 정보보안리스크관리, 조세리스크관리, 사회공헌 등에 대한 지난 3년간의 추이를 보고하고 있다.

지배구조(Governance) 분야: 본문에서 이사회, 리스크 관리, 윤리경영 등에 대한 최근 3년간 실적, 이사회 내에 지속가능경영위원회를 설치하여 E환경, S사회, G경제·거버넌스 영역과 관련된 회사의 지속가능경영 전략 및 방향성을 점검하고 그 성과와 개선사항, 중대이슈 등을 제시하였다.

CJ제일제당에서는 업계 모범이 되는 수준으로 매년 보고서 발간을 검토·승인하여 지속가능경영 실천력을 구체적으로 보고하고 있으며, 최근 강조되는 기후변화 리스크 항목 역시 잠재적 리스크 관리 중 하나로 경영전략 차원에서 다루고 있는 점은 우리나라 타 기업들의 모델이 될 수 있다.

▎ CJ제일제당 2020 지속가능경영보고서의 ESG보고 강화 ▎

AS IS	TO BE
LETTER FROM CEO	LETTER FROM CEO
1. OVERVIEW	**1. OVERVIEW**
06 OnlyOne CJ	06 OnlyOne CJ
08 Global CJ	08 Global CJ
09 Our Business	09 Our Business
	38 Issue 3. 시장 경쟁력 강화
	− 39 글로벌 시장 영향력 강화
	− 40 언택트 시장을 대비한 제품 및 서비스 개발
2. SUSTAINABLE IMPACT	
12 지속가능경영 전략	**2. SUSTAINABLE IMPACT**
14 UN SDGs Commitment	12 지속가능경영 전략
15 이해관계자 커뮤니케이션	14 UN SDGs Commitment
16 중대성 평가(Materiality)	15 이해관계자 커뮤니케이션
18 Sustainability Highlights	16 중대성 평가(Materiality)
20 경영진 메시지	18 Sustainability Highlights
22 Special Page	20 경영진 메시지
	22 Special Page
3. MATERIAL ISSUES	
28 Issue 1. 건강과 안전	
− 29 건강과 영양을 생각한 차별화된 제품개발	
− 31 안전한 식품을 위한 노력	

2 식료품제조업: 풀무원 ESG 경영

풀무원에서는 2007~2008년 "지속가능경영보고서", 2009~2014년 "지속경영보고서", 2015년 "Annual Report", 그리고 2016~2021년 현재 "통합보고서"를 공표하고 있다.

환경(Environmental) 분야: 보고서 본문에서 환경경영 운영체계, 환경경영 부문별 추진대기관리, 자원재활용, 화학물질관리, 수질관리, 용수 재활용 및 재사용, 폐기물관리, 온실가스배출권 거래제 외부사업 참여, 기후변화 대응, 그리고 환경경영관련 부문별 활동으로는 제조부문 온실가스배출 원단위 절감율, 폐기물 재활용률 등 지난 3년간 실적을 싣고 있다. 부록부분의 비재무 성과 사항에서는 최근 3년간의 환경실적, 온실가스배출직접배출, 간접배출, 기타 간접배출, 에너지 사용량, 사용연료, 전력 및 신재생에너지태양광, 태양열 사용량 등을 상세하게 보고하고 있다. 하지만 풀무원 역시 각 사업장별 온실가스 배출량과 감축량, 에너지 사용량 및 감축량, 신재생에너지 사용량 및 사용비율 등을 세분하여 제시할 것이 요구되며, 특히 부록에서 다룬 환경실적 사항을 글로벌 추세에 맞추어 이제는 본문의 환경분야 항목으로 정리해야 할 것이다.

2020년 온실가스 배출량(tCO2-eq)					2020년 에너지 사용량(GJ)				
직접 배출	간접 배출	기타 간접배출	총량 직접/간 접	총량 직·간접/ 기타간접	연료	전력	태양광	태양열	총량
18,470	42,895	33,934	61,365	95,299	350,836	336,130	2,121	1,559	690,646

자료원: 2020 풀무원 통합보고서, 온실가스 배출량 검증 성명서, 126쪽

사회적(Social) 분야: 본문에서 기업 구성원상생의 노사관계 구축, Great Work Place 조성, 임직원 역량강화, 일·가정 양립 지원, 안전한 작업 환경 조성, 비즈니스 파트너협력기업과의 동반성장, 소통채널 및 분쟁조정 창구 운영, 하도급 대금지급일수 준수, 동반성장 프로그램, 고객고객의 건강증대 및 편의향상, 제품과 서비스의 지속가능성 향상, 식품안전 및 안심, 고객 커뮤니케이션 강화, 고객정보 보호, 제품성과, 지역사회사회공헌, 봉사활동실적 등을 보여준다. 그리고 부록부분의 비재무 성과 사항으로 사회실적의 최근 3년간 실적을 나열해 놓았다. 사회분야 역시 부록의 사회공헌 실적을 사회분야 항목별로 정리하여 본문사항으로 최근 3년간의 실적과 그 의미를 종합 정리할 것이 요구된다.

지배구조(Governance) 분야: 본문에서 이사회, 리스크 관리, 윤리경영바른마음경영 내재화에 대한 설명과 이사회 내에 ESG위원회 설치를 통한 환경, 사회, 지배구조 등 ESG관련

주요 이슈 파악, 지속가능경영 전략과 방향성 점검 및 자문사항을 정리해 두었다. 그리고 부록부분의 비재무적 성과로 지배구조 개선 추이를 제시해 두었다.

ESG의 모든 분야에서 본문과 부록으로 구분하여 정리해 준 사항을 가능하면 본문에서 종합적 성과로 재정리하여 보고서를 정리하고, 부록부분은 통계 참고자료나 특이사항을 추가하는 방향으로 보고서 본문의 내용을 보다 체계적, 그리고 종합적으로 정리할 것이 요구된다.

‖ 풀무원 2020 통합보고서의 ESG보고 강화 ‖

AS IS	TO BE
4 발간사	4 발간사
Part 1 About Pulmuone	**Part 1 About Pulmuone**
6 주식회사 풀무원	6 주식회사 풀무원
7 미션 및 비전	7 미션 및 비전
8 성장과정	8 성장과정
10 사업내용 및 브랜드	10 사업내용 및 브랜드
12 네트워크 및 인프라	12 네트워크 및 인프라
14 지배구조	38 TOPIC2. 주주를 위한 풀무원의 가치창출
15 이사회 구성	– 39 더 큰 가치창출을 위한 기반 구축
	– 40 글로벌 시장에서의 성과 창출
Part 2 Highlights	– 42 연구개발(R&D)활성화
18 기업사회책임	– 44 디지털 기술을 통한 혁신
28 TOPIC1. 고객을 위한 풀무원의 가치창출	– 45 ESG 역량 강화
– 29 고객의 건강 증대 및 편의 향상	
– 32 제품과 서비스의 지속가능성 향상	**Part 2 Sustainability Management**
– 34 식품 안전 및 안심	92 풀무원의 가치 창출
– 35 고객과의 커뮤니케이션 강화	106 가치체계
– 36 고객정보 보호	107 Global New DP5
– 37 제품 성과	108 경영방식
38 TOPIC2. 주주를 위한 풀무원의 가치창출	110 중대성 평가
– 39 더 큰 가치창출을 위한 기반 구축	112 이해관계자 커뮤니케이션
– 40 글로벌 시장에서의 성과창출	113 지속가능발전목표(SDGs)
– 42 연구개발(R&D)활성화	
– 44 디지털 기술을 통한 혁신	**Part 3 Environmental**
– 45 ESG 역량 강화	50 TOPIC3. 지역사회를 위한 풀무원의 가치창출
– 45 전사 리스크 관리체계 구축	– 51 환경영향 최소화
– 49 리스크 관리체계 고도화	– 56 친환경 실천을 위한 제품과 서비스
50 TOPIC3. 지역사회를 위한 풀무원의 가치창출	
– 51 환경영향 최소화	**Part 4 Social**
– 56 친환경 실천을 위한 제품과 서비스	76 TOPIC5. 구성원을 위한 풀무원의 가치창출
– 58 안전한 작업환경 조성	– 81 상생의 노사관계 구축
	– 83 Great Work Place 조성

③ 섬유제품제조업: 휠라홀딩스 ESG 경영

휠라홀딩스는 ESG 경영성과를 2019년 "Fila Report ESG Value Driven"으로 작성한 이래 2020년도부터 "통합보고서"로 공표하고 있다.

환경(Environmental) 분야: 본문에서 기후위기에 적극 대응하기 위한 기후변화행동온실가스 배출량관리, 에너지관리, 공급망 폐기물 감축 및 재활용 활성화 지표를 중심으로 환경경영 성과를 제시하면서 특히 사업특성에 맞게 친환경소재 적용제품 등 친환경소재에 대한 상세한 설명과 함께, 친환경 문화조성을 위한 페이퍼리스 오피스 구현 등을 강조하고 있다. 부록부분의 ESG 데이터에서는 온실가스 발생관련 FILA Holdings, FILA Korea, FILA USA로 사업장을 구분한 직접배출휘발유, 경유, 도시가스 및 간접배출전기, 에너지 사용량신재생에너지 사용량과 사용비율, 용수 등을 상세히 제시하고 있다. 이에 추가하여 이제는 생물다양성에 대한 내용도 추가할 것이 요구된다.

온실가스 (단위: tCO₂e)

구분	주요	범위	2020	2019	2018	GRI
온실가스	FILA Holdings	직접배출(Scope 1)	24.8	N/A	N/A	305-1
		간접배출(Scope 2)	48.6	N/A	N/A	305-2
		소계	73.4	N/A	N/A	N/A
	FILA Korea	직접배출(Scope 1)	86.7	72.1	90.0	305-1
		간접배출(Scope 2)	287.9	361.8	333.8	305-2
		소계	374.6	433.8	423.8	N/A
	FILA USA	직접배출(Scope 1)	1,007.9	1,338.9	1,161.2	305-1
		간접배출(Scope 2)	1,627.2	2,240.5	2,243.4	305-2
		소계	2,635.1	3,579.4	3,404.6	N/A

자료원: FILA Integrated Report 2020, 80쪽

에너지 (단위: TJ)

구분	주요 법인	범위	연료 종류	2020	2019	2018	GRI
에너지 사용량	FILA Holdings	직접배출(Scope 1)	휘발유	0.3	N/A	N/A	302-1
			경유	N/A	N/A	N/A	
			도시가스	0.1	N/A	N/A	
		간접배출(Scope 2)	전기	1.0	N/A	N/A	
	FILA Korea	직접배출(Scope 1)	휘발유	0.8	0.5	0.8	302-1
			경유	0.1	0.2	0.1	
			도시가스	0.5	0.5	0.6	
		간접배출(Scope 2)	전기	5.6	7.6	7.0	

자료원: FILA Integrated Report 2020, 80쪽

사회적(Social) 분야: 본문에서 임직원 인권보호 및 증진, 종업원우수인재 확보 및 양성, 임직원 소통강화, 다양성 및 포용성, 안전보건, 공급망협력사 관리 강화, 고객제품품질, 고객만족, 정보보안, 사회공헌 등을 제시하고 있다. 부록부분의 ESG 데이터에서는 주요 법인별 임직원, 정규직 및 기간제 근로자, 신규 임직원, 퇴직자, 소수집단, 여성 임직원, 육아 휴직자, 교육, 제품 안정성 등도 주요 법인별로 상세하게 3년간 실적을 담고 있다. 휠라홀딩스의 경우에는 부록에 제시한 ESG 데이터를 활용하여 사회적분야 항목별, 그리고 법인 및 사업장별로 최근 3년간 실적과 함께 종합정리한 사항이 요구된다.

임직원 (단위: 명)

구분	주요 법인	2020	2019	2018	GRI
전체	FILA Holdings	69	N/A	N/A	102-8
	FILA Korea	261	294	305	
	FILA USA	417	421	299	
	FILA Luxembourg	6	5	3	
	FILA Sport (Hong Kong)	136	143	136	
	Montebelluna	62	69	43	
남성	FILA Holdings	46	N/A	N/A	102-8
	FILA Korea	146	177	193	
	FILA USA	227	230	156	
	FILA Luxembourg	1	1	0	
	FILA Sport (Hong Kong)	45	47	42	
	Montebelluna	10	22	12	
여성	FILA Holdings	23	N/A	N/A	102-8
	FILA Korea	115	117	112	
	FILA Korea	190	191	143	
	FILA Luxembourg	5	4	3	
	FILA Sport (Hong Kong)	91	96	94	
	Montebelluna	52	47	31	

자료원: FILA Integrated Report 2020, 80쪽

소수집단 (단위: 명)

구분	주요 법인		2020	2019	2018	GRI
장애 임직원	FILA Holdings		0	N/A	N/A	401-1
	FILA Korea		1	1	1	
	FILA Sport (Hong Kong)		0	0	0	
소수 인종/민족	FILA Holdings		1	N/A	N/A	405-1
	FILA Korea		0	1	1	
	FILA USA	Asian	27	26	15	
		Black or African American	147	152	91	
		Hispanic	17	17	13	
		Indian	2	3	2	
		White	220	223	169	
		Two or more races	4	0	9	
	FILA Sport (Hong Kong)		1	1	2	
	Montebelluna		4	2	1	

※ FILA USA는 개인정보보호의 사유로 임직원의 장애 관련 데이터를 수집하지 않음

자료원: FILA Integrated Report 2020, 82쪽

지배구조(Governance) 분야: 주주총회 및 이사회 운영, 리스크 관리, 그리고 사내 윤리 경영 활동에 대한 본문의 상세내용이 부각되어 나타난다. 이사회 의결로 2021년 2월 ESG 관련 안건을 최초로 상정하였으며, 앞으로 ESG 리스크 및 기회요인을 이사회내에서 적극 검토 및 관리하여 비즈니스 전반에 ESG 요소가 내재화될 수 있도록 노력하겠다는 사항도 구체적으로 제시되어 있다. 휠라홀딩스는 보다 적극적으로 경제적, 환경적, 사회적 영향 파악과 대응관리 등 이사회 주도의 ESG 경영활동에 대한 구체적 안건 추진 사항을 제공하도록 요구된다.

휠라홀딩스 2020 통합보고서의 ESG보고 강화

AS IS	TO BE
I. Overview	**I. Overview**
06 Message from the Chairman	06 Message from the Chairman
08 CEO's Letter	08 CEO's Letter
10 2020 Highlights	10 2020 Highlights
10 Business Highlights	10 Business Highlights
11 Financial Highlights	11 Financial Highlights
12 ESG Highlights	12 ESG Highlights
II. About FILA	**II. About FILA**
16 Introduction to FILA	16 Introduction to FILA
18 FILA Value & Vision	18 FILA Value & Vision
19 FILA Strategy	19 FILA Strategy
20 FILA Heritage	20 FILA Heritage
22 Brand and Products	22 Brand and Products
26 Collaboration	26 Collaboration
III. Business & Financial Performance	**III. Business & Financial Performance**
30 Outlook, Risk & Opportunity	30 Outlook, Risk & Opportunity
32 Business Performance by Segment	32 Business Performance by Segment
IV. FILA's Approach to Sustainability	**IV. FILA's Approach to Sustainability**
36 Fundamentals	36 Fundamentals
36 Sustainability Framework	36 Sustainability Framework
39 Governance	46 Stakeholder Engagement
43 Ethics and Compliance	48 Materiality Assessment
46 Stakeholder Engagement	
47 Value Chain and Risk Management	**IV. Environmental**
48 Materiality Assessment	53 Preserving the Environment
	54 Action for Climate Change
	56 Environmental Management

④ 펄프종이제품제조업: 유한킴벌리 ESG 경영

유한킴벌리는 2006~2009년 "지속가능성보고서", 2011~2015년 "사회책임경영보고서", 2016~2021년에는 "지속가능성보고서"로 우리나라 기업의 ESG 경영을 선도하고 있다.

환경(Environmental) 분야: 본문에서 환경경영, 탄소경영, 환경친화적 제품개발, 지속가능한 제품생산과 자원순환을 구분하여 공표하고 있다. 2020년도 보고서에서는 물질흐름도를 제조, 재순환, 운송으로 구분, 제조의 Input은 연료, 용수, 주요원자재로 구분, Output은 온실가스, 대기오염물질, 수질오염물질, 폐기물, 방수량으로 구분, 재순환은 물재활용량과 폐기물 재활용량으로 구분, 운송의 Input은 연료로 구분, Output은 온실가스로 구분하여 체계적으로 제시하였다. 부록 ESG Data의 환경성과로 환경보호비용, 온실가스배출, 에너지, 물, 폐기물, 재활용, 수질, 대기, 환경교육 성과 등 2010년부터 2020년까지의 실적을 상세자료와 함께 보고하고 있다. 단지 온실가스와 에너지 사용량 등은 본사와 사업장별김천공장, 대전공장, 충주공장로 구분하여 정리하면 업계의 모델로 부각될 수 있을 것이다.

[그림 4-6] 2020년 물질흐름도

INPUT			OUTPUT	
연료			**온실가스***	
도시가스(LNG)	10,371천m³		Scope 1(직접) 배출량	23,221tCO₂e
휘발유	9kl		Scope 2(간접) 배출량	178,684tCO₂e
경유	55kl			
스팀	739TJ		**대기오염물질**	
전기	296,395MWh		분진(Dust)	3,598kg
			• SOx, NOx, CO 배출량 없음.	
용수				
취수량	3,414,250m³		**수질오염물질**	
상수도	144,535m³		부유물질	9,769kg
하천수	3,199,174m³		생물학적 산소요구량	7,333kg
공업용수	70,541m³		화학적 산소요구량	54,968kg
주요원자재			**폐기물**	
펄프	143,746톤		폐기물 발생량**	32,597kg
국내재활용지	15,961톤			
수입재활용지	10,344톤		**방류량**	
고분자 흡수물질	15,008톤		폐수	3,041,143m³
연료			**온실가스**	
경유	3,664kl		Scope 3 온실가스 배출량	9,781tCO₂e

제조

재순환
물 재활용량 1,450,446m³
폐기물 재활용량 30,329톤

운송

자료원: 2021 유한킴벌리 지속가능성보고서, 31쪽

분류	구분		단위	2010	2011	2012	2013	2014	2015	2016	2017	2018	2019	2020
환경보호 비용	총 비용		억 원	125.1	124.7	147.0	157.1	161.8	177.1	171.9	148.1	126.0	132.9	131.6
	매출 대비 비중		%	1.0	1.0	1.0	1.2	1.2	1.2	1.1	1.1	0.9	1.0	0.9
온실가스 배출	온실가스 배출 허용량 (목표)		tCO$_2$e			209,598	164,386	175,606	238,130	243,016	236,637	204,434	204,434	204,434
	총 온실가스 배출			178,787	170,750	168,351	166,177	172,097	201,723	204,943	202,986	202,102	202,435	201,903
	직접(Scope 1)			54,334	49,124	45,284	45,920	13,042	17,161	20,638	21,257	22,829	23,750	23,221
	간접(Scope 2)			124,456	121,630	123,069	120,260	159,058	184,564	184,308	181,730	179,274	178,689	178,684
온실가스 원단위	CO$_2$ 총 배출량		tCO$_2$e/년	179	171	169	166	172	201	204	203	202	202	201
	원단위 CO$_2$ 배출량		tCO$_2$e/ 제품톤	0.748	0.792	0.736	0.745	0.735	0.779	0.812	0.865	0.916	0.903	0.847
에너지	에너지 사용		TJ	3,441	3,312	3,430	3,379	3,445	3,945	4,009	3,977	3,967	4,074	4,113
물	물 사용량		m³/ 제품톤	14.4	15.0	12.3	12.5	11.7	15.3	13.9	15.2	15.4	14.6	14.3
폐기물	폐기물 발생량		톤/제품톤	0.22	0.23	0.21	0.21	0.18	0.20	0.18	0.16	0.14	0.15	0.13
재활용	재활용지 사용 비율		%	39.0	39.5	33.5	33.5	29.9	33.4	29.8	20.2	18.4	18.6	17.4
	국내 고지		%	91.8	86.5	86.1	92.5	89.7	78.3	71.8	59.8	54.3	56.9	60.7
	물 재활용 비율		%	43.4	42.1	39.5	39.8	40.0	37.1	39.7	35.0	33.5	33.7	29.8
수질	방류량		m³/ 제품톤	11.6	12.9	10.6	10.7	10.2	13.5	12.4	13.2	13.3	13.2	12.7
	수질오염 배출량	총 부유물질	kg/ 제품톤	0.027	0.025	0.020	0.023	0.022	0.041	0.043	0.031	0.038	0.043	0.041
		생화학적 산소 요구량	kg/ 제품톤	0.015	0.012	0.012	0.008	0.008	0.013	0.015	0.020	0.035	0.043	0.031
		화학적 산소 요구량	kg/ 제품톤	0.155	0.161	0.153	0.149	0.143	0.222	0.243	0.207	0.261	0.294	0.230
대기	NOX(kg/제품톤)		kg/제품	0.07	0	0	0	0	0	0	0	0	0	0
	SOX(kg/제품톤)		kg/제품	0.0001	0	0	0	0	0	0	0	0	0	0
	분진(kg/제품톤)		kg/제품	0.006	0.011	0.012	0.013	0.009	0.028	0.024	0.023	0.028	0.017	0.015
기저귀 폐기물 부담금			억 원	40	44	82	82	85	90	88	76	68	68	68
포장재 재활용 분담금			억 원	6	6	7	6	7	9	9	9	10	12	15

자료원: 2021 유한킴벌리 지속가능성보고서, 66쪽

　사회적(Social) 분야: 본문에서 유한킴벌리 사원을 위한 노력, 공급관리에서의 혁신, 협력회사와의 동반성장, 소비자를 먼저 생각하는 기업, 개인정보 보호, 지역사회를 위한 사회환경공헌 등을 체계적으로 제시하였으며, 부록 ESG Data의 사회성과는 사원, 고객소통현황 실적의 지난 3년간 실적을 다루고 있다. 타사의 모델이 되는 기업으로서 본문에서 사회분야 항목별로 지난 10년간 실적 또는 5년간 실적 분석과 함께 그 의미를 종합적으로 제시할 것이 요구된다.

구분				단위	2018	2019	2020
사원	고용	전체 사원 수		명	1,577	1,566	1,526
		고용형태	정규직	명	1,558	1,540	1,508
			계약직	명	19	26	18
		직종	생산직	명	799	762	737
			사무직	명	778	804	789
		성별	여성	명	283	289	288
			남성	명	1,294	1,277	1,238
		장애인고용률		%	2.19	2.47	2.00
		고용창출률		%	-5.63	-0.70	- 2.55
		평균 근속 연수		년	20.2	20.6	21.4
		월평균 근로시간		시간	157	162	166
		결근일수		일	1	2	-
		손실일수		일	334	732	152
	신규 채용 및 퇴직	신규채용	전체 채용자 수	명	34	53	29
			신규 채용 여성 비율	%	79.4	66.0	72.0
			신규 채용 남성 비율	%	20.6	34.0	28.0
		퇴직률		%	7.29	0.83	6.39
		이직률		%	7.29	0.83	6.39
	교육	1인당 교육시간		시간	45.8	43.6	33.4
		1인당 교육비		만 원	39.0	42.6	35.3
	여성인력	전체 사원 중 여성 비율		%	17.9	18.5	18.9
		이사 대우 이상 비율		%	15.4	9.8	12.2
		사무직 여성 비율		%	37.1	37.1	38.6
	출산 및 육아	출산휴가 사용자		명	14	15	9
		출산휴가 후 복직률		%	100	100	100
		여성 육아휴직 사용자		명	21	23	12
		여성 육아휴직 사용률		%	58	76	100
		남성 육아휴직 사용자		명	2	1	1
		육아휴직 후 복직률		%	86	100	92
		육아휴직 복직 후 유지율		%	82	85	96
사원	노조	노조 가입자 수		명	821	798	768
		노조 가입률		%	100	99.8	99.7
	작업장 안전	산업재해 건수		건	1	2	3
		산업 재해율		%	0.06	0.06	0.19

자료원: 2021 유한킴벌리 지속가능성보고서, 65쪽

    지배구조(Governance) 분야: 본문에서 나타난 지배구조, 위기관리, 윤리경영·투명경영 등에 대한 정보와 함께 이사회 주도의 지속가능경영 의제와 방향 및 ESG위원회와 지속가능경영부문 전담부서의 역할에 대한 설명 등은 타사의 벤치마킹 사례가 될 수 있다.

유한킴벌리 2021 지속가능성보고서의 ESG보고 강화

AS IS	TO BE

5 석유정제품제조업: GS칼텍스 ESG 경영

GS칼텍스는 ESG 경영을 2006년부터 2021년 현재 "지속가능성보고서"로 공표하고 있다.

환경(Environmental) 분야: 친환경경영을 내세워 친환경경영체계, 친환경제품포트폴리오 확대, 기후변화대응, 환경영향 저감활동대기환경, 수자원, 토양, 악취, 폐기물, 유해화학물질, 생물다양성보존, 친환경 커뮤니케이션 활동 등을 분석적으로 제시하였다. 부록부분의 ESG 정보 및 성과에서는 온실가스직접, 간접 및 종류별 배출량, 에너지 사용량, 대기오염물질 배출량, 대기오염물질 배출농도, 수자원관리, 수질오염물질 배출량, 수질오염물질 배출농도, 유해화학물질, 폐기물, 토양오염조사, 환경투자금액 등 3년간 실적을 보여준다. 부록에 제시된 구체적 자료를 활용하여 본문에서 환경분야 항목별로 분석하여 보고하며, 본사 및 사업장별기술연구소, 여수공장, 윤활유공장, 그리고 해외법인별로 구분한 환경성과보고서 작성이 요구된다.

구분		단위	2018	2019	2020
Scope 1 : 고정연소, 이동 연소, 공정배출	직접배출량	tCO_2eq	6,342,643	6,356,466	6,100,541
	원단위 배출량[2]	tCO_2eq /억 원	17.44	19.11	27.36
Scope 2 : 외부구매 스팀, 전력	간접배출량	tCO_2eq	1,643,893	1,690,788	1,688,245
	원단위 배출량[2]	tCO_2eq /억 원	4.52	5.08	7.57
종류별 배출량	이산화탄소(CO_2)	천 톤	7,931.8	7,993.9	7,743.9
	메탄(CH_4)	톤	2,151.7	2136.1	1,825.6
	아산화질소(N_2O)		30.7	27.6	21.1

자료원: GS칼텍스 2020 지속가능성보고서, 44쪽

사회적(Social) 분야: 본문에서 인권경영인권경영체계, 일하는 방식 혁신, 합리적 고용 및 소통 활성화, 공정한 성과평가 및 보상, 다양한 인재육성 프로그램, 복리후생, 안전·보건경영, 공급망관리, 고객만족경영, 정보보안, 사회공헌 등을 보고하고 있다. 부록 ESG 정보 및 성과부분의 임직원, 안전·보건, 공급망, 고객, 사회공헌에 대한 최근 3년간 실적을 역시 종합적으로 정리하여 본문의 내용으로 다룰 것이 요구된다.

지배구조(Governance) 분야: 지배구조이사회, 리스크 관리, 윤리경영에 대한 본문 내용과 부록 ESG 정보 및 성과부분에서 지배구조의 변동사항을 구체적으로 밝힌 사항 등은 타 대기업에서 본받을 만한 정보공개 프레임워크로 평가된다.

GS칼텍스 2020 지속가능성보고서의 ESG보고 강화

AS IS	TO BE

6 화학산업: LG화학 ESG 경영

LG화학은 2007년부터 2021년 현재까지 "지속가능경영보고서"를 작성해 왔으며, 2021년에는 완전히 개편된 지속가능경영보고서와 ESG 성과 데이터를 분리하여 보고하고, 기업지배구조보고서 또한 별도로 보고하는 새로운 시도를 하고 있다.

환경(Environmental) 분야: 환경분야를 탄소Carbon와 순환Circularity으로 구분하여, 탄소Carbon는 기후위기를 강조한 재생에너지 전환, 저탄소 제품 개발과 생산, 탄소감축 기술과 사업에 대한 사항, 그리고 순환Circularity은 플라스틱 재활용, 배터리 재활용, 바이오 기반 플라스틱 생산, 사업장 매립 폐기물 제조화 사항을 보고하고 있다. 부록 ESG 성과 데이터에서는 온실가스 및 에너지, 수자원, 오염물질, 폐기물, 제품책임 및 유해물질 관리, 재사용/재활용 원료 확대의 추이와 의미를 보고하고 있다. LG화학 역시 본사 및 사업장별본사/마곡 R&D캠퍼스, 과천 R&D 캠퍼스, 기술연구원, 리더십센터/TECH센터, 파주공장, 대산공장, 오창공장, 청주공장, 익산공장, 여수공장, 나주공항, 김천공장, 울산공장, 온산공장, 그리고 해외법인별로 구분된 환경 데이터를 정리할 것이 요구된다.

[온실가스 상세 지표]

구분	단위	범위	2018	2019	2020
Scope 1 배출량			5,161,403	5,260,041	5,193,936
Scope 2 배출량		국내	2,584,687	2,879,992	2,864,611
Scope 1+2 배출량			7,746,089	8,140,033	8,058,547
Scope 1 배출량			155,946	145,567	195,276
Scope 2 배출량	tCO_2e	해외	1,196,537	1,224,411	1,265,960
Scope 1+2 배출량			1,352,483	1,369,978	1,461,236
Scope 1 배출량			5,317,349	5,405,608	5,389,212
Scope 2 배출량			3,781,224	4,104,403	4,130,571
Scope 1+2 배출량		글로벌	9,098,572	9,510,011	9,519,783
Scope 1 배출량 집약도			0.2593	0.2845	0.3043
Scope 2 배출량 집약도	tCO_2e/백만 원		0.1844	0.2160	0.2332
Scope 1+2 배출량 집약도			0.4437	0.5005	0.5374
Scope 3 배출량			1,126,063	1,015,464	1,267,369
- 구매한 재화와 서비스			520,307	494,538	517,985
- 자본재(업스트림)			65	82	58
- 연료 및 에너지 관련 활동			104,848	122,922	121,904
- 업스트림 수송 및 분배			283,810	151,406	318,438
- 폐기물 처리(퇴비화, 소각)			16,825	19,113	19,679
- 임직원 출장			3,130	2,767	2,265
- 임직원 통근			10,528	7,987	4,737
- 업스트림 임대 자산			N/A	N/A	N/A
- 다운스트림 수송 및 분배	tCO_2e	국내	N/A	N/A	N/A
- 판매한 제품의 가공			N/A	N/A	N/A
- 판매된 제품의 사용			N/A	N/A	N/A
- 판매된 제품의 사후처리			N/A	N/A	N/A
- 다운스트림 임대 자산			N/A	N/A	N/A
- 프랜차이즈			N/A	N/A	N/A
- 투자			180,268	210,271	276,686
- 기타 업스트림			6,282	6,379	5,616
- 기타 다운스트림			N/A	N/A	N/A

자료원: LG화학 2020 ESG Factbook, 3쪽

사회적(Social) 분야: 본문의 사람People 부분에서 책임있는 공급망 관리, 중대사고 예방, 좋은 회사를 향해 조직문화 개선 등을 강조한 내용이 부각된다. 부록 ESG 성과 데이터에서도 임직원, 작업자 및 공정 환경안전, 공급망 지속가능성 평가 및 관리, 고객만족, 지속가능성 기술/제품, 사이버 보안, 정부 정책 및 규제 대응, 기타 경제적 성과, 지역사회에 대한 봉사활동 내용이 구체적으로 제시되어 있다. 하지만 향후에는 사업장별본사/마곡 R&D캠퍼스, 과천 R&D 캠퍼스, 기술연구원, 리더십센터/TECH센터, 파주공장, 대산공장, 오창공장, 청주공장, 익산공장, 여수공장, 나주공항, 김천공장, 울산공장, 온산공장, 그리고 해외법인별로 임직원들이 탄소제로에 대한 인식과 책임을 명확히 하기 위하여, 환경분야와 사회분야가 유기적으로 통합된 구조가 될 수 있도록, 사업장별로 사회적 항목을 제시하여야 한다.

[임직원 상세 지표]

구분	단위	범위	2018	2019	2020
총 임직원 수			18,390	19,025	18,243
- 한국			12,910	13,567	12,551
- 중국			4,117	4,177	4,394
- 중국 외 아시아/태평양			677	694	706
- 유럽			245	315	318
- 미주			441	272	274
리더 직급 임직원 수	명	글로벌	4,559	4,905	4,635
- 한국			4,372	4,681	4,389
- 중국			140	162	181
- 중국 외 아시아/태평양			22	36	38
- 유럽			18	17	15
- 미주			7	9	12
현지 채용자 수			892	995	764
현지 채용자 중 고위관리직 수			9	10	15
성별 임직원 수			12,910	13,567	12,551
- 남성 임직원	명		11,095	11,633	10,825
- 여성 임직원			1,815	1,934	1,726
- 여성 임직원 비율	%		14	14	14
매출 발생 직군(영업/생산/R&D) 임직원 수			3,928	3,486	3,224
- 관리직(남성)	명		2,758	2,883	2,670
- 관리직(여성)		국내	540	603	554
- 여성 관리직 비율	%		16	17	17
리더 직급 임직원 수			4,372	4,681	4,389
- 관리직(남성)	명		3,625	3,833	3,577
- 관리직(여성)			672	763	717
- 여성 관리직 비율	%		16	17	17
- 임원(남성)	명		71	78	88
- 임원(여성)			4	7	7
- 여성 임원 비율	%		5	8	7

자료원: LG화학 2020 ESG Factbook, 11쪽

지배구조(Governance) 분야: 본문에서 지배구조 사항을 다루지 않은 것은 향후 평가나 이해관계자를 대상으로 한 평판에 있어서 불리하게 작용할 수 있으므로 기존의 윤리, 반부패, 공정경쟁 관련 보고와 함께 지속가능경영보고서의 본문에 별도로 상세하게 발간하고 있는 기업지배구조보고서의 내용을 종합하여 제시할 것이 요구된다.

LG화학 2020 지속가능경영보고서와 ESG 성과데이터의 ESG보고 강화

AS IS	TO BE

2020 지속가능경영보고서

Overview
08 Chief Executive Officer's Q&A
10 2020−2021 Highlight

13 Carbon
14 The Context
18 Our Approach
22 The Next Steps

27 Circularity
28 The Context
30 Our Approach
34 The Next Steps

39 People
40 The Context
42 Our Approach
46 The Next Steps

Appendix
50 Partnership and Recognitions

2020 ESG Factbook

02 ESG중점지표 선정
03 온실가스 및 에너지
05 수자원, 오염물질, 폐기물
08 제품 책임 및 유해물질 관리
09 재사용/재활용 원료 확대
10 작업자 및 공정 환경안전
11 공급망 지속가능성 평가 및 관리
12 임직원
14 지역사회
15 이사회(별도의 기업지배구조보고서)
15 윤리, 반부패, 공정경쟁
16 사이버 보안
17 정부 정책 및 규제 대응
18 지속가능성 기술/제품
19 고객만족
20 기타 경제적 성과

Overview
08 Chief Executive Officer's Q&A
10 2020−2021 Highlight
02 ESG중점지표 선정

Environmental
13 Carbon
14 The Context
18 Our Approach
22 The Next Steps
03 온실가스 및 에너지
27 Circularity
28 The Context
30 Our Approach
34 The Next Steps
05 수자원, 오염물질, 폐기물
08 제품 책임 및 유해물질 관리
09 재사용/재활용 원료 확대

Social
39 People
40 The Context
42 Our Approach
46 The Next Steps
12 임직원
10 작업자 및 공정 환경안전
11 공급망 지속가능성 평가 및 관리
19 고객만족
18 지속가능성 기술/제품
16 사이버 보안
17 정부 정책 및 규제 대응
20 기타 경제적 성과
14 지역사회

Governance
15 이사회
15 윤리, 반부패, 공정경쟁

Appendix
50 Partnership and Recognitions

7 화장품제조업: 아모레퍼시픽그룹 ESG 경영

아모레퍼시픽그룹은 2005~2008년에는 "Environmental Progress Report", 2009~2021년 현재 "지속가능성보고서"로 공표하고 있다.

환경(Environmental) 분야: 본문에서 탄소중립을 향한 역할과 계획, 자원효율성 향상, 지속가능한 라이프스타일 촉진, 순환경제 기여로 구분하여 보고하고 있다. 특히 탄소중립을 향한 역할과 계획을 재생에너지사용 확대, 에너지사용 효율화, 저탄소 물류, 친환경 본사, 에너지사용량, 온실가스 배출량 등을 법인별로 보고하고 있으며, 자원효율성 향상 역시 수자원 효율 확대, 폐수배출 및 재활용, 폐기물 및 재활용, 대기오염물질 저감, 화학물질관리 수준 등을 법인별로 상세히 보고하고 있다. 향후에는 국내사업장별오산, 대전, 물류센터 등 정보를 본문에 제공하여 책임사항을 명확히 할 필요가 있다.

아모레퍼시픽그룹 온실가스 배출량				(tCO₂eq)
구분		**2018**	**2019**	2020
온실가스 총 배출량		100,496	101,143	95,530
	아모레퍼시픽(국내)	48,881	48,096	45,003
	아모레퍼시픽(해외)	7,643	5,801	7,323
	퍼시픽글라스	28,090	32,818	30,313
	퍼시픽패키지	4,645	3,995	3,341
	코스비전	4,880	4,334	3,443
	에스트라	3,263	2,642	2,504
	오설록	3,094	3,457	3,603
에너지원별 사용량	직접 배출(Scope 1)	30,892	34,197	31,034
	간접 배출(Scope 2)	69,604	66,947	64,497
온실가스 배출 집약도(tCO₂eq/생산 톤)		0.805	0.732	0.789

자료원: 2020 아모레퍼시픽그룹 지속가능성보고서, 138쪽

사회적(Social) 분야: 일하기 좋은 직장임직원, 여성 리더십, 임직원 교육, 일하기 좋은 회사, 출산·육아지원, 인권경영, 안전보건, 함께하는 성장구현, 고도화된 SHE관리, 깨어 있는 비즈니스 파트너십협력사 동반성장, 지속가능 공급망관리, 지속가능 제품 및 가치소비 확산, 고객만족, 정보보안, 사회공헌 등을 각 법인별로 분석하여 보고하고 있다.

국내 고용 현황   (명)

구분		아모레퍼시픽그룹			아모레퍼시픽		
		2018	2019	2020	2018	2019	2020
고용 형태	정규직	7,195	7,215	6,970	5,773	5,700	5,521
	비정규직	401	388	318	318	276	226
성별	남성	2,717	2,689	2,607	1,926	1,898	1,840
	여성	4,879	4,914	4,681	4,165	4,078	3,907
연령	30세 미만	2,578	2,288	1,743	2,101	1,788	1,364
	30세-50세	4,760	5,047	5,248	3,809	3,992	4,168
	50세 이상	258	268	297	181	196	215
장애인[2]		76	96	109	70	87	109

자료원: 2020 아모레퍼시픽그룹 지속가능성보고서, 107쪽

해외 고용 현황

구분		2018	2019	2020
현지인 고용자 수(명)	총 인원	5,286	5,493	4,939
	아시아	5,009	5,242	4,737
	유럽 및 기타	124	69	61
	북미	153	182	141
현지인 고용 비율(%)		97.2	97.2	96.9
현지인 여성 임직원 비율(%)		86.0	85.5	84.8
현지인 관리자 비율(%)		65.0	59.6	58.6
현지인 여성 관리자 비율(%)		74.1	75.6	76.2

자료원: 2020 아모레퍼시픽그룹 지속가능성보고서, 108쪽

지배구조(Governance)분야: 리스크 관리와 윤리경영 활동에 대해 설명하고 있는데, 이외에 이사회 구성현황 및 ESG위원회에 대한 구체적인 설명이 요구된다.

아모레퍼시픽그룹 2020 지속가능성보고서의 ESG보고 강화

8 화장품제조업: LG생활건강 ESG 경영

LG생활건강은 2010~2012년 "지속가능경영보고서", 2013~2020년 "CSR보고서", 그리고 2021년부터는 "ESG보고서"를 공표하였다. 2020년 보고서2021년 발간에 의하면 구성원수는 10,584명, 국내법인 15개, 해외법인[55] 24개의 글로벌 네트워크를 구축하고 있다.

‖ LG생활건강의 국내법인과 해외법인 현황 ‖

국내법인	본사 소재지	지분율(%)	국내사업장
LG생활건강	서울		서울본사, 대전R&D캠퍼스, 마곡LG사이언스파크, 인천, 청주, 나주, 울산, 온산
코카콜라음료(주)	양산	90	여주, 광주, 양산
해태에이치티비(주)	서울	100	철원, 평창, 천안, 익산
㈜더페이스샵	서울	100	인천
㈜씨앤피코스메틱스	서울	100	
캐이엔아이(주)	서울	100	
㈜미젠스토리	서울	100	
루치펠로코리아	서울	76	
울릉샘물(주)	서울	87	
엘지파루크(주)	서울	70	
㈜에프엠지	춘천	77.2	춘천
㈜밝은누리	청주	100	
㈜오비엠랩	대전	100	
태극제약(주)	부여	92.7	부여, 향남, 고창
㈜한국음료	남원	100	남원

자료원: 2020 LG생활건강 ESG보고서, 7쪽

환경(Environmental) 분야: 기후변화대응 선도에너지 사용량, 온실가스 배출량, 에너지 절감활동, 자원순환 촉진제품포장재의 환경영향 감축노력, 자원의 효율적 사용을 위한 그린 패키징, **환경안전경영**용수, 폐수, 폐기물, 화학물질, 친환경물류 및 물류센터, 제품을 통한 환경영향 저감 등의 활동을 구분하여 체계적으로 상세하게 보고하고 있다. 부록부분의 환경성과에서 온실가스, 에너지, 용

55) 중국(6), 일본(8), 미국(2), 대만(2), 베트남, 태국, 홍콩, 싱가포르, 캐나다, 말레이시아 등 각 1개

수, 폐수, COD, 폐기물, 오존층파괴물질, 용수재활용, 폐기물처리, 공급원별 취수량, 용기재활용량 등을 국내외 법인별로 최근 3년간 추이를 보고하고 있으나 신재생에너지 사용량 및 비율에 대한 추가적인 설명이 요구된다.

주요 환경 지표

구분		법인	단위	국내 2018	2019	2020
제품 생산량		LG생활건강	톤	449,005	403,993	370,751
		코카콜라음료	톤	676,307	725,358	724,807
		해태htb	톤	527,858	549,426	543,247
		합계	톤	1,653,170	1,678,776	1,638,805
에너지	사용량	LG생활건강	TJ	1,118	1,023	991[1]
	원단위		GJ/제품-톤	2.489	2.532	2.671
	사용량	코카콜라음료	TJ	887	902	867[2]
	원단위		GJ/제품-톤	1.311	1.244	1.196
	사용량	해태htb	TJ	640	729	676[3]
	원단위		GJ/제품-톤	1.212	1.328	1.244
	사용량	합계	TJ	2,645	2,655	2,533
	원단위		GJ/제품-톤	1.599	1.581	1.546
온실가스[4]	배출량	LG생활건강	톤 CO_2e	51,631	48,654	45,314
	원단위		톤 CO_2e/제품-톤	0.115	0.120	0.122
	배출량	코카콜라음료	톤 CO_2e	46,436	46,938	44,514
	원단위		톤 CO_2e/제품-톤	0.069	0.065	0.061
	배출량	해태htb	톤 CO_2e	35,345	36,191	36,246
	원단위		톤 CO_2e/제품-톤	0.067	0.066	0.067
	배출량	합계	톤 CO_2e	133,413	131,791	126,074
	원단위		톤 CO_2e/제품-톤	0.081	0.079	0.077
용수	사용량	LG생활건강	톤	645,337	666,127	555,420
	원단위		톤/제품-톤	1.437	1.649	1.498
	사용량	코카콜라음료	톤	1,698,814	1,879,051	1,726,739
	원단위		톤/제품-톤	2.512	2.591	2.382
	사용량	해태htb	톤	1,127,026	1,262,758	1,217,063
	원단위		톤/제품-톤	2.135	2.298	2.240
	사용량	합계	톤	3,471,177	3,807,935	3,499,222
	원단위		톤/제품-톤	2.100	2.268	2.135
폐수	배출량	LG생활건강	톤	131,096	134,398	101,243
	원단위		톤/제품-톤	0.292	0.333	0.273
	배출량	코카콜라음료	톤	926,066	997,235	938,682
	원단위		톤/제품-톤	1.369	1.375	1.295
	배출량	해태htb	톤	577,474	622,160	612,031
	원단위		톤/제품-톤	1.094	1.132	1.127
	배출량	합계	톤	1,634,635	1,753,793	1,651,956
	원단위		톤/제품-톤	0.989	1.045	1.008

구분		법인	단위	국내 2018	2019	2020
COD	총량	LG생활건강	톤	39.0	42.5	10.1
	원단위		kg/제품-톤	0.087	0.105	0.027
	총량	코카콜라음료	톤	14.7	8.9	6.9
	원단위		kg/제품-톤	0.022	0.012	0.009
	총량	해태htb	톤	11.6	24.2	21.0
	원단위		kg/제품-톤	0.022	0.044	0.039
	총량	합계	톤	65.3	75.6	38.0
	원단위		kg/제품-톤	0.039	0.045	0.023
폐기물	총량	LG생활건강	톤	6,641	7,134	6,589
	원단위		kg/제품-톤	14.790	17.658	17.771
	총량	코카콜라음료	톤	8,123	6,261	6,542
	원단위		kg/제품-톤	12.011	8.631	9.025
	총량	해태htb	톤	5,939	7,275	14,142
	원단위		kg/제품-톤	11.252	13.240	26.032
	총량	합계	톤	20,703	20,669	27,272
	원단위		kg/제품-톤	12.523	12.312	16.642
NOx[5]	배출량	LG생활건강	톤	1.976	1.678	6.478
	원단위		kg/제품-톤	–	–	–
	배출량	코카콜라음료	톤	–	–	6.451
	원단위		kg/제품-톤	–	–	–
	배출량	해태htb	톤	–	–	5.997
	원단위		kg/제품-톤	–	–	–
	배출량	합계	톤	–	–	18.926
	원단위		kg/제품-톤	–	–	–

1) 전기: 560TJ, 스팀: 268TJ, 기타 연료: 163TJ
2) 전기: 496TJ, 기타 연료: 371TJ
3) 전기: 381TJ, 기타 연료: 294TJ
4) 온실가스·에너지 목표관리 운영 등에 관한 지침에 따라 산정함
5) 자율관리 진행함

자료원: 2020 LG생활건강 ESG보고서, 98쪽

해외 (제품 생산량·에너지·온실가스·용수)

구분	항목	법인	단위	2018	2019	2020
제품 생산량		중국 북경	톤	8,421	9,628	9,444
		중국 항주1)	톤	569	-	-
		베트남 동나이	톤	1,970	2,160	1,721
		중국 광주2)	톤	-	-	7,832
		합계	톤	10,960	11,788	18,997
에너지	사용량	중국 북경	TJ	22.1	24.0	22.1
	원단위		GJ/제품-톤	2.626	2.495	2.339
	사용량	중국 항주	TJ	4.7	-	-
	원단위		GJ/제품-톤	8.336	-	-
	사용량	베트남 동나이	TJ	13.1	13.6	13.1
	원단위		GJ/제품-톤	6.673	6.298	7.634
	사용량	중국 광주	TJ	-	-	61.4
	원단위		GJ/제품-톤	-	-	7.837
	사용량	합계	TJ	39.9	37.6	96.6
	원단위		GJ/제품-톤	3.714	3.190	5.086
온실가스3)	배출량	중국 북경	톤CO2e	1,146	1,244	1,145
	원단위		톤CO2e/제품-톤	0.136	0.129	0.121
	배출량	중국 항주	톤CO2e	819	-	-
	원단위		톤CO2e/제품-톤	1.439	-	-
	배출량	베트남 동나이	톤CO2e	686	623	581
	원단위		톤CO2e/제품-톤	0.348	0.288	0.337
	배출량	중국 광주	톤CO2e	-	-	8,340
	원단위		톤CO2e/제품-톤	-	-	1.065
	배출량	합계	톤CO2e	2,650	1,867	10,065
	원단위		톤CO2e/제품-톤	0.246	0.158	0.530
용수	사용량	중국 북경	톤	15,047	19,973	20,257
	원단위		톤/제품-톤	1.787	2.074	2.145
	사용량	중국 항주	톤	5,339	-	-
	원단위		톤/제품-톤	9.382	-	-
	사용량	베트남 동나이	톤	32,947	31,566	27,572
	원단위		톤/제품-톤	16.722	14.613	16.023
	사용량	중국 광주	톤	-	-	131,014
	원단위		톤/제품-톤	-	-	16.728
	사용량	합계	톤	53,333	51,539	178,843
	원단위		톤/제품-톤	4.866	4.372	9.414

해외 (폐수·COD·폐기물)

구분	항목	법인	단위	2018	2019	2020
폐수	배출량	중국 북경	톤	10,966	14,746	14,997
	원단위		톤/제품-톤	1.302	1.532	1.588
	배출량	중국 항주	톤	2,606	-	-
	원단위		톤/제품-톤	4.580	-	-
	배출량	베트남 동나이	톤	26,357	25,253	22,434
	원단위		톤/제품-톤	13.377	11.691	13.037
	배출량	중국 광주	톤	-	-	87,114
	원단위		톤/제품-톤	-	-	11.123
	배출량	합계	톤	39,929	39,999	124,545
	원단위		톤/제품-톤	3.707	3.393	6.556
COD	총량	중국 북경	톤	0.63	0.15	0.33
	원단위		kg/제품-톤	0.074	0.015	0.035
	총량	중국 항주	톤	0.52	-	-
	원단위		kg/제품-톤	0.916	-	-
	총량	베트남 동나이	톤	2.00	1.82	1.23
	원단위		kg/제품-톤	1.017	0.842	0.717
	총량	중국 광주	톤	-	-	1.89
	원단위		kg/제품-톤	-	-	0.242
	총량	합계	톤	3.15	1.97	3.46
	원단위		kg/제품-톤	0.292	0.167	0.182
폐기물	총량	중국 북경	톤	186	298	259
	원단위		kg/제품-톤	22.030	30.952	27.424
	총량	중국 항주	톤	24	-	-
	원단위		kg/제품-톤	41.297	-	-
	총량	베트남 동나이	톤	53	215	113
	원단위		kg/제품-톤	26.690	99.550	65.667
	총량	중국 광주	톤	-	-	331
	원단위		kg/제품-톤	-	-	42.287
	총량	합계	톤	263	513	703
	원단위		kg/제품-톤	23.996	43.519	37.016

1) 중국 항주 사업장 2019년부터 생산 중단
2) 중국 광주 사업장 2019년 인수
3) 온실가스·에너지 목표관리 운영 등에 관한 지침에 따라 산정함

자료원: 2020 LG생활건강 ESG보고서, 99쪽

부록의 온실가스 배출량 검증의견서에서는 국내법인, 국내사업장 및 해외법인 중 ㈜LG생활건강, 코카콜라음료㈜, 해태에이치티비㈜의 사업장별 배출량을 체계적으로 제시하고 있다. 이에 더하여 2050 탄소제로를 목표로 하는 모든 국내외 법인 및 사업장별로 온실가스 배출량 보고를 구분 및 확장할 것이 요구된다.

『(주)LG생활건강』 2020년 온실가스 배출량

구분	온실가스 배출량 (tCO₂-eq)				
	직접배출량(Scope1)	간접배출량(Scope2)	소계(Scope1 + Scope2)	기타 간접 배출량(Scope3)	총계(Scope1 + Scope2 + Scope3)
울산	6,612.449	12,194.035	18,806	575.520	19,382
청주	127.665	10,851.347	10,979	2,678.174	13,657
온산	1,339.534	5,503.070	6,842	125.826	6,968
나주	–	1,020.207	1,020	46.948	1,067
대전기술원	89.020	546.887	635	24.378	659
물류	97.775	1,873.608	1,971	0.000	1,971
마곡 SP	48.480	5,013.367	5,061	193.024	5,254
합계	8,314.923	37,002.521	45,314	3,643.871	48,955

※ 상기의 온실가스 배출량은 사업장별로 정수 단위로 절사하여, 시스템의 실제값과 ±1 tCO₂eq 미만의 차이가 발생할 수 있음
※ 기타 간접배출량 : 통근버스, 폐기물처리

자료원: 2020 LG생활건강 ESG보고서, 115쪽

『코카콜라음료(주)』 2020년 온실가스 배출량

구분	온실가스 배출량 (tCO₂-eq)				
	직접배출량(Scope1)	간접배출량(Scope2)	소계(Scope1 + Scope2)	기타 간접 배출량(Scope3)	총계(Scope1 + Scope2 + Scope3)
여주	8,566.958	11,652.740	20,219	67.661	20,286
광주	1,741.072	4,225.996	5,967	24.785	5,991
양산	2,762.154	6,206.700	8,968	20.038	8,988
물류	7,338.120	2,020.087	9,358	–	9,358
합계	20,408.304	24,105.523	44,514	112.484	44,623

※ 상기의 온실가스 배출량은 사업장별로 정수 단위로 절사하여, 시스템의 실제값과 ±1 tCO₂eq 미만의 차이가 발생할 수 있음
※ 기타 간접배출량 : 폐기물처리

자료원: 2020 LG생활건강 ESG보고서, 116쪽

『해태에이치티비(주)』 2020년 온실가스 배출량

구분	온실가스 배출량 (tCO₂-eq)				
	직접배출량(Scope1)	간접배출량(Scope2)	소계(Scope1 + Scope2)	기타 간접 배출량(Scope3)	총계(Scope1 + Scope2 + Scope3)
천안	14,792.334	10,003.124	24,795	300.850	25,095
평창	62.747	5,356.773	5,419	–	5,419
철원	4.708	1,117.026	1,121		1,121
익산 1	896.712	631.895	1,528	2.511	1,530
익산 2	488.937	994.406	1,483	98.044	1,581
물류	1,489.228	411.353	1,900	–	1,900
합계	17,734.666	18,514.577	36,246	401.405	36,646

※ 상기의 온실가스 배출량은 사업장별로 정수 단위로 절사하여, 시스템의 실제값과 ±1 tCO₂eq 미만의 차이가 발생할 수 있음
※ 기타 간접배출량 : 폐기물처리

자료원: 2020 LG생활건강 ESG보고서, 117쪽

본문 및 부록부분에서 환경성과, 온실가스 배출량 검증의견서 등이 분산되어 있는데, 이는 본문에서 환경분야 항목별로 국내법인국내사업장 해외법인별로 환경성과의 추이와 의미를 종합적으로 보고하고, 부록부분에서는 환경성과와 온실가스 배출량 검증의견서 등을 요약하여 검증차원에서 다루면 타사를 위한 환경분야 보고의 모범이 될 것이다.

사회적(Social) 분야: 본문에서 일하기 좋은 환경조성인권경영, 임직원 역량강화, 임직원 다양성, 인권영향평가 및 구제조치, 직원가치임직원 다양성, 조직문화, 노사관계, 환경안전경영, 지속가능 공급망 구축, 동반성장, 협력회사 역량강화, 고객만족, 제품안전성, 사회환경가치 제품, 한국의 아름다움 전파, 클린뷰티 제품, 소비자건강증진제품, 사회공헌, 사회공헌활동 강화로 구분하여 보고하고, 부록의 사회성과에서는 전체 임직원, 임직원 세부현황, 임직원 교육, 육아휴직, 고용창출, 이직자, 노조가입률, 산업재해, 근로손실재해율, 직업병, 구매금액, 협력회사, 고객만족, 제품리콜, 사회공헌투자 등을 법인별로 제시하고 있다. 역시 조직단위별 보고를 추가하면 타사의 모델로 활용될 수 있을 것이다.

임직원 세부 현황

법인	구분		단위	2018	2019	2020
LG생활건강	총 인원수		명	4,514	4,569	4,640
	성별	남성	명	1,999	2,026	2,174
		여성	명	2,515	2,543	2,466
	고용 형태	정규직	명	4,332	4,373	4,577
		계약직	명	182	196	63
	업무 영역	사무직	명	2,355	2,442	2,658
		생산직	명	745	747	783
		판매직	명	1,414	1,380	1,199
	다양성	장애인	명	32	30	35
		보훈대상인	명	68	67	69
		외국인	명	29	38	24
코카콜라음료	총 인원수		명	2,333	2,350	2,310
	성별	남성	명	2,208	2,225	2,188
		여성	명	125	125	122
	고용 형태	정규직	명	2,052	2,050	2,032
		계약직	명	281	300	278
	업무 영역	사무직	명	493	484	470
		생산직	명	296	303	298
		판매직	명	1,544	1,563	1,542
	다양성	장애인	명	52	53	53
		보훈대상자	명	61	61	57
		외국인	명	0	0	0

법인	구분		단위	2018	2019	2020
해태htb	총 인원수		명	827	833	794
	성별	남성	명	761	761	724
		여성	명	66	72	70
	고용 형태	정규직	명	764	763	737
		계약직	명	63	70	57
	업무 영역	사무직	명	241	241	236
		생산직	명	252	272	270
		판매직	명	334	320	288
	다양성	장애인	명	17	17	17
		보훈대상자	명	7	9	10
		외국인	명	0	0	0

자료원: 2020 LG생활건강 ESG보고서, 101쪽

지배구조(Governance) 분야: 이사회, 리스크 관리, 정도경영 관련하여 이사회 산하의 ESG위원회 운영, 전사차원의 ESG 전략 및 정책, ESG 개선활동 모니터링, ESG 보고서 최종 검토 및 승인 등을 체계적, 그리고 구체적으로 다루고 있다. 단, 본문에서 지배구조 항목별 최근 3년간의 실적과 의미를 종합적으로 요약 정리할 것이 요구된다.

‖ LG생활건강 2020 ESG보고서의 ESG보고 강화 ‖

AS IS	TO BE
Overview:	**Overview:**
04 CEO Message	04 CEO Message
06 Company Overview	06 Company Overview
08 Business Overview	08 Business Overview
14 Economic Value Creation	14 Economic Value Creation
	36 포트폴리오 다각화
	22 사회환경적 효익 창출
Sustainability Commitments	– 24 오픈 이노베이션
18 ESG 중장기 전략 및 로드맵	
22 사회환경적 효익 창출	**Sustainability Commitments**
– 22 사회환경가치 제품	18 ESG 중장기 전략 및 로드맵
– 23 한국의 아름다움 전파	92 이해관계자 참여
– 24 오픈 이노베이션	90 중대성 평가
– 26 클린뷰티 제품	
– 26 제품을 통한 환경 영향 저감	**Environmental**
– 28 협력회사 역량 강화	52 기후변화 대응 선도
– 29 소비자 건강 증진 제품	48 자원 순환 촉진
30 제품 안전성 강화	68 환경안전경영
36 포트폴리오 다각화	22 사회환경적 효익창출
40 사회공헌 활동 강화	– 26 제품의 환경영향 저감
42 지속가능한 공급망 구축	
44 일하기 좋은 환경 조성	**Social**
48 자원 순환 촉진	44 일하기 좋은 환경 조성
52 기후변화 대응 선도	56 직원가치
	68 환경안전경영
Sustainability Management	42 지속가능한 공급망 구축
56 직원가치	76 동반성장
60 고객만족	22 사회환경적 효익 창출: – 28 협력회사 역량강화
64 사회공헌	60 고객만족
68 환경안전경영	30 제품 안전성 강화
76 동반성장	22 사회환경적 효익 창출
Governance	– 22 사회환경가치 제품
82 지배구조	– 23 한국의 아름다움 전파
84 리스크 관리	– 26 클린뷰티 제품
88 정도경영	

9 바이오산업: 삼성바이오로직스 ESG 경영

삼성바이오로직스는 2021년에 처음으로 "지속가능경영보고서"를 작성 및 공표하였다.

환경(Environmental) 분야: 본문에서 온실가스, 에너지, 수자원관리, 화학물질관리, 생물다양성 보존, 폐기물 및 오염물질관리를 구분하여 보고하고 있다. 부록의 환경성과에서는 온실가스, 오존층 파괴물질, 에너지 총사용량, 에너지 소비감축, 용수 사용량, 수질 오염물질, 폐기물, 환경법규 위반 등에 대한 최근 3년간 실적을 제시하고 있으나, 신재생에너지 사용량과 사용비율 및 주요 원자재 관련 사항도 구체적으로 보고할 필요가 있다.

온실가스 배출량

구분	단위	2017	2018	2019	2020
Scope 1: 직접 배출		29,587	40,967	40,166	41,793
Scope 2: 간접 배출	tCO₂eq	55,727	75,612	79,625	83,014
총 온실가스 배출량		85,314	116,579	119,791	124,807
총 온실가스 원단위 배출량	tCO₂eq/배치	459	752	688	527
생산량	배치	186	155	174	237

대기오염물질 관리

구분	단위	2017	2018	2019	2020
먼지		0	0	0	0
황산화물(SoₓΧ)	Ton	0	0	0	0
질소산화물(Noₓ)		13.43	19.34	19.20	19.80

에너지 사용량

구분	단위	2017	2018	2019	2020
연료		579	804	788	820
- LNG		570	794	778	810
- 휘발유	TJ	1	2	2	2
- 경유		8	8	8	8
전기		1,147	1,556	1,639	1,709
총 에너지 사용량		1,726	2,360	2,427	2,529
총 에너지 원단위 사용량[1]	TJ/억 원	0.37	0.44	0.35	0.22

[1] 사업보고서 매출액 기준

에너지 소비 감축

구분	단위	2017	2018	2019	2020
LED 구매량	개	-	0	0	644
LED 교체를 통한 에너지 절감량	kJ	-	-	-	607,258,000
LED 교체를 통한 에너지 절감 효과	kWh	-	-	-	168,683

자료원: 삼성바이오로직스, Sustainability Report 2021, 90-91쪽

　사회적(Social) 분야: 본문에서는 인권경영, 인재경영인재상, 건강한 조직문화, 다양한 존중의 문화, 합리적 평가제도 및 공정한 보상체계, 복리후생제도, ESH경영, 상생경영, 고객만족경영, 정보보호, 세무, 사회공헌 등을 보고하고 있다. 부록에서는 조직규모, 임직원 다양성, 이직 및 퇴직, 육아휴직 사용자 및 복귀자, 임직원 성과평가, 임직원 역량교육, 임직원 윤리 및 인권교육, 차별사건 조치, 품질점검, 정보보호 투자 및 교육, 정보보안 인증, 사회공헌 활동 등을 현황자료와 함께 구체적으로 보고하고 있다.

임직원 다양성

구분		단위	2018	2019	2020
총 임직원[6]	총인원		2,318	2,587	2,886
	남성		1,402	1,570	1,751
	여성[7]		916	1,017	1,135
정규직	총인원		2,096	2,470	2,738
	남성		1,282	1,509	1,646
	여성		814	961	1,092
계약직[8]	총인원		222	117	148
	남성		120	61	105
	여성		102	56	43
신규 채용	총인원	명	388	413	452
	남성		250	245	271
	여성		138	168	181
30세 미만	남성		770	866	903
	여성		696	752	780
30~50세	남성		593	669	811
	여성		228	260	352
50세 초과	남성		28	35	37
	여성		3	5	3
관리직 현황	총 관리직 인원		166	205	255
	총 중간관리직 인원		362	429	548
	총 임원 수[9]		20	22	29
	여성 관리직 직원 비율		15.1	19.5	22.7
	여성 중간 관리직 비율	%	22.1	21.9	27.0
	여성 임원 비율		0.0	0.0	10.3

자료원: 삼성바이오로직스, Sustainability Report 2021, 93쪽

지배구조(Governance) 분야: 이사회, 리스크 관리, 컴플라이언스 체계_{준법 및 윤리경영}와 함께 특히, 2021년 2월 환경·사회적 책임경영 강화를 위해 이사회 산하 ESG위원회를 신설하였다. ESG위원회는 삼성바이오로직스의 지속가능경영 최고의사결정기구로서 사외이사 4명으로 구성되어 있으며 ESG 경영 및 경영일반사항을 심의·의결하고 회사의 제반 업무집행에 대한 관리·감독 역할을 하는 사항이 부각되어 나타난다.

삼성바이오로직스 2021 지속가능경영보고서의 ESG보고 강화

AS IS	TO BE
Overview	**Overview**
4 Driven. For Life	4 Driven. For Life
12 CEO 메시지	12 CEO 메시지
14 2020 Business Highlights	14 2020 Business Highlights
16 Company Profile	16 Company Profile
18 Company History	18 Company History
20 Global Partnership	20 Global Partnership
22 Our Business Model	22 Our Business Model
24 Our Services	24 Our Services
26 COVID-19 대응 활동	36 Highlight 3.R&D경영-글로벌 경쟁력강화
	86 경제 성과
Sustainability Highlights	26 COVID-19 대응 활동
30 중요성 평가	30 중요성 평가
32 Highlight 1.품질경영 강화	
34 Highlight 2.안전환경 경영 활동	**Environmental**
36 Highlight 3.R&D경영-글로벌 경쟁력강화	48 ESH 경영- 환경경영
	34 Highlight 2.안전환경 경영활동
Responsible Business	90 환경 성과
42 인권경영	
44 인재경영	**Social**
48 ESH 경영- 안전보건경영- 환경경영	42 인권경영
60 상생경영	44 인재경영
64 고객만족경영	48 ESH 경영- 안전보건경영
66 사회공헌	60 상생경영
	64 고객만족경영
Sustainability Management	32 Highlight 1.품질경영 강화
70 거버넌스	82 정보보호
74 리스크 관리	66 사회공헌
78 컴플라이언스	93 사회 성과
82 정보보호	

AS IS	TO BE

10 철강산업: 포스코 ESG 경영

포스코는 2003~2014년 "지속가능성보고서", 2015~2018년 "POSCO Report", 그리고 2019 이후 2021년 현재 "기업시민보고서"를 작성하고 있다. 2021년에는 기업시민보고서 부록으로 ESG Factbook을 추가하여 타사의 모델이 되는 사항을 다루고 있다.

환경(Environmental) 분야: 본문에서 기후변화 대응탄소관리체제, 포스코 1.5℃ 기후변화 시나리오, POSCO Carbon FLOW 및 감축기술 적용현황, Green Process, Green Product, Green Partnership, 친환경제철소 구현환경전략, 환경조직, 환경투자, 환경경영인증, 대기, 부산물, 물, 화학물질, 환경교육, 이해관계자 커뮤니케이션, 생물다양성, 철의 라이프사이클으로 구분하여 보고하고 있다.

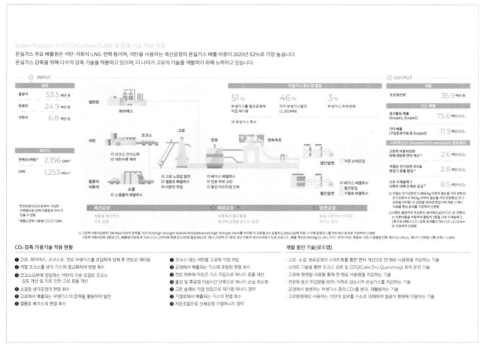

자료원: POSCO CORPORATE CITIZENSHIP REPORT 2020, 39쪽

부록의 ESG Factbook 환경사항에는 대기, 수자원, 폐기물, 자원순환, 관리, 에너지, 온실가스에 대한 최근 4년간 실적을 보고하고 있다. 포항제철소, 광양제철소, 포스코센터, 송도글로벌R&D센터 등 총 13개의 사업장별로 온실가스 배출량, 에너지사용량 등을 구분하여 보고할 필요가 있다.

지표명		단위	2017	2018	2019	2020
에너지						
에너지 사용량		GJ	374,858,713	378,728,730	382,845,859	374,874,610
직접에너지	천연가스	GJ	42,841,873	41,384,234	45,885,941	52,692,024
	디젤	GJ	174,541	170,094	183,292	179,288
	휘발유	GJ	10,942	10,866	12,732	8,347
	차량용 LPG	GJ	174	167	132	62
간접에너지	전력	GJ	8,550,171	8,545,433	6,300,216	4,480,025
재생에너지		GJ	0	119	219	318
현장 에너지 회수 및 재사용	부생가스	GJ	323,281,012	328,617,817	330,463,327	317,514,546
에너지 집약도(생산량 기준)		GJ/t-조강	10.1	10.0	10.1	10.4
에너지 소비량 중 부생가스 비중		%	86.2	86.8	86.3	84.7
에너지 소비량 중 천연가스 비중		%	11.4	10.9	12.0	14.1
에너지 소비량 중 전력 비중		%	2.3	2.3	1.6	1.2
재생에너지 판매량		GJ	17,834	16,135	16,012	16,287

온실가스						
온실가스 배출량(Scope1 & 2) [1]	tCO2e	76,741,041	78,498,443	80,263,890	75,649,882 [3]
Scope1(직접배출)	tCO2e	75,633,360	77,391,479	79,447,924	75,069,656
Scope2(간접배출)	tCO2e	1,107,681	1,106,964	815,966	580,226
온실가스 배출량(Scope 3)	tCO2e	18,044,000	18,903,000	13,139,000	11,951,000
온실가스 집약도(생산량 기준) [2]	tCO2e/t-조강	2.06	2.08	2.11	2.11

자료원: POSCO CORPORATE CITIZENSHIP REPORT 2020, ESG FACTBOOK, 3쪽

사회적(Social) 분야: 본문에서 책임있는 비즈니스 기반인권경영, 신뢰와 창의의 조직인재 채용, 인재양성, 경력개발, 스틸챌린지 우승, 역량 강화 프로그램, New Collar Level 인증제도, 맞춤형 교육지원, 평가와 보상, 조직문화, 상생의 노사관계, 안전한 일터 구현, 지속가능한 공급망, 책임있는 비즈니스 기반공정거래, 비즈니스 경쟁력, 책임있는 비즈니스 기반정보보호, 경제적 기여세금정책, 이해관계자와의 공생 등에 대해 구분하여 보고하고 있다. 부록 ESG Factbook 사회분야에서는 안전, 인사, 교육, 연금지원, 다양성, 일과 삶의 균형, 사회공헌, 고객만족도 조사결과 등에 대한 4년간 실적을 보고하고 있다.

지표명	단위	2017	2018	2019	2020
인사					
총 임직원 수	명	17,122	17,221	17,574	17,937
총 임원 수	명	67	71	71	74
총 직원 수	명	17,055	17,150	17,503	17,863
정규직	명	16,885	16,899	17,299	17,665
비정규직	명	170	251	204	198
근속년수	년	19.8	19.9	19.6	19.1
채용인원	명	768	886	1,026	701
오픈 포지션 중 사내 충원 비율	%	99.5	99.8	98.3	99.3
채용비용	원	761,225,208	756,146,931	1,074,507,644	902,484,594
자발적 이직률	%	1.55	1.67	1.69	1.26
퇴직자 수	명	272	660	669	817
정년퇴직자 수	명	–	356	355	578
관리자 이상 퇴사율	%	0.80	1.21	1.37	1.37
직원만족도	점	78	67	86	89
1주일 이상 파업 수	건	없음	없음	없음	없음
교육					
인당 교육비용	백만 원	1.30	1.46	1.63	1.21
총 교육비용(교육훈련비)	백만 원	22,216	25,210	28,569	21,681
인당 교육시간	시간	100	94	89	78
총 교육시간	시간	1,704,253	1,613,974	1,556,680	1,397,942

자료원: POSCO CORPORATE CITIZENSHIP REPORT 2020, ESG FACTBOOK, 5쪽

지배구조(Governance) 분야: 본문에서 투명한 거버넌스지배구조, 기업시민 자문회의, 책임있는 비즈니스윤리경영, ESG채권발행 등을 제시하고, 부록 ESG Factbook 거버넌스부분에서는 이사회구성, 이사회운영, 이사회 성과평가, 주식보유, 보상 등에 대한난 4년간 실적을 보고하고 있다. 특히, 이사회 산하에 ESG위원회를 통한 환경, 저탄소 정책검토, 안전·보건계획 사전심의, ESG관련 이행 모니터링 등을 구체적으로 제시한 점이 부각된다.

지표명	단위	2017	2018	2019	2020
이사회 구성					
이사회 규모	명	12	12	12	12
사내이사 수	명	5	5	5	5
사외이사 수	명	7	7	7	7
기타 비사내이사 수	명	0	0	0	0
여성 등기임원 수	명	0	0	0	0
이사회 운영					
이사회 평균참석률	%	100	99	100	98
사외이사 중 4개 이하 겸직현황 [1, 2]	명	7	7	7	7
이사 평균 재임기간 [3]	년	2.5	2.9	2.8	3.8

자료원: POSCO CORPORATE CITIZENSHIP REPORT 2020, ESG FACTBOOK, 7쪽

포스코의 혁신적 ESG 경영활동은 특히 사업특성상 환경분야 이슈에 대한 부정적 국내외 여론이 고조되는 상황에서 추진되고 있으므로 추진성과에 대한 대내외 반응이 주목된다.

포스코 2020 기업시민보고서의 ESG보고 강화

AS IS	TO BE
OVERVIEW 07 CFO 메시지 20 기업시민 5대 브랜드 26 ESG 중대성 평가	**OVERVIEW** 07 CFO 메시지 20 기업시민 5대 브랜드 26 ESG 중대성 평가
BUSINESS 36 기후변화 대응 43 친환경제철소 구현 49 비즈니스 경쟁력	**Environmental** 36 기후변화 대응 43 친환경제철소 구현 – 대기 – 수자원 – 폐기물 – 자원순환 – 관리 – 에너지 – 온실가스
SOCIETY 55 지속가능한 공급망 61 이해관계자와의 공생	
PEOPLE 68 안전한 일터 구현 72 신뢰와 창의의 조직	**Social** 85 책임있는 비즈니스 기반(인권경영) 72 신뢰와 창의의 조직 68 안전한 일터 구현 55 지속가능한 공급망 87 책임있는 비즈니스 기반(공정거래) 49 비즈니스 경쟁력 88 책임있는 비즈니스 기반(정보보호) 90 경제적기여 (세금정책) 61 이해관계자와의 공생 – 안전 – 인사 – 교육 – 연금지원 – 다양성 – 일과 삶의 균형 – 사회공헌 – 고객만족도 조사 결과
GOVERNANCE 78 투명한 거버넌스 82 책임있는 비즈니스 기반 (윤리경영, 인권경영, 공정거래, 정보보호) 90 경제적 기여(세금정책) 92 ESG 채권 발행	
ESG Factbook / ESG DATA **환경** – 대기 – 수자원 – 폐기물 – 자원순환 – 관리 – 에너지 – 온실가스 **사회** – 안전 – 인사 – 교육 – 연금지원 – 다양성 – 일과 삶의 균형 – 사회공헌 – 고객만족도 조사 결과 **거버넌스** – 이사회구성 – 이사회운영 – 이사회 성과평가 – 주식보유 – 보상	**Governance** 78 투명한 거버넌스 82 책임있는 비즈니스 기반(윤리경영) 92 ESG 채권 발행 – 이사회구성 – 이사회운영 – 이사회 성과평가 – 주식보유 – 보상
SASB 검증의견서	**SASB** 검증의견서

11 철강산업: 현대제철 ESG 경영

현대제철은 2008년 "지속가능성보고서", 2009~2015년 "지속가능경영보고서", 그리고 2016~2021년 현재 "통합보고서"를 공표하고 있다. 2021 통합보고서에는 구성원 12,770명, 국내사업장 6개, 해외법인 18개, 해외지사 9개의 글로벌 네트워크를 구축하고 있다.

환경(Environmental) 분야: 본문에서는 자원순환경제, 환경경영, 기후변화대응전환 리스크 및 물리적 리스크 대응, 에너지관리, 오염물질관리대기오염, 수질오염, 화학물질, 부산물관리, 생물다양성보호 등을 다루었다. 부록 Factbook의 환경성과에서는 항목별 환경목표, 환경투자회수, 온실가스배출량, 에너지사용량, 온실가스 및 에너지집약도, 용수사용량, 폐수처리량, 용수 및 폐수 집약도, 부산물발생량, 대기오염물질배출량, 수질오염물질 배출농도, 부산물재활용 현황, 대기오염물질 배출농도, 다이옥신 배출농도, 환경법규 위반, 친환경 구매, 특정대기유해물질 배출농도 등을 보고하고 있다. 이에 대해서는 책임영역 및 대응전략 마련을 위해 국내사업장별당진고로, 당진 전기로, 인천, 포항, 순천, 순천 단조, 울산 및 해외사업장별로 구분하여 보고할 것이 요구된다.

온실가스 배출량

구분	2018년	2019년	2020년	단위
Scope 1	16,492	16,405	25,966	천톤CO_2
Scope 2	5,806	5,806	2,657	천톤CO_2
총량	22,298	22,211	28,623	천톤CO_2

자료원: Hyundai Steel, Integrated Report 2021, 98쪽

에너지 사용량

구분	2018년	2019년	2020년	단위
전기	11.71	11.49	10.37	TWh
연료	5.96	6.14	18.73	TWh
스팀	0.44	0.55	0.04	TWh
총량	18.11	18.18	29.14	TWh

자료원: Hyundai Steel, Integrated Report 2021, 99쪽

사회적(Social) 분야: 본문에서 인권보장, 인적자본개발, 산업안전보건, 공급망관리, 책임있는 비즈니스, R&D성과, 고객관리, 정보보호, 조세전략, 사회공헌, 지역사회 참여, 지속가능한 사회로 구분하여 보고하고 있다. 부록 Factbook 사회적성과 부분에서는 인재개발, 임직원현황, 임직원몰입도, 퇴직연금, 창업지원 프로그램, 육아휴직 사용현황, 노조가입률, 사내규정 위반 및 조치, 산업재해율, 사회공헌성과, 그리고 부록 경제적성과 부분에서는 경제적성과 분배, 주요 경제적성과 분배, 협회비지급총액, 주요 협회비지급내역, R&D투자, 협력사 현황, 동반성장지원 현황, 협력사구매액 현황, 고객만족도 현황, 반부패, 경쟁관행 등에 대하여 최근 3년간 실적을 구체적으로 제시하고 있다.

임직원 현황

구분		2018년	2019년	2020년	단위
전체 임직원 수	임직원 수	11,552	11,574	11,544	명
성별 직원 현황	남성	11,187	11,172	11,139	명
	여성	365	402	405	명
직군별 직원 현황	일반직	3,355	3,364	3,261	명
	기능직	7,815	7,785	7,773	명
	기타직	382	415	510	명
고용형태별 직원 현황	정규직	11,274	11,250	11,169	명
	계약직	278	314	375	명
소수자	장애인	272	253	246	명
	외국인	6	7	7	명
	국가 보훈자	346	345	334	명
나이별 직원 현황	~30	2,176	1,594	1,608	명
	31~40	4,613	4,756	4,729	명
	41~50	2,728	2,813	2,800	명
	51~54	937	1,104	1,092	명
	55~	1,098	1,297	1,315	명
채용 인원	합계	688	401	340	명
이직률	이직률	5	3.7	3.2	%

자료원: Hyundai Steel, Integrated Report 2021, 105쪽

지배구조(Governance) 분야: 본문에서 지배구조, 리스크 관리, 윤리경영 관련 사항, 그리고 부록의 비재무적 정보관련 경제적성과에서는 이사회, 반부패 및 경쟁 관행에 대한 지난 3년간의 실적을 보고하고 있다. 지배구조에서 경제적, 환경적, 사회적 영향 파악과 관리 등 구체적 안건에 대해서도 보고할 필요가 있다.

현대제철 통합보고서는 그 체계성이 타사의 모델이 될 수 있는 만큼, 본문에서 환경적, 사회적, 지배구조에 대한 부록의 성과를 활용하여 항목별로 실적과 그 의미를 설명하여 ESG 경영성과를 종합적으로 보여주는 대표적 기관이 되도록 요구된다.

현대제철 2021 통합보고서의 ESG보고 강화

AS IS	TO BE
Overview 1.1 Global Offices 1.2 Business Model 1.3 지속가능경영 전략체계 1.4 CEO 메시지 1.5 About This Report	**Overview** 1.1 Global Offices 1.2 Business Model 1.4 CEO 메시지 1.5 About This Report 1.3 지속가능경영 전략체계 3.1 중대성 평가
Issues 2.1 자원순환 경제 2.2 지속가능한 사회 2.3 책임있는 비즈니스	**Environmental** 2.1 자원순환 경제 3.2.1 환경경영 3.2.2 기후변화 대응 3.2.3 에너지 관리 3.2.4 오염물질 관리 3.2.5 생물다양성 보호 4.3 환경적 성과
Performance 3.1 중대성 평가	
3.2 Environment 3.2.1 환경경영 3.2.2 기후변화 대응 3.2.3 에너지 관리 3.2.4 오염물질 관리 3.2.5 생물다양성 보호	**Social** 3.3.1 인권보장 3.3.2 인적자본 개발 3.3.3 산업안전보건 3.3.4 공급망 관리 2.3 책임있는 비즈니스 3.4.4 R&D 성과 3.4.5 고객관리 3.4.7 정보보호 3.4.2 조세전략
3.3 Society 3.3.1 인권보장 3.3.2 인적자본 개발 3.3.3 산업안전보건	

AS IS	TO BE
3.3.4 공급망 관리	3.3.5 사회공헌
3.3.5 사회공헌	3.3.6 지역사회 참여
3.3.6 지역사회 참여	2.2 지속가능한 사회
	4.4 사회적 성과
3.4 Governance	4.5 경제적 성과
3.4.1 지배구조	
3.4.2 조세전략	**Governance**
3.4.3 리스크 관리	3.4.1 지배구조
3.4.4 R&D 성과	3.4.3 리스크 관리
3.4.5 고객관리	3.4.6 윤리경영
3.4.6 윤리경영	4.5 경제적 성과
3.4.7 정보보호	
	Appendix
Factbook	4.1 연결 재무제표
4.1 연결 재무제표	4.2 재무제표
4.2 재무제표	5.1 Policies
4.3 환경적 성과	5.2 Assurances
4.4 사회적 성과	5.2.1 제3자 검증의견서
4.5 경제적 성과	5.2.2 온실가스 검증의견서
	5.3 Index
Appendix	5.3.1 GRI Index
5.1 Policies	5.3.2 SASB
5.2 Assurances	5.3.3 WEF
5.2.1 제3자 검증의견서	5.4 Initiative
5.2.2 온실가스 검증의견서	5.4.1 TCFD
5.3 Index	5.4.2 UNGC
5.3.1 GRI Index	5.4.3 UN SDGs
5.3.2 SASB	5.5 PDF Download
5.3.3 WEF	
5.4 Initiative	
5.4.1 TCFD	
5.4.2 UNGC	
5.4.3 UN SDGs	
5.5 PDF Download	

12 전자산업: 삼성전자 ESG 경영

삼성전자는 2000~2001년, 2004~2005년에 "녹색경영보고서", 2006~2007년 "환경사회보고서", 2008~2021년 현재 "지속가능경영보고서"를 공표하고 있다. 2021년도 발간 2021지속가능경영보고서에 의하면 임직원 267,937명, 협력회사1차 2,122개사, 진출국 74개, 사업장 233개, 사업장 중 판매거점 53개, 생산거점 36개 등으로 나타난다.

특히 삼성전자의 판매거점과 생산거점은 대부분 대규모이고 국내외 각 지역사회에 경제적, 환경적, 사회적 영향이 지대하므로, 삼성전자의 지속가능경영보고서는 15개 지역총괄, 53개 판매거점, 36개 생산거점을 기반으로 ESG 경영 데이터를 생성 및 보고함으로써 지구촌 사회의 글로벌 표준을 제공하는 대표적 기업으로 발전해 갈 것이 적극 요청된다.

삼성전자의 글로벌 네트워크

구분	한국	중국	일본	동남아	서남아	중동	CSI	유럽	아프리카	북미	중남미	합계
지역총괄	1	2	1	2	1	1	1	2	1	2	1	15
판매거점	1	4	1	8	1	8	3	16	2	2	7	53
생산거점	6	9		7	2	1	1	3	1	3	3	36
R&D센터	4	7	2	3	5	5	2	3		7	1	39
디자인센터	1	1	1		1			1		1	1	7
기타		5	1	10	7	10	3	15	6	13	13	83
계	13	28	6	30	17	25	10	40	10	28	26	233

자료원: 삼성전자 지속가능경영보고서 2021, 4쪽

환경(Environmental) 분야: 본문에서 기후행동거버넌스, 리스크 관리, 사업장 온실가스 감축, 제품에너지 효율, 기타 온실가스 감축, 기후변화 대응을 위한 협력, 온실가스 배출량, **순환경제**자원사용 효율화, 제품수명 연장, 폐전자제품의 회수와 재활용, 폐기물 매립, 수자원, 화학물질 관리로 구분하여 보고하고 있다. 부록의 Facts&Figures 환경성과에서는 온실가스관리, 에너지관리, 제품에너지 사용 효율화, 자원사용 효율화, 폐전자제품의 회수와 재활용, 폐기물관리, 수자원관리, 화학물질관리, 오염물질관리, 사업장환경관리, 고객가치 증대 등의 최근 3년간 실적을 보고하고 있다. 폐제품 회수량은 대륙별아시아 및 오세아니아, 유럽, 미주, 그리고 수자원 현황은 지역별로 보고하고 있다.

한편, 온실가스 배출량, 에너지 사용량, 재생에너지 사용량, 폐기물 발생량, 용수 사용량, 화학물질 사용량 등을 사업부문별CE-IM부문, DS부문로 보고하고 있으나, 앞에서 지적하였듯이 사업장 규모의 대단위성을 고려하여 지역별 및 사업장별로 보고할 필요가 있다. 이와 함께 본문에서 부록의 Facts&Figures 환경성과 정보를 종합적으로 분석하여 환경분야 항목별 지난 3년간의 실적과 그 의미를 제시함으로써 글로벌 선도기업으로서 ESG 경영보고의 모델이 되도록 요구된다.

온실가스 관리		2018	2019	2020	단위
사업장 온실가스 배출량[12]		15,151	13,800	14,806	천 톤CO_2e
	직접 배출량 (Scope 1)	4,855	5,067	5,726	천 톤CO_2e
	간접 배출량 (Scope 2)[3]	10,296	8,733	9,079	천 톤CO_2e
	CO_2	11,417	9,845[7]	10,266	천 톤CO_2e
	CH_4	2	2[7]	3	천 톤CO_2e
	N_2O	322	335[7]	329	천 톤CO_2e
	HFCs	505	530[7]	685	천 톤CO_2e
	PFCs	2,737	2,912[7]	3,322	천 톤CO_2e
	SF_6	168	176[7]	202	천 톤CO_2e
온실가스 배출 원단위[4]		3.6	3.1	3.2	톤CO_2e/억 원
기타 온실가스 배출량 (Scope 3)	협력회사[5]	7,952	8,278	8,030	천 톤CO_2e
	물류	7,846	8,223	6,682	천 톤CO_2e
	임직원 출장[6]	110	106	14	천 톤CO_2e

각주:
1) 국가별 온실가스 관리지침, IPCC 가이드라인, ISO 14064 기준 적용하여 산정
2) 재생에너지 사용량을 반영하지 않은 온실가스 배출량(Location-based): 2018년 15,173천 톤 CO_2e , 2019년 16,065천 톤 CO_2e, 2020년 17,579천 톤 CO_2e
3) 재생에너지 사용량을 반영한 온실가스 배출량(Market-based)
4) (총 배출량÷총 사용량) ÷ 글로벌 연결 매출액, 디스플레이 매출액 제외, 물가지수 적용(2005년=1 기준)
5) 거래비중 규모 상위 90%의 협력회사 대상으로 삼성전자 제품 제조시 발생한 온실가스 배출량 조사 결과
6) 수집 범위: 국내
7) 2019년 6대 온실가스 배출량 재산정

에너지 관리		2018	2019	2020	단위
사업장 에너지 사용량		26,028	26,899	29,024	GWh
	전력	20,558	21,160	22,916	GWh
	기타	5,470	5,740	6,109	GWh
사업장 에너지 사용 원단위[1]		6.2	6.1	6.4	MWh/억 원
재생에너지 사용량		1,356	3,220	4,030	GWh

1) (총 배출량÷총 사용량) ÷ 글로벌 연결 매출액, 디스플레이 매출액 제외, 물가지수 적용(2005년=1 기준)

자료원: 삼성전자 지속가능경영보고서 2021, 81쪽

폐전자제품의 회수와 재활용		2018	2019	2020	단위
폐제품 누적 회수량[1]		3,546,786	4,033,528	4,540,155	톤
폐제품 회수량		423,229	486,741	506,627	톤
	아시아·오세아니아	142,111	187,899	185,299	톤
	유럽	226,616	251,544	279,902	톤
	미주	54,502	47,298	41,426	톤
폐제품 당해연도 제품별 회수량[2]		95,856	98,420	113,850	톤
	대형기기	83,344	87,235	97,544	톤
	통신사무기기	5,008	4,253	6,948	톤
	중형기기	3,464	1,036	4,170	톤
	소형기기	4,041	5,896	5,188	톤
재자원화량[2]		82,739	88,886	97,815	톤
	고철	38,863	38,980	52,666	톤
	비철	14,408	10,236	11,779	톤
	합성수지	23,466	29,761	26,741	톤
	유리	1,714	4,922	2,883	톤
	기타	4,289	4,987	3,747	톤

각주:
1) 기준연도: 2009년
2) 수집 범위: 국내

자료원: 삼성전자 지속가능경영보고서 2021, 81쪽

사회적(Social) 분야: 본문에서 노동인권, 다양성과 포용, 안전·보건, 인재양성, 조직문화, 함께 성장하는 공급망, 책임 있는 공급망, 환경친화적 공급망, 책임광물관리 투명성 확보, 고객 커뮤니케이션과 고객만족도, 개인정보 보호, 사이버 보안, AI 윤리, 접근성, 디지털 웰빙, 중소기업·스타트업 지원, 사회공헌 등을 체계적으로 보고하고 있다. 부록 Facts&Figures 사회성과 부분에서는 노동인권, 다양성과 포용, 안전보건, 인재양성, 지속가능한 공급망, 책임광물관리 투명성 확보, 협력회사 제3자 검증 주요 항목별 준수율, 중소기업 지원, 고객가치증대, 개인정보보호, 사회공헌 등에 대한 최근 3년간 실적을 보고하고 있다. 한편, 지역별 임직원수와 지역별 여성인력 비중은 한국, 동남아·서남아·일본, 중국, 북미·중남미, 유럽, 중동, 아프리카 지역으로 구분하여 보고하고 있으나, 환경분야와 사회적분야 모두 일관되게 지역별 및 사업장별로 보고할 것이 요구된다. 또한 본문에서 부록부분의 Facts&Figures 사회적 성과관련 정보를 활용하여 사회분야의 각 항목별로 최근 3년간의 실적과 전략적 의미를 분석하여 보고할 필요가 있다.

노동인권		2018	2019	2020	단위
총 임직원[1]		309,630	287,439	267,937	명
	해외	209,925	185,380	161,607	명
	국내	99,705	102,059	106,330	명
계약 종류별 임직원 수	기간의 정함이 없는 근로자	304,640	282,874	264,030	명
	기간제 근로자[2]	4,990	4,565	3,907	명
연령층별 임직원 수	30대 미만	150,565	124,442	99,823	명
	30대	106,226	105,862	106,236	명
	40대 이상	52,839	57,135	61,878	명
직무별 임직원 수[3]	개발	66,328	69,370	71,539	명
	제조	164,530	144,744	127,256	명
	품질·환경안전	22,793	20,555	19,354	명
	영업·마케팅	25,731	24,067	22,704	명
	기타	30,248	28,703	27,084	명
직급별 임직원 수	사원[4]	240,135	213,916	190,507	명
	간부	68,156	72,175	76,057	명
	임원[5]	1,339	1,348	1,373	명
지역별 임직원 수	한국	99,705	102,059	106,330	명
	동남아·서남아·일본	137,365	121,819	101,929	명
	중국	29,110	20,649	18,099	명
	북미·중남미	25,630	25,270	25,004	명
	유럽	14,681	14,061	12,861	명
	중동	2,552	3,008	3,160	명
	아프리카	587	573	554	명
퇴직률[6]	해외	17.9	19.5	18.1	%
	국내	2.3	2.5	2.1	%
국내외 복리후생비		4,096	4,490	4,655	십억 원

1) 연말기준 (파견직, 휴직, 인턴, 전일제 학위과정 제외)
2) 한국: 기간제법 기준, 해외: Contractor + Apprentice
3) 기존 제조 직무를 제조와 품질·환경안전으로 구분해 재구성
4) 시간선택제 및 기타 직급 포함
5) 해외법인 Vice President급 이상 포함
6) 평균 임직원 수 대비 회계연도 동안 퇴직한 인원의 비율

자료원: 삼성전자 지속가능경영보고서 2021, 78쪽

다양성과 포용		2018	2019	2020	단위
여성 임직원 비율[1]		43.0	40.2	37.3	%
직무별 여성 인력 비율[2]	개발	17.2	17.5	18.0	%
	제조	56.8	53.2	48.9	%
	품질·환경안전	43.5	41.3	41.3	%
	영업·마케팅	30.8	31.2	31.5	%
	기타	36.0	36.1	35.8	%
지역별 여성 인력 비율	한국	25.2	24.9	24.9	%
	동남아·서남아·일본	59.9	56.3	52.7	%
	중국	40.3	34.9	33.4	%
	북미·중남미	34.4	35.1	35.4	%
	유럽	34.7	34.5	33.8	%
	중동	14.5	14.0	11.3	%
	아프리카	36.5	37.7	42.4	%
직급별 여성 인력 비율	사원	51.6	49.0	46.3	%
	간부	14.2	14.7	15.3	%
	임원[3]	6.3	6.5	6.6	%
육아휴직자 수 [4]		3,305	3,894	3,897	명
육아휴직 후 복귀율 [4]		95.9	93.7	98	%
어린이집 정원 [4]		2,980	3,080	3,349	명
어린이집 개수 [4]		14	15	16	개
장애인 임직원 수 [4]		1,538	1,589	1,465	명
장애인 고용률 [4]		1.5	1.6	1.5	%

1) 전체 임직원 기준
2) 기존 제조 직무를 제조와 품질·환경안전으로 구분해 재구성
3) 해외법인 Vice President급 이상 포함
4) 국내 임직원 기준

자료원: 삼성전자 지속가능경영보고서 2021, 79쪽

지배구조(Governance) 분야: 지배구조, 준법·윤리경영에 대한 보고와 함께 이사회 산하에 사회적책임수행과 주주가치를 제고를 위한 거버넌스위원회를 두고 있는데 이에 대한 설명이 요구된다. 한편, 부록 Facts&Figures 준법·윤리경영에 대한 자료를 활용하여 본문에서 실적을 종합적으로 설명하는 것이 요구된다.

삼성전자 2021 지속가능경영보고서의 ESG보고 강화

AS IS	TO BE
Our Company 02 CEO 인사말 03 회사 소개 04 글로벌 네트워크 05 지배구조 07 준법·윤리경영 10 비즈니스 지속가능성	**Our Company** 02 CEO 인사말 03 회사 소개 04 글로벌 네트워크 10 비즈니스 지속가능성

13 전자산업: 삼성SDI ESG 경영

삼성SDI는 2003년부터2004년 제외 2021년 현재까지 "지속가능성보고서"를 공표하였다. 2021년 발간 2020지속가능성보고서에 의하면 전체 임직원 27,984명, 본사 1, 연구소 1, 생산법인 12, 판매법인 13개 등 총 27개 조직의 글로벌 네트워크를 갖추고 있다.

환경(Environmental) 분야: 본문에서 기후변화대응경영전략 및 접근방법, 기후변화 대응활동, 에너지사용관리, 제품의 환경영향관리, 재활용 및 재사용, **환경영향관리**경영전략 및 접근방법, 오염물질관리, 폐기물관리, 수자원관리로 구분하여 작성하였다. 부록부분의 지속가능성 성과 중 환경성과에서는 온실가스 배출량, 에너지 사용량, 용수 취수량, 폐수 배출량, 폐기물 발생 및 처리, 오염물질 배출량을 국내와 해외로 구분하여 보고하고 있다. 국내외 사업장별로 보고할 필요가 있으며, 부록 지속가능성 성과의 환경성과를 활용하여, 본문에서 환경분야 항목별로 목표와 지난 3년간의 실적과 그 의미를 분석하여 보고가 요구된다.

온실가스 배출량

구분		단위	2018	2019	2020
배출 총량		tCO_2e	1,129,564	1,275,165	1,399,830
직접·간접 배출	직접배출	tCO_2e	154,704	162,873	183,925
	간접배출	tCO_2e	974,860	1,112,292	1,215,905
	직접·간접 배출 원단위	tCO_2e/억 원	12.33	12.63	12.39
기타 배출	임직원 출장	tCO_2e	4,385	5,529	1,673
	제품 운송	tCO_2e	562	574	568
지역별	국내	tCO_2e	511,379	536,928	561,499
	해외	tCO_2e	618,185	738,237	838,331
제품별	소형배터리	tCO_2e	566,356	667,370	764,133
	중대형배터리	tCO_2e	331,027	371,585	393,962
	전자재료	tCO_2e	189,661	190,291	195,817
	연구개발 및 기타	tCO_2e	42,520	45,919	45,918

자료원: 삼성SDI 지속가능성보고서 2020, 74쪽

에너지 사용량

구분	단위	2018	2019	2020
전사 사용량	TJ	18,947	21,297	23,661
- 국내 사용량	TJ	10,509	11,145	11,601
- 해외 사용량	TJ	8,438	10,152	12,060
전사 사용량 원단위	TJ/억 원	0.21	0.21	0.21

자료원: 삼성SDI 지속가능성보고서 2020, 75쪽

사회적(Social) 분야: 본문에서 인재경영, 사업장 안전, 지속가능한 공급망, 연구개발, 제품안전, 사회공헌 등을 보고하였다. 부록 지속가능성 성과 중 사회성과에서는 인력현황, 다양성 및 사회형평성, 채용, 보상, 임직원 고충처리_{국내}, 조직문화, 교육, 이직률, 복리후생, 산업재해, 2020년 산업재해 상세, 공급망 구매금액, 동반성장 협약, 동반성장 지원활동 및 성과, S-Partnet인증, 품질인력 양성, 고객만족도 점수, 임직원 사회공헌활동 참여, 주요 사회공헌활동 성과, 사회공헌 투입비용, 그리고 부록 지속가능성 성과 중 경제적 성과에서는 국가 및 대륙별 세금납부 현황을 보고하고 있다. 하지만, 인력현황은 한국, 아시아_{한국 제외}, 유럽, 아메리카로 구분, 채용은 국내와 해외로 구분, 이직률은 아시아, 유럽, 아메리카로 구분, 국가 및 대륙별 세금납부 현황은 한국, 일본, 미주 및 구주, 중국 및 동남아시아, 남미, 홍콩으로 구분하는 등 분석단위의 일관성이 미흡하므로 모든 데이터를 국내외 사업장별로 보고하는 것이 바람직할 것이다.

인력 현황

구분		단위	2018	2019	2020
전체		명	24,718	26,813	27,984
성별	남	명	18,307	20,364	21,194
	여	명	6,411	6,449	6,790
지역별	대한민국	명	10,268	10,833	10,705
	아시아(대한민국 제외)	명	12,242	12,121	12,058
	유럽	명	2,037	3,632	4,959
	아메리카	명	171	227	262
연령별	30세 미만	명	12,185	12,636	12,284
	30세~50세	명	11,384	12,794	14,065
	50세 이상	명	1,149	1,383	1,635
고용유형별	정규직	명	22,410	23,347	24,392
	계약직	명	1,387	1,871	1,454
	파견직[1]	명	921	1,595	2,138

자료원: 삼성SDI 지속가능성보고서 2020, 76쪽

국가·대륙별 세금 납부 현황

구분	단위	2018	2019	2020
대한민국	원	141,334,370,420	16,712,913,854	10,770,144,804
일본	원	296,685,442	419,806,405	270,427,271
미주 및 구주	원	28,867,605,982	25,575,647,189	37,120,086,061
중국 및 동남아시아	원	38,368,707,784	18,667,713,476	37,964,819,171
남미	원	4,338,053,536	30,445,256	0
홍콩	원	2,059,600,327	1,866,373,510	1,431,640,895

자료원: 삼성SDI 지속가능성보고서 2020, 74쪽

지배구조(Governance)분야: 본문에서 지배구조, 컴플라이언스를 보고하고 있으나, 지배구조는 경제적, 환경적, 사회적 영향 파악과 관리 등 구체적 안건에 대해서도 보고할 필요가 있다. 부록 지속가능성 성과의 사회성과에서 준법윤리교육, 사업장 부패 위험평가, 부정감사 징계 조치, 컴플라이언스 점검 등에 대한 최근 3년간 실적을 보고하고 있다. 삼성SDI 역시 본문에서 부록 지속가능성 성과의 사회성과 중 지배구조분야를 활용하여, 지배구조 항목별로 지난 3년간의 실적과 그 의미를 분석하여 보고할 필요가 있다.

준법·윤리 교육

구분		단위	2018	2019	2020
삼성SDI	부정예방(국내·누적)	명	4,591	1,020[1]	101[2]
	준법·윤리(국내·누적)	명	5,412	9,697	12,063
공급망	준법·윤리	개사	53	80	50

1) 2019년의 경우, 특별교육, 온라인교육, 전파교육을 미실시하고 신입사원 및 해외파견인력을 대상으로 교육효과를 높이고자 오프라인 교육에 집중하여 교육 인원 감소
2) 2020년의 경우, COVID-19로 인해 경력 및 신입 입문교육 위주로 최소화하여 교육 인원 감소

자료원: 삼성SDI 지속가능성보고서 2020, 79쪽

사업장 부패 위험 평가

구분	단위	2018	2019	2020
총 사업장 수	개소	30	30	27
부패 위험 평가 사업장 수	개소	2	2	1
부패 위험 평가 사업장 비율	%	7	7	4

부정감사 징계 조치

구분	단위	2018	2019	2020
부정감사를 통한 징계 조치(국내)	명	2	9	12
부정사고와 관련하여 계약 종료된 사업 파트너	개사	–	–	–

컴플라이언스 점검

구분	단위	2018	2019	2020
준법 점검 활동	건	17	17	22

자료원: 삼성SDI 지속가능성보고서 2020, 80쪽

삼성SDI 2020 지속가능성보고서의 ESG보고 강화

14 전자산업: LG전자 ESG 경영

LG전자는 2006-2008년 "지속가능성보고서", 그리고 2009년부터 "지속가능경영보고서"를 공표하고 있다. 2021년 발간 "2020-2021 지속가능경영보고서"에는 임직원 75,888명, 생산법인 35개, 판매법인 48개, 기타 55개로 총 138개의 글로벌 네트워크를 보여준다. 삼성전자와 유사하게 LG전자의 생산 및 판매법인 역시 대규모 조직으로서 각 지역사회에 경제적·환경적·사회적 영향이 지대하므로, 지속가능경영보고서 작성을 35개 생산법인 및 48개 판매법인으로 구분된 ESG 경영 데이터로 각각 작성 및 보고할 것이 요청된다.

┃ LG전자의 글로벌 네트워크 ┃

구분	한국	중국	아시아	인도	CIS	유럽	중동 및 아프리카	북미	중남미	합계
구성원	39,745	6,060	8,487	4,431	1,507	4,488	1,270	3,350	6,550	75,888
생산법인	7	9	4	2	1	2	4	2	4	35
판매법인	1	1	8		1	13	11	5	8	48
기타	1	5	7	3	2	15	4	10	8	55
계	9	15	19	5	4	30	19	17	20	138

자료원: LG전자 2020-2021 지속가능경영보고서, 10~11쪽

환경(Environmental) 분야: 본문에서 부정적 환경영향 제로zero사업장, 미래세대를 위한 제품과 서비스 및 안전·환경 등에 대하여 구체적으로 제시하고 있다.

부정적 환경영향 Zero사업장에서는 생산단계 탄소 배출량을 2017년 대비 50% 감축2030년 목표, 청정개발체제CDM 사업을 확대하여 외부에서의 탄소 감축활동을 통해 탄소중립 실현2030년 목표, 재생에너지로 100% 전환2050년 목표, 업무용차량 전기/수소차 100% 전환2030년 목표, 한국 생산사업장 폐기물 재활용률 95% 달성2030년 목표을 전략목표로 제시하고 있다.

미래세대를 위한 제품과 서비스에서는 자체 친환경제품평가에 의한 'Green 3star 등급' 제품비중 80% 달성2030년 목표, 제품포장재 재사용 확대2030년 완결, 2006년 이후 폐전기전자제품 누적회수량 450만톤 달성2030년 목표, 미래지향적·친환경적·인류보편적 가치가 반영된 사업의 지속개발태양광, 전기자동차 등 등을 전략목표로 제시하고 있다.

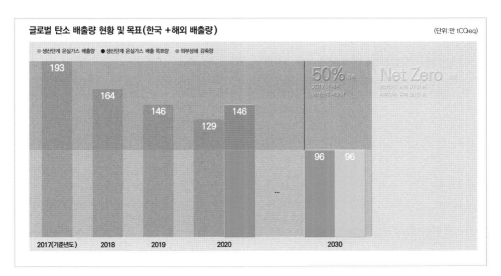

자료원: LG전자 2020-2021 지속가능경영보고서, 26쪽

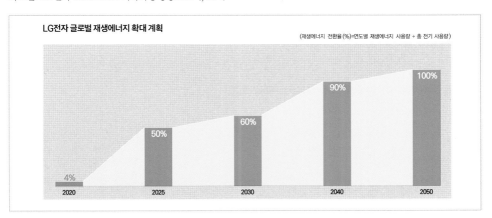

자료원: LG전자 2020-2021 지속가능경영보고서, 28쪽

제품 전과정 탄소배출량 산정

(단위: %)

전과정 단계	제조 전	제조	수송	사용	폐기
휴대폰	20.35	0.004	8.18	71.15	0.32
세탁기	25.44	0.39	0.44	70.12	3.61
모니터	10.97	0.04	0.34	88.27	0.38
냉장고	13.14	0.17	0.97	84.69	1.03
TV	16.26	0.03	0.39	82.47	0.85
상업용 에어컨	3.71	0.05	0.04	96.06	0.15
가정용 에어컨	7.07	0.09	0.09	91.89	0.85

자료원: LG전자 2020-2021 지속가능경영보고서, 31쪽

지역별 폐전기전자제품 회수·처리 실적

(단위: 톤)

지역	2018	2019	2020
유럽[1]	109,181	120,077	133,414
한국	94,292	103,503	129,731
미국	21,204	20,926	21,123
아시아[2]	15,767	95,303	106,338
CIS[3]	7,757	14,163	20,399
중남미[4]	945	1,225	1,112

1) 일부 유럽 국가들의 수치는 예측값이 사용됨
2) 아시아: 일본, 인도, 호주
3) CIS: 러시아
4) 중남미: 브라질, 콜롬비아, 멕시코, 페루

자료원: LG전자 2020-2021 지속가능경영보고서, 37쪽

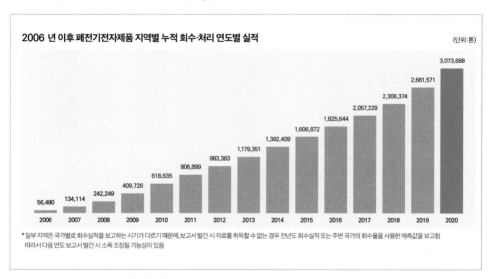

2006년 이후 폐전기전자제품 지역별 누적 회수·처리 연도별 실적 (단위: 톤)

* 일부 지역은 국가별로 회수실적을 보고하는 시기가 다르기 때문에, 보고서 발간 시 자료를 취득할 수 없는 경우 전년도 회수실적 또는 주변 국가의 회수율을 사용한 예측값을 보고함
따라서 다음 연도 보고서 발간 시 소폭 조정될 가능성이 있음

자료원: LG전자 2020-2021 지속가능경영보고서, 37쪽

부록 지속가능경영 부분의 환경데이터에서는 에너지 사용량, 온실가스 배출량, 대기오염물질 배출량, 유형과 처리방법에 따른 폐기물 배출량, 중대한 화학물질 유출, 환경법규 위반, 공급원별 용수 유입량, 폐수처리, 수질오염물질 배출량 등을 한국과 해외로 구분하여 최근 3년간 실적을 보여준다.

온실가스 배출량(SCOPE 1, 2)

구분		단위	2018 년	2019 년	2020 년
직접 온실가스 배출량 (Scope1)	한국	천 tCO₂eq	650	466	294
	해외		135	137	146
간접 온실가스 배출량 (Scope2)	한국		391	385	382
	해외		461	481	472
총계(Scope1 + Scope2)			1,637	1,469	1,294
온실가스 배출 집약도 (원단위)		천 tCO₂eq / 천억 원	2.68	2.12	2.05

온실가스 배출량(SCOPE 3)

구분		단위	2018 년	2019 년	2020 년
기타 간접 온실가스 배출량 (Scope3)	출장	tCO₂ eq	60,853	58,337	20,692
	사용단계		36,185,980	33,290,000	58,976,000
	사내협력사 (한국)		6,319	9,137	5,067

조직 에너지 사용량

구분		단위	2018 년	2019 년	2020 년
재생 불가능 연료	LNG 도시가스 (한국)	TJ	1,243	827	879
	LNG 도시가스 (해외)		538	772	741
	석탄(한국)		0	0	0
	석탄(해외)		0	0	0
	기타(한국)		117	72	74
	기타(해외)		441	534	658
	소계		2,339	2,205	2,352
재생 에너지	태양열	TJ	0.7	5.4	5.5
	풍력		0	0	0
	바이오매스		0	0	0
	기타		16.7	62	79
	소계		17.5	67.4	84.5
에너지 구매	전기(한국)	TJ	3,902	2,946	3,239
	전기(해외)		2,315	2,664	2,643
	스팀(한국)		450	395	394
	스팀(해외)		35	6	3

자료원: LG전자 2020-2021 지속가능경영보고서, 98쪽

이와 같은 구체적이고 체계적인 LG전자의 보고서는 타사의 모델이 될 수 있다. 단, 조직단위의 규모를 고려하여 지역별 및 사업장별로 보고할 필요가 있다. 본문에서도 부록의 지속가능경영 환경데이터를 활용하여 항목별로 전략목표와 최근의 실적을 종합하여 보고할 것이 요구된다.

사회적(Social) 분야: 본문에서 포용적 사회가치모두를 위한 지속가능한 일터, 포용적 사회를 위한 균형적 성장, 구성원, 안전·환경, 협력회사, 분쟁광물, 고객, 정보보호를 보고하고 있다. 모두를 위한 지속가능한 일터에서는 제조업 최고수준독립적 단계 안전문화 정착2030년 목표, 협력사 자체점검 High Risk 비중축소1.5%→0.5%: 2030년 목표, RBAResponsible Business Alliance 정회원 자격 유지~2030를 전략목표로 제시하였다. 포용적 사회를 위한 균형적 성장에서는 모든 출시 제품에의 접근성 및 유니버설 디자인을 적용하여 누구나 쉽게 쓸 수 있는 제품개발, 사회·환경을 고려한 미래지향적기술결합으로 고객맞춤형 건강한 라이프스타일 보장, 그리고 LG전자 모든 사업장에서 사회공헌 활동 추진2030년 목표 등을 전략목표로 제시하고 있다.

협력회사 CSR 자가점검 결과
(단위:개사)

구분	2018	2019	2020
자가점검 협력회사 수	1,684	1,665	1,416
고위험 협력회사 수	103	40	26
고위험 협력회사 비중	6.1%	2.4%	1.8%

협력회사 CSR 자가점검 상세(권역별)
(단위:개사, 2020 년 기준)

권역	고위험	불안정	저위험	완료
한국	1	202	317	520
중국	7	69	342	418
동남아	10	97	170	277
중남미/미주	6	40	76	122
유럽/CIS	1	21	36	58
중아	1	11	9	21
합계	26	440	950	1,416

자료원: LG전자 2020-2021 지속가능경영보고서, 45쪽

부록 사회적 데이터에서는 지역별·고용계약별 구성원수, 신규채용과 이직, 자발적 퇴직인원수 및 퇴직율 현황한국, 거버넌스 및 구성원 다양성, 장애인 근로현황, 육아휴직 사용 및 복귀현황한국, 구성원 연령별·직군별·직급별·과정별Offline/Online 평균교육시간, 원주민 권리침해사고건수와 취해진 조치, 조직의 인권영향평가대상 사업장, 인권정책 및 절차에 관한 구성원 교육한국, 인권정책 및 절차에 관한 훈련을 받은 보안요원 비율한국, 조직의 차별사건 및 시정조치한국, 고객개인정보보호 위반 및 개인정보분실 사실이 입증된 불만건수한국, 제품 및 서비스의 안전보건영향평가, 제품 및 서비스의 안전보건영향에 관한 규정위반사건, 기타 사회적·경제적 영역의 법률 및 규제, 지역사회참여 영향평가, 발전 프로그램 운영, 사회영향평가를 통해 스크리닝된 신규 협력사한국, 정기적 성과평가 및 경력개발 리뷰를 받은 구성원 비율, 주요 사업장의 현지출신인력현황, 공급망내 부정적 사회영향과 시행조치, 협력사 무상교육지원실적한국·금전적지원규모한국, 재해 발생 현황 및 3년간 실적을 상세하게 보고하고 있다. 부록 경제적 데이터에서는 정부지원 보조금 수혜실적한국, 확정급여형 연금제도 채무충당한국, 성별 최저임금대비 신입사원 임금비율한국, 지역별 협력사로부터 직접구매한 금액, 유형별 협력사로부터 직접구매한 비율, 주요법인 구매금액의 지난 3년간 실적을 보고하고 있다. 그러나, 환경분야와 사회분야 모두 일관되게 지역별 및 사업장별로 구분하여 보고할 필요가 있다.

지역별 구성원 수

구분	단위	2018 년	2019 년	2020 년
한국		37,700	40,110	39,745
중국		7,671	6,588	6,060
아시아		6,059	6,702	8,219
CIS		1,638	1,475	1,507
북미		3,052	3,370	3,350
유럽	명	4,483	4,286	4,488
인도		4,317	4,230	4,431
일본		266	259	268
중남미		6,135	5,727	6,550
중동 아프리카		1,291	1,224	1,270
계		72,612	73,971	75,888

자료원: LG전자 2020-2021 지속가능경영보고서, 101쪽

지배구조(Governance) 분야: 본문에서 신뢰받는 경영, 지배구조, 컴플라이언스준법, 공정거래, 정도경영을 보고하고 있으며, ESG 경영강화와 지속가능성장을 위해 2021년 4월 기존의 이사회내 위원회감사위원회, 경영위원회, 사외이사후보추천위원회 이외에 ESG 위원회를 설치하였다. ESG 위원회는 ESG 기본정책 및 전략수립, 관련 중장기 목표의 설정 및 ESG 경영활동에 대한 계획과 성과, 중대한 리스크 발생 및 대응관련 사항을 감독한다. 부록 사회적 데이터에서 거버넌스 및 구성원 다양성, 부패 위험을 평가한 사업장의 수와 비율, 반부패 정책 및 절차에 관한 공지와 교육, 확인된 부패 사례와 이에 대한 조치 등을 담고 있는데, 본 사항은 본문에 추가하여 분석할 것이 요구된다.

| LG전자 2020-2021 지속가능경영보고서의 ESG보고 강화 |

AS IS	TO BE
CORPORATE OVERVIEW 004 경영철학 006 CEO 메시지 008 경영진 메시지 010 기업개요 012 사업조직 016 LG전자의 코로나19 대응 **ESG COMMITMENTS** 022 LG전자 중장기 ESG 지향점 024 긍정적 환경가치 +(Toward a More Positive Externality) – 부정적 환경영향 Zero 사업장 – 미래세대를 위한 제품과 서비스 042 포용적 사회가치 +(Embracing an Inclusive Society) – 모두를 위한 지속가능한 일터 – 포용적 사회를 위한 균형적 성장 060 신뢰받는 경영 +(Trustworthy Management) **ESG FACT BOOK** 064 지배구조 067 정도경영 070 컴플라이언스 073 공정거래 074 안전·환경 077 협력회사 079 분쟁광물 081 고객	**CORPORATE OVERVIEW** 004 경영철학 006 CEO 메시지 008 경영진 메시지 010 기업개요 012 사업조직 016 LG전자의 코로나19 대응 022 LG전자 중장기 ESG 지향점 109 중대성 분석 **Environmental** 024 긍정적 환경가치 +(Toward a More Positive Externality) – 부정적 환경영향 Zero 사업장 – 미래세대를 위한 제품과 서비스 074 안전·환경 **Social** 042 포용적 사회가치 +(Embracing an Inclusive Society) – 모두를 위한 지속가능한 일터 – 포용적 사회를 위한 균형적 성장 088 구성원 074 안전·환경 077 협력회사 079 분쟁광물 081 고객 084 정보보호

15 전자산업: SK하이닉스 ESG 경영

SK하이닉스는 2008~2020년 "지속경영보고서", 2021년부터는 "지속가능경영보고서"를 공표하고 있다. 2021 지속가능경영보고서에 의하면 임직원 36,854명, 생산기지 4개이천, 청주, 충칭, 우시, 연구개발법인 4개, 판매법인 10개, 판매사무소 14개 등 총 32개의 글로벌 네트워크를 갖고 있다.

환경(Environmental) 분야: 본문에서는 기후변화 대응, 친환경 경영환경환경경영체계, 에너지관리, 온실가스 및 대기오염관리, 수자원관리, 자원순환관리, 제품 친환경으로 구분하여 보고하고 있다.

부록 ESG 환경데이터에서 에너지 사용량본사와 국내외 생산사업장 총량, 재생에너지 사용량이천사업장, 온실가스 배출량본사와 국내외 생산사업장 총량, 대기오염물질 배출량국내외 사업장별, 용수 취수량국내 생산사업장과 해외 생산사업장, 용수 소비량국내 생산사업장과 해외 생산사업장, 용폐수 방류량국내 생산사업장과 해외 생산사업장, 초순수 사용량국내 생산사업장과 해외 생산사업장, 용수 재이용량 및 재이용률국내 생산사업장과 해외 생산사업장, 담수 소비량, 방류수 수질총량 기준: 국내 및 해외 생산사업장, 물 스트레스 지역이천 및 우시 사업장, 폐기물 발생량국내 및 해외 생산사업장, 폐기물 처리량이천 및 청주 사업장, 폐기물 재활용량, 유해폐기물 재활용률국내외 사업장별, 원자재 총사용액, SHE 투자실적국내 사업장, 환경법규 중대 위반 등에 대한 최근 3년 실적을 보고하고 있다.

본문에서 2050 탄소제로 및 환경경영을 위하여 환경분야 항목별로 본사와 국내외 생산사업장별분당, 이천, 청주, 충칭, 우시로 데이터를 분류하여 보고하는 것이 요구된다.

에너지 사용량

구분		단위	2018	2019	2020
에너지원별 사용량	LNG	GJ	4,818,131	2,100,857	2,026,936
	전력		78,421,166	78,617,897	83,403,131
	스팀[1]		739,437	4,551,895	4,733,947
	합계[2]		**83,978,734**	**85,270,649**	**90,164,014**
원단위 사용량[3]	LNG	GJ/억원	11.91	7.78	6.35
	전력		193.90	291.28	261.45
	스팀[1]		1.83	16.86	14.84
	합계		**207.64**	**315.93**	**282.64**

자료원: SK hynix Sustainability Report 2021, 105쪽

재생에너지 생산량

구분	단위	2018	2019	2020
생산량	kWh	-	485,620	967,999
생산용량 (capacity)	kW	-	태양광: 641 소수력: 45	태양광: 641 소수력: 45

*재생에너지 생산용량의 1년 생산량을 바탕으로 산출하였으며, 2020년 목표 960,852kWh를 초과 달성함
*데이터 수집범위: 이천

온실가스 배출량

구분	단위		2018	2019	2020[1]
Scope1[2]	CO_2		254,988	103,208	106,640
	CH_4		4,086	6,540	515
	N_2O		113,306	151,415	146,593
	HFCs		131,402	171,672	236,172
	PFCs[3]		420,583	671,204	1,036,958
	SF_6		152,365	169,250	232,692
	NF_3		881,814	852,883	951,838
	합계[4]		**1,958,542**	**2,126,171**	**2,711,409**
Scope2[2]	CO_2	tCO_2eq	3,948,968	4,706,167	4,829,381
	CH_4		798	1,257	1,317
	N_2O		6,082	5,875	6,221
	합계[5]		**3,955,848**	**4,713,299**	**4,836,920**
Scope3[6]	해외수송(수입)		58,992	33,565	26,849
	해외수송(수출)		20,650	23,598	29,447
	폐기물		8,481	6,655	6,197
	해외출장		2,136	1,687	167
	직원출퇴근		18,841	23,454	37,105
	합계		**109,100**	**88,959**	**99,765**
Scope1	원단위[7] 배출량	$tCO_2eq/억원$	4.84	7.88	8.50
Scope2			9.78	17.46	15.16

1) 미국 전자제품환경성평가(EPEAT) 기준 공정 F-온실가스 배출량 : 2,768,899 tCO_2eq
2) 데이터 수집 범위 : 이천, 청주, 분당, 우시, 충칭
3) 2020년 PFCs 목표 배출량 : 797,744 tCO_2eq
4) 2020년 Scope1 총 목표 배출량 : 2,297,566 tCO_2eq
5) 2020년 Scope2 총 목표 배출량 : 4,726,662 tCO_2eq
6) 데이터 수집 범위 : 이천, 청주, 분당
7) 연도별 사업보고서 연결회계기준의 매출액 기준
*GWP는 AR5를 적용

자료원: SK hynix Sustainability Report 2021, 105쪽

대기오염물질 배출량[1]　　　　　　　　　　　　　　　　　　　　　　　　　　　　[단위: 톤]

구분		2018	2019	2020
이천	황산화물(SOx)	12.3	8.8	6.8
	암모니아(NH₃)	21.1	46.8	33.1
	질소산화물(NOx)	29.6	100.1	363.5
	불소화합물(HF)	5.5	2.7	1.7
	염화수소(HCl)	5.3	8.6	5.6
	휘발성 유기화합물(VOC)[2]	0.2	0.8	-
	먼지	0.3	0.1	0.0
청주	황산화물(SOx)	0.9	3.4	4.8
	암모니아(NH₃)	8.6	34.2	21.2
	질소산화물(NOx)	210.8	347.1	341.7
	불소화합물(HF)	2.3	1.9	2.1
	염화수소(HCl)	1.7	8.0	10.4
	휘발성 유기화합물(VOC)[2]	0.2	1.8	-
	먼지	12.1	35.9	32.1
우시	황산화물(SOx)	0.3	3.3	3.3
	암모니아(NH₃)	6.1	9.1	10.6
	질소산화물(NOx)	0.3	7.9	4.7
	불소화합물(HF)	0.7	1.1	0.2
	염화수소(HCl)	3.8	12.2	13.4
	휘발성 유기화합물(VOC)[3]	17.3	10.6	9.7
	먼지	-	-	-
충칭	황산화물(SOx)	0.0	0.1	0.0
	암모니아(NH₃)	-	-	-
	질소산화물(NOx)	1.1	1.4	6.9
	불소화합물(HF)	-	-	-
	염화수소(HCl)	3.4	3.7	0.4
	휘발성 유기화합물(VOC)	0.8	0.6	0.2
	먼지	8.6	3.8	9.8

1) 각 사업장의 법적 배출 기준을 모두 충족함
2) 공정에서 사용되는 물질이며, 배출 농도가 미비하여 오염물질 배출량에 영향을 주지 않는다고 판단되어 2020년부터 이천/청주 대기오염 관리물질로부터 제외함
3) 우시의 VOC 2020 목표 배출량: 10.7톤

자료원: SK hynix Sustainability Report 2021, 106쪽

　　사회적(Social) 분야: 본문은 인권경영, 인재경영인재경영 방향성, 혁신인재 확보, 인재육성, 행복문화, 안전보건, 공급망 책임지속가능공급망관리, 협력사 선정과 평가, 공급망 ESG관리, 책임있는 광물자원관리, 동반성장, 첨단기술 더 나은 미래, 연구개발 및 품질, 산업보안산업보안체계, 산업보안강화, 개인정보보호, 세무정책, 사회공헌 등을 다루었다.

부록 ESG 사회적분야에서 임직원 구성원현황 한국, 미주, 중국, 아시아, 유럽, 구성원 다양성 한국, 우시, 고용창출현황한국, 미주, 중국, 아시아, 유럽, 성별·연령별 채용인원 및 퇴직인원2020 년, 신입사원 초임국내, 직급별 임금국내, 노동시간국내, 노조가입현황국내외 생산사업장별, 출산 휴가 및 육아휴직현황국내, 성별 육아휴직현황2020년, 국내, 구성원 교육현황국내, 구성원 몰입도성별·직급별 몰입도, 고객 및 품질고객만족도 평가결과 중국, 미주, 일본, 한국, 제품리콜현황, 공 급망관리국내 상생협력 추진성과, 2019년 협력사 인재육성 프로그램, 산업보안정보보호서약 이행현황, 안전 보건국내외 사업장별 안전관리, 안전교육, 구성원 건강검진 지원현황, 공급망관리협력사 거래현황, 세부 구매금 액, 협력사 안전교육인원, 교육·기술·금융 등 지원 프로그램 실적, 동반성장 추진성과, 사회공헌사회공헌활동현황, 구성원 봉사활동참여현황, 행복나눔기금 모금현황, 유관기관 기부금현황, 유관협회 기부금 지출현황 등을 상세하 게 보고하고 있다.

구성원 현황

구분	상세구분	단위	2018	2019	2020
총 구성원 수	전체		33,190	36,205	36,854
임원 및 기술직	남자		13,052	14,832	15,096
	여자		2,881	3,257	3,458
전임직	남자	명	7,377	7,663	6,448
	여자		9,786	10,317	9,878
촉탁직	남자		49	71	1,497
	여자		45	65	477
정규직 비율	전체	%	99.7	99.6	99.6
지역별 구성원	한국		25,972	28,246	29,008
	미주		450	552	484
	중국	명	6,455	6,934	6,888
	아시아		51	184	176
	유럽		262	289	298
연령대별 구성원[1]	30세 미만		-	-	27.1
	30-50세 미만		-	-	67.6
	50세 이상		-	-	5.3
국내 사업장 내 외국 국적자[1]			-	-	0.2
국적별 구성원[2]	한국	%	-	-	99.79
	미국		-	-	0.15
	중국		-	-	0.02
	인도		-	-	0.01
	말레이시아		-	-	0.01

1) 데이터 수집범위: 국내 사업장, 신규 데이터로 2020년도부터 공시
2) 데이터 수집범위: 국내 사업장(국적 기준, 시민권자 포함), 신규 데이터로 2020년도부터 공시

자료원: SK hynix Sustainability Report 2021, 111쪽

하지만, 보고의 일관성을 위하여 환경분야와 사회적분야 모두 본사 및 국내외 생산사 업장별분당, 이천, 청주, 충칭, 우시로 데이터를 분류하여 보고하는 것이 요구된다.

지배구조(Governance) 분야: 거버넌스와 윤리경영 및 컴플라이언스준법경영, 반독점, 윤리경영로 보고하고 있다. SK하이닉스는 사회적 가치창출을 확대하기 위해 회사내 최고의사결정기구인 이사회 산하에 지속경영위원회를 운영하고 있다. 지속경영위원회는 사회적 가치분야의 전문성을 갖춘 사외이사 3명과 사내이사 1명으로 구성되어 지속경영과 사회적 가치관련 의사결정과정에서 전문성과 투명성을 확보하였다.

또한, SK하이닉스는 ESG 측면에서 중대한 재무적 영향이 예상되는 리스크를 파악해 선제적으로 대처하고 중장기 ESG 경영전략수립과 실행력을 강화하기 위해 2021년 2월 ESG 경영위원회를 신설하였다. ESG 전략조직 주관으로 월 1회 개최되는 ESG 경영위원회는 CEO를 포함해 GSM, 제조/기술, SHE, 경영지원, 기업문화, 지속경영, 이사회사무국 등 주요 담당임원들이 참여하는 의사결정 협의체로서 역할을 하므로 특히 중시되는 기구이다.

부록 ESG데이터 거버넌스 항목에서는 CEO보수비율, 이사회보수의 지난 3년간 실적을 보고하고 있는데, SK하이닉스의 경우, 지배구조 부분에서 우수성을 보이고 있는 만큼, 본문에서 부록 부분의 데이터를 활용하여 지배구조 항목별 실적을 분석하여 보여줄 것이 요구된다.

| SK하이닉스 2021 지속가능경영보고서의 ESG보고 강화 |

AS IS	TO BE
Overview 03 CEO 메시지 05 SK하이닉스 소개 07 DBL 경영 09 지속가능경영 가치 창출	**Overview** 03 CEO 메시지 05 SK하이닉스 소개 07 DBL 경영 09 지속가능경영 가치 창출 11 COVID-19 대응 23 2020 at a Glance 30 ESG 경영 101 중대성 평가
Global Challenge 11 COVID-19 대응 18 기후변화 대응	
Our Business 23 2020 at a Glance 25 첨단기술 더 나은 미래 28 거버넌스	**Environmental** 18 기후변화 대응 35 친환경경영

16 기계산업: 두산중공업 ESG 경영

두산중공업은 2012년 "지속가능경영보고서"로 시작하여 2013년부터 현재 "통합보고서"를 공표하고 있다. 2021년 발간 2020통합보고서에 의하면 임직원 5,587명, 창원본사, 서울사무소, 해외자회사 12개, 해외법인/지점/사무소 23개, R&D센터 2개 등을 운영하고 있다.

환경(Environmental) 분야: 본문은 전략방향으로서 친환경 중심의 가스, 신재생, 수소 및 SMRSmall Modular Reactor을 4대 주요 신성장 사업으로 선정하고 국책과제 참여를 통한 기술 개발 및 실증 사업을 수행하고 있음을 보고하고 있으며, Core Issues TCFD와 환경경영을 설명하고 있다. Core Issues TCFD에서는 기후변화 보고, 그리고 환경경영에서는 에너지 통합시스템 구축, 유해 화학물질관리시스템, 대기오염물질 관리, 사업장 미세먼지 저감, 수질오염물질관리, 폐기물 관리, 환경관리자교육, 지역사회 환경영향 관리강화, 재생에너지 사용인정제도 시범사업, 생물다양성 관리 등을 보고하고 있다.

자료원: 2020 두산중공업 통합보고서, 11쪽

부록의 Performance Summary 환경성과 데이터에서는 에너지 소비절감, 에너지 사용, 환경관리 총비용, 원재료 사용, 원재료 재활용, 공급원별 취수량, 용수 재활용 및 재사용, 온실가스 배출, 대기 배출물, 에너지 사용량, 폐기물 배출, 폐수 및 우수 배출, 유해화학물질 배출, 친환경 제품구매, 환경법규 위반 등에 대한 최근 3년간 실적을 보고하고 있다. 여기에 신재생에너지항목을 추가하고 지역별 및 사업장별로 보고할 필요가 있다.

온실가스 배출

구분	단위	2018	2019	2020
직접 온실가스 배출량(Scope 1)	천 tCO$_2$eq	105.5	108.7	105.4
간접 온실가스 배출량(Scope 2)	천 tCO$_2$eq	138.1	142.9	123.9
합계	천 tCO$_2$eq	243.6	251.6	229.3

대기 배출물

구분	단위	2018	2019	2020
NOx 배출량	톤	0	0	109.5
SOx 배출량	톤	0	0	4.2
휘발성유기화합물(VOC) 배출량	톤	23.8	32.4	28.5
유해대기오염물(HAP) 배출량	톤	0	0	0
분진(PM) 배출량	톤	22.0	12.0	8.2

자료원: 2020 두산중공업 통합보고서, 108쪽

에너지 사용

구분	단위	2018	2019	2020
화석연료	MWh	457,897	469,466	342,456
전기	MWh	304,583	299,913	254,225
소계	MWh	762,480	769,379	596,681
에너지 사용량 (직접)	TJ	4,577	4,708	1,339
에너지 사용량 (간접)	TJ	2,741	2,699	2,441
에너지 비용	백만 원	57,239	60,310	50,010
비용 절감액	백만 원	27,900	2,415	2,750

자료원: 2020 두산중공업 통합보고서, 106쪽

그리고 이들 부록의 데이터를 활용하여 본문에서 플랜트산업의 특성을 고려하여 공사현장별 및 환경분야 항목별로 전략목표와 환경경영 추진실적을 보고하면 타사의 모델로 활용될 수 있을 것이다.

사회적(Social) 분야: 본문에서 Core Issues로 조직문화 및 임직원 역량개발, 안전관리, 지역사회상생, 그리고 인권경영, 인재경영, 안전보건, 공급망동반성장, 품질경영, 고객만족, 정보보안, 사회공헌 등을 보고하고 있다. 부록 Performance Summary 경제성과 데이터에서 남성 대비 여성 기본급 및 보상비율, 공급망현황 및 구매금액, 산업협회에의 지출현황 등 지난 3년간 실적을 보고하고 있다. 사회성과 데이터에서는 임직원현황국내와 해외 구분, 성별구분, 신규채용과 이직, 단체협약이 적용되는 근로자 비율, 임직원교육, 성과평가를 받는 임직원 비율, 육아휴직현황, 차별 사건 및 시정조치, 지역사회참여, 영향평가, 봉사활동참여, 사회공헌지출, 공급망내 주요 부정적인 사회영향과 시정조치, 고객개인정보보호 위반 및 고객정보분실 사실이 입증된 불만 건수, 임직원 안전보건국내와 해외 구분, 제품안전, 인권평가, 성별 임금지표의 지난 3년간 실적을 보고하고 있다.

두산중공업의 경우, 임직원현황과 임직원 안전보건은 국내와 해외로 구분하여 보고하고 있으나, 다른 항목은 지역별 사업장별로 구분하지 않고 있는데, 환경분야와 사회적분야 모두 일관되게 지역별 및 사업장별로 구분하여 보고할 필요가 있다.

지배구조(Governance) 분야: 본문에서 Core Issues로 반부패 윤리경영, 지배구조, 윤리경영을 보고하고 있으며, 대표이사를 위원장으로 한 별도의 ESG위원회 운영, 기후변화 이슈관리, 리스크 및 기회요인 분석 등 선제적 대응전략 수립활동이 돋보인다. 부록 Performance Summary 사회성과 데이터에서 확인된 부패사례와 대응조치, 윤리경영 내부신고현황, 불공정 거래 및 부패행위에 대한 법적조치 등도 상세하게 보고하고 있다.

이들 사항은 본문에서 지배구조 항목별로 지난 3년간의 실적과 그 의미를 분석하여 보고하면 보다 바람직한 보고서로 타사의 모델이 될 것으로 평가된다.

┃ 두산중공업 2020 통합보고서의 ESG보고 강화 ┃

AS IS	TO BE
Company Overview 02 CEO's Message 04 Company Profile 06 COVID-19 위기대응 활동	**Company Overview** 02 CEO's Message 04 Company Profile 06 COVID-19 위기대응 활동
Business Strategy 10 글로벌 산업변화와 대응방향 12 친환경 포트폴리오 강화 22 사업 경쟁력 강화 30 기술개발	**Business Strategy** 10 글로벌 산업변화와 대응방향 12 친환경 포트폴리오 강화 22 사업 경쟁력 강화 30 기술개발

17 기계산업: 두산현대인프라코어 ESG 경영

두산현대인프라코어는 2009~2010년 "환경보고서", 2011~2012년 "지속가능경영보고서", 그리고 2013년부터 현재 "통합보고서"를 공표하고 있다. 2021년 발간 2020통합보고서에 의하면 임직원 8,463명, 본사 3개, 생산법인 4개, 영업법인 10개, PDC_{Parts} _{Distribution Center} 10개 등 총 27개의 글로벌 네트워크를 갖고 있다.

환경(Environmental) 분야: 환경·안전·보건 기후변화대응 및 환경자원관리에서 에너지 관리 및 기후변화대응, 자원이용 효율성제고 및 환경영향저감을 보고하고 있다. 특히 온실가스 배출량_{한국}을 인천공장, 군산공장, 안산부품센터, 서울사무소, 임대사옥_{이천}, 보령시험장 등 조직단위별로 구분하여 보고하는 방법이 돋보인다. 부록 ESG Facts&Figures 환경부분에서 환경비용, 환경경영시스템, 에너지사용_{한국과 중국}, 자원사용_{한국과 중국}, 대기배출_{한국과 중국의 사업장별}, 폐수 및 폐기물_{한국과 중국}의 지난 3년간 실적을 보고하고 있으나 여기에 신재생에너지 추가 및 중국도 사업장별로 보고할 필요가 있으며, 본문에 항목별로 분석하여 보고할 필요가 있다.

사회적(Social) 분야: 본문에서 임직원 가치증진, 환경·안전·보건_{안전보건}, 협력사 동반성장, 품질경영과 제품책임, 지역사회기여 등을 보고하고 있다. 부록 ESG Facts&Figures에 고객_{개인정보보호}, 안전보건_{산업안전보건, 직업성 질병 발생률, 안전보건경영시스템}, 동반성장_{협력사 지원}, 임직원_{고용, 노동조합, 교육}, 사회공헌 활동 등에 대한 최근 3년간 실적을 한국과 중국으로 구분하여 보고하고 있다. 사회적분야도 지역별 사업장별_{인천공장, 군산공장, 안산부품센터, 서울사무소, 이천 임대사옥, 보령시험장, 중국 사업장별}로 구분하여 본문에 항목별로 분석하여 보고할 필요가 있다.

지배구조(Governance) 분야: 본문에서는 지배구조, 투명경영과 리스크 관리로 구분하여 보고하고, 부록의 ESG Facts&Figures 투명경영에서 지배구조, CEO-직원 보수비율, 윤리경영, 윤리경영 위반사례 조치내역, 법규준수_{compliance}의 지난 3년간 실적을 한국과 중국으로 구분하여 보고하고 있다. 지배구조는 경제적, 환경적, 사회적 영향을 구분하여 구체적 안건에 대한 보고를 추가하고, 지배구조 운영사항을 책임경영 차원에서 지역별 및 사업장별_{인천공장, 군산공장, 안산부품센터, 서울사무소, 이천 임대사옥, 보령시험장, 중국 사업장별}로 구분하여 본문에 보고할 필요가 있다.

대기 배출

구분			단위	2018	2019	2020
온실가스 배출³⁾ (직/간접 모두 포함)	한국	총합¹⁾	tonCO₂eq	108,244	112,186	90,447
		Scope 1	tonCO₂eq	28,951	29,550	23,961
		Scope 2	tonCO₂eq	79,295	82,639	66,486
		원단위²⁾	tonCO₂eq/백만 원	0.035	0.036	0.033
	인천	총합	tonCO₂eq	88,572	93,197	71,443
		Scope 1	tonCO₂eq	18,102	18,754	12,779
		Scope 2	tonCO₂eq	70,470	74,443	58,664
	군산	총합	tonCO₂eq	16,798	16,340	14,936
		Scope 1	tonCO₂eq	9,636	9,515	8,525
		Scope 2	tonCO₂eq	7,163	6,825	6,411
	기타	총합	tonCO₂eq	2,874	2,649	4,068
		Scope 1	tonCO₂eq	1,214	1,279	2,657
		Scope 2	tonCO₂eq	1,662	1,370	1,411
온실가스 배출³⁾ (직/간접 모두 포함)	중국	총합⁴⁾	tonCO₂eq	31,867	29,214	33,442
		Scope 1	tonCO₂eq	10,049	9,012	9,044
		Scope 2	tonCO₂eq	21,818	20,201	24,398
		원단위²⁾	tonCO₂eq/백만 원	0.022	0.021	0.022
	DICC (연태)	총합	tonCO₂eq	30,843	28,118	32,454
		Scope 1	tonCO₂eq	10,021	8,964	9,006
		Scope 2	tonCO₂eq	20,821	19,154	23,448
	DISD (연태)	총합	tonCO₂eq	1,008	965	881
		Scope 1	tonCO₂eq	11	26	20
		Scope 2	tonCO₂eq	996	939	861
	기타 (DICI 포함)	총합	tonCO₂eq	17	131	107
		Scope 1	tonCO₂eq	17	22	18
		Scope 2	tonCO₂eq	0	108	89

1) 온실가스별 배출량 및 총 배출량과 사업장별 배출량 합계는 차이가 있음 (사업장 단위 절사 배출량을 업체 단위로 합함)
2) 원단위는 해당 연도 별도재무제표 매출액을 기준으로 산정 (중국 원단위는 당해 연도 평균환율로 원화계산 후 산정/2020년 기준환율: 170.88)
3) '연태시에너지절감정보시스템'에 에너지 사용량을 적용하여 산정한 수치로 일부 데이터에 오류가 존재할 수 있음. 향후 온실가스 배출량 수치에 대한 외부 검증을 실시하여 신뢰도를 확보할 예정임
   – Scope 1의 배출원은 LNG, 디젤유, LPG, 휘발유와 이산화탄소(용접용 보호가스)
4) 모든 수치는 소수점 첫째 자리에서 반올림한 값으로 수치 합계에 단수 차이가 발생할 수 있음

구분			단위	2018	2019	2020
주요 대기 오염 물질 배출	인천	NOx¹⁾	ppm	20.3	14.2	18.1
		SOx²⁾	ppm	0.2	1.3	0.2
		VOCs (연속식/비연속식)³⁾	ppm	11.6/11.8	17.1/20.2	11.9/6.6
		먼지 (전기로/전기로 외)⁴⁾	mg/m³	5.7/6.8	1.98/1.81	1.12/1.24
	군산	NOx⁵⁾	ppm	1.82	9.96	4.65
		SOx⁶⁾	ppm	0.04	0.02	0.00
		VOCs⁷⁾	ppm	7.05	5.63	7.68
		먼지⁸⁾	mg/m³	4.13	3.64	2.93
	중국	VOCs	mg/m³	3.80	2.82	5.22
		먼지	mg/m³	10.44	2.76	2.69

1) 법적 기준치 200ppm, 사내 기준치 80ppm
2) 법적 기준치 400ppm, 사내 기준치 160ppm
3) 연속식: 법적 기준치 40ppm, 사내 기준치 32ppm / 비연속식: 법적 기준치 200ppm, 사내 기준치 160ppm
4) 전기로: 법적 기준치 20mg/m³, 사내 기준치 8mg/m³ / 전기로 외: 법적 기준치 50mg/m³, 사내 기준치 20mg/m³
5) 법적 기준치 200ppm, 사내 기준치 80ppm
6) 법적 기준치 400ppm, 사내 기준치 160ppm
7) 법적 기준치 40ppm, 사내 기준치 32ppm
8) 법적 기준치 50mg/m³, 사내 기준치 20mg/m³

구분			단위	2018	2019	2020
오존층 파괴물질 배출	인천	CFC, HCFC, CH₃Br, R-22	ppm	0	0	0
	군산	CFC, HCFC, CH₃Br, R-22	ppm	0	0	0

* 오존층 파괴물질 배출 없음

자료원: DOOSAN INFRACORE 2020 Integrated Report, 122쪽

두산현대인프라코어 2020 통합보고서의 ESG보고 강화

18 조선산업: 한국조선해양 ESG 경영

현대중공업그룹의 조선사업군은 현재 "한국조선해양"을 중심으로 현대중공업그룹의 중간지주회사 체제로 운영되고 있다. 현대중공업에서는 2014년에 "지속가능경영보고서", 2015~2019년에는 "통합보고서"를 공표하였으며, 중간지주회사인 한국조선해양은 2020년부터 "통합보고서"를 공표하고 있다. 한국조선해양의 2021통합보고서에 의하면 임직원 20,780명국내, 연결대상 종속회사 24개국내 11개, 해외 13개, 해외지사 9개, 해외법인 4개를 갖고 있다.

환경(Environmental) 분야: 본문의 안전하고 환경친화적인 경영 실천의 환경경영 항목에서 기후변화 리스크 및 기회요인, 에너지 및 온실가스관리, 사업장 환경영향 최소화 등을 주요 종속회사별현대중공업, 현대미포조선, 현대삼호중공업로 보고하고 있다. 부록의 주요 성과지표 환경경영 항목에서는 에너지사용량, 신재생에너지사용량, 온실가스배출량, 대기오염물질, 용수사용량, 수질오염물질, 폐기물, 환경투자금액, 환경법규 위반 건수 등에 대한 최근 3년간 실적을 지주회사한국조선해양와 주요 종속회사별현대중공업, 현대미포조선, 현대삼호중공업로 보고하고 있다..

사회적(Social) 분야: 본문에서 인권경영, 노사문화, 임직원 역량강화, 평가와 보상, 임직원 삶의 질, 안전경영, 보건경영, 동반성장, 품질경영, 사회공헌 등을 주요 종속회사별현대중공업, 현대미포조선, 현대삼호중공업로 보고하였다. 부록의 주요 성과지표 역시 인원현황, 노사문화, 임직원 역량강화, 평가 및 보상, 임직원 삶의 질, 안전경영, 보건경영, 동반성장, 품질경영, 사회공헌 등에 대한 최근 3년간 실적을 지주회사한국조선해양와 주요 종속회사별현대중공업, 현대미포조선, 현대삼호중공업로 보고하고 있다.

지배구조(Governance) 분야: 본문에서 경영투명성 제고, 리스크 관리, 준법경영, 윤리경영을 지주회사한국조선해양와 주요 종속회사별현대중공업, 현대미포조선, 현대삼호중공업로 보고하였다. 특히 한국조선해양 이사회내 ESG위원회를 설치하여 ESG 경영전략의 방향, 계획 및 이행사항에 대한 심의, 사회적책임사항 심의, ESG 역량개발과 내재화 및 기타 ESG위원회에서 지속가능경영 관련 심의가 필요하다고 부의한 사항을 다루고 있다.

향후에는 글로벌 경제상황에 의존된 조선산업의 지속적인 구조조정을 고려하여 본문과 부록 모두 지주회사와 주요 종속회사별 보고 이외에 기타 국내법인과 해외법인도 구분하여 보고함으로써 ESG경영 책임소재를 보다 명확히 할 필요가 있다.

환경경영

지표명		단위	한국조선해양	현대중공업[5]			현대미포조선[5]			현대삼호중공업[6]		
			2020	2018	2019	2020	2018	2019	2020	2018	2019	2020
직접에너지(연료) 사용량		TJ	61	2,647	2,620	2,724	637	667	625	827	1,225	1,250
간접에너지(전력) 사용량		TJ	79	5,805	6,182	6,268	2,094	2,179	2,064	2,780	2,834	3,098
신재생에너지(풍력) 생산량[1]		TJ	0	23.6[11]	21.8[11]	14.4	0	0	0	0	0	0
에너지 총 사용량		TJ	136	8,452[11]	8,802[11]	8,986	2,726	2,842	2,686	3,607	4,059[11]	4,348
에너지 사용량 원단위		TJ/매출액(억 원)	0.001	–	0.161[7]	0.108	0.113[1]	0.095[11]	0.096	0.138[11]	0.116[1]	0.111
에너지 절감량[3]			0	35.8[11]	32.3[11]	108.2	20.9	60.1	280.0	10.1	26.4	429.6
직접(Scope1) 배출량		tCO2e	3,138	203,516	209,537	218,914	44,678	50,036	48,090	72,451	103,021[11]	102,969
간접(Scope2) 배출량		tCO2e	3,827	282,026	300,247	304,446	101,710	105,833	100,265	135,046	137,666	150,470
온실가스 총 배출량		tCO2e	6,963	485,537	509,780	523,352	146,381	155,864	148,352	207,497	240,687[11]	253,439
온실가스 배출저감량		tCO2e	0	1,740	1,666[11]	22,190	2,713	7,781	13,588	1,306	3,419	26,437
온실가스 배출량 원단위		tCO2e/매출액(억 원)	0.046	–	9.342[7,11]	6.296	6.086[11]	5.196[11]	5.313	7.921[11]	6.900[11]	6.469
대기오염물질	먼지	Ton	0	56	53	39	12	16	7	15	15	14
	질소산화물(NOx)	Ton	0	0.720[11]	0.552[11]	0.442	12	13	10	15	17	16
용수사용량[8]		Ton	31,963[4]	3,652,864[7]	3,396,966[7]	3,056,618	994,098	1,205,127	1,016,309	2,334,270[7]	2,111,810	1,966,629
용수사용량 원단위		Ton/매출액(백만 원)	0.214[4]	–	0.622[7,11]	0.368	0.413[11]	0.403[11]	0.364	0.891[11]	0.605[11]	0.502
수질오염물질	폐수 배출량	Ton	43[4]	3,849	5,854[11]	20,403	1,247	1,180	1,028	798	688	1,046
	생화학적산소요구량(BOD)	Kg	미관리	29[11]	13[11]	49	6	3	4	4	2	4
	화학적산소요구량(COD)	Kg	미관리	31[11]	19[11]	75	6	6	10	2[11]	3	5
	부유물질(SS)	Kg	미관리	8	7[11]	20	7	22	4	1	1	1
폐기물[8]	일반폐기물 배출량(매립)	Ton	0	1,781	169[11]	44	368	714	621	5,851	6,335	6,509
	일반폐기물 배출량(소각)	Ton	20[4]	27,475	28,955	31,635	8,847	10,984	10,193	7,977	10,223	10,698
	지정폐기물 배출량(매립)	Ton	0	147	724	594	0	19	0	1	1	0
	지정폐기물 배출량(소각)	Ton	8[4]	1,833[11]	1,968[11]	2,198	399	573	547	1,540	1,338	1,607
	폐기물 中 재활용처리량[7]	Ton	2[4]	30,914[11]	34,984[11]	36,013	19,379	21,145	19,554	40,508[11]	45,176[11]	58,086
	폐기물 中 재활용처리율	%	7[4]	50	52	51	67	63	63	72	72	76
환경 투자금액[9]		억 원	0.4	355	603	913	63	139	38	83	180	160
환경법규 위반 건 수		건	0	0	0	0	0	0	0	0	0	0

1 생산된 신재생에너지(풍력)은 사내에서 소비되지 않고, 전량 판매함
2 별도 기준. 현대중공업의 경우, 물적분할 이전 재무제표 매출액과 단순비교 불가로 2019년부터 공개
3 (현대중공업) LED조명등 교체 등 / (현대미포조선) LED조명등 교체,
　공기압축기 관제시스템의 압축공기 압력 이원화 작업 등 / (현대삼호중공업) 에어컴프레서 시스템으로 절감 등
4 울산 종합연구동 + 시험동
5 울산 본 공장
6 목포 본 공장
7 2019년 6월 1일 물적분할로 인해 매출액은 6월 1일 이후 성과만 반영
8 (현대중공업) 본공장 + 해양공장
9 (현대중공업) 울산 본공장+해양공장+경주 냉천/냉천배관/냉천3배관 포함
10 에너지 및 온실가스 데이터는 국내 전 사업장에 해당함
11 데이터 표기 오류 수정 및 산출기준 변경으로 2020년 통합보고서 대비 변경됨

자료원: 한국조선해양 통합보고서 2021, 131쪽

▌ 한국조선해양 2021 통합보고서의 ESG보고 강화 ▌

AS IS	TO BE
04 2020 HIGHLIGHT	04 2020 HIGHLIGHT
01. Business Overview	**01. Business Overview**
10 한국조선해양	10 한국조선해양
14 현대중공업	14 현대중공업
18 현대미포조선	18 현대미포조선

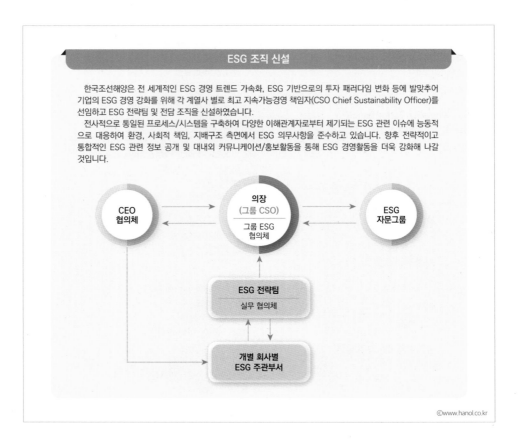

ESG 조직 신설

한국조선해양은 전 세계적인 ESG 경영 트렌드 가속화, ESG 기반으로의 투자 패러다임 변화 등에 발맞추어 기업의 ESG 경영 강화를 위해 각 계열사 별로 최고 지속가능경영 책임자(CSO Chief Sustainability Officer)를 선임하고 ESG 전략팀 및 전담 조직을 신설하였습니다.

전사적으로 통일된 프로세스/시스템을 구축하여 다양한 이해관계자로부터 제기되는 ESG 관련 이슈에 능동적으로 대응하여 환경, 사회적 책임, 지배구조 측면에서 ESG 의무사항을 준수하고 있습니다. 향후 전략적이고 통합적인 ESG 관련 정보 공개 및 대내외 커뮤니케이션/홍보활동을 통해 ESG 경영활동을 더욱 강화해 나갈 것입니다.

©www.hanol.co.kr

19 자동차산업: 현대자동차 ESG 경영

현대자동차는 2003년부터 2021년 현재 "지속가능성보고서"를 공표하고 있다. 2021 지속가능성보고서에 의하면 임직원 121,403명, 생산공장 14개, 기술연구소 11개, 판매법인 40개 등 총 65개와 6,200여개에 이르는 글로벌 판매 네트워크를 구축하고 있다.

환경(Environmental) 분야: 본문에서 환경경영, 탄소감축기후변화 위험과 기회, 온실가스 배출량, 제품 탄소감축, LCALife Cycle Assessment 수행, 사업장 탄소감축, 수소생태계 구축, 순환경제제품 재활용, 사업장 자원 사용, 유해물질 관리강화로 구분하여 보고하고 있다. 한편, 온실가스 배출량, 글로벌 전기차 시장점유율 확대 목표, 전동화 차량 누적 판매대수, 유럽연합EU 평균 탄소 배출량, 중국 평균 연비실적, 미국 평균 연비실적, 폐차시 자원회수량, 사업장 투입Input 및 환경배출Output 현황 등에 대한 3~6년간의 상세정보를 제공하고 있다. 사업장별 탄소감축은 국내공장울산, 아산, 전주뿐만 아니라, 해외법인중국, 인도네시아, 인도, 터키, 체코, 러시아, 미국, 브라질의 친환경공장 실현을 위한 노력사항을 구분하여 보고하고 있다.

최근 3개년(2018-2020년) 온실가스 배출량

구분			연도별 배출량 (tCO₂-eq)		
			2018	2019	2020
Scope 1(직접배출)			885,653	807,498	716,237
Scope 2(간접배출)			1,936,902	1,897,885	1,680,079
Scope 1+2 합계			**2,822,555**	**2,705,383**	**2,396,316**
Scope 3 (기타 간접배출)	업스트림	공급망	20,701,283	20,024,630	17,014,155
		자본재*	268	265	22
		기타 에너지 관련 활동*	102,005	97,253	93,518
		운영 과정에서 발생된 폐기물*	2,047	2,053	1,760
		임직원 출장*	38,046	24,836	5,222
		임직원 통근*	13,944	15,093	14,314
	다운스트림	운송*	845,987	954,579	655,831
		판매된 차량의 사용**	101,946,509	94,210,414	75,620,514
		판매된 차량의 폐기	124,917	120,833	102,668
		임대자산*	1,528	4,126	3,325
		투자*	378,356	394,946	369,926
Scope 3 합계			**124,154,890**	**115,849,030**	**93,881,255**

* 본국 기준
** 차량의 동력이 되는 에너지가 주유/충전되기 이전 단계(Well to Tank)의 배출은 제외된 수치이며, 합산 시 2020년 배출량은 101,203,073CO₂-eq.
항후 Well to Tank 영역까지 관리 범위를 확대할 예정

자료원: 2021 현대자동차 지속가능성 보고서, 22쪽

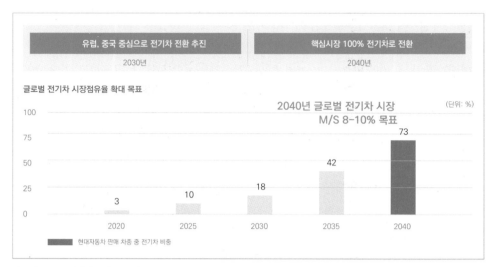

자료원: 2021 현대자동차 지속가능성 보고서, 23쪽

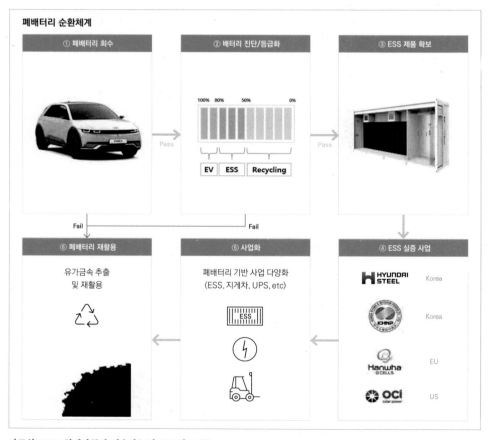

자료원: 2021 현대자동차 지속가능성 보고서, 30쪽

부록의 환경성과관련 지표 및 데이터에서는 에너지 사용량, 에너지사용 집약도, 온실가스 배출량, 온실가스배출 집약도, 원자재, 수자원 사용량, 냉매가스 사용량국내외, VOC배출량국내외, 대기오염물질 발생량국내외, 수질오염물질 발생량국내외, 폐기물 발생량국내외, 폐기물 처리방법별 처리현황, 유해화학물질 사용량국내외, 환경투자비 등에 대한 최근 3년간 실적을 보고하고 있으나 이들 사항 모두 국내외 생산법인별로 보고할 필요가 있다.

구분		단위	2018	2019	2020
에너지 사용량	전기(비재생)	MWh	3,675,913	3,629,653	3,273,901
	전기(재생)	MWh	61,236	57,170	70,376
	LNG	MWh	4,059,610	3,716,638	3,184,331
	디젤, 등유, 휘발유	MWh	153,458	168,57 6	170,760
	액화연료	MWh	1,751	2,710	6,730
	스팀, 열	MWh	71,581	104,571	84,205
	기체연료	MWh	1,929	1,173	1,365
	에너지 사용량 합계	MWh	8,025,478	7,680,491	6,791,666
에너지 사용 집약도	자동차 1대 생산시 사용되는 에너지량	MWh/대	1·73	1.71	1.82

자료원: 2021 현대자동차 지속가능성 보고서, 80쪽

사회적(Social) 분야: 본문에서 인권, 임직원사업장 안전보건, 유연한 조직문화 구축, 인재채용 및 육성, **협력사**동반성장지원, 공급망 ESG관리, **품질**품질 및 안전, 신차 안전성평가, 품질관리 및 보증, **고객**고객경험 프로그램, 고객서비스, 고객권리보호, **지역사회**CSV 추진전략, CSV 활동영역, 글로벌 CSV활동 등을 구분하여 보고하고 있다.

부록의 사회성과관련 지표 및 데이터에서는 지역별국내, 북미, 유럽, 중국, 인도, 기타 및 직군별국내 인력현황, 지역별/성별 인력현황국내외, 지역별 여성 임직원 현황국내, 북미, 유럽, 중국, 인도, 기타, 여성관리자현황국내외, 장애인고용현황국내, 연령대별 임직원현황국내, 노조가입현황국내, 교육현황국내, 육아휴직현황국내, 신규채용현황국내, 내부충원비율, 청년인턴고용, 이직자현황국내, 조직문화진단, 사회공헌 분야별 투자국내, 사회공헌 유형별 금액국내, 임직원 자원봉사 실적국내, 권역별 사회공헌 금액미주, 아시아, 유럽, 중국, 협회기부금, 주요 후원단체, 품질지수, 품질관리시스템, 고객만족도, 산업재해국내외, 근로손실재해율국내외, 직업성질병 발생율국내외, 자동차부품산업진흥재단 지원현황, 협력사 동반진출현황, 동반성장 및 공정거래협약 체결사 등을 상세하게 보고하고 있지만 역시 사업장별 보고체계로 구체화해야 할 것이다.

Social(사회)

구분		단위	2018	2019	2020
인력 현황	국내	명	69,755	70,421	72,020
	해외	명	54,166	50,716	49,383
	-북미	명	11,332	11,191	10,304
	-유럽	명	9,745	9,951	10,014
	-중국	명	18,132	14,638	13,159
	-인도	명	9,323	9,353	10,106
	-기타	명	5,634	5,583	5,800
	해외 비율	%	43.7%	41.9%	40.7%
	합계	명	123,921	121,137	121,403
직군별 인력 현황 (국내 기준)	임원	명	442	450	470
	연구위원	명	22	24	23
	연구직	명	10,889	11,232	11,716
	사무직	명	12,512	12,559	12,716
	기술/생산/정비직	명	35,983	36,295	36,385
	영업직	명	6,095	5,968	5,798
	기타직	명	3,812	3,893	4,912
	합계	명	69,755	70,421	72,020
지역별/성별 인력현황	국내	명	69,755	70,421	72,020
	-남성	명	66,178	66,668	68,014
	-여성	명	3,577	3,753	4,006
	해외	명	54,166	50,716	49,383
	-남성	명	48,271	44,593	42,977
	-여성	명	5,895	6,123	6,406

자료원: 2021 현대자동차 지속가능성 보고서, 82쪽

　　지배구조(Governance) 분야: 본문에서 이사회이사회 산하 위원회, 이사회 운영, 주주의 권익보호, 리스크경영글로벌 리스크관리체계, 조세전략, 윤리·준법경영윤리경영, 공정거래 자율준수, 준법경영 등을 보고하고 있다. 이사회 산하의 투명경영위원회를 2021년 3월 '지속가능경영위원회'로 확대 개편하여 지속가능경영의 실천 및 내부거래 투명성, 윤리경영과 ESG 경영추진, 주주권익 보호 등을 목적으로 이사회 전에 개최하도록 하고 있다.

　　부록의 경제 및 지배구조관련 지표 및 데이터에서는 준법경영 교육현황국내외, 법규/자발적 규칙위반 등을 보고하고 있으나 일관되게 국내외 생산법인별로 보고할 필요가 있다.

> 현대자동차 2021지속가능성보고서는 E-S-G를 가장 명확하게 구분한 보고서로 평가된다. 본문에서 ESG 항목별로 부록의 지표 및 데이터를 국내외 생산법인별로 구분하여 3년간 실적과 의미를 분석하여 보고한다면 타사의 모델이 되는 바람직한 보고서가 될 것이다.

현대자동차 2021 지속가능성보고서의 ESG보고 강화

AS IS	TO BE

현대자동차 2020 지속가능경영 성과

구분	성과
다우존스 지속가능경영지수(DJSI)	2019년부터 DJSI코리아 편입
탄소정보공개프로젝트(CDP)	탄소경영 섹터 아너스 수상 수자원 관리 부문 우수상 수상
중국사회과학원 CSR평가(CASS-CSR)	'2020 중국 기업사회책임 발전지수 평가' 5년 연속 자동차기업 부문 1위 선정
iF 디자인 어워드	'2020 현대자동차 지속가능성 보고서' '2021 iF 디자인 어워드' 최초 수상 (커뮤니케이션 부문)

현대자동차 2020년말 기준 신용등급

Moody's	S&P	NICE신용평가
Baa1	BBB+	AA+

현대자동차 2020년말 기준 글로벌 생산 및 판매현황

구분	생산(단위: 대)	판매(단위: 대)
국내	1,618,411	787,854
해외	2,115,011	2,956,883
합계	3,733,422	3,744,737

자료원: 2021 현대자동차 지속가능성 보고서, 4쪽

20 가구산업: 한샘 ESG 경영

한샘은 최근 2020년부터 "지속가능경영보고서"를 공표하였다. 2021지속가능경영보고서에 의하면 국내 임직원은 2,495명, 본사, 디자인센터 1개, 국내외 생산법인 및 생산공장 8개, 국내외 물류센터 6개, 국내외 판매법인 및 직매장 등 7개, 국내 지방사업소 5개, 국내 디자인파크 16개 등 총 44개의 글로벌 네트워크를 구축하고 있다.

환경(Environmental) 분야: 본문은 환경가치창출전사 에너지관리체계 수립에너지 감축노력, 온실가스 측정 및 에너지관리체계 구축, 기후변화 대응 중장기 전략 수립과 환경경영환경경영 추진체계, 환경영향 최소화, 환경친화 연구개발으로 구분하였다.

부록의 ESG DATA 환경성과 부분에서는 환경영향관리, 용수사용량, 환경법규준수, 환경친화원자재조달현황, 연구개발투자, 지적재산권보유현황, 녹색인증획득현황, 환경교육현황, 환경관련 지출 및 투자규모에 대한 최근 3년간 실적과 함께 온실가스배출량을 보고하고 있다. 한샘 역시 국내외 전체 44개 사업장별로 구분하여 작성하고, 에너지사용량과 신재생에너지 사용량 및 사용비율에 대한 추가적인 정보제공이 요청된다.

2020년도 온실가스 배출량

구분					단위
온실가스 총 배출량 (직접배출+간접배출)		20,790			tCO2eq
에너지 환산량 (직접배출+간접배출)		416			TJ
기본정보					
직접배출 (Scope 1)		2,104			tCO2eq
전기 등 내부 간접배출 (Scope 2)		18,686			tCO2eq
사업부 단위별 온실가스 배출량					(단위 : tCO2eq)
구분	방배, 상암사옥 (경영지원, 총무)	매장 및 사업부 (RH/INT/특판/홈케어)	물류/AS	연구소	제조공장 (3, 4)
직접배출	1,707		397		
간접배출	2,957	5,835	1,089	219	8,584
합계	4,664	5,835	1,486	219	8,584

* 보고 구분 및 범위 : △상암 · 방배사옥 △매장 및 사업부 △물류/AS △연구소 △제조사업부 등 총 140여 개 사업장

자료원: 2021 HANSSEM SUSTAINABILITY REPORT, 88쪽

사회적(Social) 분야: 본문에서는 사회적 가치창출전략적 사회공헌을 통한 사회적 가치창출, 협력사 지원확대, 거점지원, 임직원가치창출활동, 주거개선사업, 코로나19·수해복구 긴급지원, **인재경영**인권 및 다양성, 인재개발, 안전 및 보건, 일과 삶의 균형, **상생경영**협력사 동반성장, 지속가능한 공급망, **고객감동경영**고객만족

제고, 제품품질강화, 정보보안, 지역사회참여전략적 사회공헌, 지역사회 참여활동 등을 구분하여 보고하고 있다.

부록 ESG DATA 사회성과에서는 국내 임직원현황, 임직원 다양성, 육아휴직 및 출산 휴가이용현황, 임직원 안전보건현황, 단체교섭 적용대상현황, 연차 및 유연근무제 사용현황, 연금지원현황, 신입사원 초임, 임직원 교육현황, 인권교육현황, 공정거래교육현황, 사회공헌투자현황, 사내봉사단 활동현황 등에 대한 최근 3년간 실적을 보고하고 있다.

국내 임직원 현황 (단위: 명, %)

구분		2017	2018	2019	2020
총 임직원 수 * (단위 : 명)		3,049	2,902	2,532	2,495
성별	남성(명, 비율)	2,046(68.2)	1,949(68.1)	1,672(66.7)	1,680(67.3)
	여성(명, 비율)	956(31.8)	914(31.9)	836(33.3)	815(33.7)
신규 채용	남(명, 비율)	683(66.2)	342(74.8)	183(64)	293(65)
	여(명, 비율)	349(33.8)	115(25.2)	103(36)	158(35)
	장애인	54(5.2)	47(10.2)	44(15.3)	30(6.6)
	고졸	140(13.5)	34(7.4)	12(4.2)	40(9)
이직퇴사자	남(명, 비율)	521(67.5)	455(73.6)	458(72.1)	325(65)
	여(명, 비율)	251(32.5)	163(26.4)	177(27.9)	176(35)
	자발적 이직률	669(86.6)	528(85.4)	542(85.3)	341(68)
고용 형태 **	정규직	2,790(91.5)	2,822(97.2)	2,493(98.5)	2,446(98)
	비정규직	212(6.9)	41(1.4)	39(1.5)	49(2)
	장애인	54(1.8)	47(1.6)	44(1.7)	30(1.2)
	국적(한국 외)	2(0.1)	3(0.1)	2(0.1)	21(0.8)
	고졸	326(10.9)	312(10.9)	289(11.4)	243(9.7)
직급 ***	임원	39(1.3)	36(1.2)	36(1.4)	47(1.9)
	과장 이상	352(11.7)	398(14)	441(17.6)	468(18.7)
	대리 이하	2,611(87)	2,429(84.8)	2,031(81)	1,980(79.4)
연령 **	20대(명, 비율)	1,347(44.9)	1,080(37.7)	717(28.6)	358(14.3)
	30대(명, 비율)	1,146(38.2)	1,251(43.7)	1,260(50.2)	1,428(57,2)
	40대(명, 비율)	390(13)	387(13.5)	389(15.5)	520(20.9)
	50대 이상(명, 비율)	119(4)	145(5.1)	142(5.7)	189(7.6)
해외 임직원	미국	9(0.3)	10(0.3)	10(0.4)	9(0.4)
	중국	36(1.2)	27(0.9)	12(0.5)	8(0.3)
	일본	2(0.1)	2(0.1)	2(0.1)	2(0.1)
	기타				

* 총 임직원 수 : 국내·해외 임직원 및 등기임원 포함
** 고용 형태 : 2017~2018 고용형태 항목별 임직원 수 및 비율은 해외 임직원을 제외하고 산정함
*** 직급/연령 : 2017, 2018, 2019年 직급/연령 항목별 임직원 수 및 비율은 해외 임직원을 제외하고 산정함

자료원: 2021 HANSSEM SUSTAINABILITY REPORT, 90쪽

지배구조(Governance) 분야: 본문에서 지배구조, 리스크 관리, 윤리경영컴플라이언스으로 구분하여 보고하고 있으며, 이사회내 ESG위원회를 통하여 ESG전략, 리스크 관리 방침, 규정 등에 대한 심의하고 있으며, 이사회운영현황, 윤리경영제보 및 조치현황 등에 대한 3년간 실적을 보고하고 있다.

한샘 2021 지속가능경영보고서는 환경, 사회, 지배구조로 잘 구분되어 있는 보고서로서, MA-TERIAL FOCUS ISSUES를 환경, 사회, 지배구조로 구분하여 기술하고, 본문에 부록 ESG DATA를 추가하여 지난 3년간의 실적과 그 의미를 분석하여 보고한다면, 타사의 모델이 되는 바람직한 보고서가 될 것이다.

‖ 한샘 2021 지속가능경영보고서의 ESG보고 강화 ‖

한국전력공사는 2005년부터 CSMCorporate Sustainability Management 담당조직을 설치하여 모범적으로 "지속가능경영보고서"를 공표하고 있다. 2020년 발간된 2020지속가능경영보고서에 의하면 임직원은 22,979명, 6개의 발전 자회사25,494명와 7개의 주요 출자회사20,330명를 보유하고 있다.

환경(Environmental) 분야: 본문에서 '2019 Key Performance'로 온실가스 감축량 26만tCO2한국전력기준, 신재생에너지 계통연계 인프라확충 1,235 MW, 에너지 효율향상 1,019 GWh 절감, CDP에서 주관하는 탄소경영 섹터 '아너스 에너지 & 유틸리티 부문' 4년 연속 우수기업 선정 등을 내세우고 있다. 또한 사내 기후위기 대응팀KEPCO TCFDTask-force on Climate-related Financial Disclosures에 의한 지배구조, 전략, 위험관리, 지표 및 감축목표달성, 신재생에너지 보급확대전력그룹사 RE3020기본계획수립, 전력그룹사 신재생협의회 운영, 대규모 신재생에너지 사업개발추진, 신재생에너지분야 연구개발확대, 재생에너지 통합감시·제어시스템구축, 신재생에너지 계통연계 인프라 확충, 전력공급가치사슬 전과정의 친환경화발전: 온실가스·미세먼지 감축기반 강화, 송·배전: 설비 운영 및 건설의 친환경화, 판매·소비: 에너지소비 효율향상, 환경경영환경경영추진체계, 환경영향관리물 리스크관리, 용수관리, 대기오염물질 배출관리, 생물다양성 보호 등을 담고 있다.

한국전력은 기후위기와 매우 밀접한 전략산업체인만큼, 창출성과, 기후위기, 신재생에너지, 가치사슬의 친환경화, 환경경영 등에 대하여 매우 체계적으로 제시하였다. 특히, 전력그룹사 온실가스 배출현황, 신재생에너지 접속대기 감축실적 등은 관련 데이타를 최근 실적과 함께 분석한 내용을 공표하고 있다.

자료원: 한국전력 2020 지속가능경영보고서, 55쪽

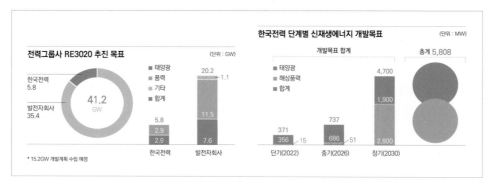

전력그룹사 온실가스 배출량 현황 (단위: 백만tCO₂)

구분		2017	2018	2019
한국전력	직접배출(Scope 1)	1.3	1.2	0.9
	간접배출(Scope 2)	0.2	0.2	0.2
	합계	1.5	1.4	1.1
발전자회사	직접배출(Scope 1)	210.3	210.9	197.6
	간접배출(Scope 2)	3.9	3.7	3.5
	합계	214.2	214.6	201.1
총계		215.7	216.0	202.2

(단위 : tCO₂)

구분	2019				
Scope 3	발전연료 생산과정	전력생산 연료 연소	발생폐기물 처리	국내외 출장	출퇴근
	45,439,968	219,614,860	765	9,104	483

- 국가 온실가스 종합관리시스템(NGMS) 기준이며, 2019년 배출량은 정부 검증결과에 따라 변동 가능
- 산정범위: 국내 사업장
- 발전자회사: 한국수력원자력, 남동발전, 동서발전, 서부발전, 중부발전, 남부발전
- Scope 1 : 사업자가 직접 소유하고 통제하는 배출원에서 발생하는 직접 배출량
- Scope 2 : 전력, 스팀 등의 생산에서 발생하는 간접 배출량
- Scope 3 : 발전연료 생산, 국내외 출장, 제품 사용 등으로 인한 외부 배출량

자료원: 한국전력 2020 지속가능경영보고서, 55쪽

자료원: 한국전력 2020 지속가능경영보고서, 56쪽

부록에서는 배출권거래제 이행실적, 온실가스배출량 및 집약도, SF6배출량, 에너지 사용량, 총 자재사용량, 용수사용량, 폐기물배출량, 유해 폐기물배출량, 대기오염물질배 출량, 녹색제품구매실적, 업무용 승용차량 중 친환경차량의 지난 3년간 실적을 보여주 고 있다.

온실가스 배출량 및 집약도

구분		단위	2017	2018	2019
Scope 1[1]	배출량	만 톤CO₂eq	129	117	91
	집약도	톤/억 원	2.15	1.94	1.54
Scope 2[2]	배출량	만 톤CO₂eq	18	19	19
	집약도	톤/억 원	0.30	0.32	0.33
Scope 3[3]	발전연료 생산과정	톤 CO₂eq	47,984,469	49,159,031	45,439,968
	전력생산 연료 연소	톤 CO₂eq	228,357,827	240,309,224	219,614,860
	발생폐기물 처리	톤 CO₂eq	1,099	1,191	765
	출장(국내외출장)	톤 CO₂eq	14,333	10,829	9,104
	출퇴근	톤 CO₂eq	464	477	483

자료원: 한국전력 2020 지속가능경영보고서, 102쪽

본문에서 본문과 부록의 데이터를 종합하여 환경분야 항목별로 실적을 분석하여 보고한다면 보다 바람직한 보고서가 될 것이다.

　사회적(Social) 분야: 본문에서 인권경영, 사회적가치 구현, 일자리 창출, 안전·보건관리 강화, 인재육성, 기업문화혁신, 동반성장 생태계조성, 공급망관리 강화, 사회공헌 다각화로 구분하여 보고하고 있다. 인재육성에서는 임직원교육실적, 여성관리자현황, 여성관리자 비중 추이, 그리고 기업문화혁신에서는 직원만족도, 육아휴직직원, 유연근무제활용직원, 유연근무제 만족도 등에 대한 3년간 실적을 보고하고 있다.

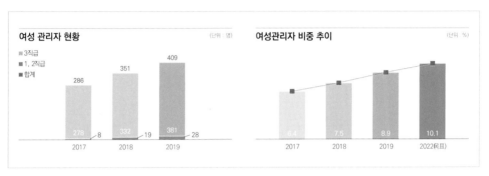

자료원: 한국전력 2020 지속가능경영보고서, 75쪽

　부록에서는 인력현황, 임직원 다양성, 신입사원 초임, 구성원 교육현황, 모성보호제도 운영실적, 커뮤니케이션, 노조가입비율, 사업자 안전, 중소기업 상생협력사업 수행, 사회공헌 및 공급망 현황을 자세히 보고하고 있다.

인력 현황

구분		단위	2017	2018	2019
총인원		명	22,196	22,595	23,137
고용 유형별	정규직	명	21,627	22,272	22,979
	무기계약직	명	0	0	0
	비정규직	명	569	323	158
성별	남성	명	17,918	18,086	18,291
	여성	명	4,278	4,509	4,846
	관리직* 여성	명	286	351	409
	여성 임원	명	0	1	1
연령별	30세 미만	명	4,203	4,920	5,509
	30세 이상 ~ 40세 미만	명	4,631	4,580	4,662
	40세 이상	명	13,362	13,095	12,966
신규채용		명	1,574	1,786	1,773
퇴직 현황		명	802	927	877
총 이직률		%	3.7	4.2	3.8
자발적 이직 인원(이직률)		명(%)	127(0.6%)	149(0.7%)	123(0.5%)

* 관리직 : 3직급 이상

자료원: 한국전력 2020 지속가능경영보고서, 105쪽

본문에서 본문과 부록의 데이터를 종합하여 사회분야 항목별로 실적을 분석하여 보고한다면 보다 바람직한 보고서가 될 것이다.

지배구조(Governance) 분야: 본문에서 이사회 및 의사결정, 리스크 관리, 윤리경영 등을 설명하고 있으나, 2020년에 설치된 ESG위원회와 ESG자문위원회의 활동에 대한 사항은 2021년 보고서로 이월되어서 아직은 보고되지 않았다[56)]

‖ 2020년 신설된 한국전력공사의 ESG 관련 조직체계 ‖

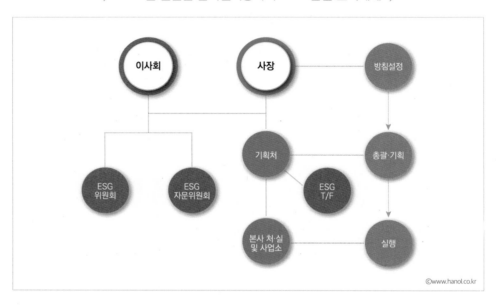

©www.hanol.co.kr

‖ 한국전력공사 2020 지속가능경영보고서의 ESG보고 강화 ‖

AS IS	TO BE
04 CEO 인사말	04 CEO 인사말
06 기업 개요	**06 기업 개요**
08 ESG 핵심 성과	08 ESG 핵심 성과
10 기업 소개	10 기업 소개
12 전력그룹사 현황	12 전력그룹사 현황
14 전력산업 가치사슬	14 전력산업 가치사슬
16 지속가능경영 체계	**32 B Business | 비즈니스**
18 COVID-19 위기대응	- 33 미래 성장동력 창출
20 KEPCO 경영전략	- 44 전력 인프라 및 서비스 혁신

---

56) ESG 관리·감독체계확립과 지속적 ESG성과창출을 위해 2020년 이사회 산하에 ESG위원회 신설

22 가스산업: 한국가스공사 ESG 경영

한국가스공사는 2006부터 현재까지 "지속가능경영보고서"를 공표해 왔다. 2021년에는 "ESG리포트"를 별도로 보고하고 있으나 내용상 지속가능경영보고서와 중복된 사항이 많으므로 다시 통합하여 작성될 것이 요구된다. 2021년 발간 지속가능경영보고서에 의하면, 임직원은 4,225명, 국내 5개의 LNG생산기지, 4,945㎞의 가스배관망, 412개소의 공급관리소를 보유하고 있다. 2030년까지는 수소생산기지 25개와 수소충전소 132개를 확보할 계획이다.

환경(Environmental) 분야: 본문에서 수소산업 선도미래에너지 수소산업 육성, 수소산업 선도기업 확립, 지속가능한 에너지사업 운영안정적이고 경제적인 LNG 도입, 안전하고 편리한 천연가스 인프라, 에너지 신사업 확대기술개발 경쟁력 강화, 저탄소 친환경 연료전환사업, 해외사업 추진, 저탄소경영기후변화대응 노력, 사업장 환경영향 저감, 지역사회 친환경가치공유로 구분하여 보고하고 있다. 특히 사업체의 특성상 온실가스감축목표를 명확하게 제시하고 있으며, 온실가스 배출현황, 질소산화물NOx 배출량, 화학물질 사용량, 폐기물 배출량 등에 대한 3년간 추이분석 내용을 보여준다.

자료원: 2021 한국가스공사 지속가능경영보고서, 31쪽

구분	2017	2018	2019	2020
직접 온실가스	299,474	372,267	287,642	206,510
간접 온실가스	360,115	388,662	379,464	388,752
소계	659,589	760,929	667,106	595,262
비고	• 온실가스 산정 관련지침 변경적용('20.1월)에 따라, 재산정된 배출량으로 전년도 공개데이터와 차이 발생 • 사업장별 배출량 합계인 명세서상의 배출량과 직접/간접배출로 구분한 온실가스 배출량의 합계는 소수점 관계로 차이가 있습니다.			

자료원: 2021 한국가스공사 지속가능경영보고서, 32쪽

부록에는 온실가스배출, 에너지사용, 용수사용, 환경오염물질배출, 화학물질사용량, 환경법 및 규정 위반 사항에 대하여 최근 3년간 실적을 담고 있다

구분	단위	2018	2019	2020
총 온실가스 배출	tCO$_2$e	760,929	667,106	595,262 (목표: 624,772)
직접 배출	tCO$_2$e	372,267	287,642	206,510 (목표: 287,119)
간접 배출	tCO$_2$e	388,662	379,464	388,752 (목표: 337,653)

* 과거 데이터 달라진 이유: 2020년 1월 변경된 온실가스 산정지침에 따라 공사의 배출계수 및 탈루배출량 산정기준 변경으로 이전 연도 데이터 수정.

구분	단위	2018	2019	2020
전체 에너지 사용량	TJ	14,563	12,775	11,384
직접 에너지	TJ	6,530	4,926	3,351
간접 에너지	TJ	8,033	7,849	8,033
구분	단위	2018	2019	2020
총 비재생에너지 소비량	MWh	2,659,187	2,192,650	1,777,673 (목표: 2,117,658)
비재생 연료 소비량(에너지 용도로 구매 혹은 소비)	MWh	1,813,859	1,368,395	930,820
비재생 구매 전력	MWh	830,694	811,414	830,706
스팀/난방/냉방 및 기타 에너지 구매	MWh	14,634	12,841	16,147
총 재생에너지 구매 또는 생산량	MWh	2,920	2,699	3,199
총 에너지 소비 비용	억 원	1,664	1,538	1,347

자료원: 2021 한국가스공사 지속가능경영보고서, 74쪽

본문에서 기존의 데이터와 부록의 데이터를 종합하여 환경분야 항목별로 지난 3년간의 실적과 그 의미를 분석하여 보고한다면 매우 바람직한 보고가 될 것이다.

사회적(Social) 분야: 본문에서 인권경영, 사업장 안전관리 고도화KOGAS-EHSQ 경영 시스템, 안전경영추진 강화, 안전문화공감대 형성, 재난관리체계 고도화, 인재경영 강화일하기 좋은 기업문화 조성, 차별 없는 근로문화 조성, 인적자원관리 강화, 고객관리 강화, 국민에너지복지 증진, 정보보안, 동반성장문화 확산상생의 천연가스 생태계 조성, 중소기업 경쟁력 강화 지원, 공급망 지속가능경영 관리, 지역사회상생 지원전략적 사회공헌활동 추진, 일자리 전략 재수립, 양질의 일자리창출 노력으로 구분하여 보고하고 있다.

부록에서는 임직원현황, 임직원교육현황, 교육이수현황, 임직원 육아휴직후 업무복귀율, 임직원성과평가, 임직원만족도, 임직원 퇴직 및 내부고용, 노조가입현황, 전임직원보수 평균/중앙값 및 CEO보수, 산업안전보건, 정보보안 위반사례, 고객정보보호 불만, 협력사현황, 협력사 제품 및 구매계약, 협력사 경쟁력 지원, 고객만족도, 제품 및 서비스 정보와 라벨링, 인권정책 및 절차에 대한 직원교육, 사회공헌활동, 출연금 등에 대한 추이와 사회공헌사업으로 새로운 일자리 창출2020년도 성과를 보고하고 있다.

구분			단위	2018	2019	2020
전체 임직원			명	4,096	4,225	4,225
계약형태	정규직	남성(상임임원 포함)	명	3,570	3,724	3,712
		여성	명	472	501	513
	비정규직	남성	명	27	0	0
		여성	명	27	6	0
	소속외 인력		명	1,176	1,278	1,363
근무형태	전일제		명	4,031	4,222	4,213
	단시간		명	8.225	3.125	12.35
근무지	국내		명	3,985	4,111	4,142
	해외		명	111	114	83
연령	30대 이하		명	1,705	1,821	1,821
	40대		명	1,397	1,209	1,031
	50대 이상		명	994	1,195	1,373
여성	여성 임직원		명	473	501	513
	여성 관리자		명	7	7	10
	여성 임직원 비율		%	11.5	11.9	12.1
	여성 관리자 비율(전체 인원)		%	0.17	0.17	0.24
	여성 관리자 비율(전체 관리자)		%		2.7	3.7
사회형평 인력	장애인		명	128	126	151
	사회형평		명	540	552	515
	인력		명	385	392	386
	지역인재		명	1,883	2,069	2,108

※ 한국가스공사의 모든 임직원은 대한민국 국적자입니다.
※ 2020년 수익창출기능 관리직 여성 비율: 4.4%
※ 2020년 STEM 관련 직위 여성 비율(전체 STEM 직위 대비 %): 6.0%

자료원: 2021 한국가스공사 지속가능경영보고서, 75쪽

본문에서 기존의 데이터와 부록의 데이터를 종합하여 사회분야 항목별로 지난 3년 간의 실적과 그 의미를 분석하여 보고한다면 매우 바람직한 보고가 될 것이다.

지배구조(Governance) 분야: 본문에서 지배구조건전한 이사회 구성 및 운영, 투명한 이사회 평가와 보수, 주주구성, 리스크 관리, 청렴·윤리경영 등으로 구분하여 보고하고 있으며, 이사회 산 하에 ESG위원회를 설치하여 갈수록 중시되고 있는 환경 및 수소사업, 탄소중립계획, 청렴·윤리경영 및 사회적 가치 실현계획, EGS 평가 및 기업지배구조개선 활동, 안전경 영 책임 계획 등을 다루도록 하였다. 부록에서는 이사회 운영실적, 반부패 예방 및 위반 사례, 반부패 예방교육 등에 대한 최근 3년간 실적을 보고하고 있다.

구분	단위	2018	2019	2020
이사회 개최 횟수	회	18	16	15
의결 안건	건	62	65	54
사전 심의율	%	66	25	7
수정의결 안건	건(%)	1(2)	3(4.62)	2(3.7)
보고 안건	건	21	24	22
이사회 참석률	%	78	87.6	89
비상임이사 참석률	%	72	88.14	87
비상임이사 발언비중	%	59	57.32	59

자료원: 2021 한국가스공사 지속가능경영보고서, 75쪽

본문에서 기존의 데이터와 부록의 데이터를 종합하여 지배구조분야 항목별로 지난 3년간의 실적과 그 의미를 분석하여 보고한다면 매우 바람직한 보고가 될 것이다.

한국가스공사 2021 지속가능경영보고서의 ESG보고 강화

23 **종합건설업: 포스코건설 ESG 경영**

포스코건설은 2009년~2011년 "환경보고서", 2012~2018년 "지속가능성보고서", 그리고 2020년부터는 "기업시민보고서"를 공표하고 있다. 2021년 발간 포스코건설 2020 기업시민보고서에 의하면 임직원 5,547명, 28개국 10개 해외법인, 7개 지사·사무소, 42개의 Project Management Office 등 글로벌 네트워크를 구축하고 있다.

환경(Environmental) 분야: 본문에서 기후변화대응, 중장기 온실가스감축 로드맵, 그린 파이낸싱 확대, 친환경 건설문화 선도친환경경영 추진체계, 환경영향 최소화, 생물다양성 보존로 구분하여 보고하고 있다.

자료원: 2020 포스코건설 기업시민보고서, 20쪽

부록 ESG 데이터 Environmental Performance에서 사업장별 에너지 사용량, 폐수 배출량, 원재료 사용량, 수자원 사용량, 온실가스 배출량, 폐기물 발생량의 지난 3년간 실적을 보고하고 있다.

온실가스 배출량

구분	단위	2018	2019	2020
온실가스 배출량(Scope1,2)	tCO₂e	33,620	46,903	47,882
Scope1	tCO₂e	5,311	7,517	6,200
- 포항본사 및 송도사옥 등	tCO₂e	1,046	1,390	1,169
- 국내 건설현장	tCO₂e	4,265	6,127	5,031
Scope2	tCO₂e	28,309	39,386	41,682
- 포항본사 및 송도사옥 등	tCO₂e	6,761	9,209	7,821
- 국내 건설현장	tCO₂e	21,548	30,177	33,861
기타 온실가스 배출량 Scope3	tCO₂e	25,432	25,816	14,570
원단위 배출량	tCO₂e/억 원	0.4784	0.6131	0.6143
- Scope1	tCO₂e/억 원	0.0756	0.0983	0.0795
- Scope2	tCO₂e/억 원	0.4028	0.5148	0.5348

사업장별 에너지 사용량

구분		단위	2018	2019	2020
포항본사 및 송도사옥 등	연료	TJ	18.04	25.23	21.24
	전기	TJ	124.71	173.98	151.57
	스팀	TJ	20.97	22.95	14.04
	합계	TJ	163.72	222.16	186.84
국내 현장	연료	TJ	62.47	90.48	73.21
	전기	TJ	443.64	621.33	695.17
	합계	TJ	506.11	711.81	768.38
사업장별 에너지 사용량 총합계		TJ	669.84	933.97	955.22

본문에서 기존의 데이터와 부록의 데이터를 종합하여 환경분야 항목별로 지난 3년간의 실적과 그 의미를 분석하여 보고한다면 매우 바람직한 보고가 될 것이다.

사회적(Social) 분야: 본문에서 인권경영, 행복한 임직원인재경영, 행복한 기업문화, 복지제도, Smart Safety Solution 구축, 안전한 사업장안전보건경영전략, 중대재해 근절 노력, 안전경영 실행 제고, 안전 역량 강화, 코로나19로 인한 보건 관리 강화, 지속가능한 공급망 강화지속가능한 공급망전략, 동반성장, 디지털기반 기술혁신, 최고의 품질과 고객감동최고 수준의 품질관리, 고객감동경영, 정보보호, 지역사회 나눔동행사회공헌 추진 전략, 배려계층 주거 환경 개선·안전 증진, 미래세대육성, 청년 취·창업 지원, 해양환경보전, 임직원 자발적 참여 등을 보고하고 있으며, 신규대졸신입사원 여성비율_{국내}, 직원만족도조사 P-GWP점수, 직원만족도조사 임직원 참여율%, 장애인 표준고용인증획득기업 거래금액에 대한 3년간 실적을 보고하고 있다.

부록의 ESG 데이터에서는 임직원현황, 임원현황, 신규채용 및 이직, 단체협약에 적용되는 근로자, 육아휴직, 임직원 교육, 재해통계, 재해유형분류, 재해율, 임직원 고충처리, 정기 성과평가수행 비율, 지역사회 관련 등의 자료를 제시하고 있다.

임직원 현황

임직원 현황	구분		단위	2018	2019	2020
임직원 현황		총 임직원	명	5,513	5,555	5,547
	직원		명	5,479	5,526	5,520
	고용별	정규직	명	3,689	3,678	3,623
		비정규직	명	1,790	1,848	1,897
	성별	남성	명	4,928	5,006	4,956
		정규직	명	3,507	3,492	3,433
		비정규직	명	1,421	1,514	1,523
		여성	명	551	520	564
		정규직	명	182	186	190
		비정규직	명	369	334	374
	연령별	30세 미만	명	558	562	565
		30~50세	명	4,044	4,032	3,832
		51세 이상	명	877	932	1,123
직원 현황 상세	지역별	국내	명	5,103	5,245	5,283
		동남아	명	256	200	186
		중국	명	15	13	8
		인도/파키스탄	명	10	10	4
		중동/아프리카	명	49	28	9
		북중미	명	32	4	17
		남미	명	10	24	9
		유럽/CIS	명	3	1	4
		오세아니아	명	1	1	-
	임직원 다양성	국가보훈자	명	61	57	61
		외국인	명	4	3	2
		장애인	명	37	54	101
		장애인 고용률*	%	0.8	1.0	2.5

* 한국장애인고용공단 신고 기준

자료원: 2020 포스코건설 기업시민보고서, 96쪽

본문에서 기존의 데이터와 부록의 데이터를 종합하여 사회분야 항목별로 지난 3년간의 실적과 그 의미를 분석하여 보고한다면 매우 바람직한 보고가 될 것이다.

지배구조(Governance) 분야: 본문에서 지속가능한 거버넌스 체계, 거버넌스, 리스크관리, 윤리경영, 공정거래 등을 보고하고 있다. 거버넌스에서는 지속가능성관련 사안을 이사회에서 안건으로 상정하여 의사결정하고 있으며, 윤리경영에서는 임직원 윤리교육과 임직원 윤리 및 공정거래관련 교육에 대한 최근 3년간 실적을 보고하고 있다. 본문에서 지배구조 관련 데이타를 항목별로 추가하여 지난 3년간의 실적과 의미를 분석하여 보고할 필요가 있다.

포스코건설 2020 기업시민보고서의 ESG보고 강화

24 무역산업: 포스코인터내셔널 ESG 경영

포스코인터내셔널은 2017~2019년 "지속가능경영보고서", 2020년부터 "기업시민보고서"를 공표하고 있다. 2021년 발간 2020기업시민보고서에 의하면, 임직원 9,600명한국 1,271명, 해외 8,329명, 45개국 법인 15개, 산하법인 1개, 산하지사 16개, 산하사무소 3개, 지사 27개, 투자법인 35개 등의 글로벌 네트워크를 구축하고 있다.

환경(Environmental) 분야: 본문에서는 기후변화대응온실가스 목표관리제 및 배출권거래제대응, 기후변화대응에 따른 사업기회창출, 사업장 환경영향저감친환경경영추진, 환경보호활동, 해외사업장 환경관리으로 구분하여 보고하고 있으며, 에너지사용량, 온실가스 배출량, STS사업실 스테인리스 재활용량, 용수 사용량 및 오폐수 배출량, 폐기물 발생량 및 재활용량, 대기오염물질 배출량 등에 대한 최근 3년간의 실적을 보고하고 있고, 미얀마 맹그로브숲 누적 조성 면적 성과는 2012년부터 실적을 보고하고 있다. 환경분야 보고사항은 국내외 사업장별 구분하여 보고하는 것이 요구된다.

온실가스 배출량 (단위: tCO₂e)

구분	2018	2019	2020
Scope 1	17,294	13,631	12,835
Scope 2	51,810	48,979	47,611
합계[2]	69,098	62,604	60,446

에너지 사용량 (단위: TJ)

구분	2018	2019	2020
직접 에너지(연료)	329	236	240
간접 에너지(전기, 스팀)	1,067	1,013	996
합계[1]	1,391	1,243	1,236

자료원: 포스코인터내셔널 기업시민보고서 2020, 106쪽

사회적(Social) 분야: 본문에서 인재양성/구성원 존중인재확보 및 양성, 인권 및 다양성 존중, 안전한 일터조성, 일하기 좋은 환경조성, 공급망 책임경영, 사업강화, 정보보안, 사회공헌으로 구분하여 보고하고 있으며, 육아휴직현황, 퇴직연금제도 운영현황은 지난 3년간의 실적을 보고하고, 신규채용현황, 직원현황본사, 도수율 및 강도율은 2020년 실적을 보고하고 있다. 사회적분야 보고사항 역시 국내외 사업장별 구분하여 보고하며, 지난 3년간 실적을 보고하는 것이 요구된다.

직원 현황(본사)			(단위: 명)
구분			2020
국내사업장	정규직	남성	907
		여성	336
	계약직	남성	15
		여성	13
	소계		1,271
해외사업장			8,329
합계			9,600

*2020년 12월 31일 기준

신규 채용 현황	(단위: 명)
구분	2020
본사(해외 조직 포함)	136
STS사업실	4
TMC사업실	46
후판가공사업실	6
합계	192

*2020년 12월 31일 기준

자료원: 포스코인터내셔널 기업시민보고서 2020, 76쪽

지배구조(Governance) 분야: 본문에서 지배구조, 리스크 관리, 윤리경영 강화반부패, 공정거래로 구분하여 보고하고 있고, 전사차원의 ESG 경영전략 활동으로서 환경 및 기후변화, 사회 및 리스크 관리 등 주요 ESG 활동과 관련한 사항을 심의하는 ESG협의회 신설 계획을 밝히고 있다. 윤리경영관련 윤리상담실 모니터링 실적은 지난 3년간 실적을 보고하고, 윤리경영 교육실적, 신문고 접수 및 처리현황은 2020년 실적을 보고하고 있다. 지배구조 보고사항 역시 국내외 사업장별로 구분하여 보고하며, 지난 3년간 실적을 보고하는 것이 요구된다.

포스코인터내셔널은 부록에서 별도의 데이터를 제시하지 않고, 본문에서 대부분의 데이터를 상세하게 제시하고 그 의미를 분석하여 보고하는 방식을 채택하고 있다는 점에서 바람직한 보고라고 할 수 있다. 즉, 재무적 정보를 담고 있는 상장법인의 사업보고서 형태와 유사하다는 점에서 바람직한 모델이라고 할 수 있다. 본문에서는 데이터를 제시하지 않고, 아무런 설명없이 부록에만 데이터를 제시하고 ESG경영보고서로서의 역할을 수행한 것처럼 보고하는 것은 성실한 보고방식이라고 할 수 없다. 따라서, 가장 바람직한 ESG경영보고서는 본문에서 ESG경영관련 데이터를 모두 제시하고 그 의미를 분석하여 보고하고, 부록에서 데이터만 제시하여 이해관계자의 편의를 도모하는 것이어야 한다. 즉, 본문과 부록의 역할이 전도되어서는 안 될 것이다.

포스코인터내셔널은 사업 특성상 해외법인에서의 글로벌 CSR 활동을 별도로 구분하여 미얀마, 인도네시아, 우즈베키스탄, 우크라이나의 CSR 활동실적을 보고하고 있다. 해외사업장별로 ESG경영의 환경적·사회적·지배구조분야를 구분하여 체계적으로 지난 3년간 실적을 분석하여 보고하면 매우 바람직한 모델이 될 것이다.

‖ 포스코인터내셔널 2020 기업시민보고서의 ESG보고 강화 ‖

25 해운항만업: 현대상선 ESG 경영

　현대상선은 2019년에 이어 2021년 "지속가능경영보고서"를 공표하였다. 2021년 발간 2020지속가능경영보고서에 의하면, 임직원 3,715명, 세계 6개구주, 중국, 남중국, 동남아, 서남아, 미주 해외본부, 3개 해외터미널 법인포함 해외법인 27개, 지점 60개, 해외사무소 5개, 4개의 JV조인트벤처, 3자 대리점 55개 등의 글로벌 네트워크를 구축하고 있으며, 컨테이너선은 60개 이상의 서비스 항로에 100개 이상의 항구를 연결하고 있다.

　현대상선은 2019년 지속가능경영 체계를 수립한 이후, 2020년 ESG중심의 체제로 지속가능경영체계를 개선하였다.

‖ 현대상선 지속가능경영체계 ‖

자료원: HMM SUSTAINABILITY REPORT 2020, 42쪽

환경(Environmental) 분야: 본문에서 기후변화를 기회로 삼는 전략으로 환경·안전경영환경·안전경영체계, 환경·안전경영 운영, **기후변화대응**기후변화대응 체계, 온실가스관리, 에너지효율관리, 에너지효율향상활동, 대기질관리, 폐기물관리, 유해물질관리, 수자원관리, 생물다양성관리, 지역사회생태계보호, 고객건강 및 안전, 제품사용에 따른 환경영향평가, **친환경물류**친환경 터미널 조성, 친환경 설비투자 등을 구분하여 보고하고 있다. 본문에서 온실가스관리현황의 지난 3년간 실적과 2030년과 2050년의 온실가스 감축목표를 보고하고 있고, 에너지의 98%를 선박에서 사용하고 있으므로, 선박의 에너지 효율을 실시간으로 정확하게 모니터링할 수 있는 시스템을 자체 개발하여 선박에 적용하고 있음을 보고하고 있다.

온실가스 관리 현황*

구분	단위	2018	2019	2020
온실가스 원단위 배출량	gCO$_2$/DWT-km	3.8	3.1	2.7
온실가스 감축율	%	25.2	39.8	46.7

*HMM사선, 국적취득조건부나용선(Bare Boat Charter Hire Purchase, BBCHP), 나용선(Bare Boat Charter, BBC) 기준

온실가스 감축 목표

(2008년 대비, 원단위)

구분	2030	2050
전체	50%	탄소중립 (Carbon Neutral)
컨테이너	70%	
참고. IMO GHG Roadmap	40%	70%

자료원: HMM SUSTAINABILITY REPORT 2020, 51쪽

선박에너지 효율*

(단위: 연료유 연단위 소모량(g/DWT*km)

2018	2019	2020
1.2158	0.9771	0.8647

*HMM사선, 국적취득조건부나용선(Bare Boat Charter Hire Purchase, BBCHP), 나용선(Bare Boat Charter, BBC) 기준

자료원: HMM SUSTAINABILITY REPORT 2020, 53쪽

부록 ESG 환경데이터에서는 환경투자, 온실가스관리, 온실가스배출, 에너지사용, 에너지효율, 용수, 대기오염물질, 폐기물 발생량, 친환경제품 구매 등의 지난 3년간 실적을 보고하고 있다.

온실가스 배출

구분		단위	2018	2019*	2020
Scope 1	고정연소	tCO₂eq	268.07	592.00	20,791.89
	이동연소		4,705,133.01	4,194,245.38	4,843,103.63
Scope 2	구매전력	tCO₂eq	25,754.09	42,609.63	48,075.06
합계			**4,731,155.17**	**4,237,447.00**	**4,911,970.58**
Scope 3**	출장	tCO₂eq			3,681.51
	직원 출퇴근				9.16
	폐기물***				2.66

*2019년 데이터는 반올림에 의한 합계 차이
**국내 사업장 기준
***본사 기준

에너지 사용

구분		단위	2018	2019	2020
선박	Fuel Oil	MWh	15,705,138	13,488,776	15,768,022
	Marine Diesel Oil & Gas Oil		460,246	789,898	837,954
	합계		**16,165,383**	**14,278,674**	**16,605,976**
육상	Diesel		74,736	100,536	77,329
	Electricity		51,546	89,512	101,764
	Gasoline		2,547	2,708	1,984
	LNG		1,307	2,928	1,916
	합계		**130,137**	**195,684**	**182,994**

자료원: HMM SUSTAINABILITY REPORT 2020, 106쪽

본문에서 기존의 데이터와 부록의 데이터를 종합하여 환경분야 항목별로 지난 3년간의 실적과 그 의미를 분석하여 보고하고, 해외 주요 사업장별로 구분하여 보고할 것이 요구된다.

사회적(Social) 분야: 본문에서 사회와 이해관계자(인간존중, 인재관리 및 워라밸, 안전보건, 공급망 상생경영, 고객만족경영, 정보보안 강화, 조세정책수립, 사회공헌 성과관리)로 구분하여 보고하고 있고, 고객관리 성과지표, Training Center 교육이수자, 교육운영현황, 육아휴직사용 및 복귀현황, 해상직 고충처리현황의 지난 3년간 실적을 보고하고 있다.

부록 ESG 데이터에서는 임직원현황, 신규채용, 이직률, 인재개발, 직무교육, 사회공헌, 동반성장, 노동조합, 고충처리, 복리후생, 육아휴직, 고객만족, 사업장 안전보건, 선박안전, 정보보호, 인권교육, 다양성의 지난 3년간 실적을 보고하고 있다.

임직원 현황

구분			단위	2018	2019	2020
국내	육상직	남성	%	64	66	66
			명	492	561	575
		여성	%	36	34	34
			명	276	287	302
		합계	명	768	848	877
	해상직	남성	%	99	99	98
			명	423	624	675
		여성	%	1	1	2
			명	5	8	13
		합계	명	428	632	688
국내 합계			명	1,196	1,480	1,565
해외	해외법인	남성	%	48	48	48
			명	1,032	1,044	1,029
		여성	%	52	52	52
			명	1,123	1,129	1,121
해외 합계			명	2,155	2,173	2,150
국내외 총합계			명	3,351	3,653	3,715

자료원: HMM SUSTAINABILITY REPORT 2020, 109쪽

본문에서 다루고 있는 기존의 데이터에 추가하여 부록부분의 ESG 데이터사회, 안전, 지배구조를 활용하여 사회적분야 항목별 분석 및 최근 3년간 실적을 보고할 것이 요구된다. 또한 해외 주요 사업장별로 보고서를 작성하도록 해야 할 것이다.

지배구조(Governance) 분야: 본문에서 거버넌스와 윤리, 인권지배구조 체계, 리스크 관리 및 대응, 윤리문화 구축으로 구분하여 보고하고 있고, 이사회운영, 윤리교육현황, 윤리제보현황 등에 대한 최근 2~3년간의 실적과 그 의미를 분석하여 보고하고 있다.

이사회 운영

구분	2018	2019	2020
이사회 개최건 수(건)	15	18	14
심의 안건 수(건)	24	29	22
사외이사 평균 참석률(%)	99	100	100
교육프로그램	스크러버 장착 선박 견학 등	신조 VLCC방선 교육 등	명명식, 온라인교육, 내부회계관리 제도 교육 등 총 4회

자료원: HMM SUSTAINABILITY REPORT 2020, 93쪽

부록에서는 이사회의 운영과 이사회 보수, 윤리경영 등에 대한 최근 3년간 실적을 보고하고 있다.

이사회 운영

구분	단위	2018	2019	2020
정기이사회 개최 수	건	4	4	4
임시 이사회 개최 수	건	11	14	10
총 이사회 개최 수	건	15	18	14
논의된 안건	건	24	29	22
사내이사 참석률	%	79	95	96
사외이사 참석률	%	99	100	100

자료원: HMM SUSTAINABILITY REPORT 2020, 115쪽

ESG경영 보고에서 위의 이사회운영실적 보고와 같이 본문에서는 지난 3년간 실적 및 그 의미를 분석하여 보고하고, 부록에서는 관련 데이터를 다시 정리하여 보고하는 것이 가장 바람직한 보고방법이라고 할 수 있다.

현대상선 2020 지속가능경영보고서의 ESG보고 강화

AS IS	TO BE
HMM MESSAGE 04 CEO 메시지 06 경영진 메시지	**HMM MESSAGE** 04 CEO 메시지 06 경영진 메시지
HMM OVERVIEW 18 기업소개 20 밸류체인 22 사업소개 26 경제가치 28 글로벌 리포트 SPECIAL PAGE 32 HMM STORY HMM, 다시 날다 34 HMM ISSUE 1 기후변화를 기회로 삼다 36 HMM ISSUE 2 해운경쟁력을 확보하다 38 HMM ISSUE 3 COVID-19를 차단하다	**HMM OVERVIEW** 18 기업소개 20 밸류체인 22 사업소개 26 경제가치 28 글로벌 리포트 32 HMM STORY HMM, 다시 날다 36 HMM ISSUE 2 해운경쟁력을 확보하다 – 67 디지털화 – 71 글로벌 경쟁력 강화 38 HMM ISSUE 3 COVID-19를 차단하다
SUSTAINABLE IMPACT 42 지속가능경영 체계 43 지속가능경영 이니셔티브 44 중요성 평가	**SUSTAINABLE IMPACT** 42 지속가능경영 체계 43 지속가능경영 이니셔티브 44 중요성 평가

26 항공공항업: 대한항공 ESG 경영

사업의 특성상 국제정세에 민감할 수밖에 없으며 ICAO, IATA 등의 글로벌 경쟁정보를 매일 접하고 있는 대한항공의 ESG 경영활동은 ESG 지표 출현 이전부터 시작되었다. 1990년대 초반부터 준비한 1995~2004년의 "환경보고서"는 2005년 "환경사회보고서"로 확대 공표하였으며, 2006~2020년에는 "지속가능성보고서"를 공표했다. 2021년부터는 "ESG보고서"를 공표하고 있다. 대한항공의 "2021 ESG보고서"는 ESG 경영시스템에 가장 근접하는 보고서 체제를 구축하고 있다. 2021 ESG보고서에 의하면, 임직원 20,072명, 여객기 136대, 화물기 23대 보유, 여객취항 108개 도시, 화물취항 47개 도시로 전체 121개 도시에 취항하고 있으며, 세계 항공사 중 유일하게 항공우주사업을 병행하고 있다.

환경(Environmental) 분야: 본문에서 대한항공의 기후변화 대응항공업계 기후변화 대응목표, 대한항공의 기후변화 대응전략, **환경경영**환경경영체제, 에너지관리, 환경오염예방, 퇴역 항공기 업사이클링 등으로 구분하여 보고하고 있다. 특히 기후변화 대응전략으로 기후변화 관련 리스크 관리를 위한 지표별 최근 3년간의 실적과 관리 프로세스 사항을 다루고 있다. 환경경영에서는 에너지사용량 추이 및 감소현황, 환경비용 사용현황 추이, 사업장별 배출허용기준 대비 배출수준, 폐기물 발생율, 폐기물 재활용률, 수자원 재활용률 등에 대한 실적을 분석하여 보고하고 있다.

기후변화 관련 리스크 및 기회요인 관리를 위한 지표

	온실가스 배출		2018	2019	2020
국내선 및 국제선 항공부문 온실가스 배출량	Scope1(직접배출)	tCO₂eq	13,267,107	13,291,765	7,598,830
국내 지상부문 온실가스 배출량	Scope1(직접배출)	tCO₂eq	45,942	44,048	27,744
	Scope2(간접배출)	tCO₂eq	66,768	65,331	48,655
온실가스 배출 집약도	항공부문	kg_CQe/100RTK[1]	81.80	83.56	77.32
	지상부문	ton_CO₂e/매출액 10억 원	8.91	8.62	10.32[2]
온실가스 배출량 합계		tCO₂eq	13,379,817	13,401,144	7,675,229

[1] RTK(Revenue Ton Kilometer): 여객 및 화물 1톤을 1km 운송한 것을 의미하며, 사업량을 표시하는 단위
[2] 코로나19 영향으로 매출액 감소하여 지상부문 온실가스 배출집약도 상승

자료원: 2021 대한항공 ESG 보고서, 25쪽

배출허용기준 대비 배출 수준 (단위: %)

	먼지	THC	NOx	SOx	기타
KOC	2.7	5.3		0.0	0.9
부천엔진정비	2.4	5.3		0.0	1.1
인천정비기지	2.8	3.9		0.0	1.3
테크센터	8.0	7.0	5.3	2.8	0.0
전사 평균	6.3	6.4	5.3	0.5	0.9
전사 평균	3.0				

자료원: 2021 대한항공 ESG 보고서, 31쪽

부록부분의 주요 성과지표 환경항목에서는 연료 및 에너지, 온실가스 배출, 용수 사용량, 수자원 재활용, 수질오염물질 배출량, 대기오염물질 배출량, 폐기물 발생량, 폐기물 재활용률, 폐기물 처리량, 환경교육 등에 대한 최근 3년간 실적을 보고하고 있다.

		단위	2018	2019	2020
연료 및 에너지					
국내선 및 국제선 항공부문 연료 사용량	항공유	tons	4,168,144	4,176,907	2,983,136
국내 지상부문 에너지 사용량 합계		GJ	2,082,109	2,037,622	1,450,617
국내 지상부문 직접에너지 사용량	가스/디젤(경유)	GJ	110,434	107,375	52,998
	부생연료 1호	GJ	12,638	8,708	7,357
	부생연료 2호	GJ	282,627	275,144	142,972
	휘발유	GJ	10,793	11,780	7,335
	항공유	GJ	10,351	6,172	1,371
	도시가스(LNG)	GJ	270,903	274,711	231,613
	액화석유가스	GJ	7,093	5,146	2,942
국내 지상부문 간접에너지 사용량	전기	GJ	1,348,387	1,317,038	986,977
	중온수(스팀)	GJ	28,883	31,548	17,052
에너지 집약도	항공부문	MJ/RTK	10.99	11.98	8.86
	지상부문	GJ/10억 원	163.71	160.65	195.90
온실가스 배출					
온실가스 배출량 합계		tCO₂eq	13,379,817	13,401,144	7,675,229
국내선 및 국제선 항공부문 온실가스 배출량	Scope1(직접배출)	tCO₂eq	13,267,107	13,291,765	7,598,830
국내 지상부문 온실가스 배출량	Scope1(직접배출)	tCO₂eq	45,942	44,048	27,744
	Scope2(간접배출)	tCO₂eq	66,768	65,331	48,655
온실가스 배출 집약도	항공부문	tCO₂e/100RTK	81.80	83.56	77.32
	지상부문	tCO₂e/10억 원	8.91	8.62	10.32

자료원: 2021 대한항공 ESG 보고서, 64쪽

사회적(Social) 분야: 본문에서 인재경영, 안전경영, 상생경영, 대한항공의 코로나19 대응, 고객감동, 정보보호, 나눔경영으로 구분하여 보고하고, 직원현황, 여성 임직원현황, 모성보호제도 실적, 임직원 정보보안 교육실적, 고객개인정보 유출신고건수, 온라인 교육콘텐츠 보유현황, 직원 대학원 장학지원, 인당 봉사시간, 사회공헌비용, 관리자급 현지인비율, 인권교육실적, 임직원 교육실적, 노조가입현황, 사회공헌 활동2003~2020년의 실적을 보고하고 있다.

직원 현황

(단위: 명)

구분	고용계약		직급[1]	
	정규직	비정규직	관리자 직급	관리자 외 직급
남	10,743	384	2,987	7,756
여	8,104	841	1,796	6,308
계	18,847	1,225	4,783	14,064

[1] 정규직 기준

여성 임직원 현황

구분	2018		2019		2020	
	인원	비율	인원	비율	인원	비율
여성 임직원	9,022	43.7%	9,206	43.9%	8,945	44.6%
여성 관리자	1,607	34.1%	1,786	35.4%	1,796	37.5%

* 2020년 12월 31일 기준, 임원 별도

자료원: 2021 대한항공 ESG 보고서, 43쪽

부록 주요 성과지표 사회항목에서는 직원현황, 신규채용, 이직인원, 이직률국내, 현지인 고용, 산전후 휴가, 육아휴직, 임직원교육, 사회공헌 실적, 정보보안 교육, 고객 개인정보, 연금 및 출자금현황 등에 대한 최근 3년간 실적을 보고하고 있다.

그럼에도 불구하고 해외현지 인력 등 수시로 변동되는 사항이 누락된 부분이 있으므로 본문에서 이에 대한 추가와 함께 인력운영 상의 이슈를 함께 보고할 것이 요구된다

지배구조(Governance) 분야: 본문에서 기업지배구조, 리스크 관리, 윤리경영으로 구분하여 보고하고 있다. 특히 이사회 산하에는 최근 'ESG위원회'를 설치하여 ESG관련 이행사항 검토 및 총괄, 주주가치에 중대한 영향을 미치는 회사의 주요 경영사항 사전 검토 및 공정거래법 등 법령에서 정하는 내부거래에 대한 심의 및 의결활동을 하도록 하였다. 부록 주요 성과지표의 지배구조 항목에서는 새롭게 나타나고 있는 ESG 표준과 기준을 고려하여 모범기준 권고사항에 대한 채택여부를 보고하고 있다. 본문에서 부록의 데이터를 추가하여 분석하고 보고하는 것이 바람직할 것이다.

대한항공 2021 ESG보고서의 ESG보고 강화

AS IS	TO BE

27 중앙정부 ESG 경영

현재 우리나라 중앙정부는 18부 4처 18청 7위원회, 2원 4실 1처로 54개 단위로 구성되어 있다.[57] 정부 역시 이제는 ESG 경영에서 예외일 수 없다. 2050탄소중립 정책과 자체 실천을 위해서라도 54개 부처별로 ESG 경영보고서를 작성해야 하며, 특히 행정안전부와 환경부의 적극적인 주도가 요구된다.

정부 조직도(2021년말 기준)

대통령

대통령비서실 — 대통령경호처
국가안보실

국가정보원   감사원   방송통신위원회   국가인권위원회

국무총리

국무조정실 — 국무총리비서실

국가보훈처 (장관급으로 격상)   인사혁신처   법제처   식품의약품안전처   공정거래위원회   금융위원회   국민권익위원회   개인정보보호위원회   원자력안전위원회

기획재정부   교육부   과학기술정보통신부   외교부   통일부   법무부   국방부   행정안전부   문화체육관광부(재난안전관리본부 설치(차관급))   농림축산식품부   산업통상자원부(통상교섭본부 설치(차관급))   보건복지부   환경부   고용노동부   여성가족부   국토교통부   해양수산부   중소벤처기업부(중소기업청 승격)

국세청 · 관세청 · 조달청 · 통계청   과학기술혁신본부 설치(차관급)   검찰청   병무청 · 방위사업청   경찰청 · 소방청(국민안전처 폐지로 독립)   문화재청   농촌진흥청 · 산림청   특허청   질병관리청   기상청   행정중심복합도시건설청 · 새만금개발청   해양경찰청(국민안전처 폐지로 독립)

©www.hanol.co.kr

정부부처에서 'ESG 경영보고서'를 작성한 사례는 2011년과 2013년 지식경제부가 있었으나 이후 중단되었다. 현 정부에서 2021년말 『K-ESG』 가이드라인 공표와 함께 ESG 경영을 강조하는 것은 바람직하다. 하지만 정부부처부터 ESG 경영에 대한 노력과

---

57) 청와대, 정부조직도, https://www1.president.go.kr/about/government-organization

보고서로 이를 공표하는 주도적 자세 없이는 기업을 포함한 타 조직에 대한 설득력이 떨어질 것은 분명하다.

- **환경적 성과**: 중앙정부 부처별 ESG 경영보고서의 환경분야는 청사_{부처별, 산하조직별, 지방조직별} 단위로 구분하여 에너지 사용량, 신재생에너지 생산량 및 사용량, 용수 사용량, 온실가스 배출량 및 감축실적, 대기오염물질 배출량, 용수 재활용량, 폐수 배출량, 폐기물 발생량 등에 대한 최근 3년간 실적을 보고할 것이 요구된다. 특히 환경부에서는 우리나라 전체의 에너지 사용량, 신재생에너지 생산량 및 사용량, 용수 사용량, 온실가스 배출량 및 감축실적, 대기오염물질 배출량, 용수 재활용량, 폐수 배출량, 폐기물 발생량 등을 보고하여야 한다. 산업통상자원부에서는 우리나라 전체의 에너지 사용량, 신재생에너지 생산량 및 사용량 등에 대한 최근 3년간 실적 및 2050년 탄소제로에 대응하는 정책목표를 보고하여야 한다.
- **사회적 성과**: 중앙정부 부처별 ESG 경영보고서의 사회적분야는 정부의 사회정책을 충분히 고려하되 기본적으로는 부처별 소속 공무원의 인권과 노동에 대한 정보부터 투명하게 보고할 것이 요구된다. 그만큼 공무조직의 계층의식과 관료적 풍토가 아직도 팽배하기 때문이다. 업무상으로는 공급망과의 상생협력, 그리고 행정서비스의 만족도 및 개인정보보호 등에 초점을 두어야 할 것이다.
- **지배구조 성과**: 중앙정부 부처별 ESG 경영보고서의 지배구조분야는 국회 소관 상임위원회 ESG 경영활동 성과, 부처의 ESG 경영 관련 의사결정 구조 및 실적, 소속 공무원의 윤리경영 실천 성과에 대한 사례를 포함한 종합적 보고가 이루어져야 한다.

중앙정부 산하 공공기관은 각 기관별로 ESG 경영보고서를 작성하도록 해야 한다. 중앙정부 산하 공공기관은 2020년 1월 현재 총 340개, 공기업 36개_{시장형 16개, 준시장형 20개}, 준정부기관 93개_{기금관리형 14개, 위탁집행형 79개}, 기타공공기관 210개 등이다.[58] 이들 중 ESG 경영보고서를 작성한 경험이 있는 공공기관은 총 46개_{13.5%}로 공기업 28개, 준정부기관 17개, 기타공공기관 1개로 나타난다.

현재 ESG 경영보고서를 작성하는 공공기관은 총 34개_{10.0%}로 공기업 21개, 준정부기관 12개, 기타공공기관 1개로 나타나는데 조속히 모든 공공기관의 참여가 요구되는 실정이다.

---

58) 기획재정부, 2020년 공공기관 현황, 2020.1.29. 보도자료

AS IS	TO BE
대표적 사례 없음	개요 이해관계자 참여 중대성 평가 **Environmental** 한국 전체(환경부, 산업통상자원부 등) – 에너지사용량 – 신재생에너지 생산량 및 사용량 – 용수사용량 – 온실가스 배출량 및 감축 실적 – 대기오염물질 배출량 – 용수 재활용량 – 폐수 배출량 – 폐기물 발생량 부(처,청)/산하조직/지방조직 청사 – 에너지 사용량 – 신재생에너지 생산량 및 사용량 – 용수 사용량 – 온실가스 배출량 및 감축 실적 – 대기오염물질 배출량 – 용수 재활용량 – 폐수 배출량 – 폐기물 발생량 **Social** 인권경영 인재경영 산업안전보건 공급망과의 상생협력 고객만족경영 정보보호 사회기반시설 투자 사회공헌 **Governance** 지배구조(국회 소관 상임위원회 및 행정부) 리스크 관리 윤리경영 **Appendix**

중앙정부 산하 공공기관 중 ESG 경영보고서 공표 기관

부처	공기업(28)	준정부기관(17)	기타공공기관(1)
국무조정실			
방송통신위원회			
국가보훈처			
인사혁신처			
식품의약품안전처			
공정거래위원회			
금융위원회			한국예탁결제원 (2010, 2013, 2017, 2019)
원자력안전위원회			
기획재정부	한국조폐공사 (2009, 2016)		
교육부			
과학기술 정보통신부		한국연구재단 (2018~2020)	
외교부			
통일부			
법무부			
국방부			
행정안전부			
문화체육관광부		국민체육진흥공단 (2009~2014, 2017~2019) 아시아문화원 (2018~2019) 한국관광공사 (2009, 2010~2014, 2016)	
농림축산식품부	한국마사회 (2008, 2012, 2013, 2014, 2016)	한국농수산식품유통공사 (2009~2011, 2013~2016, 2018, 2020) 한국농어촌공사(2009, 2012, 2014, 2016, 2018)	

부처	공기업(28)	준정부기관(17)	기타공공기관(1)
산업통상자원부	한국광물자원공사(2010, 2012~2020) 한국석유공사 (2007, 2011. 2013, 2014, 2020) 한국전력공사(2011~2020) 한국수력원자력㈜ (2009, 2011, 2012, 2015~2020) 한국남동발전㈜(2006, 2009, 2011, 2013, 2015, 2017, 2018, 2020) 한국남부발전㈜(2008, 2011, 2013, 2015) 한국동서발전㈜ (2010, 2012~2018, 2020) 한국서부발전㈜ (2006, 2008, 2011, 2012~2014, 2016, 2020) 한국중부발전㈜ (2006, 2009, 2012, 2014, 2015, 2018, 2020) 한국가스공사(2011~2020) 한국지역난방공사 (2008~2011, 2013, 2020) 주식회사 강원랜드 (2012~2017, 2020) 한국전력기술㈜ (2013, 2015, 2017, 2019) 한전KPS㈜ (2007, 2009, 2012, 2013, 2015, 2017, 2019)	대한무역투자진흥공사 (2012~2019) 한국가스안전공사 (2009, 2017) 한국광해관리공단(2012, 2013, 2016, 2017, 2019) 한국산업단지공단 (2010~2012)	
보건복지부		국민연금공단 (2012~2016, 2019) 건강보험심사평가원 (2009, 2018)	
환경부	한국수자원공사 (2011~2020)	한국환경공단(2009, 2012~2015, 2019)	

부처	공기업(28)	준정부기관(17)	기타공공기관(1)
고용노동부		근로복지공단(2012~2018) 한국산업인력공단 (2011~2018, 2020)	
여성가족부			
국토교통부	인천국제공항공사 (2011~2020) 한국공항공사(2011~2019) 제주국제자유도시개발센터 (2007) 한국감정원(2009, 2011~2013) 한국도로공사(2007) 한국철도공사(2011~2020) 한국토지주택공사 (2009, 2013~2017, 2019, 2020)	한국국토정보공사 (2016~2018, 2020) 한국철도시설공단 (2011~2020)	
해양수산부	부산항만공사(2015) 인천항만공사(2011, 2013, 2019, 2020) 울산항만공사(2013, 2014, 2016, 2018, 2020) 해양환경공단 (2013~2020)		
중소벤처기업부			

자료원: 대한민국지속가능성지수, 지속가능성 보고서 DB, 2021.7.25 검색(추정치)

부처	공기업(36)	준정부기관(95)	기타공공기관(209)
국무조정실			경제·인문사회연구회, 과학기술정책연구원, 국토연구원, 대외경제정책연구원, 산업연구원, 에너지경제연구원, 정보통신정책연구원, 통일연구원, 한국개발연구원, 한국교육개발원, 한국교육과정평가원, 한국교통연구원, 한국노동연구원, 한국농촌경제연구원, 한국법제연구원, 한국보건사회연구원, 한국여성정책연구원, 한국조세재정연구원, 한국직업능력개발원, 한국청소년정책연구원, 한국해양수산개발원, 한국행정연구원, 한국형사정책연구원, 한국환경정책·평가연구원
방송통신위원회	한국방송광고진흥공사	시청자미디어재단	
국가보훈처		독립기념관, 한국보훈복지의료공단	88관광개발㈜
인사혁신처		공무원연금공단	
식품의약품안전처		한국식품안전관리인증원	한국의료기기안전정보원, 한국의약품안전관리원, 식품안전정보원
공정거래위원회		한국소비자원	한국공정거래조정원
금융위원회		신용보증기금, 예금보험공사, 한국자산관리공사, 한국주택금융공사	중소기업은행, 한국산업은행, 한국예탁결제원, 서민금융진흥원
원자력안전위원회			한국원자력안전기술원, 한국원자력안전재단, 한국원자력통제기술원
기획재정부	한국조폐공사	한국재정정보원	한국수출입은행, 한국투자공사
관세청			(재)국제원산지정보원
교육부		사립학교 교직원연금공단, 한국교육학술정보원, 한국장학재단	강릉원주대학교치과병원, 강원대학교병원, 경북대학교병원, 경북대학교치과병원, 경상대학교병원, 국가평생교육진흥원, 동북아역사재단, 부산대학교병원, 부산대학교치과병원, 서울대학교병원, 서울대학교치과병원, 전남대학교병원, 전북대학교병원, 제주대학교병원, 충남대학교병원, 충북대학교병원, 한국고전번역원, 한국사학진흥재단, 한국학중앙연구원

부처	공기업(36)	준정부기관(95)	기타공공기관(209)
과학기술 정보통신부		(재)우체국금융개발 원,(재)한국우편사업 진흥원, 우체국물류 지원단, 정보통신산 업진흥원, 한국과학 창의재단, 한국방송 통신전파진흥원, 한 국연구재단, 한국인 터넷진흥원, 한국정 보화진흥원, 재단법 인 연구개발특구진흥 재단	과학기술일자리진흥원,(재)우체국시설관리단, 광주과학기술원, 국가과학기술연구회, 국립광 주과학관, 국립대구과학관, 국립부산과학관, 기 초과학연구원, 대구경북과학기술원, 울산과학 기술원, 재단법인한국여성과학기술인지원센터, 한국건설기술연구원, 한국과학기술기획평가원, 한국과학기술연구원, 한국과학기술원, 한국과 학기술정보연구원, 한국기계연구원, 한국기초 과학지원연구원, 한국나노기술원, 한국데이터 산업진흥원, 한국생명공학연구원, 한국생산기 술연구원, 한국식품연구원, 한국에너지기술연 구원, 한국원자력연구원, 한국원자력의학원, 한 국전기연구원, 한국전자통신연구원, 한국지질 자원연구원, 한국천문연구원, 한국철도기술연 구원, 한국표준과학연구원, 한국한의학연구원, 한국항공우주연구원, 한국화학연구원
외교부		한국국제협력단	한국국제교류재단, 재외동포재단
통일부			북한이탈주민지원재단,(사)남북교류협력지원협회
법무부			대한법률구조공단, 정부법무공단, 한국법무보 호복지공단
국방부			전쟁기념사업회, 한국국방연구원, 국방전직교 육원
방위사업청			국방과학연구소, 국방기술품질원
행정안전부		한국승강기안전공단	민주화운동기념사업회,(재)일제강제동원피해자 지원재단
경찰청		도로교통공단	
소방청		한국소방산업기술원	
문화체육관광부	그랜드코리아레저 ㈜	국민체육진흥공단, 한국언론진흥재단, 국제방송교류재단, 한국콘텐츠진흥원, 아시아문화원, 한국 관광공사	(재)국악방송,(재)예술경영지원센터, 예술의전 당,(재)한국문화정보원, 게임물관리위원회, 국 립박물관문화재단, 대한장애인체육회, 대한체 육회, 세종학당재단, 영상물등급위원회, 태권도 진흥재단, 영화진흥위원회, 한국문화예술위원 회, 한국공예디자인문화진흥원, 한국도박문제 관리센터, 한국문학번역원, 한국문화관광연구 원, 한국문화예술교육진흥원, 한국문화진흥주 식회사, 한국영상자료원, 한국예술인복지재단, 한국저작권보호원, 한국저작권위원회, 한국체 육산업개발㈜, 한국출판문화산업진흥원

부처	공기업(36)	준정부기관(95)	기타공공기관(209)
문화재청			한국문화재단
농림축산식품부	한국마사회	농림수산식품교육문화정보원, 농림식품기술기획평가원, 축산물품질평가원, 한국농수산식품유통공사, 한국농어촌공사	재단법인한식진흥원, 가축위생방역지원본부, 국제식물검역인증원, 농업정책보험금융원, 국가식품클러스터지원센터, (재)축산환경관리원
산림청		한국임업진흥원, 한국산림복지진흥원, 한국수목원관리원	한국등산·트레킹지원센터
농진청		농업기술실용화재단	
여성가족부		한국청소년상담복지개발원, 한국청소년활동진흥원, 한국건강가정진흥원	한국양성평등교육진흥원, 한국여성인권진흥원
산업통상자원부	한국가스공사, 한국광물자원공사, 한국남동발전㈜, 한국남부발전㈜, 한국동서발전㈜, 한국서부발전㈜, 한국석유공사, 한국수력원자력㈜, 한국전력공사, 한국중부발전㈜, 한국지역난방공사, 주식회사 강원랜드, ㈜한국가스기술공사, 대한석탄공사, 한국전력기술㈜, 한전KDN㈜, 한전KPS㈜	한국무역보험공사, 대한무역투자진흥공사, 한국가스안전공사, 한국광해관리공단, 한국디자인진흥원, 한국산업기술진흥원, 한국산업기술평가관리원, 한국산업단지공단, 한국석유관리원, 한국에너지공단, 한국원자력환경공단, 한국에너지기술평가원, 한국전기안전공사, 한국전력거래소	(재)한국스마트그리드사업단, 전략물자관리원, 한국로봇산업진흥원, 한국산업기술시험원, 재단법인한국에너지재단, 한국세라믹기술원, 재단법인한국에너지정보문화재단, 한전원자력연료주식회사, 한국전력국제원자력대학원대학교
특허청		재단법인 한국특허전략개발원	한국발명진흥회, 한국지식재산보호원, 한국지식재산연구원, 한국특허정보원
보건복지부		국민연금공단, 건강보험심사평가원, 국민건강보험공단, 사회보장정보원, 한국노인인력개발원, 한국보건복지인력개발원, 한국보건산업진흥원,(재)한국보육진흥원, 한국건강증진개발원	(재)한국장애인개발원, 국립암센터, 국립중앙의료원, 대구경북첨단의료산업진흥재단, 대한적십자사, 오송첨단의료산업진흥재단, 한국국제보건의료재단, 한국보건의료연구원, 한국보건의료인국가시험원, 한국사회복지협의회, 한국의료분쟁조정중재원, 재단법인한국장기조직기증원, 한국한의약진흥원, 재단법인의료기관평가인증원, 국가생명윤리정책원, 재단법인한국공공조직은행, 아동권리보장원, 재단법인한국자활복지개발원

부처	공기업(36)	준정부기관(95)	기타공공기관(209)
환경부	한국수자원공사	국립공원공단, 국립생태원, 한국환경공단, 한국환경산업기술원	국립낙동강생물자원관, 수도권매립지관리공사, ㈜워터웨이플러스, 한국상하수도협회, 환경보전협회, 한국수자원조사기술원
기상청		한국기상산업기술원	(재)APEC기후센터
고용노동부		근로복지공단, 한국고용정보원, 한국산업안전보건공단, 한국산업인력공단, 한국장애인고용공단	건설근로자공제회, 노사발전재단, 학교법인한국폴리텍, 한국기술교육대학교, 한국잡월드, 한국사회적기업진흥원
국토교통부	인천국제공항공사, 한국공항공사, 제주국제자유도시개발센터, 주택도시보증공사, 한국감정원, 한국도로공사, 한국철도공사, 한국토지주택공사, ㈜에스알	한국교통안전공단, 국토교통과학기술진흥원, 한국국토정보공사, 재단법인대한건설기계안전관리원, 한국시설안전공단, 한국철도시설공단	㈜한국건설관리공사, 주택관리공단㈜, 코레일관광개발㈜, 코레일네트웍스㈜, 코레일로지스㈜, 코레일유통㈜, 코레일테크㈜, 항공안전기술원, 새만금개발공사, 한국해외인프라도시개발지원공사
해양수산부	부산항만공사, 인천항만공사, 여수광양항만공사, 울산항만공사, 해양환경공단	선박안전기술공단, 한국수산자원관리공단, 해양수산과학기술진흥원, 한국해양수산연수원	국립해양박물관, 국립해양생물자원관, 한국어촌어항공단, 한국해양과학기술원, 한국해양조사협회, 한국항로표지기술원, 한국해양진흥공사
중소벤처기업부		기술보증기금, 중소기업진흥공단, 중소기업기술정보진흥원, 소상공인시장진흥공단, 창업진흥원	(재)중소기업연구원, ㈜중소기업유통센터, 신용보증재단중앙회, 한국벤처투자, ㈜공영홈쇼핑, 재단법인장애인기업종합지원센터

자료원: 기획재정부, 2020년 공공기관 현황, 2020.1.29. 보도자료

28 광역지방정부 ESG 경영

우리나라의 광역지방정부는 17개이다[59]. 이들 광역지방정부 주도로 ESG 경영을 적극적으로 실천하고 모범적으로 기후재앙에 대응하기 위해서는 17개 각 광역지방정부 별로 ESG 경영보고서를 작성하도록 하는 행정안전부의 주도적 활동이 요구된다.

광역지방정부가 ESG 경영보고서를 작성한 사례는 대표적으로 인천광역시가 녹색기후기금GCF 사무국을 송도국제도시에 유치한 이후 2014년에 처음으로 보고하였으며, 2018년 2차 지속가능성보고서를 공표하였다.

- **환경적 성과:** 광역지방정부의 ESG 경영보고서 역시 국제표준으로 강조되는 환경분야는 광역지방정부 관할지역과 광역지방정부 청사 및 산하조직으로 구분하여 작성함으로써 관련 책임 및 성과를 명확히 하도록 해야 한다. 여기에는 에너지 사용량, 신재생에너지 생산량 및 사용량, 용수 사용량, 온실가스 배출량 및 감축실적, 대기오염물질 배출량, 용수 재활용량, 폐수 배출량, 폐기물 발생량 등에 대한 최근 3년간의 추이와 그 의미를 분석하여 보고할 것이 요구된다.
- **사회적 성과:** 지방행정 본연의 서비스 업무와 직결되어 있는 사회적분야에서는 광역지방정부 소속 공무원의 인권과 노동, 이해관계자 집단에 해당하는 공급망과의 상생협력, 고객으로서의 시민과 주민을 대상으로 실천해야 하는 행정서비스에 대한 만족도 수준 및 정보보호 등에 대한 사항을 구체적으로 제시할 것이 요구된다.
- **지배구조 성과:** 광역지방의회와 광역지방행정부의 기능을 모두 고려해야 하는 지배구조분야에서는 특히 광역지방정부 의회의 ESG 경영에 대한 노력, 광역지방정부의 ESG 경영 관련 의사결정 구조 및 실적, 소속 공무원의 윤리경영 실천 성과를 구분하여 보고할 것이 요구된다.

광역지방정부 산하기관, 즉 교통공사, 도시공사, 에너지공사, 관광공사, 시설관리공단, 환경공단, 의료원, 문화재단, 연구원 등 공공기관2020.9.30 기준 광역지방정부산하 공사와 공단 총 52개상수도와 하수도 제외 역시 별도로 ESG 경영보고서를 작성하도록 해야 한다.

광역지방정부의 공공기관 중에서는 서울특별시의 서울메트로가 세 차례2008~2010년 지속가능성보고서를 보고하였으나 서울교통공사로 통합된 이후 중단되었다. 중앙정부 산하 주요 공기업들은 ESG 경영보고서를 성실하게 작성하고 있는데 비해 이처럼 광역지방정부 공공기관들의 ESG 경영보고서에 대한 인식은 매우 미흡한 실정이다.

---

59) 행정안전부, 지방자치단체 행정구역 및 인구 현황, 2020.12.31. 현재

AS IS	TO BE
대표적 사례 없음	개요 이해관계자 참여 중대성 평가 **Environmental** 광역지방정부 관할 지역 – 에너지 사용량 – 신재생에너지 생산량 및 사용량 – 용수사용량 – 온실가스 배출량 및 감축실적 – 대기오염물질 배출량 – 용수 재활용량 – 폐수 배출량 – 폐기물 발생량 광역시도청/산하조직 청사 – 에너지 사용량 – 신재생에너지 생산량 및 사용량 – 용수사용량 – 온실가스 배출량 및 감축실적 – 대기오염물질 배출량 – 용수 재활용량 – 폐수 배출량 – 폐기물 발생량 **Social** 인권경영 인재경영 산업안전보건 공급망과의 상생협력 고객만족경영 정보보호 사회기반시설 투자 사회공헌 **Governance** 지배구조(광역지방정부 의회 및 행정부) 리스크 관리 윤리경영 **Appendix**

㉙ 기초지방정부 ESG 경영

우리나라의 기초지방정부는 시 75개, 군 82개, 구 69개로 총 226개이다.[60] 이 중에서 행정시와 자치구가 아닌 2개시와 32개구의 34개를 제외한 192개 기초지방정부 자체적으로 탄소중립 등을 포함한 ESG 경영보고서를 작성해야 하며, 역시 행정안전부의 적극적 권고와 지도가 요청된다. 기초지방정부 중 ESG 경영보고서를 작성한 사례는 서울특별시 강동구에서 4차례2010, 2011, 2012, 2013~2014년 있었으나 중단되었고, 인천광역시 부평구가 최근 2020년에 4차지속가능발전보고서를 작성하였다.

- **환경적 성과:** 기초지방정부의 환경분야는 기초지방정부 관할지역과 기초지방정부청사, 보건소 등 산하조직청사, 행정복지센터 등으로 구분하여 작성하고, 주요내용으로는 에너지 사용량, 신재생에너지 생산량 및 사용량, 용수사용량, 온실가스 배출량 및 감축실적, 대기오염물질 배출량, 용수 재활용량, 폐수 배출량, 폐기물 발생량 등에 대한 최근 3년간 성과를 분석하여 제공해야 한다.

- **사회적 성과:** 사회적분야에 대한 기초지방정부의 ESG 경영보고는 풀뿌리 민주화의 새로운 기반이 될 것으로 기대된다. 지표로는 소속 공무원의 인권과 노동, 공급망과의 상생협력, 주민대상 서비스 만족도 및 정보보호 등이 포함되어야 한다.

- **지배구조 성과:** 지배구조분야에서는 기초지방정부 의회의 ESG 경영실천에 대한 노력, 기초지방정부의 ESG 경영관련 의사결정 구조 및 실적, 소속 공무원의 윤리경영 실천 성과를 구분하여 보고할 것이 요구된다.

기초지방정부 산하기관인 도시공사, 시설관리공단, 문화재단 등 공공기관2020.9.30 기준 기초지방정부산하 공사와 공단은 총 130개상수도와 하수도 제외로 나타난다. 우리나라의 기초지방정부산하 공공기관이 ESG 경영보고서를 작성한 사례는 아직 없는 것으로 파악된다.

하지만, 제4차산업혁명시대, 그리고 세계적으로 앞선 전자정부시스템을 내세운 우리나라에서 ESG 경영시대에 ESG 경영보고서를 기초행정조직단위에서부터 투명하고 구체적으로 작성하는 것은 세계적 모범사례가 될 것으로 기대된다.

그러므로 이를 위한 전문인력의 채용과 보완 및 행정안전부의 표준화된 지침과 권유를 통하여 적극적으로 추진할 것을 다시 강조하고자 한다.

---

60) 행정안전부, 지방자치단체 행정구역 및 인구 현황, 2020.12.31. 현재

기초지방정부 ESG 경영보고

AS IS	TO BE
대표적 사례 없음	개요
	이해관계자 참여
	중대성 평가
	Environmental
	기초지방정부 관할 지역
	− 에너지사용량
	− 신재생에너지 생산량 및 사용량
	− 용수사용량
	− 온실가스 배출량 및 감축실적
	− 대기오염물질 배출량
	− 용수재활용량
	− 폐수배출량
	− 폐기물발생량
	시구군/산하조직청사, 행정복지센터(구, 동, 읍, 면)
	− 에너지 사용량
	− 신재생에너지 생산량 및 사용량
	− 용수 사용량
	− 온실가스 배출량 및 감축 실적
	− 대기오염물질 배출량
	− 용수 재활용량
	− 폐수 배출량
	− 폐기물 발생량
	Social
	인권경영
	인재경영
	산업안전보건
	공급망과의 상생협력
	고객만족경영
	정보보호
	사회기반시설 투자
	사회공헌
	Governance
	지배구조(기초지방정부 의회 및 행정부)
	리스크 관리
	윤리경영
	Appendix

㉚ 교육서비스업 ESG 경영

우리나라의 대학교는 2020년 9월 11일 현재 일반대 191개, 전문대 136개, 교육대 10개, 산업대 2개로 전체 339개이다.[61] 총 339개 대학 중에서 현재 ESG 경영보고서를 작성하고 있는 대학은 없으며, 원광대학교가 2015년과 2017년에 보고한 사례만 있다. 이에 비해 해외의 경우에는 우리나라 대학들이 배워야 할 모범사례가 다양하게 나타난다.

- **미국 하버드대:** 2050년까지 화석연료 없는 미래를 만들기 위한 '기후행동계획'을 마련하고 2050년까지 화석연료를 사용하지 않기 위한 장기목표를 다음과 같이 제시하였다.
  1) 하버드가 구매하는 전기는 태양열이나 해상풍력과 같은 화석연료를 태우지 않는 깨끗하고 재생가능한 에너지원에서 나온다.
  2) 하버드의 지역에너지시스템은 화석연료 없이 운영된다.
  3) 하버드가 소유한 차량은 화석연료 없이 작동한다.
  4) 화석연료 의존을 최소화하기 위한 외부제공 서비스 또는 활동 구매목표를 설정한다.

  한편, 하버드대에서는 2026년까지 화석연료 중립을 위한 단기목표도 제시하고 있다.
  1) 캠퍼스 에너지 사용의 적극적인 감소를 우선시한다.
  2) 재생에너지와 같은 캠퍼스 밖의 프로젝트에 투자하여 남아 있는 온실가스배출을 상쇄하거나 중화하기 위해 노력한다.
  3) 인간건강, 사회적 형평성 및 생태계건강에 대한 긍정적인 이점을 제공하면서 확실하게 배출량을 줄이는 프로젝트를 식별하고 가능한 경우 프로젝트에 투자하기 위해 연구원 및 산업기후 리더를 참여시킨다.
- **예일대:** 2016년에 38개의 측정가능하고 시간제약이 있는 목표 9개 분야를 포함한 '지속가능성2025계획'을 수립하고 매년 지속가능성 진행보고서를 발표하고 있다.
- **MIT대:** 지속가능성 이니셔티브 보고서를 매년 보고하고 있으며, 2016년에는 캠퍼스 지속가능성에 대한 집단적 미래행동의 출발점 역할을 하는 지속가능성실무그룹의 학생리더십 보고서 'MIT학생 지속가능성 권고 2016'을 작성하여 공표하였다
- **기타 미국 사례:** 스탠포드대지속가능성보고서 2020~2021, 노스캐롤라이나대 채플힐지속가능성보고서 2021, 캘리포니아대지속가능성연간보고서 2012~2020, 노스캘라이나주립대연간지속가

---

61) KOSIS, 대학교 수(시도/시/군/구), 2020.9.11

능성보고서 2020 등 많은 대학들이 보고서를 작성하고 있다.

- **일본 사례:** 오사카대환경보고서 2006~2021, 치바대환경보고서 2004~2018, 지속가능성보고서 2019, 홋카이도대환경보고서 2005~2014, 지속가능성보고서, 2015~2020 등은 환경보고서 또는 지속가능성보고서를 발행하고 있다.

- **영국 사례:** 옥스포드환경지속가능성보고서 2012~2013, 2015~2017, 2018~2019, 2019~2020, 캠브리지환경지속가능성보고서 2019-2020, 런던대연간지속가능성보고서 2018-2019, 엑시터대환경과탄소연말보고서 2019/2020, 맨체스터대연간지속가능성보고서, 2018-2019 등에서 주로 환경분야를 강조하는 지속가능보고서를 발간하고 있다.

- **기타 유럽 등 사례:** 독일의 베를린자유대지속가능성보고서 2020, 프라이부르크대환경보고서 2018/2019~2019/2020, 스위스 바젤대지속가능성보고서 2019/2020, 스웨덴 예테보리대지속가능성보고서 2009~2012, 지속가능성결과보고서 2013~2019, 핀란드 알토대지속가능성보고서 2019, 캐나다 UBC대연간지속가능성 보고서 2019-2020, 워털루대환경지속가능성보고서 2020, 호주 멜버른대지속가능성보고서 2020, 뉴질랜드 웰링턴 빅토리아대지속가능성보고서 2020 등에서도 표준형 지속가능성보고서를 공표하고 있다.

이처럼 ESG 경영보고는 이론과 모델을 통하여 대학들이 가장 선도해 가야할 영역이라 할 수 있다. 하지만 우리나라처럼 기후재앙에 대한 대응을 주장하는 대학교수와 연구자들의 논지는 난무하면서도 대학 스스로 ESG 경영보고서를 보고하지 않고 있다는 사실은 한국사회가 심각한 모순을 보여주는 것으로 해석된다.

대학부터 ESG 경영 보고를 제도적으로 정착시키기 위해서는 외부의 컨설팅 회사 등에 의존하기 보다 대학교수와 전문가들이 참여하고 있는 한국대학교육협의회 주도로 대학들 간의 자율적 협의와 실천활동을 통하여 대학의 특성과 규모를 구분한 방식으로 작성하도록 유도해 가야 할 것이다.

우리나라 대학들이 ESG 경영을 보고하고 실천하는데 있어서도 우선은 환경분야에서 에너지 사용량, 신재생에너지 생산량 및 사용량, 용수 사용량, 온실가스 배출량 및 감축실적, 대기오염물질 배출량, 용수 재활용량, 폐수 배출량, 폐기물 발생량 등 타 대학과의 비교가 가능하도록 표준화된 지표를 활용하여 작성하는 데서 출발할 것이 요구된다. 기타 대학의 사회적 책임교육, 연구, 봉사 등에 대한 지역사회와 한국사회 전체에 대한 공헌 노력 등과 학교법인의 이사회 구성 및 총장선임 등 대학의 지배구조에 대한 평가와 혁신활동 역시 매우 중요한 과제가 될 것이다.

대학교 ESG 경영보고

AS IS	TO BE
대표적 사례 없음	**개요** 이해관계자 참여 중대성 평가 교육 연구 산학협력 국제화 **Environmental** 에너지사용량 신재생에너지 생산량 및 사용량 용수사용량 온실가스 배출량 및 감축실적 대기오염물질 배출량 용수재활용량 폐수배출량 폐기물발생량 **Social** 인권경영 인재경영 산업안전보건 공급망과의 상생협력 고객만족경영 정보보호 사회공헌 커뮤니티 활동 **Governance** 지배구조(대학법인 이사회) 총장 등 선임 방식 리스크 관리 윤리경영 **Appendix**

31 보건업 ESG 경영

우리나라의 경우 보건업과 관련된 중앙정부의 공기업은 국민건강보험공단, 건강보험심사평가원 등이 있다. 이들 중에서 국민건강보험공단은 ESG 경영보고서를 공표하지 않고 있으며, 건강보험심사평가원은 2009년과 2018년에 지속가능성보고서를 공표하였다. 또한 대학병원이 우리나라 사회의 국민보건과 건강증진에 지대한 영향을 끼치고 있는 것은 사실이지만 의료분쟁이나 병원경영의 사회적 문제가 빈번하게 발생함에도 불구하고 현재까지 ESG 경영보고서를 작성한 사례가 전무한 것도 비판의 대상이 될 것이다.

해외의 사례를 살펴보면, 미국 클리블랜드대의 Cleveland Clinic2020, 오하이오주립대의 Wexner Medical Center2020, 네덜란드 에라스무스대의 Medical Center2020, 싱가포르 Raffles Medical Group2020, 싱가포르 Thomson Medical Center2020, 태국 Bangkok Dusit Medical ServicesBDMS, 2020 등에서 ESG 경영보고서를 공표하고 있다.

ESG 경영은 일반적으로 블랙박스처럼 운영되고 있는 병원경영, 즉 우리나라 의료서비스 활동에도 엄청난 변화를 가져올 수 있을 것으로 기대된다. 이처럼 대학병원들부터 ESG경영보고서 작성에 적극 동참한다면 엘킹턴John Elkington이 1997년에 처음으로 제시한 『3P: 지구Planet, 인간People, 수익Profits』 체제를 모두 다루는 가장 대표적인 ESG 경영 실천기관으로 재탄생할 것이다. 그러므로 보건복지부의 지도와 권유로 대학병원의 환경적, 사회적, 그리고 지배구조에 대한 실천과 책임과 투명성 확보가 이루어지도록 대학병원협의체 및 의사협회에서 논의할 것이 요구된다.

ESG 경영보고서 작성대상 우리나라 대학병원 현황을 살펴보면 다음과 같다.
- **서울:** 서울대학교병원, 연세대학교 세브란스병원신촌 / 강남세브란스병원 / 고려대학교 안암병원, 구로병원 / 한양대학교병원, 류마티스병원, 국제병원 / 경희대학교병원, 강동경희대학교병원상일동, 한방병원, 치과병원 / 가톨릭대학교서울성모병원, 여의도성모병원, 성바오로병원청량리 / 이화여자대학교 목동병원, 서울병원, 여성암병원 / 중앙대학교병원 / 동국대학교 한의과대학부속 한방병원 / 건국대학교병원 / 인제대학교서울백병원, 상계백병원 / 을지대학교 노원을지대학교병원 / 순천향대학교병원한남 / 동신대학교서울동신한방병원 / 한림대학교한강성심병원, 강남성심병원
- **인천:** 인하대학교병원 / 가천대학교 동인천길병원, 길한방병원 / 가톨릭대학교 인천성모병원 / 가톨릭관동대학교 국제성모병원

- **경기**: 서울대학교 분당서울대학교병원 / 연세대학교 용인세브란스병원 / 고려대학교 안산병원 / 한양대학교 구리병원 / 가톨릭대학교 부천성모병원, 의정부성모병원, 성빈센트병원수원 / 아주대학교병원, 요양병원 / 동국대학교 일산병원 / 인제대학교 일산백병원 / 을지대학교 의정부을지대학교병원 / 순천향대학교 부천병원 / 원광대학교 산본병원 / 한림대학교 성심병원, 동탄성심병원
- **대전·충남**: 대전대학교 한의과대학부속 둔산한방병원, 천안한방병원, 청주한방병원 / 을지대학교 대전을지대학교병원 / 건양대학교병원 / 충남대학교병원, 세종충남대학교병원 / 단국대학교병원, 치과대학병원, 치과대학죽전병원, 세종치과병원 / 가톨릭대학교 대전성모병원 / 순천향대학교 천안병원 / 원광대학교 대전치과병원
- **충북**: 충북대학교병원 / 건국대학교충주병원
- **광주·전남**: 전남대학교병원, 화순전남대학교병원 / 조선대학교병원 / 동신대학교 광주한방병원, 목포한방병원, 순천한방병원 / 원광대학교 광주한방병원
- **전북**: 전북대학교병원 / 원광대학교병원, 익산한방병원, 전주한방병원, 치과대학병원 / 우석대학교 부속한방병원
- **대구·경북**: 경북대학교 병원, 칠곡경북대학교병원 / 영남대학교병원, 영천병원 / 대구가톨릭대학교부속병원 / 대구한의대학교 부속대구한방병원, 포항한방병원 / 계명대학교 동산병원, 대구동산병원, 경주동산병원, 경주동산요양병원 / 차의과학대학교구미차병원 / 순천향대학교 구미병원 / 동국대학교 경주병원
- **부산**: 부산대학교병원, 양산부산대학교병원 / 동아대학교병원 / 동의대학교동의병원, 한방병원 / 고신대학교복음병원 / 인제대학교 부산백병원, 해운대백병원
- **울산**: 울산대학교병원 / 동의대학교 울산한방병원
- **경남**: 경상국립대학교병원, 창원경상국립대학교병원 / 성균관대학교 삼성창원병원
- **강원**: 강원대학교 병원 / 한림대학교 춘천성심병원 / 강릉원주대학교 치과병원 / 연세대학교 원주세브란스기독병원
- **제주**: 제주대학교병원

ESG 경영의 사회적분야와 지배구조분야에 앞서 우선 대학병원이 글로벌 표준이 적용되는 온실가스 배출감축에 동참하는 경우에는 에너지 사용량, 신재생에너지 생산량 및 사용량, 용수 사용량, 온실가스 배출량 및 감축실적, 대기오염물질 배출량, 용수 재활용량, 폐수 배출량, 폐기물 발생량 등을 보여줌으로써 국내외 병원과의 성과 및 의료서비스 실태에 대한 문제점 비교부터 가능하도록 해야 할 것이다.

│ 대학병원 ESG 경영보고 │

AS IS	TO BE
	개요 이해관계자 참여 중대성 평가 의료기관 인증 첨단 의료시설 비중 COVID-19 등 감염전문 역량 **Environmental** 에너지 사용량 신재생에너지 생산량 및 사용량 용수 사용량 온실가스 배출량 및 감축 실적 대기오염물질 배출량 용수 재활용량 폐수 배출량 폐기물 발생량
대표적 사례 없음	**Social** 인권경영 인재경영 산업안전보건 공급망과의 상생협력 고객만족경영 정보보호 사회공헌 의료(순수)봉사: 지역, 국내, 해외 의료사고 대응 및 결과 **Governance** 지배구조(대학병원 이사회) 병원장 선임 방식 리스크 관리 윤리경영 **Appendix**

Epilogue

기후위기와 COVID-19 팬데믹으로 기업의 사회책임경영을 앞세운 ESG Environmental, Social, Governance 경영 실천이 더욱 강조되고 있다. 앞에서 보았듯이 빌 게이츠는 지구의 연간 온실가스 배출량을 이산화탄소 환산톤으로 측정하여 510억톤을 제시하였다.

온실가스 배출량 중에서도 시멘트, 철, 플라스틱 등의 제조에 31%, 전력생산에 27%, 식물 및 동물 기르기에 19%, 항공기, 화물선, 트럭 등 이동수단에서 16%, 냉난방시설, 냉장고 등 가동이 7%를 차지하고 있다고 한다.

우리나라의 온실가스 배출량은 2019년 기준 7억 300만톤 수준으로 나타나는데 정부에서는 2050년 글로벌 탄소중립정책에 따라 2050년까지 온실가스 순배출량을 제로로 만든다는 과감한 목표를 국내외에 공표하였다.

ESG 경영의 실천에서 환경적 분야가 부각되는 이유는 이처럼 국제적 표준으로 목표연도까지 제시되었기 때문이다. 환경 Environmental 분야에서는 특히 온실가스 배출 직접 온실가스 배출, 에너지 간접 온실가스 배출, 기타 간접 온실가스 배출, 온실가스 배출 집약도, 온실가스 배출 감축, 오존층 파괴물질 배출, 기타 중요한 대기 배출물, 에너지, 원재료, 용수, 폐수와 폐기물, 생물다양성 등을 글로벌 표준 지표로 강조하고 있다.

사회적 Social 분야에서는 인권경영, 종업원 고용, 노사관계, 산업안전보건, 훈련과 교육, 다양성, 차별금지, 결사의 자유와 단체교섭권, 아동노동, 강제노동, 보안관행, 공급망, 동반성장, 고객 안전보건, 마케팅과 라벨링, 정보보호, 공공정책, 조세, 사회공헌 등을 보고하도록 하고, 특히 공급망 전체에서 ESG 경영성과를 강조하고 있다. 최근 ESG 모범생이라는 칭찬을 받던 유니레버가 케냐 등 경작지 3곳에서 근로자의 인권과 처우문제가 부각되면서 홍차판매 자체가 발목을 잡힌 현상은 더욱 ESG 경영의 중요성을 일깨워 준다.

지배구조 Governance 분야에서는 이사회, 리스크 관리, 윤리경영 반부패, 경쟁저해행위 등을 보고하도록 하고 있다.

ESG 경영보고는 각국의 경제적 및 사회적 상황에 따라, 그리고 해당기업의 규모와 산업의 특성에 따라 지표의 가중치와 세부사항이 전략적으로 재구성될 것이 요구되고 있다. 바로 여기에서 악업에 대한 적격성 여부를 판단하는 기존의 네거티브 스크리닝 방식을 고려는 하되, 선진국의 사례처럼 보다 착한 기업, 모범 기업의 사례를 본받아 가면서 ESG 경영을 실천하도록 하는 선업에 보다 초점을 맞춘 포지티브 스크리닝을 적용할 필요성이 있다.

현재 우리나라 26개 글로벌 대기업의 ESG 경영 보고서 실태를 금융감독원에 보고하여 공표된 상장기업의 재무적 정보가 담긴 사업보고서 수준과 비교하여 분석하면, ESG 경영의 실천수준과 평가를 위한 지표의 표준화 정도와 프로세스 정립은 미흡한 것으로 나타난다. 그러므로 ESG 경영 및 ESG 경영보고서 작성과 공표를 위한 시급한 과제는 ESG 경영보고서 글로벌 가이드라인을 준수하고, 보고서 검증, 의결, 증권거래소 등 신고, 공시 등의 보고 프로세스를 정립하는데 있다.

특히, ESG 경영보고서의 본문에서 환경분야, 사회적분야, 그리고 지배구조분야별로 각 항목 최근 3년간의 데이터를 공개하고 이를 기반으로 중요사항을 종합 정리하여 모범적인 사례와 함께 공표할 것이 요구된다. 대부분의 경우 ESG 경영 데이터 보고는 부록에 기초통계 자료처럼 제시하고 이에 대한 구체적, 그리고 종합적인 설명이 본문에 담겨있지 않고 있다.

ESG 경영보고서의 부록에는 본문에서 최근 3년간의 데이터가 공개되고, 설명이 제시된 ESG 경영 데이터를 환경분야, 사회적분야, 그리고 지배구조분야별로 분류하여 이해관계자에게 쉽게 접근할 수 있게 제시해야 할 것이다. 즉, ESG 경영보고서의 본문과 부록의 항목과 지표가 일치되는 방식으로 ESG 경영 데이터가 종합 정리되어야 한다. 또한, ESG 경영 특성상 환경분야, 사회적분야, 지배구조분야의 항목별로 국내외 사업장별 ESG 경영 데이터를 제시하여야, 각 지역사회별로 ESG 경영 실천에 대하여 확인과 신뢰를 제고할 수 있다.

2050년 탄소중립, 즉 온실가스 순배출량을 제로로 만들기 위해서는 ESG 경영보고서의 표준화에 대한 사회적 합의를 기반으로 총 3,502개의 상장기업, 중앙정부, 광역정부, 기초정부, 공공기관, 대학 및 대학병원이 매년 주총을 거쳐 금융감독원에 보고하고 공표하는 상장기업의 재무적 정보가 담긴 사업보고서 수준으로 각 조직의 온실가스 배출량, 에너지 사용량, 신재생에너지 생산량 등 ESG 경영 실천결과를 과학적으로 측정하고 분석하여 공표하도록 제도화할 필요가 있다.

기후 위기, COVID-19 팬데믹과 소위 LH사건 등으로 사회적 공정성과 형평성에 대한 이슈가 강조되고, 이사회의 허수아비 같은 의결활동이나 갑질사건 등으로 투명한 지배구조에 대한 관심이 고조되고 있는 만큼 우리에게 다가온 SDGs와 GRI Standards를 활용한 ESG 책임경영의 기회를 활용할 줄 아는 지혜가 요구된다. 즉, "권한에는 책임이 따른다"는 원칙이 이제는 "책임을 지는 만큼 권한이 커진다"는 원칙에 충실한 기업의 사회적 책임 이슈로 새롭게 새겨져야 한다는 것이다.

> 그동안 기업의 경영활동에 있어서 환경보호, 사회공헌, 지배구조 이슈는 마치 제약함수의 주요변수처럼 다루어 왔다. 하지만 이제는 이들 ESG 모든 분야를 적극적으로 추진해 가야 할 전략경영의 목적함수로 활용하여 ESG 경영의 실천을 통한 기업의 이해관계자 집단이 보다 공정하고 투명한 사회에서 지구환경을 보호하고, 사회책임을 지원하면서, 지배구조의 공정성과 투명성, 그리고 윤리적 정도경영을 바라볼 수 있도록 기대하는 바이다.

Index

저자 소개

| 박 기 찬

박기찬 교수는 현재 인하대학교 비전위원회 위원장, 학교법인 정석인하학원 이사, 산업정책연구원(IPS) 원장, 서울과학종합대학원대학교(aSSIST) 석좌교수로 재직 중이며, 조직행동과 경영전략 분야의 선도적 학자이다. 서울대학교 경영대학에서 학사와 석사를 마치고 프랑스 정치대학(IEP Paris: Sciences-Po Paris) 대학원에서 사회학 DEA, HEC Paris Business School에서 경영학 국가박사학위를 받았다. 특히 프랑스에서의 학업과 INSEAD 경영대학원 Euro-Asia Center 연구원, 캐나다 UBC대 및 태국 PSU대 교수, 피터드러커소사이어티 감사, 한국윤리경영학회 회장, 한국경영학회 Award 선정위원장, 그리고 현재 지속경영학회 회장 등의 경험은 기업의 사회적 책임과 지속가능경영에 대한 관심을 키워온 배경이 되었다. 기업의 사회적 성과창출에 대한 연구는 조직정치론(1993), 팀업적평가(1997) 및 사회감사론(1999)을 한국에 소개한 저서로 시작하여, 경영의 교양을 읽는다(2005), 전략경영(2015, 2017), 조직행동론(2021) 등의 저술작업에서도 중요한 과제로 이어져 왔다. 대외활동으로는 한국공항공사 이사회 의장, 대한항공 임원, 중앙인사위원회 정책자문위원, 삼성, SK, LG, POSCO, 한화, 한전 및 PWC삼일회계법인 등의 자문교수로서 경영혁신 및 신인사시스템 설계를 주도한 경력을 갖고 있다.

| 최 정 철

최정철 교수는 인하대학교 산학협력중점교수로 재직 중이며, 인적자원관리, 조직개발 및 전략경영 등 다양한 영역에 걸친 연구와 실무경력을 쌓았다. 특히 국내 최초로 기업의 사회적 성과지표개발에 관한 논문으로 경영학 박사학위를 받았다. IBS컨설팅 연구위원, 인천발전연구원 연구위원, 신화컨설팅 대표, 인천지식재산센터 센터장, 인천광역시 시장 비서실장, 인하대학교 지역사회협력위원회 위원장, 인천국제공항공사 비상임이사 등을 역임하였다. 현재는 인천항만공사 경영부사장으로 동아시아시대의 항만물류 혁신을 주도하고 있다. 학계 및 실무계에서 최정철 교수의 역할은 한국경영학회 부회장, 인천광역시 물류연구회 이사, 대통령자문 지속가능발전위원회 위원, 기획예산처 공공기관 혁신실적 평가위원, 중앙인사위원회 인사컨설팅 자문위원, 인천광역시 공기업통합 태스크포스 단장, 인천도시계획위원회 위원, 인천경제정의실천시민연합 정책위원장 등을 통해 살펴볼 수 있다. 주요저서로 "국민과 대통령에게 길을 묻다(대통령이 챙겨야 할 핵심성과지표 100선, 2014)", "기업인권경영 모범사례 연구 및 자가진단도구 개발(2009)"외에 기업의 지속가능경영에 대한 논문을 주도적으로 발표해 오고 있다.

ESG 경영을
읽는다

ESG 경영을 읽는다
ESG 경영보고서 작성 임직원 필독서

초판 1쇄 발행   2022년 2월 15일
초판 2쇄 발행   2022년 4월 10일

저 자   박기찬 · 최정철
펴낸이   임 순 재
펴낸곳   **(주)한올출판사**
등 록   제11-403호
주 소   서울시 마포구 모래내로 83(성산동 한올빌딩 3층)
전 화   (02) 376-4298(대표)
팩 스   (02) 302-8073
홈페이지   www.hanol.co.kr
e-메일   hanol@hanol.co.kr
ISBN   **979-11-6647-184-1**

ESG 경영을
읽는다